Albert Drach
Werke in zehn Bänden

Herausgegeben von Ingrid Cella,
Bernhard Fetz,
Wendelin Schmidt-Dengler
und Eva Schobel

BAND 2

Herausgegeben
und mit einem Nachwort von
Wendelin Schmidt-Dengler
unter Mitarbeit von Eva Schobel
Redaktion Bernhard Fetz

Albert Drach

»Z.Z.« das ist die Zwischenzeit

Ein Protokoll

Paul Zsolnay Verlag

Gefördert durch
Land Niederösterreich
Kulturabteilung der Stadt Wien
Wissenschaftsabteilung der Stadt Wien
Stadtgemeinde Mödling
Bundeskanzleramt / Sektion für
Kunstangelegenheiten

ISBN 3-552-05230-5

Satz: Fotosatz Amann, Aichstetten
Druck und Bindung: Friedrich Pustet, Regensburg
Printed in Germany

Auf dem besonders flachen Lager gegen die Terrasse, über welche Singvögel aus symbolischen oder aus Gründen der Gewöhnung herangeflogen kamen, wobei nur drei oder vier gewissermaßen als Abgesandte, möglicherweise auch wegen größerer Kühnheit aus eigenem Antrieb ins Zimmer flatterten, lag der einschlägige Tote im Beisein seines Sohnes noch nicht aufgebahrt, sondern erst in jenem Zustand, in dem die Haut und die Nägel zu sterben begannen, was ein Knistern verursachte, als ob sich die ausglühende Leiche solche Verständigungsmöglichkeit vorbehalten hätte.

Dem Sohn, der sich der Verbindung zu dem Abgeschiedenen auch aus seiner inneren Abhängigkeit von diesem schuldig wußte und der noch keinem Sterben von Anfang bis zum Ende gefolgt war, schien diese Äußerung der Wandlung letzter organischer Dinge zu anorganischen, wenn auch zunächst unter Beibehaltung bisheriger Formen, gelegentliche Schauer abzunötigen. Aber er blieb trotzdem auf dem fraglichen Leichenbett hocken. Vielleicht wollte er sich hiedurch seinen Mut beweisen, vielleicht auch ohne diesen Beweis das Gruseln hinnehmen wie jener Hans, der eines Fischteiches als Überguß zur Erzeugung einschlägiger Empfindungen bedurft hatte, nachdem er ungegruselt mit Totenköpfen in Partnerschaft von Gespenstern gekegelt hatte.

Als aber alles vorüber war, das heißt das Knistern der Haut völlig verstummte, und kein Laut mehr aus der Oberfläche der Leiche drang, auch die herangeflogenen und die noch abwartenden Finken, Meisen, Kleiber eingesehen hatten, daß hier kein Futter mehr verteilt werde, wie dies auch schon längst nicht mehr im Garten unterhalb der Terrasse geschehen, war der Abschied in seiner ursprünglichen Form überstanden und der Zweck weggefallen, den Sterbenden zu hüten.

Mithin stellte sich die Aufgabe, zunächst die anderen Leidtragenden von dem Vorfall in Kenntnis zu setzen, welche bis dahin in einem weit entlegenen Zimmer eine abwartende Haltung eingenommen hatten. Sie bestanden nach der von dem Abgeschiedenen eingehaltenen Rangordnung insbesondere aus dessen Tochter aus erster Ehe; sie war dem Sohne zwar häufig vorgezogen worden, hatte aber dessen Voraussage des nunmehr vollzogenen Geschehens nicht hinreichend ernst genommen. Weiters befand sich unter den sogleich zu Verständigenden die Mutter des Sohnes, die auch des Entschwundenen zweite Ehefrau gewesen war. Diese schien von der Sorgfalt und Sorge, welche sie dem nunmehr Umgekommenen durch achtmal vierundzwanzig Stunden bis zum letzten Abend hatte angedeihen lassen, völlig verbraucht, so daß der Hinübergewandelte, wäre ihm nur der äußerste und nicht auch der diesem vorhergehende Eindruck geblieben, keine Empfehlung für sie ins allfällige Jenseits mitgebracht haben würde.

Neben diesen beiden befanden sich außerdem ein fünfzehnjähriges dralles Mädchen und deren Erzeuger im Raume, beide im Zusammenhang mit der Tochter des Verblichenen stehend, das erstere in der Eigenschaft als von dieser Geborene, der letztere als deren teilnahmsloser Gatte. Als nun die Nachricht überbracht war und aufgenommen zu werden begann, änderten sich die Mienen der Hinterbliebenen nicht sonderlich. Die geliebte Tochter des Toten hatte das Ereignis anscheinend nicht voll erfaßt. Die Witwe würgte an dem ihr aufgenötigten Bissen offenbar rein innerlich. Das Enkelkind aber und dessen Vater blieben in jeder Weise unberührt, wenngleich auch sie von dem nunmehr für Dauer Abwesenden sehr deutlich in dessen Familienkreis einbezogen worden waren.

»Z.Z.« das ist die Zwischenzeit

Ein Protokoll

Trotzdem begaben sich alle nunmehr zu dem Verstorbenen. Die Witwe allerdings verlor hier vorübergehend die Fassung und küßte die ausgestreckte und in diesem Zustand erstarrte Rechte desselben. Er war im übrigen zeitlebens Linkshänder gewesen. Die Tochter hinwiederum hielt von der Stiefmutter Distanz und versuchte, ihre leicht betränten Augen nicht übergehen zu lassen. Der Gatte und das Enkelkind waren in der Türe stehengeblieben, deren Rahmen sie dadurch sowohl Aus- als Eindringlingen sperrten. Allerdings zeigten sich Verhinderungsgeeignete derzeit nicht.

Der Sohn war nicht mitgekommen, sondern in jenem Zimmer verblieben, aus dem er die andern gerufen hatte. Hier versuchte er mit vorgestellten gegenwärtigen und künftigen Aufgaben allein fertig zu werden. Die oberste Gegebenheit für ihn schien das Waisentum im Mannesstamme, längst schon im voraus angezeigt und für einen gemeinen Dreißigjährigen nicht unbedingt verfrüht, für diesen aber trotzdem nur schwer erträglich. Er empfand einen Abgang an Güte, der dauernd zu werden versprach wie der Mangel an Süße bei einem nichtalkoholischen Frühstücksgetränk ohne Zucker und gleichwertigen Ersatz für diesen, so dergleichen Krieg oder Krankheit oder sonstiger zwingender Entbehrung geschuldet wird. Aber das war nur der Anfang der Wirkung der von ihm gefühlten Entbehrung. Schon drohte ihm die Rolle des Verantwortlichen, der er bisher durch erfolgreiche Abwehr der Vermählung sich entzogen zu haben glaubte. Statt der Obsorge für künftige Familianten sah er sich nunmehr mit der für die Witwe des Verstorbenen belastet, die zwar seine Mutter war, aber ihre ganzen Erinnerungen seinen eigenen hinzufügen würde, so daß er, mit schwerer alter Last bepackt, seinen Weg nach neuen Gegenden würde antreten müssen. Dazu kam offenbar die harte Verpflichtung für das väterliche Haus und die erzwungene Weiterführung einer dem Verstorbenen zulieb von ihm seit kurzem und bisher erfolglos betriebenen Rechtsanwaltskanzlei, die er bei erstem Anlaß aufzugeben vorgehabt hatte.

Der schlechte Bauzustand des Hauses samt dem darauf angehäuften Kontokorrentkredit zu Zwecken unzureichender bereits durchgeführter Reparaturen, welcher vor dem Tode des Erblassers noch zur Bezahlung kostspieliger ärztlicher Gutachten für diesen und noch teurerer, wenn auch nutzlos gewordener Medikamente zweckwidrig in Anspruch genommen war, die Notwendigkeit einer Ergänzung der Witwenrente seiner Mutter, die für sie allein nicht ausreichen würde, geschweige denn für seine Miterhaltung, konnten nicht ausbalanciert werden durch den zu gewärtigenden Verdienst aus der angewandten Rechtskunde, den er bisher bestenfalls zur Ausführung bescheidener kleiner Mädchen oder zum Erstehen von im Preis herabgesetzten Büchern, die nichts mit seiner Berufssphäre zu tun hatten, zu verwenden pflegte. So fühlte er sich vorweg erdrückt durch zukünftige Lasten aus fremder Vergangenheit, wobei die ideelle Unbill mit der realen verwachsen war und beide wie ein Geschwür mit seiner Person, und keine Operationsmöglichkeit sich seinen Gedanken zeigte, kraft welcher er sich von solcher Behaftung lösen könnte, schon gar nicht ein Mittel, welches ihn fürderhin die Befassung mit Rechtspflege verdaulicher machen würde.

Als nun jeder seine vorläufige Haltung zu dem Trauerfalle hergestellt hatte, Schwiegersohn und Enkelin ihre nachlässige und überdrüssige Geste zu einem unliebsamen Vorkommnis, die Gattin ihre innere Geknicktheit, überstülpt von äußerer Größe, die Tochter eine vom Verstorbenen angeerbte gesunde, wenn auch schmerzhafte Fassung, der Sohn endlich ein Verlorensein in eine durch ihm hinterlassene Verpflichtungen vernebelte Zukunft, faßte die Tochter des Toten den Bruder an der Hand und führte ihn hinaus in den blühenden Garten, in dem der von Heine trotz Ignoranz von Literaturgespenstern so innig und echt dargelegte Mai schon seit Tagen die Blumen- und Vögelschaft, erstere zum Blühen, letztere zum Bekenntnis ihrer gegenseitigen Zuneigung veranlaßt hatte. Mangels noch anhaltender gehöriger Pflege durch die früher gärtnerisch beflissene Gattin, jetzt richtiger Witwe, beziehungsweise Mutter und Stiefmutter, war hier die Fliederhecke auch über den Weg gewachsen, so daß sie den Garten in zwei ungleiche Teile auseinanderhielt. Aber in einem Winkel vor dieser Büschenscheide wuchsen die Blüten so üppig und frisch, daß ihre zarten und fülligen Farbschattierungen und leisen Duftmelodien den deutlichsten Kontrast zu dem eben erlebten Tode darstellten. Da schien es der Tochter und Halbschwester nicht mehr statthaft, gar nichts angesichts des vorhandenen Wunders zu sagen. Aber das, was sie zu erklären nötig fand, gehörte nicht unbedingt ganz zu dem empfangenen Eindruck. Ihr Ausspruch nämlich lautete: »Jetzt ist unsere Jugend zu Ende!«

Das war am neunzehnten des schon angeführten Monats und im Jahre neunzehnhundertfünfunddreißig, somit im zweiten einer Diktatur, aber schon unter dem anderen Kanzler, nachdem der erste das Jahr zuvor ermordet worden war, mithin in einem Zeitraum, gezeichnet von einem gewissen Beginn, aber zu einer noch ungewissen Periode führend, die weder der Sohn noch die Tochter vorausempfanden, da sie die Zukunft nicht wußten und außerdem ohne Hinblick auf allgemeine Ereignungen mit ihren privaten Angelegenheiten und den Folgerungen aus denselben zureichend beschäftigt waren, daher auch öffentlichen Schwierigkeiten keinen Einlaß in diesen Garten gaben, der von ihnen zumindest von jetzt ab rückwirkend als ein Paradies betrachtet wurde. Es konnte sich das von der Frauensperson Gesagte wohl kaum auf den Maientag als solchen und seine unmittelbaren Auswirkungen beziehen, der an sich keinen Anlaß gab anzunehmen, daß nunmehr etwas Günstiges abgeschlossen oder verändert sei, welches vielleicht vorher gar nicht als so günstig angesehen worden war, wohl aber vermutlich, ja offenbar, auf den stattgehabten Tod einer diesen Zweien verbunden gewesenen Person, nämlich des Vaters der sich Erklärenden und des Erklärungsempfängers, in welchem Zusammenhang auch wohl das genaue Datum in Erinnerung blieb. Denn beide, nämlich die, welche sprach, und der, zu dem gesprochen wurde, waren anscheinend einer Meinung, so daß sich das Wort erübrigt haben würde, wenn es nicht eine Feststellung gewesen wäre, die wie ein Schlußstrich gezogen wurde.

Immerhin hätte für den schon dreißigjährigen Sohn und die noch um drei Jahre ältere Tochter die kalendermäßige Zeit, die nach gebräuchlicher Meinung für die Jugendzeit reserviert ist, schon vorher aufgehört, wäre ihnen nicht durch eine jetzt körperlich verlorengegangene Wesenheit dieser früher vorhandene Zustand durch Tat oder Duldung bis zum einschlägigen Augenblick ungebührlich verlängert oder auch nur eine solche Hinausschiebung vorgezaubert oder richtiger vorgetäuscht worden, und zwar so, daß sie sich bisher als noch im Werdegang befindlich hatten erachten können.

Daß eine von beiden Möglichkeiten tatsächlich gegeben war, ging aus der eindeutigen Bejahung durch den Sohn hervor, der schon etwas früher begonnen hatte, sich, wenn auch hilflos, mit seinen nächsten Erwartungen auseinanderzusetzen. Es ergab sich aber diese Tatsache überdies aus dem ungeordneten Mienenspiel, mit dem beide aus der Hecke traten, nicht ohne vorher das Buschwerk um einen bunten Blütenhaufen erleichtert zu haben, der dem Toten zugedacht war als eine sehr zeitgebundene Gabe, die außerdem verfrühter Verwesung, die innerer Fäulnis geschuldet wurde, die Dämpfung einschlägiger Dünste durch Düfte vermitteln mochte.

Dessenungeachtet sah der Schädel des sogenannten Verewigten mit den offen gebliebenen Augen, die niemand zu schließen gewagt hatte und welche dauernd nach der Richtung starrten, in die der von Haus aus pessimistisch eingestellte Arzt vom Sterbenden weggegangen war, kaum dem eines der beiden Kinder besonders ähnlich. Den sehr buschigen Schnurrbart, wie er zur Zeit vor dem Ersten Weltkrieg üblich gewesen war, hatte sich der Sohn nicht zugelegt. Er wäre ihm auch kaum gewachsen, bei seinen ziemlich flaumigen Haarwuchs. Die Nase des Toten, durch die Erstarrung möglicherweise vergröbert, wies eine leichte Krümmung auf, wie sie bei heimischen Juden üblich ist, deren er einer war, wenngleich auch sonstige Inzüchtler wie Aristokraten und Gebirgsbauernsprosse verwandte Nasenbildungen zu zeigen pflegten. Das Riechorgan des Sohnes war wesentlich feiner, aber stärker und weiter oben verbogen. Die Tochter dagegen besaß eine fast griechische Verlängerung der Stirne durch das Mittel der Duft- und Gestankaufnahme, welches klassisch abschloß. Den braunen mandelförmigen Augen mit melancholischer Tönung trotz Lebensbejahung setzte der Sohn normal geformte Blickgeräte von heller Bläue entgegen, die Tochter hingegen grünlich schillernde Blicke aus wiederum klassischen Pupillen. Keines der Kinder hatte die sogenannten Grübchen des Erblassers übernommen, wohl aber der Sohn die ein wenig bräunlich getönte Haut, während die Tochter Wangen von seidiger Weiße aufwies.

Was die Schädelform des endgültig in die Liegelage Versetzten anlangt, so war sie ziemlich rundlich, während die Halbgeschwister Ovalköpfe trugen. Das schon schüttere und meist gebleichte Haar des Toten hatte weiche Konsistenz zarter Art, das der Kinder war gröber, wobei die Tochter einem dunklen Blond zuneigte, der Sohn einem eindeutigen Braun. Sonstige Vergleichungen ließen sich ohne Weghebung der Decke und eines Kotzens, der über dem Körper des Verstorbenen lag, kaum anstellen. Auch war nicht anzunehmen, daß seinem alten Körper ein jugendlicher Leib besonders ähnelte oder seinen männlichen Formen die weiblichen der Tochter. Eine Statue der verstorbenen Frau des Hingeschiedenen von Tilgner, welche nicht allzusehr an die Gestalt der Tochter erinnerte, dürfte die Bettfreuden der nunmehrigen Witwe erheblich vermindert haben, schon weil das Monument durch dauernde Anwesenheit einer beständigen Vergleichung mit der Nachfolgerin in der Lagergenossenschaft Vorschub leistete. Der geöffnete Blick des Toten, der gemäß Aberglaubens den, auf den er gezielt war, nachziehen sollte, traf jedenfalls noch am gleichen Abend den pessimistischen Arzt, welcher an einem Autounfall zugrunde ging, sofern dieser nicht anderen Voraussetzungen unterstellt werden kann.

Im übrigen ist nicht anzunehmen, daß die hinterbliebenen Kinder ihre äußeren Merkmale an denen des Toten maßen, aber es hätte ein Erbbiologe bei allfälliger Anwesenheit die oben geschilderten Vergleichungen und andere einschlägige mehr noch treffen können. Ob er daraus die nicht sichere Abstammung, die auch aus wandelbaren Treuebegriffen von Ehefrauen gefolgert werden kann, abgeleitet oder aber andere Schlüsse gezogen hätte wie etwa, daß Grün trotz spektraler Eigenwilligkeit aus Gelb und Blau entsteht, aber eine neue Farbe ist, bleibt dahingestellt. Sicher aber ist, daß sich die zurückgelassenen Waisen als aus einem auch körperlichen Zusammenhang herausgerissen empfanden, wenngleich derselbe durch keine Nabelschnur symbolisiert wurde und sie bloß vorläufig nicht wußten, wie das Weggefallene zu ersetzen wäre, immerhin aber bereits den Gedanken an sich herangetragen fühlten, wie lange man den Toten noch im Hause belassen, also der unmittelbaren Anschauung aussetzen solle und wann man denselben auf den Friedhof befördern müsse. Gewisse schon erwähnte aufgetretene Mißgerüche beschränkten nämlich die Zeit seiner Aufbewahrung an seinem bisherigen Wohnsitz.

Die übrige Zeit, die man in Gesellschaft des Verstorbenen oder in dessen unmittelbarer Nähe verbrachte, war von Gedanken angereichert, die sich teilweise auf ihn, teilweise auf den Denkenden selbst und dessen noch verbliebene Mitüberlebende bezogen, im übrigen aber nur vermutet werden konnten, soweit sie nicht Gegenstand späterer Mitteilungen wurden.

Die Tochter, ihrem griechischen Profil zum Trotz, nahm das Aussehen eines Dornröschens an, ohne aber den dazugehörigen Prinzen nach hundertjährigem Schlaf zu finden, sondern an dessen Statt einen plumpen Gesellen, mit dem sie offenbar während ihrer Wirklichkeitsabgewandtheit ein Wesen in die Welt gesetzt hatte, das diesem mehr glich als ihr selber. Sie rekapitulierte ihre guten Gründe, die keine mehr waren, für den Mißtausch mit Flucht vor der Stiefmutter aus dem Hause, einen sehr übertriebenen Beweggrund, weil diese Ersatzperson sie weder geschunden hatte, noch sie um ihre Persönlichkeit hatte bringen wollen, ihr allerdings vielleicht zufolge Andersartigkeit im Wege gestanden war. Weiter brachte sie sich selbst gegenüber innerlich zum Ausdruck, es habe ein Hang zum Wohlleben ohne Verantwortung ihrerseits bestanden, ebenfalls kein ausschlaggebendes Motiv, denn bei Vorhandensein würdigerer Anwärter auf ihre Hand hätte sie wahrscheinlich diese Neigung zurückgestellt. Endlich machte sie sich ihre Hilfsbereitschaft gegenüber dem angebeteten Vater und dem etwas linkischen Bruder zum Vorwurf; aber wo sie die beiden hatte entlasten wollen, war ein solches Opfer nicht verlangt, ja sogar zurückgewiesen worden. Wie dem auch war, sie beklagte nunmehr die Tatsache eines leeren Lebens, in das auch nicht mehr als zeitweilige Füllsel gütige Vaterworte fielen, die überdies nur Trost oder Verfälschung gewesen wären. Sie beklagte aber diesen Wegfall und den Wegfall eines der Hauptargumente des Opfers ihrer Jungfernschaft, ihrer Jugend, ihrer Schönheit an einen Fleischklotz, der in der Nähe irgendwo in dumpfem Daseinsbewußtsein hockte.

Der Sohn fühlte zunächst in sich das Bedürfnis, das richtigzustellen, was die anderen dachten. Da er Denkvorgängen seiner Mutter, der Witwe, aber nicht beiwohnte, hatte er zu einschlägigen Korrekturen wenig Anlaß. Bei Schwager und Nichte hinwiederum vermutete er offenbar Gedankenarbeit nicht. Seiner Schwester aber sah er eine solche an, die für ihn eine unaufhörliche Wiederholung derselben Thesen zu sein schien. In seiner Erinnerung fand er den fünfzigjährigen Hofrat der Post, welcher sich um die schöne Neunzehnjährige vergebens bemüht hatte, wie auch den falschen polnisch-englischen Prinzen, der sogar einige Selbstmordversuche vortäuschte, um in die Familie einzuheiraten. Weitere Bewerber, die nur vorübergehende sinnliche Erbauung wünschten, hatte er im Einverständnis mit der Halbschwester selbst zu wiederholten Malen abgewiesen. Was nun den glücklichen Eroberer anlangte, so war dieser allerdings ein sportgewandter, aber geistig nicht sonderlich wendiger Abkömmling einer reichen Familie, die zur Bewahrung ihrer Güter und aus Bequemlichkeit von der Kinderfülle früherer Generationen zum Zweierbensystem übergegangen war. Er hatte keine Schule zu Ende besucht und stak mit klobigen Füßen in geistigen Kinderschuhen. Die Tochter hatte ihn genommen, weil sie gerade einen Streit mit der Stiefmutter gehabt hatte, der um einen verhinderten Theaterbesuch und um einen Hut mit Federn ging, ferner, weil kein anderer präsent war, weil sie den Freundinnen eins auswischen wollte, in die große Gesellschaft hineinmochte und auch hoffte, der Vater würde darum stolz auf sie sein.

Die Witwe hinwiederum, eingesponnen in ihre Verlassenheit, ließ lediglich erstarrte Gedankengänge von gleicher Beschaffenheit wie die der Glieder der Leiche ahnen, ihre Erwägungen waren gewiß nicht mehr dahin gerichtet, daß sie als ganz junges Mädchen den alternden Witwer genommen hatte, welcher schon mit einer Tochter aus anderem Bette versehen war, für die er eine Mutter suchte, und daß er ihr noch einen Sohn machte, der ihr alles war, aber zwischen dem und ihr sehr häufig die durchaus nicht gehaßte, nur auch nicht botmäßige Stieftochter stand. Vielmehr verlor sich die trauernde, nunmehr ebenfalls nicht mehr junge Frau in rückblickenden Übertreibungen entschwundener glücklicher Augenblicke mit dem Dahingeschiedenen, vermehrt durch ungerechtfertigte Selbstvorwürfe wegen angeblich unterlassener Sorgfalt in ihrem Bekümmern um ihn während der letzten acht Tage, die er schon darniederlag, und nicht völliges Eingehen auf sein gönnerhaftes Wesen zur Zeit seines letzten Herumgehens.

Dieses Herumgehen des Vaters vor seinem Ende beschäftigte nunmehr auch den Sohn. Der Alte sprang aus seinem Hirn, löste sich aus der erstarrten Gestalt und durchzog die Straßen der Stadt. Er sprach dort mit den häßlichsten und unansehnlichsten Weibsbildern und grobschlächtigsten Mannsgestalten, versah sie mit guten Worten, die er ausgab, als ob es gesegnete Heiligenbilder wären, und die, von ihm gesprochen, auch niemals billig waren, sondern geradezu unerschwinglich. Die Leute rissen sich darum, ja balgten sich beinahe um jeden Laut, obwohl alle das Ihre bekamen, und noch mehr als das Ihre. Wo aber Geld und Sachwert fehlten, ging der Alte in sein Haus zurück und brachte dergleichen nach. Dabei blieb er unbekümmert darum, ob es sich um würdige Geschenknehmer handelte oder ganz und gar undankbare, ob seine Pension zureichte oder nicht. Im Unterschied zu dem Heiligen gab er oft den ganzen Rock, den er anhatte. Manchmal brachte er die zu Beschenkenden auch ins Haus und überreichte ihnen die Mahlzeiten, die für die Familie reserviert waren. In solchen Fällen allerdings fühlte sich die nunmehrige Witwe damals häufig dazu veranlaßt, hemmend einzuschreiten, auch sogar Beute abzujagen, die schon gemacht war. Dieses Verhalten des nunmehr Verstorbenen war mit seiner sozialen Einstellung nicht in Einklang zu bringen, noch mit seinem Glauben, noch mit zeitweiligem Irresein. Er gehörte gar keiner politischen Partei an, glaubte schlechterdings nichts und war völlig normal in seinen Ansichten, vielleicht mit der Ausnahme, daß er sich jedes Dinges freute, das sich in seinem Umkreis befand, das er erworben hatte oder schon längst besaß, und daß er sich ab und zu berufen fühlte, diese Freude an allen Dingen auch anderen zu machen, denen er gerade begegnete oder mit denen er in sonstigen Zusammenhang geriet. Dieser Zusammenhang konnte ein noch so lockerer und zufälliger sein. Er faßte seine Entschlüsse im Augenblick, beharrte aber nichtsdestoweniger bis zur »totalen Abfuhr« auf deren Durchführung. Der Sohn führte dies darauf zurück, daß der Vater in seiner Jugend farbentragender Couleurstudent gewesen war und dreiundzwanzig Mensuren und Duelle geschlagen hatte, die, soweit sich dieser erinnerte, nie zu seinen Ungunsten ausgegangen waren, aber meist bis zur sogenannten »totalen Abfuhr« des anderen geführt werden mußten. Das Fehlen der Abrundung auf das zweite Dutzend mochte im Greise in eine Mildtätigkeit und Gönnerhaftigkeit umgeschlagen sein, wenn nicht eine andere Fehlerquelle daran schuld war oder ein Funken des Zusammenhanges mit dem All, der nach orientalischen Lehren und vielleicht auch aus spinozistischen Gedankengängen zu einem Brocken vom Allgöttlichen ausgereicht hätte.

Nachdem man sich mehr oder weniger gründlich mit dem Todesfall abgefunden hatte, ohne daß einer sich mit den nächsten Erwartungen hinreichend auseinandergesetzt hätte, wurde die Parte entworfen, die außergewöhnlich sein sollte und die daher der Sohn im Namen aller entwarf. Der Tote, genauer gesagt, der noch über der Decke befindliche Kotzen, früher eine Unterlage bei dem letzten Klistier, das mit Rizinus ein blutjunger, auf Veranlassung des Sohnes spät hinzugezogener ruthenischer Arzt dem Sterbenden versetzt hatte, welcher nun obenauf gelangt war, wurde jetzt mit Blumen förmlich überschüttet, die immer frisch aus dem Garten heraufgebracht wurden. So war die Erinnerung an eine letzte dem Abgeschiedenen bereitete Qual samt dem Verenden in öliger Nässe und vielleicht auch ein Bedauern im Gesichtsausdruck, nicht auch diesen Arzt mit dem starren Todesblick in die Schlucht hinabgezogen zu haben, in die der Tote geglitten war, mit der Verdeckung des rauhen und groben Stoffes durch Blumenmilde außer Sicht geschafft. Auch wurde wiederum der Verwesung eitel Duft beigemengt, wie es in gleicher Weise nach Natur und Unnatur zugeht.

Die Todesanzeige war eine harte Zusammenfassung des Geschehens oder vielmehr seines Ergebnisses. Die nicht feststehende Sterbensursache, die nach der Annahme des pessimistischen, bereits vom Toten mit hinuntergezogenen Arztes Krebs gewesen sein sollte, ein Wahrspruch, der von einem Professor ohne nachteilige Folgen für diesen förmlich bestätigt worden war, dem von einem Modedozenten und dem jungeingesessenen Ostbauernarzt jedoch widersprochen wurde, blieb unerwähnt. Desgleichen unterließ man jede Bezugnahme auf die versuchte Purifikation, wie sehr sie auch den Todeskampf verzerrt oder selbst nur schneller entschieden haben mochte. Auch waren die Verdienste des Toten nicht einzeln aufgezählt, sondern nur in der Tatsache zusammengefaßt worden, daß er gelebt hatte und daß dies nun nicht mehr der Fall war.

Das Leichenbegängnis anzuordnen war weiter nicht schwierig, weil die damit befaßten Personen, welche zudem in der Nähe wohnten, gleich ins Haus kamen. Der Tote, welcher zwar nicht auf jüdische Art gelebt hatte, wurde aber auf solche in einen einfachen Holzsarg gelegt, was den Zerfall zu Erde erleichtern sollte und auch billiger kam. Sobald man ihn in die Kiste getan hatte, enthielt sich die Tochter jeder Anschauung. Die Witwe und der Sohn kamen aber oft zu dem Toten. Die erstere band ihm die abschüssig gewordene Kinnlade hinauf. Letzterer versuchte vergebens des Toten Augen zu schließen, die wie absichtlich an ihm vorbeiglotzten, wie um ihn nicht mit Blicken zu treffen. Der Sohn betrachtete ihn aber genau im Holz, in dem er lag wie eine Nachbildung des heiligen Nikolaus, in eine große Bonbonnierenschachtel gebracht. Denn es war leichtes Material verwendet worden, nur wirkten die Sägespäne einigermaßen störend. Im übrigen wurde der Tote in Unterwäsche getan, auch der Kotzen beigefügt, der zu sonst nichts mehr nutze war, während die Decke zurückblieb. Dann wurde der Transport angetreten, und die Witwe hatte sich um den Grabstein zu kümmern, der außergewöhnlich eindrucksvoll, aber dabei wohlfeil sein sollte. Sie fand auch einen solchen von ungewöhnlichen Ausmaßen und mit einer Ausbuchtung, in der ein Mann bequem stehen konnte. Ein Reicher hatte dieses Monstrum bestellt und dann nicht angenommen, weil der Marmor im Innenraum störende weiße Flecken aufwies, die das sonstige tiefe Grau ungebührlich durchbrachen. So kam der teure

Tote zu einem billigen Monument. In dasselbe war noch der Name einzugravieren sowie ein hebräisches Wort, als welches »Zadik« gewählt wurde. Denn ein Wort wenigstens mußte es nach der Überlieferung sein, und dieses bedeutete einen »Gerechten«, von denen man entsprechend chassidischer Lehre glaublich achtundzwanzig oder auch zweiunddreißig auf der Welt zählte, um derentwillen der Herr dieselbe noch nicht hatte zugrunde gehen lassen. Ob diese göttliche Enthaltung nach dem Wegfall des Toten noch weiterbestehen würde, etwa weil für denselben Ersatz durch einen neuen Gerechten gefunden werden könnte, war noch nicht abzusehen.

Die Blumen waren teilweise zurückgeblieben, teilweise mit dem Toten abtransportiert worden. Wäre er auf streng rituelle Weise bestattet worden, so hätte man ihm keine beigegeben, so wäre deren Spende überhaupt unterblieben und er unter einfachen Rasen gelegt worden, da für die Toten die Steine, die Kränze aber für die Lebenden gedacht sind. Im übrigen stand das Leichenbegräbnis noch bevor, doch langten bereits Kondolenzen ein. Sie wurden vom Sohn gezählt und beliefen sich schließlich auf hundertachtundsiebzig. Das war überdies die Glückszahl, die sich der Sohn zugelegt hatte. Unter den Beileidskundgebungen wurden die des Bezirkshauptmanns, des Gerichtsvorstehers und des Bürgermeisters vorgefunden. Die drei hatten sich immerhin schriftlich persönlich gemeldet, wenngleich sie bei der Erweisung der letzten Ehre durch Abgesandte vertreten werden sollten. Keinerlei Beileidsbezeigung erfolgte durch vom Abgeschiedenen mit Wohlwollen ausgezeichnete Personen. Von diesen hatte allerdings auch niemand eine Ablebensanzeige erhalten. Im übrigen verzeichnete auch die Ortszeitung den Todesfall an gebührender Stelle. Die Witwe wurde nicht erwähnt, wohl aber die Tochter, die einen gewissen Rang in der Gesellschaft einnahm, und schließlich auch der Sohn, von dem man immer noch hoffte, daß er sich einmal durchsetzen werde.

Der hatte außerdem in der Zeit zwischen Vatersterben und Beerdigung in seiner Kanzlei Dienst gemacht. Es drängte ihn zwar zu einem solchen nichts, denn es war ja von ihm der Beruf nur auf Wunsch der Eltern ergriffen worden. Er wäre selbst anderen Dingen zugeneigt gewesen, wenngleich er nunmehr kaum hätte sagen können, um welche Dinge es sich dabei gehandelt hätte. Er liebte besonders die Meditation, das ist die Nachdenkensart, bei der man nicht beschäftigt ist. Da er letzteres auch jetzt ohnehin kaum war, schien er durch die Kanzleianwesenheit unbehindert. Allein, es war anscheinend bereits der Rahmen, den er ablehnte. Einen Rundgang in freier Luft hätte er unbedingt vorgezogen. Der letzte Klient, der sein Büro aufgesucht hatte, war übrigens unzufrieden acht Tage vor dem Sterben des Vaters von ihm geschieden. Es handelte sich dabei um einen rothaarigen Fußgänger, den die Tochter eines Botschafters mit dem Auto ihres Vaters überfahren hatte. Der hatte es für sie und für sich abgelehnt, bezüglich Schadensverpflichtung der österreichischen Gerichtsbarkeit unterworfen zu werden, und so den Bemühungen des Sohnes die Grundlage entzogen. Der unvermittelte Abtritt des Rothaarigen war vom Vater, bevor er für immer zu Bette ging, durch einen Türspalt wahrgenommen worden, und kurz vorher war von ihm dem Gespräch zweier Ortsbewohner, die an dem Hause laut diskutierend vorbeigingen, entnommen worden, daß die Kanzlei des Sohnes als eine tote betrachtet werde. Beide Eindrücke hatten den Mut des Alten zum Sterben nicht vermehrt. Er war einmal sogar so weit gegangen, sie dem Sohne zur Kenntnis zu bringen, was Angst oder Tadel bedeuten konnte. Wie er sich aber tatsächlich zum Sterben anschicken sollte und nach Ansicht der Ärzte bereits hätte bewußtlos sein sollen, zeigte er noch auf die Krawatte, die sein Filius zu einem neuen Anzug das erste Mal anhatte, und bezeichnete sie als wunderhübsch.

Dieses Lob eines ihm gehörigen, sogar neu hinzugefügten Gegenstandes verscheuchte die Nachhaltigkeit des möglichen Tadels nicht, der aus den Vorhaltungen des für die Ewigkeit bettlägerig gewordenen Alten bezüglich der toten Kanzlei ersichtlich war. Der Sohn war sich vielmehr bewußt, weder eine Eignung noch eine Zuneigung zu der ihm auferlegten Befassung mitzubringen, aber auch nicht das gewisse Etwas, das gerade oft die weniger Befähigten herzeigen und welches mitunter die Anlockung der Kundschaft erleichtert, ein lächelndes oder wenigstens sorgloses Bereitstehen für einen Aufgabenkreis, dem man freilich dann nicht gewachsen sein wird. Als aber nun an jenem Abend vor dem Leichenbegängnis, an dem er gewissenhaft Dienst machte, ohne dabei Veranlassung zur Tätigkeit zu erhalten, plötzlich die Glocke läutete, nahm er an, daß doch noch ein später Klient eintreffen werde, obwohl die Tür ohnedies offen war. Er wandte sich daher zu derselben und fand in der Türöffnung ein hünenhaftes schwarzhaariges junges Weib, mit dem er vor zwei Wochen im Kaffeehaus kokettiert hatte, als es in Gesellschaft eines angejahrten Herrn war, der offenbar intim zu dieser Dame gehörte. Nun also befand sie sich auf ziemlich schnellem, jedenfalls sehr direktem Wege bei ihm; denn vierzehn Tage sind nicht lang und umständlich für einen solchen Entschluß, aber vielleicht würde sie doch einen einschlägigen Rat brauchen. Der Sohn befragte sie darum, aber sie faßte bereits seine Hand, was auf eine Ratsuchung kaum schließen ließ, und bot sich an, ihm vielleicht zur Seite stehen zu können, wenn er aus Anlaß des väterlichen Ablebens ihrer Dienste bedürfe.

Es war zwar nicht gesagt, um welche Dienste es sich

handeln könne. Da der Tote im übrigen bereits weggebracht war, mußten sie sich nicht unbedingt noch auf diesen beziehen. Die Kürze der Bekanntschaft ermöglichte es auch kaum, die Dame in den Familienkreis einzuführen, ganz abgesehen davon, daß der Sohn in den vierzehn Tagen seit ihrer ersten Ansicht nichts Zuträgliches über sie gehört hatte. Sie besaß mindestens zwei jugendliche Liebhaber jenseits der Bahngeleise in einem schlechten Viertel, abgesehen von dem Angejahrten, der ihr das Wohnen in einer guten Gegend ermöglichte. Allerdings schien sie hinwiederum begehrenswert und von den Ebenmaßen einer gut geschnitzten Bauernfigur, von wildem schwarzem Haar umrahmt und aus dem Lande, das er wie mancher Österreicher liebte und für dessen Verlust er sich mitverantwortlich fühlte, nämlich aus Südtirol. Auch kam es ihm zu Bewußtsein, daß sie nie wiederkommen würde, wenn er sie diesmal gehen ließe. Denn offenbar wollte sie sogar ihren Ernährer als Klienten zu ihm bringen, der ein wohlhabender Unternehmer sein sollte und als solcher durchaus für die Kanzlei in Betracht kam. Allein in diesem Augenblick zwischen einem sehr wohl bestimmbaren Vergnügen, noch denaturiert durch günstige wirtschaftliche Auswirkungen für seinen Erwerb, und der in den Umrissen verschwimmenden Pflicht aus Sitte und Herkommen entschloß sich der Sohn sehr schnell für das Verzichten, oder es fiel ihm vielleicht auch nur schwer, so rasch mit einer eingewurzelten Übereinkunft zu brechen, angesichts eines Ablebens nicht ein zwar ersehntes, aber unzeitgemäßes Abenteuer in den Trauerrahmen einzuverleiben. Und so ging die junge Frau von ihm so, wie sie gekommen war.

Möglicherweise wäre diese Dame gar nicht erst erschienen, wenn sie den von ihr Besuchten innerhalb der Familie befindlich gewußt hätte, in die er sich nun nach sorgsamer Verschließung der Kanzleitüre zurückbegab, wobei er sich so angesehen fühlte, als hätte er das getan, was unterlassen zu haben ihm vielleicht schon leid tat, obwohl seine Trauermiene wiederhergestellt war, welche die der andern ergänzte. Freilich hatte sich das Haar der erblasserischen Witwe inzwischen in schlichtes Weiß verfärbt, ein offenbar organisches Ereignis, weil sie trotz ihrer fünfzig Jahre und ohne Anwendung von Färbemitteln bisher eine gutaussehende Brünette gewesen war. Die Stieftochter und Schwester des Sohnes hatte etwas Rouge aufgelegt, wie es der Saison und der beginnenden Mode in besseren hauptstädtischen Kreisen entsprach. Ansonsten gewann auch sie den richtigen Augenaufschlag für den Tag vor dem Leichenbegängnis. Die übrigen Anwesenden verhielten sich nach wie vor unauffällig.

Und als am nächsten Tag die Autos zum Friedhof gefahren waren und das mosaische Zeremoniell begann, welches im Gegensatz zu dem katholischen nicht die Sünderqualität, sondern die guten Werke des Verstorbenen hervorzuheben versucht, war die enge Familie durch viele angebliche Mitteilnehmende erweitert, die teils den Zeremoniensaal anfüllten, zum größeren Teil aber draußen blieben und wie eine lange Schleppe hinter dem Sarg zum Grabe zogen, nicht ohne zuletzt die Witwe, den Sohn und die Tochter mittels hingebungsvoller oder lakonischer Fingerumfassungen der Zusammengehörigkeit mit ihnen versichert zu haben. Einige von ihnen, und gerade solche, welche des nunmehrigen Leichnams vorheriges Dasein zu glorifizieren beitrugen, hatten in viel späterer Zeit andere Aufgaben zu erfüllen, die etwa mit der Einäscherung des Judentempels begannen und mit der von dessen fallweisen Besuchern endigen sollten, nachdem dieselben rechtzeitig vorher in die horizontale Dauerlage gebracht waren.

Als nun aber der Leichnam diesmal endgültig abgelagert und hiemit seiner Bestimmung zugeführt worden war, und zwar im Schatten des fachgemäß ausgehöhlten Blockes, der einem reichen Manne zugedacht gewesen und ihm vermöge der Umstände zugefallen, versammelte sich die Familie wiederum, und zwar für längere Zeit vermutlich zum letzten Male in dem Zimmer, in dem sie ihre förmliche Trauer begonnen und demgemäß nunmehr abzuschließen hatte. Jede einzelne Person war jetzt äußerlich so beschaffen, wie sie es sich schuldig zu sein glaubte; die Witwe in königlicher Haltung, dabei innerlich bis zum Erdboden geduckt, die vom Toten hinterlassene Tochter mit abgeschlossener Jugend, aber sprungbereit auf künftige Gegebenheiten; Schwiegersohn und Enkelin vollkommen aufbruchsgewärtig und ohne innere Komplexe. Nur der Sohn hatte seine Haltung nicht vorausbedacht und hing mit einer Seite dem Schatten des Verblichenen nach, während er die andere schlafwandlerisch einer vollkommen unsicheren Schickung bereithielt, die, gemischt mit Pflichten, vielleicht auch manchen unerlaubten Leckerbissen ihm in den Reisesack tun konnte.

Dermalen war es jedenfalls nicht so weit. Er veranstaltete einen Überschlag über die noch zu bestreitenden Unkosten, aber rein innerlich und daher ungenau, und lastete sie dem Kontokorrentkredit an, den der Verstorbene in weiser Voraussicht für die Hausrenovierung vereinbart hatte. Er mengte in diese ungenaue Verrechnung verschwommene Selbstvorwürfe, zum Beispiel, daß er den Modedozenten nicht noch einmal hatte kommen lassen, der dem Sterbenden die Gesundung in Aussicht gestellt hatte und dessen Honorar das des weniger hellseherisch gestimmten Professors um ein Mehrfaches übertraf, doch hätten seine weiteren Besuche immerhin ein Trost sein können, außerdem ein Wunder bewirken mögen, an das der seither endgültig Entschlüpfte noch geglaubt hätte, wie er an alles Gute glaubte, selbst über seinen Zustand. Ein weiterer Eigentadel des Sohnes betraf dessen Abwesenheit am Abend vor dem letzten des Vaters. Diesen hatte er damit zugebracht, eine Hofratstochter in den Wald zu führen, weil er sie damals nicht gut in die Wohnung bringen konnte. Er hatte sich, an einem gesicherten Platze angelangt, zerkratzte Hände geholt und sehr viel Zeit verwendet, aber diese war nicht nutzlos gewesen. Das Mädchen, das bereits einen Liebhaber hatte, war vorübergehend sein gewesen. An diesem Tag wurde von ihm der Heimweg erst angetreten, als der Vater nicht mehr ansprechbar gewesen und von dem jungen Arzt, der aus ruthenischem Gebiete stammte, von hinten mit Rizinus versehen worden, kaum den Absichten dessen, dem es geschah, entsprechend und ohne andern Erfolg, als daß der Sterbende in klebriger Nässe schwamm und jener Kotzen unterlegt werden mußte, der im Zuge der Begebenheiten zuletzt wieder nach oben gekommen war. Der Sohn konnte zwar nicht abschätzen, ob sein Abenteuer so viel wert gewesen oder ob es nicht noch für besser zu halten wäre, die Südtirolerin nach dem Tode des Vaters penetriert zu haben, wenn schon seine geschlechtlichen Anwandlungen unbedingt jetzt zu ihrem Rechte kommen sollten. Einstweilen blieb es bei Selbstvorwürfen, die aber schließlich in die Frage ausarteten, warum der gar nicht ganz getrocknete Kotzen zuletzt obenauf zu liegen kam. Wahrscheinlich geschah dies nur aus Unachtsamkeit, aber von wessen Seite? Vielleicht wollte man auch kein letztes Stück des Toten demselben wegnehmen.

Nur der Mutter, die geradezu einen Kult mit von dem Sterbenden verunreinigten Sachen trieb, vielleicht auch deshalb, weil er vorher nicht anders als sie selbst sauber und ordentlich bis zur Pedanterie gewesen war, worin sich die beiden Gatten mithin getroffen hatten, zog das Leintuch von den Matratzen des Toten, ebenso die Deckenkappe aus dem verlassenen Bett, und verwendete beides von nun an für sich. Dabei hatte sie kaum sonst in einem Bette geschlafen, in dem eine andere Person ihre Liegestatt gehabt, Hotelbetten ausgenommen, in die sie sich nur ungern legte, und war in bezug auf die Bettwäsche, die in ihrem Wäschekasten wie auch alles andere Linnenzeug peinlich geordnet und geschichtet lag, so heikel, daß sie jedes einzelne von vielen Stücken nur kürzeste Zeit zum Gebrauch zuließ und dann der Reinigung unterzog, die aufs gründlichste besorgt wurde. Der beabsichtigte Bruch mit einer angeborenen oder zumindest früh anerzogenen Propretät konnte auch als eine Stufe zur Heiligkeit in dem Nachstreben hinter dem ihr im übrigen ansonsten durchaus fremd gebliebenen Verewigten, vielleicht sogar in der Opferung des eigenen Lebens, angesehen werden, da man den Verursacher ihrer Witwenschaft für Krebs gehalten und diese Krankheit von manchen Ärzten als ansteckend betrachtet worden war. Die häufigen Grabbesuche der Mutter ohne Annahme einer Begleitung bekundeten anscheinend ebenfalls eine Verbundenheit mit dem Begrabenen, die weiter und lange über den Tod hinaus manifestiert wurde.

Die Tochter hatte sich inzwischen wieder in ihre luxuriöse Wohnung in der Großstadt begeben und in ihr das bisherige Dasein aufgenommen, das in Empfängen und Besuchen bestand, die zufolge des Trauerfalls zwar beschränkt, aber nicht gänzlich ausgeschaltet wurden. Daneben waren Konzerte von ihr besucht worden, auch die Oper, seltener das Theater, weil dies noch nicht schicklich schien, aber auch wegen vorhandener Musikalität als Wesensgrundzug nur einen halben Genuß bereitete. Da der Gatte und das mit diesem gemeinsame Kind keinerlei Kunstbeflissenheit aufwiesen, soweit es sich nicht um Darbietungen populärer Kinematographie handelte, wurden sie nur selten mitgenommen, dagegen der Sohn beigezogen, sobald er die Unterlassung von Kunstgenüssen nicht mehr als einen essentiellen Teil seiner Trauer betrachtete.

Manchmal begleitete die Mutter, beziehungsweise Stiefmutter, den Sohn zu Besuchen bei der Tochter und offenbarte dabei eine so veredelte Beherrschung, daß es den Anschein hatte, als gälten ihre Besuche gar nicht dem angeheirateten Kinde, sondern dem Toten und seinem stummen Diktate, denn er hatte doch gewollt, daß diese von ihm mosaikartig aneinandergereihte Familie beisammen bleibe. Ins Theater oder in die Oper, auch ins Konzerthaus ging aber die Witwe nie mit, sondern wartete still und ohne Betätigung, die sie zu Lebzeiten des Mannes während ihres Wachseins immer gebraucht hatte, diese Male, bis der Sohn kunstgesättigt zurückkam und mit ihr die Heimreise in dem Nahzug antrat, auch wenn es sich um die letzte, sogenannte »blaue« Fahrtgelegenheit für diesen Abend handelte.

Aber mit diesem Brückenschlag über die Trauer konnte man zwar vorübergehend oder auch dauernd den Anschluß an die andere Seite des Daseins, nämlich das Leben ohne den Toten, gewinnen, nicht aber die Grundlagen für eine solche Weiterexistenz, die weder durch eine Beihilfe der Stieftochter, bzw. Halbschwester, welche nicht gewährt wurde und auch nicht gewährt werden konnte, noch durch den Witwengewinst, bestehend aus einer halben Pension, zu erlangen war, zumal der frühere Pensionsbezieher zu Lebzeiten für Eigengebrauch einschließlich Ausgaben für von ihm zu Beschenkende weniger als die nun weggefallene andere Hälfte aufgewendet hatte, dazu ein Kredit zurückzubezahlen war, der durch Krankheits- und Leichenkosten angeschwollen, mit keiner Einnahme wettzumachen gewesen, und auch die Liegenschaft nichts trug und die Anwaltskanzlei des Sohnes außer zu dessen täglichem Aufenthalt keinem weiteren nutzbringenden Zwecke dienlich schien.

Aber gerade als nun einmal der Sohn seine stillen Gedankengänge nach zwei entgegengesetzten Richtungen auseinanderzog und so, wenn auch nicht zweckmäßig, für beide unvereinbare Gegebenheiten eine Grundlage suchte, bereitete die Wirklichkeit nach jeder der beiden Richtungen eine mögliche Lösung vor, so daß er auf eine Probe gestellt werden sollte, die ohne dieses Denken und dessen nachträgliche Rechtfertigung ihm vielleicht erspart geblieben wäre.

Da die schon der Hitze dienliche Jahreszeit sein westseitiges Chefzimmer, welches seinerzeit schon der Unterbringungsraum des vormaligen Knaben gewesen war, zunehmend erwärmte und ohnehin niemand kam, um den Sohn in ein Gespräch zu ziehen, das privat oder beruflich gewesen wäre, hatte sich dieser in den Garten begeben und eine Hängematte zwischen zwei Bäumen gespannt, um daselbst in der Schwimmhose den oben vorhandenen Himmel, der nur durch das Laub einer Roßkastanie dicht, und durch das eines Nußbaumes schütter unterschattet war, zu betrachten. Die Meisen, die seinen Vater noch nicht ganz verschmerzt, zumindestens vermißt hatten, glaubten in ihm einen Nachfolger oder Stellvertreter gefunden zu haben, und als sie nicht gleich ihre trotz günstiger Witterung zusätzlich beanspruchte Sonnenblumenkernnahrung ausgefolgt erhielten, veranstalteten sie im Sturzflug ihre Reklamationen, welche hauptsächlich im Picken unter die Zehennägel, aber auch in näherem Heranfliegen an das Haupt bestanden, während ein Kleiber oberhalb desselben seine drahtlos übermittelten Morsezeichen als eindringliche Mahnungen verlauten ließ. Der Sohn hatte im Hinblick auf gewisse frühere Anzeichen gesteigerten Erinnerungsvermögens heimischer Singvögel ein gemischtes Vogelfutter mitgebracht, das er nun ausstreute, worauf er aber nur so lange in Frieden gelassen wurde, als der Kleiber nicht alle bereits erwähnten Sämereien ausgeschieden und weggetragen hatte, zumal er den Meisen an Größe und Schnelligkeit überlegen war, außerdem seine Beute nicht gleich verbrauchte, sondern peinlich genau für spätere Möglichkeiten, deren er häufig bei späterer Gelegenheit nicht mehr gedachte, versteckte und so seinen Mitvögeln für immer entzog.

In der Zeit nun, in der dieser gedrungene, auch Spechtmeise geheißene Singvogel die Sonnenblumenkerne wegtrug und nur jenes Futter zurückließ, worauf selbst die Meisen keinen Wert legten, hatte der Sohn eine gewisse Muße, seinen Gedanken nachzuhängen, von welchen schon gesagt ist, daß sie sich nicht in gleicher Richtung bewegten, auch kaum miteinander in Einklang waren, aber trotzdem einer späteren Verwirklichungsmöglichkeit entgegenstrebten.

Zunächst war es der angenehmere Gedanke, der ausgesponnen und in diesem Zustand weitergeschwungen wurde, nämlich der, seine fühlbar schon früher bestandene Einsamkeit, die durch das Ableben des Vaters noch mehr unterstrichen worden, durch Hinzufügung eines weiteren Lebewesens zu ergänzen oder zu heilen. Er dachte aber bei dieser Erwägung keineswegs an ein Zurückfinden zur Mutter, wie sehr er sich auch deren Zuneigung gewiß fühlte, denn beide trafen einander in einem Mangel an Zärtlichkeit und im Nichteingestehen eines Anlehnungsbedürfnisses. Auch sah er sich in keiner Weise zur Vertiefung seiner Bindung an die Halbschwester veranlaßt, soweit diese nicht ohnehin durch gleichartige seelische Beschaffenheit, ähnlichen Verlust und durch Verpflichtungen vorbestimmt war. An Freunde dachte er ebenfalls noch nicht, zumal er sich des geringeren Grades einer solchen Annäherung im Augenblick noch durchaus bewußt war. Selbst die erst kürzlich aufgetretene Südtirolerin und die am Vorabend des Vatersterbens hingenommene Hofratstochter schienen eine Dauerlösung nicht zu ermöglichen. Dagegen trat die Gestalt eines Mädchens in seiner Erinnerung auf, das er am Ende eines mit seiner Halbschwester durchgeführten Spaziergangs in einem kleinen Gehöft am Rande der Besiedlungszone in voller Gestalt im Fenster hatte betrachten können und bezüglich dessen die ihn selten bei seinen Promenadebedürfnissen begleitende Verwandte bemerkt hatte: »Siehst du, das ist ein wirklich schönes Mädchen. Ein solches findest du dir nicht!«

Diese Äußerung, die so laut ausgesprochen wurde, daß sie für deren teilweisen Gegenstand vielleicht sogar vernehmbar gewesen war, hatte den Sohn zunächst ein wenig gekränkt, denn er redete sich zeitweise ein, die Frauen, mit denen er in Berührung gekommen war, seien in solche weniger kraft ihres eigenen Entschlusses oder weil keine andern für ihn übrigblieben, sondern vermöge seiner strengen Wahl geraten. Nunmehr aber dachte er in dieser Hinsicht tiefer nach und fand an seinen Auserwählten leichte oder schwerere körperliche Mißstände, die nicht nur deren Gang und eine gewisse schlampige Busengestaltung anlangten, die man hiezulande häufig trifft, sondern außerdem und vor allem die Unregelmäßigkeit der Gesichtszüge, ein Nichtzusammenpassen der Einzelstücke, wie es weniger bei heimischen Naturdenkmälern, als viel häufiger bei Stadtsiedlungen, künstlerischen Erzeugnissen sonstiger Art und insbesondere bei der Erschaffung menschlicher Lebewesen gang und gäbe ist, worin die Frauenwelt und in dieser die Südtirolerin und die Hofratstochter inbegriffen blieben.

Das Mädchen aber, das damals im Fenster wie in einer Auslage stand, allerdings vielleicht nur deshalb, weil der Fensterrahmen schon tief unten begann und hoch oben endigte und es an den damals noch üblichen Rolläden etwas zu hantieren hatte oder auch nur zu hantieren vorgab, um sich Unbekannten so gut als noch eben schicklich zeigen zu können, war schön. Es war so schön wie des Sohnes eigene Schwester, die er bis dahin als den Inbegriff der Vollendung in einem einzigen und schon auf Grund der zu nahen Verwandtschaft für ihn unerreichbaren Exemplar angesehen hatte. Dabei verstand er unter Schönheit nicht nur die aus dem Dargebotenen zu folgernde Vollendung der einzelnen Stücke, sondern auch deren Zusammensetzung und Einklang nebst einem Anziehungsmoment, das einen gewissen erotischen Reiz vermittelte und damals schon mit dem ungenauen Gemeinplatz Sex-Appeal schlecht umschrieben wurde. Denn es handelte sich keineswegs um eine weit verbreitete Eigenschaft, sondern um das Idealbild für einen Einzelgänger, der außer in dem Wunder natürlicher Einheit noch in dem Zauber reiner Weiblichkeit bestand, der in dieser Mischung Kreaturen minderer Ausgeglichenheit entweder abgeht oder nicht in der richtigen, also in spärlicher oder gröberer Dosis beigemengt erscheint.

Sowie er sich nun dieses Bild seines letzten und eines der sehr seltenen Gänge mit seiner Schwester in Erinnerung zurückrief und es in der Zeit knapp vor der beginnenden Erkrankung seines Vaters ansetzte, begann er bereits überzeugt zu sein, daß ihm ein Abenteuer mit solcher Schönheit nie gelungen war, und sich gleichzeitig klarzumachen, daß er ein solches Erlebnis lebhaft und für die nächste Zeit wünsche.

Kaum aber hatte er sich das Erreichen des bisher von ihm nicht Erreichten als erforderlich vorgestellt, als sich bereits seine sehr erleichterten Gedankengänge, viel schwerer angeschirrt, in die Gegenrichtung in Trab setzten. Er sah Ziffern eines unausgeglichenen Kontos in einer ohnehin unguten Gegenwart unter einem schwachen Diktator, der das Erbe des kleinen ermordeten Kanzlers angetreten und nach Verbot der Linksrichtung auch noch die äußerste Rechte niederzuhalten bestrebt war, die aus naher Nachbarschaft tatkräftig durch Bombenlieferungen und sonstige Sprengstoffvermittlung gefördert wurde. Nach der Art der Schullehrer, die der Sohn um so weniger ehrte, je subalterner sie waren, stand dieser Mann mit einem Stabe und einer zum Gebrauche auf dieser untauglichen Löschwiege vor einer Tafel, an der er den österreichischen Weg erklärte, und setzte dabei einzelne Ziffern jenen hinzu, die bereits das unausgeglichene Konto anlangten, welches den Sohn betreffen sollte. Nun befand sich der Betroffene plötzlich angesichts des immerhin hochgewachsenen Kanzlers, welcher den Stab festhielt, die Löschwiege aber nur sanft bewegte, und entnahm den Händen des Schulmeisters, indem er vor diesem eine korrekte Verbeugung machte, wie er solche bisher weder gepflogen noch geübt, geschweige denn zusammengebracht hatte, entnahm also der kanzlerischen Hand die Löschwiege, die dieser ohnehin nicht gebrauchen konnte, welche er aber selbst nach Art eines Schwammes betätigte, indem er von der Tafel sowohl die Ziffern löschte, welche sein eigenes Konto oder richtiger das ererbte betrafen, aber auch und insbesondere jene, die der Kanzler soeben erst selber hingezeichnet hatte, verbeugte sich abermals und erhielt ein leichtes, höfliches Kopfnicken, als er die Löschwiege wieder in dessen Hand zurücklegte. Er hatte allerdings erwartet, vom Lehrer eins mit dem Stabe, der diesfalls aus einem Zeige- zu einem Rohrstab geworden wäre, versetzt zu bekommen, der immerhin in der anderen Kanzlerhand schwankte.

Bevor aber etwas Einschlägiges geschah oder vereitelt wurde, kamen auch schon wieder die kleinen Begegnungen zu Wort, welche häufig Gedankengänge unterbrechen, selbst solche, die dem Hellsehen oder Hellwünschen nahekommen, was der Sohn von dem Vorgestellten zunächst überhaupt nicht annahm.

Die erste Einschaltung ging von den beleidigten Singvögeln aus, die, von der Verwöhnung durch den für immer abgetretenen Vater angelockt, ihre Sonnenblumenkerne reklamierten, aber schon nicht mehr durch Picken zwischen Fußnagel und Fuß, das sie für zu dezentralisiert oder auch bloß für zu wenig fühlbar zu halten begannen und daher durch solches unter die Fingernägel und an den Haarwurzeln ersetzten. Diesmal hatte sich auch der Kleiber zur Hängematte begeben und sodann, vielleicht, weil sich der Sohn nicht bewegte, kühner geworden, seine Meldung im Telegraphenstil nahe der Ohrmuschel vorgetragen, und alsbald war ihm, entgegen verbriefter Lehre, die umgekehrte Folgepflicht vorsieht, an seinen ursprünglichen Platz der kleine Buntspecht nachgegangen, wo er eine große Baumlücke mit hartem Anschlag erweiterte.

So nachdrücklich vorgetragenen Daseinsäußerungen konnte sich der Sohn nicht mehr verschließen. Er zog sich daher an, um seinen Abgang vorzubereiten und entweder mit Futter wiederzukommen oder sich seinen dringend gewordenen Bittstellern überhaupt zu entziehen, denn für diese war er Kanzler und entscheidungsfrei.

Als er aber den Garten verlassen wollte, kam ihm jener ruthenische Arzt entgegen, der seinem sterbenden Vater Rizinusöl eingegeben und damit dessen Tod wahrscheinlich noch etwas beschleunigt hatte, wenngleich er an das Überleben des damaligen Patienten geglaubt hatte. Er zeigte ein gutes, breites, freundliches Gesicht mit gebleckten vorderen Goldzähnen, schon etwas durch Anwartschaft auf menschliches Verständnis belichtet, dazu auf spätere ausgiebige Hilfeleistung an allen Würdigen und Unwürdigen, wie sich ja aus häßlicher Puppe oft wunderschöne medizinische Schmetterlinge zu entwickeln pflegen.

Ja, es schien fast, als hätte ihm der Tote nicht nur verziehen, weil ihm vielleicht sonst nichts andres übrigblieb, sondern ihm sogar ein Stück seiner sehr weitgehenden Milde hinterlassen, für die den Seinigen das innere Verständnis abging, die erblasserische Witwe eingeschlossen, welche seine Heiligkeit stellvertretend zu übernehmen gedachte, aber nicht seine heitere Laune in sich beherbergen konnte, welche zur Güte hätte hinzukommen müssen, um das zu ermöglichen, was sie sich offenbar vorgenommen hatte.

Mag sein, daß diese werdende Väterlichkeit den noch nicht gewordenen Sohn anzog, obwohl der Arzt keineswegs gekommen war, um ihn zur Sanftmut zu bekehren, sondern vielmehr zu kleineren Unsittlichkeiten zu verführen, die nichts mit dem Toten zu tun hatten, ja im Gegenteil dessen Nichtgedenken beschleunigen sollten. Auf dem Wege, den er mit seinem Abholer zurücklegte, hatte der Sohn allerdings immer noch das Klistier im Sinn, das seinem Vater das Sterben, wenn schon nicht schmerzlicher gemacht, so doch verscheußlicht hatte, und er sah den Blick des Dahinfahrenden auf das Gefäß, welches oberhalb seines Körpers aufgehängt war, hilflos gerichtet, aus dem in seinen Körper derbster Stoff zur Bewirkung der Entleerung gebracht werden sollte und doch nichts anderes erzielt werden konnte, als die Seele im Sturzflug durch die Arschbacken fortzureißen.

Und wie es immerhin schon bei Ausgängen geht, deren Verbotenheit, zumindest aber Unebenheit dem Flüchtigen bewußt wird, drückten den Sohn bei seiner nunmehrigen Exkursion, richtiger Entschlüpfungsmaßnahme, nicht nur gewisse Bedenken, die seinen Aufforderer anlangten, sondern fertige Gewissensbisse, und er machte abwechselnd einen gedrückten und einen geistesabwesenden Eindruck.

Als aber der junge Arzt ihn mittels Mietvehikel zusammen mit zwei nett assortierten Mädchen in eine fast exotisch blühende und waldumrahmte Landschaft gebracht hatte, wo man sich der Stadt entledigte und der Pflichten erleichtern konnte, nahm er sogar zeitweise an der Unterhaltung teil, obwohl es ihm gar nicht darauf ankam, einer der beiden Damen zu gefallen, die er lediglich bemitleidete, oder dem bäuerlichen Arzt, der schon anderweits vergeben war, bei den künstlichen Versuchen zur Erzeugung von Fröhlichkeit hilfreich unter die Arme zu greifen. Nachdem man nun aber den Ausflug in einem Kaffeehaus abgeschlossen hatte, begab man sich zu dem ruthenischen Goldzähnebleckcr, der Wohnung und Ordination beisammen hatte und auf den ein Facharzt mit angehender Glatze und trübem Augenaufschlag unter der Brille bereits wartete. Sodann unterhielten sich die beiden Mediziner angelegentlich mit dem einen Mädchen, dessen Formen die gleichzeitige Befassung zweier Anwärter mit ihm ohne weiteres zuließen, während das restliche Wesen dem Sohn zu ähnlicher Annäherung überlassen war, welche aber zunächst ausblieb.

Allerdings war die Gestalt dieser Dame auch für vergröberte Wollust nicht ansprechend und kam vermöge ihrer Dürre oberflächlicher Sinnlichkeit gar nicht entgegen, wenngleich sie pervertierteren Regungen, welche der Mode entsprochen hätten, mehr gelegen gewesen wäre, schon kraft angenommener Knabenhaftigkeit. Wie aber die Stunde fortschritt, ohne daß der Sohn entlassen wurde, und für den guten kein schlechter Schnaps zu seiner Ablenkung dienlich sein konnte, griff er nach der Dürren und warf sie an die Schulter des kahlköpfigen Heilkünstlers, während er mit dem andern Arm ihm die Unterteile der Fleischigen zu entringen suchte. Dieses geglückt, präludierte er das übliche Vorspiel am Orte schließlicher Erkenntnis, wobei ihm die einsetzende Dunkelheit Vorschub leistete. Dann kehrte er ungesättigt und auch ohne nachhaltige Erinnerung zu der Befassung mit seiner Leiche zurück.

Dem bereits nach Schluß seiner von ihm nicht eingehaltenen Sprechstunden daheim wieder angekommenen verlorenen Sohn begegnete die Mutter mit sehr ernsten und vorwurfsvollen, die ebenfalls anwesende Schwester mit wohlwollend zwinkernden Lidbewegungen, aus welch letzterem zu entnehmen war, daß etwas Zweideutiges auf ihn warte, das aber der Mühe lohne.

Als er sich nun kanzleiwärts bewegte, traf er bereits im Vorraum jenes Mädchen an, das er anläßlich seines letzten Familienspazierganges im Fenster wie in einer Auslage stehen gesehen hatte und das damals von seiner Schwester als für ihn unerreichbar bezeichnet worden war. Der Zusammenhang zwischen dem Kommen der angeblich Unerreichbaren und dem, was sie als Grund ihres Erscheinens anführte, war nicht sogleich einleuchtend. Unter den sehr wenigen Klienten, die sich in den Schutz des Sohnes begeben hatten, befand sich eine alte Dame, welche in ihrem fünfundsiebzigsten Lebensjahr ihr Haus an einen Schulrat für eine Leibrente abgegeben, in ihrem siebenundachtzigsten zu dessen Bedauern jedoch noch immer nicht verstorben war. Der Schulrat, in seinem Zahlungswillen durch die peinliche Vorstellung beeinträchtigt, daß die Greisin nicht nur schon jetzt zu lange auf der Welt sei, sondern auch noch längere Zeit auf eben dieser Erde fleischlich verweilen könne, suchte diesem Übelstande dadurch abzuhelfen, daß er auf den Hausstiegen und Gängen billiges Öl ausgoß und glitschige Fruchtkerne streute, auch sich selber ab und zu hinter Mauerecken versteckte, von wo aus er dann urplötzlich als Schreckgespenst der Alten entgegensprang. Allein die gewitzigte Angejahrte glitt nicht aus, geschweige denn, daß sie sich einen Oberschenkelhalsbruch zugezogen hätte, auch hielt ihr Herz der jähen Begegnung mit dem furchterregenden Eckensteher stand. Dagegen hielt sie es für nötig, ihn durch den Sohn wegen Gefährdung ihrer Sicherheit anzuzeigen, während der Schulrat hinwiederum einen bäuchigen Riesen als Verteidiger und Fürsprecher fand, der von Redlichkeit geradezu troff, auch zur Zeit des Parlaments Abgeordneter der jetzt noch herrschenden Partei gewesen war, und das Seinige tat, um die Entmündigung der alten Dame zufolge ihrer falschen Vorstellungen, betreffend ausgestreutes glitschiges Material und Schreckgestalten, wegen Geistesgestörtheit zu veranlassen. Nun hatte die in Rede Stehende, obwohl sie ohnehin von einem Gerichtsarzt untersucht worden wäre, sich noch zusätzlich auf eigene Kosten examinieren lassen, um das Bild von ihrem gestörten Bewußtsein privat zu widerlegen, das Exposé des zu Rate gezogenen Medizinmannes aber der Nachbarin zur Übermachung an den Sohn ausgehändigt, welche es hinwiederum zu demselben Zwecke einer Freundin überstellte und diese hinwiederum einer in gänzlich anderer Richtung lebenden alleinstehenden Frau, von der es das junge Mädchen als letztes Glied in einer Kette von Boten zur endgültigen Abgabe übernahm.

Dieses gewiß schöne Kind hatte seine Aufgabe sehr ernst aufgefaßt. Obwohl es kein direkter Auftrag war, dem es nachkam, weigerte es sich, das Schriftstück dem Hausmädchen auszufolgen, gab es nicht einmal der Mutter, die sich zur Entgegennahme ausdrücklich bereit und berechtigt erklärte, sondern wartete auf den Sohn, den es auch erst dann informierte und um den vermittelten Brief bereicherte, nachdem er es in sein Chefzimmer hineingeführt hatte.

Soviel Obsorge verdiente nach der Meinung des Sohnes ein besonderes Verständnis, zu dem auch die Vorbereitung durch frühere Gedankengänge, die sich als Helldenken erwiesen, das ihre beitrug. Es fragte sich aber nun vorerst, wie dieses zufällige Kommen der überaus Schönen sich erklären und in den Ablauf des Geschehens einfügen lasse. Es mußte nicht unbedingt wahr sein, daß sie die letzte zufällige Überbringerin einer Reihe von Beauftragten war, daß sie trotzdem ihr Amt so wichtig genommen, einen ihr unbekannten Anwalt ausfindig zu machen und persönlich aufzusuchen. Es konnte vielmehr auch sein, daß sie bei seinem Spaziergang am Waldesrand bereits mit Absicht im Fenster stand, weil sie ihn kommen sah, oder auch ohne solche Absicht die Lobesworte hörte, die seine Schwester auf sie sprach, und alles dieses zum Anlaß nahm, um ihn, den sie bereits kennenlernen wollte, unter irgendeinem Vorwand zu sehen, wozu der Brief ihr vielleicht gelegen kam. Es konnte aber schließlich diese Begegnung einem Kurzschluß in der göttlichen Vorsehung oder Bestimmung ebensogut geschuldet werden wie einem geplanten eigenen Entschluß oder kindlichem Eifer bei zufälliger Entlastung einer ihm fremden, aber ihr bekannten Person. Zumal alles das sein konnte und die Reaktion in jedem dieser Fälle verschieden auszufallen hatte, wäre der Sohn beinahe unschlüssig und reaktionslos geblieben. Weil er aber am liebsten an das Wunder glauben wollte, das ihm ja auch schon angekündigt war, suchte er sich dieses zunutze zu machen, aber nicht sofort, denn so sehr war er nicht auf Wunder gefaßt. Er bat sie daher um ein Stelldichein, und zwar für den kommenden Tag, welcher ein Samstag war.

Dieses Ansinnen an die angeredete Person wurde so unkompliziert aufgenommen, wie es bei Märchenprinzessinnen, aber auch bei Damen, die auf dergleichen gefaßt sind, üblich ist, es wurde genehmigt. Bei einer gewöhnlichen Botin wäre das Ja ein außergewöhnliches gewesen. Und außergewöhnlich war auch der Ort des vom Sohne vorgeschlagenen und von der Botin angenommenen Stelldicheins. Als Treffpunkt für den kommenden Abend wurde eine Felswand mit dort eingelassener rostiger Tür vorgesehen und dann mit Händedruck Abschied genommen. Sodann begab sich der Sohn in das Witwen- und Waisenzimmer, wo man ihn zwar nicht ausfragte, aber einer Erklärung bedürftig schien, die er nicht geben mochte. Hierauf ließ ihn die Mutter, beziehungsweise Witwe, wissen, daß sie vor einer Stunde den Chefredakteur des hiesigen Wochenblattes getroffen und von ihm erfahren hätte, es finde morgen, Samstag, eine Versammlung der Haus- und Grundbesitzer in den Abendstunden statt, in der man sich über eine neue Abgabe austauschen würde, die auch die Mieter anlange, es werde sich trotz allgemeiner Unzufriedenheit jedoch niemand bereit erklären, angesichts der Autorität der öffentlichen Stellen, die dergleichen wünschten, die Bekämpfung der Abgabe auf sich zu nehmen, der Sohn könne sich einen Namen machen, wenn er den Bedenken der andern zum Trotz dem Allgemeinwillen einen Weg zum Durchbruch zeige. Der Sohn sagte nicht zu noch ab, fand sich durch die Aufforderung beschwert oder außer Gleichgewicht gebracht oder wußte selbst nicht, was er tun würde. Vielleicht fühlte er sich bereits mit dem zweiten Teile seines Helldenkens innerlich belastet.

Wie aber der späte Samstagnachmittag da war, an dem er entweder ein schönes Mädchen verführen oder eine Versammlung an sich reißen sollte, glaubte er sich wie Paris eher von Venus als von Minerva oder Juno angesprochen, das heißt, er zog die Aussicht auf Liebesgenüsse dem Erfolg im öffentlichen Leben samt dazugehörigem Ertrag zunächst vor. Dabei hatte es zu regnen begonnen und die Tropfen fielen in zunehmender Schnurform, was die Erhaltung seines schönen Anzuges nicht begünstigte, aber ihn trotzdem nicht veranlaßte, umzukehren und einen Regenschirm zu nehmen, schon deshalb nicht, um ja nicht zu spät zu kommen, aber auch nicht, weil man Regenschirme zu Zusammenkünften mit Personen verschiedenen Geschlechts unter romantischen Umständen ebensowenig trägt wie aus sportlichen Rücksichten – auch der Soldat trägt schließlich keinen –, wenngleich für ihn selbst damals doch zufolge des

Wettergeschehens als zeitgemäß und nützlich zu befinden gewesen wäre, entsprechend vorzusorgen, und aus eben diesen Umständen auch jede Sicherheit mangelte, ob sie an einer triefenden Wand würde ausharren wollen, bis der einmal und nur kurz Gesprochene in begossener Form sich einfinden mochte.

Indessen war es nur so, daß sich seine Vorsätze, wenn er welche gehabt haben sollte, mit dem zunehmenden Naß, das schon sein Gewand erheblich aus der Form brachte, durchweichten und daß er, je näher er dem ersehnten Endziele kam, um so heftiger wünschte, sie würde gar nicht dasein, zumal der Vorrat seiner Worte durch einen Riß im Sack seines Erinnerns ohnehin unterwegs verlorengegangen und nicht wieder auffindbar geworden war. Aber obwohl ihm nunmehr die in Gedanken geweissagte und heißerwünschte Begegnung sowohl entbehrlich als auch beschwerlich schien, stand die Schöne aus dem Fenster trotzdem an der Felswand mit der eingelassenen und verrosteten Tür, und wiewohl der Felsen nach obenhin geradezu zurückwich und sie keinen Schirm trug, war keinerlei Feuchtigkeit an der Außenseite ihrer Gestalt festzustellen, wie auch ihr Gesicht in seiner Regenunberührbarkeit lächelte, aber nicht so, als ob es ein trockenes Lächeln wäre.

Zwischen Wirklichkeit und Wunder war eine Annäherung nicht leicht zu finden, obwohl die kleine Dame neben ihm über den nassen Weg schwebte, in dessen weiches Erdreich er geradezu einsank. Und als sie in der Folge über den Kies und die Felsenstufen sich nach oben und unten schwang, während seine Schritte nichts von ihrem Gewicht abgeben konnten, auch der Regen zunächst kaum nachließ, aber sich dann doch im Verlaufe ihres Gespräches verlor, mußte er sich in seiner Annahme bestätigt finden, daß das, was er sagte, nicht das war, was er sagen sollte und wollte, daß er sogar die Greisin erwähnte, deren Brief die

Botin überbracht hatte, seine Schwester zur Zeugin ihrer Schönheit anrief, die er doch selber besser bestätigen konnte, von den Zweifeln über den Grund ihres Kommens sprach, ja sogar von der hintangesetzten Versammlung der Haus- und Grundbesitzer, alles Anknüpfungen, wo kaum etwas zu knüpfen war, die das Seil des Gesprächs weder verstärkten noch dorthin führten, wohin er geradezu oder auch auf Umwegen gelangen wollte.

So kam es, daß er den Wert der Begegnung erst einzuschätzen begann, als sie bereits vorüber war, und sobald er diese aus dem Regen unter Dach bringen wollte, bestand seine Ernte aus vereinzelten Blicken, von denen er nicht einmal mit Sicherheit würde sagen können, ob sie die Bedeutung hatten, die er ihnen am liebsten gegeben hätte, dazu aus seinem Stolpern und ihrem leichten Gang, aus dem Regen, von dem er sich schließlich gutschrieb, daß er durch Nichtbeachtung aufgehört hatte, und der ebensowenig wie er selbst dem Mädchen etwas zuleide getan, und aus Worten über Dinge und Gegenstände, die ihm kaum noch einfielen, so unwichtig waren sie schon für ihn gewesen, als sie gesprochen wurden. Aber es blieb außerdem etwas von dem Klang ihrer Stimme und der Berührung vermöge Abdrucks ihres Körpers in den sie umgebenden Luftteilen an Stellen, über die sie gegangen war, all das noch vermehrt durch seinen unverbrauchten Glauben, der nicht durch andere Ziele wie Gott, einen absoluten Zweck oder sonstige angenommene Gegebenheiten abgelenkt war. Endlich wurde ein Stelldichein für den dritten Tag nach diesem vereinbart, eine zwar angeblich glückbringende Bedeutung beim Antreffen von Spinnerinnen, bei ernsten Liebesdingen, in welchen der erste Eindruck ausschlaggebend zu sein pflegt, aber kaum eine Gelegenheit zum Wiederanlaufen aus früherem Anlaß versäumter und sohin unwiederbringlich verlorengegangener Startmöglichkeiten, eine Einbuße, der er sich wenigstens halb bewußt zu sein schien.

Allein, noch kühler als der Regen und das nicht greifbare Ergebnis des von ihm zur feuchten Zeit schlecht angebahnten Liebeserlebens kam ihm die nunmehr durchzumachende Anwesenheit in der Versammlung der Haus- und Grundbesitzer vor, an die ihn die auf dem Heimweg ihm begegnende Mutter durch ihr Auftreten ungebührlich erinnerte. Denn er hatte immerhin Zeit damit hingebracht, nichts zu erreichen, weshalb ihm das Zusammentreffen mit der Mutter auf Streckenmitte offenbar eine Mahnung nach anderer Richtung als der vorhin von ihm eingeschlagenen darstellen sollte.

Sobald er sich aber aus seinem Dahintaumeln wieder aufraffte, fand er sich an schlechter Stelle in einem großen Saale eingekesselt, der eine von Tabak- und Biergerüchen gesättigte Atmosphäre um die dicht Versammelten legte, während von einem Podium aus ein gewaltiger und gewichtiger Mann, eben sein gegnerischer Kollege in Sachen Greisin und Schulrat, in welcher Angelegenheit er die Botschaft von dem eben verlassenen Mädchen erhalten hatte, salbungsvolle Worte setzte, welche bedeuteten, daß eine Versammlung der Haus- und Grundbesitzer nunmehr eingeleitet werde, zu welcher sich auch als Beobachter Abgesandte der sonst feindlichen Mieter eingefunden hätten, und daß man hier über eine von dem Lande genehmigte, die Stadt betreffende Abgabe befinden werde, daß aber dieses Befinden kaum die Möglichkeit einschließe, den Kanzler zu bewegen, die Last, die in gleicher Weise den Besitz wie die nutznießerischen Bestandrechte daran betreffe, in kurzer Frist noch abzuwenden, daß also die Abgabe insofern gerechtfertigt sei, als die Stadt große Schulden habe, hinwiederum bitter, weil man sie nur schwer berappen könne, ihre Bekämpfung letztlich aussichtslos, weil es noch nicht vorgekommen sei, daß in diesem jetzt vaterländischen Staate das höchste Bundesorgan sich in Widerspruch zu dem höchsten Landesvertreter setzte, man auch nicht sagen könne, daß die Auflage etwa nicht dem Zwecke diene, den sie erfüllen solle, und der Gesetzesentwurf selbst keine formalen Bedenken aufkommen lasse, das heißt, über den Rahmen, der ihm gesteckt sei, nicht hinausgehe. Als der Vorsitzende auf dem Podium geendigt hatte, ohne freilich dieses im Stich zu lassen, erhob sich im Raume unzufriedenes Gemurmel, das von jenen herrührte, die nicht zahlen wollten. Wie man aber die Stimmen derer zählte, die sich zu Worte meldeten, so waren es nur ihrer fünf, bis diese der Sohn auf Veranlassung der Mutter durch Selbstnennung zum halben Dutzend ergänzte.

Der erste und zweite Gemeldete konnte eher als Jasager gelten, denn wenn die beiden Äußerer sich auch nicht für die Abgabe aussprachen, so hielten sie doch diese für unabwendbar. Der dritte Redner erklärte sich auf unverständliche Art. Die Stimme vier gehörte einem Protestler, der meinte, daß es etwas dagegen geben müsse. Der fünfte fand zwar dieses Gegenmittel nicht, doch hoffte er, daß es ein sechster finden könnte. Der sechste war aber der Sohn. Diesem kam es vor, daß ihm die Sache nahegehe, weil seine fünf Vorredner mit ihr nicht fertig geworden waren und der schmerbäuchige Riese gesagt hatte, daß nichts zu machen sei. Außerdem träumte der Sohn seine helldenkerische Vorstellung von dem Kanzler weiter, dem er die Löschwiege fortnahm, um mittels dieser von der Tafel die Ziffern zu löschen, welche die Belastung der Stadt enthielten und der die Ziffern seiner schon bestehenden, nämlich ererbten Belastung hinzugefügt waren. Und obgleich eine Löschwiege die Funktion eines Schwammes nur ungern und nicht gehörig ausführt und der Sohn überhaupt nicht vorbereitet war, etwas Sachliches kundzutun, suchte er doch auf oberflächliche Art in das Innere des Ganzen zu gelangen, indem er es an verschiedenen Seiten betastete und einen Gemeinplatz um den andern im Erörterungswege fallen ließ, und zwar so, daß er das Fallengelassene schneller noch vergaß als die ungeeigneten Worte, die er zu einer Liebesanbahnung mit dem Wundermädchen zwecklos verwendet hatte. Und als er diesmal zum Ende gelangte, bezeichnete ein Herr den Inhalt seines Vorbringens als Unsinn, während die andern seinen Ausführungen beipflichteten, indem sie kräftiglich applaudierten. Der Sohn aber hielt sich mehr an den einen, dessen Namen er unbedingt wissen wollte, nicht, um ihm zu danken, sondern um ihn anzuklagen, während die Mutter aus dem Mehrheitslobe Ansätze für einen vorgezeichneten Erfolg des Sohnes mit seiner künftigen Berufspraxis heraushörte. Als daher die Auszählung derer, die dafür waren, daß man noch etwas unternehme, dreihundertvierzehn ergab, während nur drei sich für Resignation entschieden, mit denen der schmalzige Riese in der Minderheit blieb, frohlockte der noch irdische Anteil in der Mutter, während der Sohn in einem der drei Gegenstimmer den Unsinnrufer ausnahm und als einen Gymnasialdirektor mit Hofratstitel feststellen konnte.

Dem Sohn war es dann gelungen, die Mutter zum Heimweg zu veranlassen, wobei man durch ein Spalier derjenigen gehen mußte, die von dem Hindurchgehenden etwas erwarteten, während er selbst zunächst nur daran dachte, den widerspenstigen Zwischenrufer gehörig unter Anklage zu stellen, zu welchem Ende er sich mit einem Funktionär der Rechtsanwaltskammer in Verbindung setzte, den er von seiner Angelobung her kannte, von welchem er allerdings auch wußte, daß er auf nationaler Seite stand. Am Abend des dritten Tages aber, als der Sohn gerade darangehen wollte, das Versäumte bei seiner Herzallerliebsten nachzuholen, kam die Nachricht, daß ihm die Haus- und

Grundbesitzer die Vollmacht zur Bekämpfung der Abgabe erteilten, falls er für seine Dienste kein Honorar verlange, und daß die Mieter, anscheinend unter dem gleichen Beding, dasselbe täten. Beide sonst einander widersprechenden Gruppen wollten überdies Deputierte für eine Delegation beisteuern, soferne der Sohn solcher für eine Vorsprache bedürfe.

Der Betroffene sah sich nun in einer Sache, die ihn wohl anging, aber nicht interessierte, vor eine harte Probe gestellt, zumal es nicht wahrscheinlich schien, daß die, welche die Steuern einnahmen, ebenso leicht für die Nichtveranlagung zu haben sein würden wie die, welche sie zahlen sollten. Im Augenblick verschwammen überdies die Möglichkeiten, einen Weg hinauf zu finden, in noch nicht ausgeklügelten Wortgefügen und Gängen, und soweit ihm für den Aufbau von Sätzen Brocken von ungefähr zuflogen, waren diese im gleichen Nu wieder entschwunden. Dazu hatte er unbedingt vor, beim heutigen Stelldichein das zu tun, was er von sich und vielleicht auch sie von ihm erwartete, und den Eindruck der Unschlüssigkeit, der ihm noch jetzt in der Erinnerung widerwärtig war, durch einen solchen hartnäckiger Einsatzbereitschaft zu ersetzen.

Aber wie er zum Rendezvousplatz kam und die so dringend Erwartete nicht sogleich ausmachte, fühlte er sich wiederum von seinen Pflichten angesprungen, die bereits Nöte waren und ihn nach einer andern Richtung hinzerren wollten. Und wie die Dame seiner Wahl aus einem Versteck herauskam und es ihm so war, als ob er sie küssen wollte, verbellte ihn ein kleiner Hund, den sie mitgebracht hatte und der ihn an den eignen erinnerte, den er 17 Tage vor dem Tode seines Vaters verloren. Sohin begann er sogleich diesem Tier einen Nekrolog zu halten, das treu und stichelhaarig gewesen, nicht aber außerdem folgsam, über die Straße gelaufen, von ihm zurückgerufen worden, einem

Lastwagen mit teilweise verhängtem Nummernschild zum Opfer gefallen war, der absichtlich auf die falsche Straßenseite und in scharfem Tempo fuhr, um den Hund zu überrollen, der sich noch mit gebrochenem Rückgrat vor die Füße seines Herrn schleppte, um daselbst von einem herbeigeholten Tierarzt zum Verenden gebracht zu werden. Dabei waren vier Zeugen des Vorfalles anwesend, welche die Schuld des motorisierten Kutschers bezeugen konnten, der aber davonfuhr, ohne daß auch nur einer seine Wagennummer hätte angeben können, nicht einmal der Baron, welcher wenigstens eine Einzelziffer erhaschte.

Der Sohn hätte nun wohl nicht angeben können, warum er gerade den Baron als solchen erwähnte. Aber sobald er dies getan hatte, wurde die Erwähnung bereits zum Anfang eines Verhörs. Die Angeredete fragte nämlich nach dessen Namen, und es stellte sich heraus, daß diese peinliche Zufallsbekanntschaft mit einem ihrer Bewerber identisch war. Sie hatte allerdings noch zwei andere Anwärter auf ihre Gunst, einen älteren mit Geld und einen jungen ohne solches. Damit war der Zauber ihrer Erscheinung nahezu verflogen, aber die Aussichten auf ein Ergebnis des heutigen Beieinanderseins vielleicht wiederhergestellt, zumal sie auch zu verstehen gab, die Mutter würde spät heimkommen, was offenbar eine Ausdehnung der Zusammenkunft, unter Umständen deren spätere Verlegung nach ihrem Wohnsitz in Aussicht stellte.

Aber wie sie bei einer Lichtung eintrafen, die den Wald in zwei Teile unterbrach, verbellte der Hund einen größeren Gegenstand, der auf einem Kotzen lag. Und sobald sie näher traten, erwies sich dieses Objekt der Verbellung als ein alter Mann, dessen Gesicht im Zwielicht den Sohn an seinen Vater erinnerte, ja zeitweilig dessen Züge annahm, obwohl es wahrscheinlich einem Waldmenschen gehörte, der nahe seiner Höhle mit einer Schlafdecke niedergefallen und ans Sterben gekommen war, nun allerdings sein Totsein mit dem Vater gemeinsam hatte. Die Decke hinwiederum, die, wie schon erwähnt, ein Kotzen oder noch richtiger Baumwollfetzen zu sein schien, besaß in jener, die dem Vater zufolge Rizinusklistier auferlegt worden, das erinnerungsmäßige Gegenstück. Diese Kenntnisnahme erschwerte sohin dem Sohn die Bereitschaft zum Liebesspiel. Das Gespräch, beziehungsweise vielmehr das Geplauder des weiblichen Teiles der vollends brüchig gewordenen Partnerschaft, bezog sich von nun an vorübergehend auf die aufgefundene Leiche, während der Sohn und mehrfach verhinderte Liebhaber in einer Art Taumel der Anschauung sich hauptsächlich innerlich mit dem Vorgefallenen beschäftigte, dem er offenbar eine über die bloße Auffindung eines toten Höhlenbewohners hinausgehende Bedeutung beimaß. Die Ansicht des Mädchens, man müsse die Polizei oder Feuerwehr oder das Rote Kreuz von dem Funde verständigen, war vielleicht verspätet, weil, sowie sie sich von jener Stelle entfernt hatten, bereits Uniformierte dort eintrafen, die schon ein anderer redlicher Finder berufen haben mochte oder die aus eigenem Antrieb auf die Fährte gekommen waren. Durch die Fortsetzung der Wirklichkeit im üblichen Sinne wurde aber der Sohn von seinem Hang zur Verstocktheit nicht abgebracht, sondern es bedurfte hiezu eines Fußballes von einer nahen Wiese, den ein Stürmer oder Eckballer über das Goal hinausschoß und der in der Lendengegend des Todbetroffenen landete. Das brachte die Begleiterin zum Lachen, welches mit den vorgängigen makabren Umständen nicht in Zusammenhang zu bringen war. Auch schoß sie den Ball zurück, indem sie den Sohn stolz darauf aufmerksam machte, daß sie aktives Mitglied einer Mädchenfußballgruppe sei, einer Sportvereinigung, die beim sogenannten zarten Geschlechte damals noch eine Seltenheit darstellte.

Darauf betrachtete der Sohn ihre Beine näher, während er sich bisher mehr mit dem Gesicht des Mädchens beschäftigt hatte, was an sich als Umweg zu den Lenden betrachtet werden muß. Er traf ihre Tragstücke, hiezulande Füße, auch Sprudler geheißen, mit einem Blick, der nichts mehr verschönte, zumal er bereits durch das Leichenerlebnis abgelenkt und durch Mitgefühl für seinen von einem schweren Ball getroffenen Bauch jedes Veredlungssinnes beraubt worden war. Er fand das zur Schau Gestellte muskulös, teilweise behaart und nicht so proportioniert, wie er nach der Ansicht im Fenster bisher geglaubt hatte. Dazu kam, daß seine mangelhafte Befassung mit Fußball, vielleicht auch eine vorgefaßte Meinung, ihn davon abhielt, an Wundermädchen zu glauben, welche diesen Sport aus freier Wahl zu dem ihrigen gemacht haben.

Inzwischen waren sie wieder im Walde angekommen, und der Sohn zeigte sich trotzdem noch entschlossen, aus dem toten Wunder eine wirkliche Liebschaft zu gestalten. Allein der aufgelegte Kotzen des verstorbenen Höhlenbewohners sowie dieses Verstorbenen vermeintlicher Gesichtsausdruck lähmten seinen Angriffswillen, auch spürte er im Unterleib das mißratene Goal, und schließlich stank das verendete Wunder in seine empfindliche Nase. Vielleicht war er auch bloß zu feige, zu faul und zu ungeschickt, aus den Gegebenheiten etwas herauszuholen. Davon abgesehen, hatte, wie er einen Fehltritt machte, ihn der Hund bereits an der Hosenstulpe. Übrigens sagte jetzt das Mädchen, aber das sagen manche, die es später anders meinen, sie wolle erst geheiratet werden, sie wisse allerdings noch nicht, von wem. Nach dem vorher Angekündigten kamen der Hundebaron, ein junger Habenichts und ein alter Habewas in Betracht. Der Sohn fühlte sich gekränkt und ausgeschaltet, obwohl er sich doch hätte erinnern sollen, daß dieses angeblich so lammfromme Kind, welches er vorher nur einmal in verführerischer Stellung gesehen, ihn offenbar unter einem Vorwand aufgesucht hatte, um mit ihm in Beziehungen zu treten, und daß er als Mann sehr wohl in der Lage sein mußte, die Art dieser Beziehungen zu bestimmen oder zumindest nach und nach anzubahnen.

Aber unter Erwägungen und Bedenken sowie deren Widerpart, nämlich Nichtdenken und Nichtbesinnen, verging die helle Zeit, ohne daß auch nur andeutungsweise ein Weg von Geschlecht zu Geschlecht gefunden, geschweige denn begangen worden wäre. Als sie einen Drahtzaun bei schwindendem Tageslicht überstiegen, versuchte er wenigstens, sie zu umfassen und zu küssen, doch wiederum griff der Hund ein, und da er keinen hatte, war er im Nachteil und wurde zudem von dem Mädchen zum zweiten Male ausgelacht. Weil er es nun auf einen dritten für sie lustigen, ihm aber peinlichen Anlaß nicht ankommen lassen wollte, führte er sie vorzeitig nach Hause, ohne ein weiteres Stelldichein zu vereinbaren, und beschloß, sich seinen Pflichten auszuliefern, auf welche der Tote im Kotzen, das Unterleibsgoal und der kleine Hund samt ihrem großen Gelächter ihn bereits verwiesen hatten. Das Mädchen aber sagte ihm beim Abschied, es sei schade, wenn er so empfindlich sei.

Auch aus diesem Grunde möglicherweise kam es ihm, sobald er erst zu Hause war, so vor, als würde er besser getan haben, wenn er sich anders verhalten hätte. Er hielt zahlreiche Gelegenheiten der Annäherung hinter dem Rükken des kleinen Hundes nachträglich für realisierbar, darunter solche angesichts der Leiche, die ja doch nicht zu ihm gehörte, und selbst in diesem Falle eine spontane Annäherung seitens der sie an Hinterbliebenenstelle Anstarrenden nicht ausgeschlossen hätte. Ja, es würde sogar ein ganz besonderer und außergewöhnlicher Anlaß gewesen sein, bei welchem der Hund durch anderweitige Beschäftigung wie etwa Beschnüffeln des Toten ausgeschaltet gewesen wäre. Das Aufsuchen von immer mehr Gelegenheiten, die bereits versäumt waren oder überhaupt nur in seinen krampfhaften Vorstellungen und Hinzufügungen gefunden werden konnten, führte schließlich weder zur Pflichterfüllung noch zu einem Versuch der Wiederbegegnung, wohl aber zu reichlicher Selbstbefriedigung, wozu ein Kotzen ähnlicher Art, wie er den beiden Leichen zur Verfügung gestanden, als Reibungsfläche herhalten mußte.

Danach war das Wunder in bloßen Spuk verwandelt, aber auch die Arbeitslust einigermaßen unterbrochen, sofern sie ernstlich überhaupt vorhanden gewesen. Trotzdem zwang sich der Sohn um Mitternacht in den Bibliotheksraum zu gehen, um etwas zu suchen, was er für eine Schrift an den Kanzler zugunsten der Haus- und Grundbesitzer, vermehrt um die Mieter, brauchen könnte. Da die Tür in den Nebenraum, in dem die Mutter damals schlief, offen war, hörte er sie leise atmen, das tat sie entweder im Schlaf oder sie konnte die Wirklichkeit auch nicht zu einer zeitweisen inneren Stille überwinden. Der Sohn fand nichts Passendes für sein Arbeitsvorhaben, zumal er kaum die geeigneten Bücher hatte oder sonst in ungeeigneten suchte, schrieb aber trotzdem etwas hin, das sich weniger mit der Verschwendung der Stadtväter beschäftigte, für die das Steuervorhaben eine Buße und Abgeltung bedeuten sollte, sondern sich mehr auf die Unerträglichkeit der Last bezog. Dazu setzte er die eine oder andere Gesetzes- beziehungsweise Verordnungsziffer, aber es konnten ebensogut sonstige Zahlen sein, die auch nicht schlechter paßten. Dann ließ er sein Vorhaben für den nächsten Tag übrig, ohne daß er glaubte, an diesem etwas Besseres und Wirksameres hervorbringen zu können.

Als er aber dennoch am folgenden Tage mit verbissenem Eifer angeblich bereit war, seine Arbeit wiederaufzunehmen, sie zu ergänzen oder zu verbessern, erhielt er zweierlei Besuch, den er nach seinem Dafürhalten kaum wegschicken konnte, wiewohl das Eintreffen der ihm geflissentlich bei ihm selbst Begegnenden durchaus privater Natur war und in seine Dienststunden fiel. Allerdings waren beide Gäste angehende Rechtsanwälte und hatten trotz damit nicht leicht zu vereinbarenden sonstigen Angewohnheiten den Ausdruck der Intelligenz sozusagen auf ihrer Stirne geschrieben. Der eine von ihnen war überdurchschnittlich groß und zufriedenstellend, wenn auch derb gebaut, dabei sichtlich sorgfältig gekleidet und frisiert und setzte seine Worte mit Bedacht wie Schachfiguren. Der andere, aus fettem Material hergestellt und mit einem großen gedunsenen Kopf versehen, war zwar nicht nachlässig, aber auch nicht ansprechend gekleidet, schwitzte aus allen Fugen und sprach ohne Pause, wenn auch durch das Gesprochene nicht immer Eindeutiges zum Ausdruck kam.

Der Schönling, der aus der Großstadt eingelangt war und sich so niederließ, daß man annehmen konnte, er werde bis zur letzten Möglichkeit, ein öffentliches Verkehrsmittel zu erreichen, hier verbleiben, zeigte sich durch die Ankunft des andern in seinen ästhetischen Gefühlen verletzt. Der Fette dagegen empfand die Gegenwart des Dritten zunächst nicht als störend, ja sogar als eine geeignete Wand, gegen die er sein Gespräch zwecks Widerhalls richten könnte, indem er gleich im vorhinein beide Parte, die des Behauptenden und die des Widersprechenden in sich vereinigte. Denn er hatte angenommen, in dem andern einen schweigsamen Gesprächsadressaten vorgefunden zu haben.

Zunächst lud der den Sohn zu einer bosnischen Bekannten ein, die demnächst nach England ausgeheiratet werden würde und bei deren Abschiedsfeier sich der hiemit Eingeladene köstlich amüsieren könne. Danach machte er den Gegenredner, wobei er von der Unterhaltungsmöglichkeit den Großteil der sonst Eingeladenen als unbekömmliche Beigabe abzog, darunter den glatzköpfigen Facharzt, dem der Sohn gelegentlich der Weibszuweisung beim Goldzahnblecker, welcher den sterbenden Vater klistiert hatte, begegnet war. Der schweigende Dritte zeigte durch Mienenspiel seine Unzufriedenheit mit dem Vorgebrachten, und zwar sowohl in dessen positivem als auch in dessen negativem Teile. Mag sein, daß es ihm nicht recht war, daß er nicht eingeladen wurde, daß er dem Fetten die Legitimation zur Einladung und Bespöttelung der voraussichtlich Anwesenden bestritt oder daß er nur nicht dafür war, daß ihn nicht Angehendes überhaupt in seiner Gegenwart beredet wurde. Danach sprang der Fette auf einen Witz über, welcher den kleinen Moritz betraf, der nicht aufs Meer wollte, weil er dort zu sehr in Gottes Hand sein würde. Auch diesen Vortrag billigte der Schönling nicht, vielleicht weil er den Scherz schon kannte oder besser erzählt hätte, vielleicht auch, weil er sich in Anbetracht der eben im benachbarten Deutschland verabschiedeten Nürnberger Gesetze angegriffen fühlte, zumal er von Vaterseite keinen sogenannten arischen Großvater aufzuweisen hatte, vielleicht auch, weil er ein Ähnliches von dem Erzähler vermutete und ihm aus diesem Grunde innerlich das Aufspielen auf Kosten verheimlichter Anlagen verübelte. Das gar nicht entgegenkommende, geradezu fröstelnde Schweigen des Schönlings veranlaßte den beredten Fetten zu dem Teilgeständnis, daß er bereits an seinem Stammbaum arbeite, aber noch die genauen Daten seiner mütterlichen Großmutter vermisse. Hier ließ sich der Schöne plötzlich hören, indem er seiner Verwunderung Ausdruck gab, daß der Bekenner nur so wenige brauchbare Ahnen noch ausständig und so viele verwendbare schon gefunden habe. Im übrigen könne er sich vielleicht noch etwas Zeit mit der Suche lassen, denn morgen werde Hitler noch nicht nach Österreich kommen.

Darauf meinte der Fette, welcher den Angriff überhörte oder nicht zur Kenntnis nahm, man dürfe doch nicht glauben, daß der gegenwärtige Zustand anhalten werde. Einstweilen müsse man eben mitmachen, und später sei es nötig, sich entweder anzupassen oder zu verschwinden, beides aber zur richtigen Zeit. Trotzdem rate er dem Sohn, es nicht einzustecken, wenn ihm ein Schulmann in der Versammlung der Haus- und Grundbesitzer den Vorwurf des Unsinns gemacht habe. Das sei eine Verunglimpfung, die man gehörig ernst nehmen müsse. Der Schönling, mit dessen Schweigsamkeit der andere wiederum zu Unrecht gerechnet hatte, ereiferte sich bereits über die Vorhersage eines in Reichweite stehenden Endes des geltenden Regimes, obwohl er für dieses nicht war, aber bei dessen Wegfall größere Unannehmlichkeiten befürchtete, nur sagte er zu diesem Thema nichts. Dagegen traf der Blitz seiner Worte die Auffassung, daß das Wort »Unsinn« eine strafbare Ehrenbeleidigung sei, und hier schnitt er geradezu schreiend dem Fetten die Weiterbehandlung der Frage ab mit Gebärden, die so zornig waren, daß sie keine Diskussion mehr zuließen.

Der Fette, welcher ebenfalls rote Flecken im Gesicht bekam, beharrte nicht auf diesem Thema, sondern flüsterte dem Sohn ins Ohr, er könne diesem gegen Halb und Halb Klienten schicken. Das war ein durchaus standeswidriges Ansinnen, das der Fette nur deshalb machte, weil er mit der Praxis noch nicht fertig war und außerdem nicht beide Parteien in ein und demselben Rechtsstreit vertreten konnte, was als Verbrechen und Mißbrauch der Amtsgewalt gewertet worden wäre. Der Sohn, der über die Gründe des Dicken nicht weiter nachdachte, vermutete aber, daß dieser Vorschlag der hauptsächliche Grund für dessen Kommen gewesen war. Er hielt sohin dafür, daß der Proponent gehen würde, falls er seinen Vorschlag annehmen werde. Das war auch, wie er später sagte, der alleinige Anlaß für sein Ja. Denn es kam ihm gar nicht darauf an, Klienten durch den Fetten zu bekommen, welche dieser, sowie dies anginge, wieder zu sich zurückbeordern würde, noch um die Hälfte des Honorars zu arbeiten, wo er es nicht einmal für das ganze gern tat. Wenigstens äußerte er diese Meinung, sobald der andere nicht mehr da war.

Als der durch die Antwort Zufriedengestellte wirklich ging, wurde die Luft in keiner Weise reiner, aber es trat doch jenes Schweigen ein, mit dem der nun Abgegangene bereits vorzeitig irrtümlich gerechnet hatte. Diese Redepause mochte darin ihren Grund haben, daß beide Zurückgebliebenen keine Lust zeigten, ein angefädeltes Thema weiterzuspinnen. Vielleicht auch schämte sich der Schönling seines ihm ungemäßen Zornesausbruchs und dachte der Sohn bereits daran, wie er das vom Fetten vorgeschlagene und von ihm angenommene Offert wieder von sich abwenden könnte.

Sobald aber der Schöne wieder seine Lippen bewegte, und er tat dies wie beim Essen, ohne die kleinen Zähne zu zeigen, obwohl sie durchaus echt waren, machte er bloß eine rein persönliche Mitteilung, nämlich die, daß er demnächst eine eigene Kanzlei eröffnen werde mit einem einzigen großen Klienten, aber einem von Welt, nämlich einer Großbrauerei. Er habe auch die Räume schon eingerichtet und neben dem Chefzimmer eine kleine angebaute Schlafnische mit Sofa, auf dem er sich ausruhen könne, bis er in Angelegenheit seines Mandanten dringend angerufen werde, wovon ihn seine gute Kanzlistin, die er seinem bisherigen Chef ausgespannt habe, zeitgerecht verständigen könne. Er fühle sich nämlich tagsüber müde, was gar nicht verwunderlich sei, wenn man in Betracht ziehe, daß er die Nächte hindurch in einem Kaffeehaus nächst dem Kai Bridge spiele. Das trage ihm ebensoviel, als die Kanzlei ihm tragen könne. Wozu jüdle er auch so gut und wozu sei er denn ein As in diesem Spiel (nämlich der zweitbeste Spieler im Land), wenn nicht um den Leopoldstädter Juden das Geld abzunehmen.

Er war noch in diesen Eröffnungen begriffen, als eine junge, hochgewachsene blonde Frau hinzukam, welche zeitweise des Abends zu erscheinen pflegte, wenn ihr düsterer Gatte, der Kunst reproduzierte und gelegentlich selber schrieb, in Wien Vorträge hielt oder wen darzustellen pflegte. Sie war ihrer gewaltigen Ausmaße wegen keine erotische Ergänzung für den Sohn, obwohl er sie ihrer Offenheit halber hoch einschätzte. Wenn allerdings der Schönling mit dabei war, dann kam es auf dem Diwan zu Balgereien zwischen ihr und diesem, die allerdings nie so weit gingen, daß sonst bedeckte Reize zutage traten, welche Ringkämpfe überdies von Zänkereien um das Nachtmahl gefolgt oder präludiert waren, das auf Veranlassung der erblasserischen Witwe für die Gäste aufgetragen, aber zumeist zu Zweidritteln von dem schnell essenden und auch in diesen Dingen ironischen Schönling vorweg in Anspruch genommen wurde.

Am gegebenen Abend fühlte sich der Schönling besonders sarkastisch aufgelegt, vielleicht, weil ihm die Seitenhiebe, die er dem Fetten verpaßt hatte, nicht genügten. Er nahm daher auch von jenen Wurstsorten, die schon als kalter Aufschnitt auf dem Teller der jungen Walküre lagen. Und als sie schließlich ungesättigt fortging, folgte er ihr nach kurzem Diwangebalge. Wie der Sohn später von beiden erfuhr, hatte es sodann ein Mißverständnis zwischen ihnen gegeben. Als nämlich die leiblichen Auseinandersetzungen an einem andern Platz, anscheinend in einem per Taxi erreichten auswärtigen Hotel in die intime Sphäre verlegt werden sollten, habe der schöne, sonst rechtsbeflissene Philosoph die Liebesanbahnung mit versuchter Ausrenkung der Arme und Beine seiner Partnerin begonnen und sei nach mißglückten einschlägigen Versuchen wortlos unter Zurücklassung seiner Liebeshälfte oder Widersacherin fortgegangen. Nach der Darstellung des Schönlings allerdings hatte dieser mit der Aufdeckung des begehrten Wesens an einer andern Stelle begonnen und bei dem Eindruck von deren Ausmaßen kapituliert und seinen Abgang vollzogen. Wie dem auch immer war, die beiden erschienen nicht wieder gleichzeitig beim Sohn.

Nach solchem Geschehen und dessen zwiespältiger Aufklärung hatte der Sohn seiner anstelle einer Kanzlistin amtierenden Mutter das Elaborat über die Abgabe diktiert, welches er später dem Kanzler nach Korrektur der Schreibfehler und Verbesserung eigener Irrtümer sowie nach Unterfertigung durch die Delegationsmitglieder vorzulegen im Sinne hatte. Darauf erinnerte er sich wieder des Vorwurfes des Unsinns, welchen auf sich sitzen zu lassen er nach dem Rat des Fetten und gegen den Einwand des Schönen nicht mehr für zuträglich empfand. Er wählte sich aber in der Person des Kammerfunktionärs, bei dem er seinerseits die Pflichtenangelobung als Rechtsanwalt geleistet hatte und mit dem er bereits am Tage nach der Beleidigung telephonierte, einen Vertreter für seine Privatanklage. Dieser erklärte sich bei telephonischer Rücksprache zwar bereit, den Fall zu übernehmen, aber unter der Bedingung, daß ein Gutachten beigeschafft werde, daß Unsinn überhaupt eine Ehrenbeleidigung sei. Solche theoretische Unterstützung hoffte der Sohn bei seinem ehemaligen Strafrechtsprofessor zu erlangen, der aber inzwischen wegen Hingezogenheit zur nationalen Sache nach Deutschland weggewandert war. Damit war der angerufene Anwalt, der selber großdeutschen Ideen aufgeschlossen schien, einverstanden. Um die Frist zu wahren, wurde inzwischen das zuständige Gericht mit einem Schriftsatz nach dem Entwurf des Sohnes angerufen.

Das Elaborat in Angelegenheit der Bekämpfung der Abgabe sollte nach den Wünschen der Mitunterfertiger an drei Stellen entschärft und an zwei weiteren gekürzt werden. Danach setzten von elf Angemeldeten neun ihre Namen darunter, fünf davon allerdings unleserlich. Diese letzteren waren ein Fleischhauer, ein Optiker, zwei Kaufleute und ein öffentlicher Beamter in vorgerückter Stellung, während die vier leserlichen Signaturen von Pensionisten aus der Privatwirtschaft, aber auch von Staatsrentnern herrührten.

Während nun der »Unsinn« erst nach den Sommerferien zur Verhandlung kommen sollte, war die Abgabenbekämpfung schon vorher durchzusetzen, da sonst die Einspruchsfrist des Kanzlers nicht mehr hätte eingehalten werden können.

Bevor aber die Eingabe noch überreicht werden konnte, erklärten die zwei Staatsrentner und der Beamte in vorgerückter Stellung ihre Unterschriften zurückzunehmen, da der letztere um seinen Dienstplatz, die beiden andern um ihre Ruhegenüsse zu bangen begannen. Alle Vorstellungen des Sohnes blieben ergebnislos, sei es, weil die Angst der drei zu groß war oder der Chef des Haus- und Grundeigentümerverbandes, dem das Einschreiten des Sohnes ohnehin von Anfang an nicht recht gewesen, seinen Einfluß in dieser Richtung geltend gemacht hatte. Da man nicht gut Unterschriften streichen oder für wirkungslos erklären konnte, mußte das Blatt neu geschrieben und unterschrieben werden. Dabei waren auch die Unterschriften der Wirtschaftspensionisten nicht mehr leserlich geblieben, und der Fleischhauer verweigerte ohne Angaben von Gründen die Zweitfertigung überhaupt. Nichtsdestoweniger wurde die Eingabe vom Sohne alsbald überreicht und, damit nur ja keine Zeit verlorenginge, um dringende Audienz gebeten. Zu diesem Behufe mußte der Sohn mindestens sieben Male im Kanzleramt vorsprechen. Die förmliche Anhörung der

Delegation wurde schließlich für einen Mittwoch angesetzt, an dem der Optiker nicht frei war und für den sich einer der Kaufleute und einer der Wirtschaftspensionisten entschuldigten, während der andere überhaupt ohne Absage ausblieb, aber im letzten Moment ein Werkmeister und ein gelernter Arbeiter einsprangen, die von den Mietern beigestellt worden waren. Allerdings hatten sich inzwischen die Zeitungen mit dem vom Sohn übernommenen Fall beschäftigt. Man bezeichnete ihn selbst als einen gefährlichen Phantasten, seine Delegationsmitglieder wurden aber für nationalsozialistische und kommunistische Elemente gehalten. Aus dieser Aufnahme seiner Bemühungen durch die Presse konnte der Sohn seine Erfolgsaussichten berechnen.

In der Zwischenzeit war es für ihn nicht unbedingt nötig, sich Mut zu machen, denn er hatte gar nichts zu verlieren. Seine Kanzlei ging ohnehin nicht, war die siebzehnte an einem Platz, an dem höchstens sechs von dieser Art Rechtsanwendung leben konnten. Dazu hatte er das Angebot des Fetten, mit ihm bei Zusendung von Klienten Halbpart zu machen, bereits zurückgewiesen. Sein Hang zur Pflichterfüllung war außerdem ziemlich gering, denn er liebte weder seinen Beruf noch diese Sparte von dessen Ausübung. Auch rechnete er sich aus, daß das Regime nicht lange halten und er dann keineswegs würde Rechtsanwalt bleiben können. Trotzdem wollte er in der von ihm übernommenen Sache, wenn schon ein Mißerfolg unvermeidbar war, in Schönheit scheitern, das heißt sich den Anschein geben, als wäre sein vollkommener und offenbar unvermeidlicher Schiffbruch eine Selbstversenkung mitten im Siege.

Seine Suche nach einer geeigneten Maske bei der Schlußphase oder, besser gesagt, die Beibehaltung einer außernatürlichen Haltung erforderte, da Überzeugung für die

Sache nicht vorlag und nicht beigebracht werden konnte, geeignete Ersatzhandlungen oder Schicksalswendungen, die sich ohne solche ergeben würden. Letztere traten erwartetermaßen nicht ein.

Der Prozeßerfolg für die Greisin gegen den Schulrat, der diesen eine Woche bedingten Arrest gekostet hatte, war offenbar nur als Aufschub der mittelbaren Beseitigung der Klientin zu werten und brachte nicht einmal ein Wiedersehen mit dem fußballspielenden früheren Wundermädchen. Der vom Fetten inszenierte Abschiedsabend bei dem bosnischen Mädchen, das nach England heiraten sollte, brachte eine halbe Maßnahme. Nach reichlich zirkulierenden schlechten Schnäpsen, die nicht aus Jugoslawien importiert sein konnten, und noch mehr ungenießbaren hausgemachten Konditorspeisen kam der Sohn neben die Braut zu sitzen und spann eine Unterhaltung an, während der Fette das Licht ausschaltete. In schneller Ausnützung der künstlichen Desillumination gelangte die Bahn der Unterhaltung unmittelbar in die Richtung des Endzieles mit dem Greifwerkzeuge. Der glatzköpfige Facharzt, der auf der anderen Seite neben demselben Mädchen saß, nicht so weit im Brautabschied gekommen war, aber den Weg der Hand seines Nebenbuhlers erfühlt haben mußte, ließ es plötzlich wieder Licht werden, so daß die Zurückziehung der beschäftigten Linken nicht mehr rechtzeitig vor der öffentlichen Festhaltung erfolgen konnte und das Mädchen beschämt aus dem Zimmer lief.

Nach diesem angebrochenen Abend brauchte der Sohn einen besseren Erfolg, um eine Plattform für die mannhafte Entgegennahme des Mißerfolgs in der Abgabensache der Haus- und Grundbesitzer sowie der Mieter zu finden.

Er versprach sich zwar wenig von der am Dienstag bei seiner Schwester angesetzten Jause, erschien aber doch pünktlich zu der dafür vorgesehenen Zeit. Bei dieser intimen Veranstaltung gab es arrivierte Künstler, angehende Diplomaten und bekannte Leute der Industrie und des Großhandels. Die Damen trugen zu ihren üblichen Gesichtern einen Teil ihres Schmucks, die Herren ihre gutangepaßte Nachmittagstracht mit schicken Krawatten. Man flirtete mäßig und nur mit solchen Partnerinnen, mit denen es keinerlei Aufsehen verursachen konnte. Die dargebotene Nahrung sowie das aufgetragene Getränk entsprachen dem Dekor. Die Tischordnung war so, daß sich die fremden Gäste unterhalten konnten. Für den Sohn war nicht in gleicher Weise vorgesorgt. Er saß zwischen der altertümlichen Gattin eines schon aus der Mode gekommenen Komponisten und einer wohlgenährten Dame, die eine ganze Anzahl abwesender Personen, die der Sohn nicht kannte, mit für diese abträglichen Eigenschaften und Gesinnungen ausstattete, während die Musikersgattin das Werk ihres Ehemeisters, das der Sohn wenig schätzte, besonders anpries.

Der Sohn reckte seinen Hals, um über seine nächste Umgebung hinauszusehen, ein an sich fruchtloses Unterfangen in Anbetracht der Undurchsichtigkeit der Wohlgenährten und deren aufgestellter Haartracht, aber auch der Wendigkeit der Komponistengattin, die sich bei ihren Rühmungen hin- und herbewegte, weil sie noch ein weiteres Publikum einbezog und ihr gegenüber mit hochgebäumten weißen Locken wie einem angewachsenen Kranz zwar verblaßter, aber nur mit dem Skalp abtrennbarer Gloriole der von ihr in den Himmel Gehobene thronte. Als aber der Sohn, in die Enge getrieben, an eine unbekannte Außenperson die Worte herausquetschte, daß es vielleicht doch ein Morgen gebe und dann etwas anderes komme, gab eine helle Stimme zurück, daß man dieses Andere vielleicht fürchten solle, weil das Morgen eine Zwischenzeit beende, die man wenigstens kenne. Einordnend und abschwächend oder bloß erklärend fügte die Sprecherin bei, daß sie morgen zum

Beispiel weiterreisen und heiraten solle, worauf ihr mit einem allgemeinen Lachen geantwortet wurde, das so laut und hart war, als es in guter Gesellschaft gerade noch zulässig schien. Aber schon in dieses Lachen schnitt die Antwort des Sohnes, er könne sich vorstellen, daß eine Verbindung ungewöhnlich sei, wenn etwa das Skalpell einer Rothaut in die fachkundigen Hände eines bürgerlichen Veterinärs geriete. Wiewohl er offenbar diese Wendung symbolisch setzte und nicht annahm, daß sie wörtlich ankommen könnte, rief das Echo zurück, es handle sich hier wirklich um die Eheschließung einer Indianerin mit einem bayerischen Tierarzt. Damit war durch das Mißverständnis des Schützen die Scheibe, auf die er zielte, beim ersten Schuß getroffen worden und eine kurze Verbindung von Stimme zu Stimme gefunden, wiewohl die Sitzordnung an der Tafel nicht verändert werden konnte.

Als man sich nachher aber in ein kleines Zimmer begab und die Dame zur Linken des Sohnes in Verunglimpfungen ihrer Zeitgenossen fortfuhr, die nicht bei der Hand waren und auch nicht sichtbar gemacht werden konnten, während zu seiner Rechten die Komponistengattin, nunmehr von ihrem Musiker begleitet, diesen weiter hervorhob, der unterdessen die Äußerung des Sohnes betreffend das Skalpell, welche er für ein Bonmot hielt, für sein Tagebuch notierte, obwohl es sich nur um eine Wortentgleisung handelte, die erst nachträglich einen ihr nicht zugedachten Sinn bekam, zu diesem Zeitpunkt also machte sich plötzlich noch eine fünfte Person vernehmbar, ebendiejenige, die zuerst diesen Satz für sich in Anspruch genommen hatte. Es war ein behendes Mädchen von schlankem hohem Wuchs, leicht bräunlicher Haut und mit dem traurig-wissenden Ausdruck eines intelligenteren und vornehmeren Volkes, das einer Horde von Brandschatzern, Roßtäuschern und verkommenem Gesindel zum Opfer gefallen war, die unter verfälschter

Glaubensfahne vor mehreren Jahrhunderten großangelegte Raub- und Mordzüge nach unentdeckten Weltteilen veranstaltet hatte.

Es mag sein, daß für den Sohn der richtige Moment gekommen war, für einen würdigen Untergang am folgenden Tage in Sachen Abgabenbekämpfung vor dem Kanzler die nötige Einstellung zu finden, als sich ein kurzfristiges Zusammentreffen mit dieser Dame vollzog, die einem Landtierarzt in einem deutschbodenständig gewordenen Gebiet aus ihm unbekannten Gründen angetraut werden sollte. Er nahm diese Begegnung dankbar an, und die sich Begegneten sprachen bereits im nächsten Augenblick so, als ob jene andern nicht anwesend wären, die sich auch bald darauf, von dem Gespräch völlig ausgeschlossen und ohne Verständnis, was sich hier überhaupt abzeichnete, zurückzogen.

Dabei hatten die beiden Übriggebliebenen sich einander nicht einmal vorgestellt, wußte keines den Vornamen des andern, ganz zu schweigen von sonstigen Qualifikationen, Hantierungen, Familienzugehörigkeiten. Es fehlten gemeinsame Erlebnisse, der Berührungspunkt war nur durch die Tatsache gewährleistet, daß gesprochen wurde und wie dies vor sich ging. Ein bestimmtes Thema stand auch nicht zur Erörterung, sondern es geriet von den Fingerspitzen aus die Begegnung und von den Lippen das Wort in eine unsichtbare Innensphäre, wo es allerdings nur klang- und duftmäßig verblieb, ohne einen bestimmten Sinn zu ergeben.

Das Mädchen, von dem sich für den Sohn erst später herausstellte, daß es die Tochter eines gewesenen Indianerhäuptlings und späteren Generals und einer hellhäutigen spanischen Dame war, deren älterer Bruder die diplomatische Laufbahn ergriffen und aus dieser später wegen Unterschleifs ausgestoßen worden war, berichtete allerdings nichts weiter über eine bevorstehende Verbindung mit einem Landbayern, den sie bei einem Maskenfest kennengelernt und mit dem sie sich nach der Demaskierung verlobt hatte und den sie nunmehr nach Einholung aller zuständigen innerbayerischen und reichsunmittelbaren Instanzen, einschließlich der parteieigenen, heiraten sollte. Sie beschönigte ihre nunmehrige Niederlassung auf dem hohen Louis-seize-Polster zu Füßen des Sohnes mit keiner Silbe; auch war im übrigen bei ihrem Eintreffen und dem Beisein dreier weiterer Leute kein anderer Platz in Reichweite des Sohnes frei gewesen. Auch entschuldigte sich weder die Braut noch der Nichtbräutigam bei den dreien sonstigen Anwesenden für deren vollständigen Ausschluß aus dem Gespräch, bis sich diese Dritten gelangweilt oder verärgert von selbst zurückzogen. Was sie sagte, entglitt ihr wie ein Pfeil, der nicht verwunden, aber doch treffen sollte, und ebenderselbe wurde ihr von dem Sohne zwar nicht als Bumerang, aber doch mit nach ihr gerichteter Bewegung zurückgesandt. Aber ehe aus dem beinahe sportlichen, weil zielgerechten Liebeswortgeplänkel, bei dem nur die Klangfarbe das leichte Gewicht der Zärtlichkeit ausmachte, für das ein Zwischenraum von Mund zu Mund nötig war, sich die Annäherung zur Beginnstufe der Lippenzusammenlegung ergeben konnte, sagte sie lediglich: »Es ist schade, daß wir einander erst heute getroffen haben.« Dann war sie nicht mehr da und blieb nirgends vorfindlich.

Auf der Suche nach ihr, die durch alle Zimmer einschließlich der Garderobe ging, traf der Sohn die Tochter, nämlich seine Halbschwester, im Tête-à-tête mit einem klebrigen jüdischen Spitalsassistenten, der aus einem Smoking mit Stielaugen heraussah, als wäre er eine Überschnecke, die durch ein Rauchfangrohr ihre Fühler spielen ließ. Dabei erzählte der Ofenrohrhinausstreber gerade von einer Krankenpflegerin, die den Spitalärzten bei allen Verrichtungen mit den Worten, ob es so recht sei, an die Hand ging, und auch bei einem mit dem Sekundararzt vollzogenen Koitus schüchtern dieselbe Anfrage einlegte.

Danach suchte der Sohn nicht mehr nach der Indianerin, die ihm offenbar in die glücklicheren Jagdgründe des Veterinärs entschlüpft war, mit dem sie sich im bayerischen Festland verehelichen sollte. Eine Zeitlang fühlte er sich noch zur Überwachung seiner Schwester veranlaßt, um zu verhüten, daß die Familienehre dadurch Schande oder Schaden erführe, daß sie ihren legitimen Fleischklotz mit einem andern, illegitimen betrüge. Dann aber sagte er sich, daß dies heute bei Anwesenheit so vieler anderer Personen ohnehin nicht geschehen werde, aber zu einem späteren ihm verheimlichten Zeitpunkt seinerseits nicht würde verhindert werden können.

Schließlich beeilte er sich, nach Hause zu kommen, denn am nächsten Tage sollte die Vorsprache beim Bundeskanzler in Sachen Abgabenbekämpfung stattfinden, für die er sich noch irgendwie vorbereiten mußte. Überdies erwartete er den Besuch eines alten Mädchens, das heißt eines solchen in seinen Jahren, das ihm ein Buch zurückgeben wollte, welches es vor dem Tod seines Vaters entliehen hatte.

Mit diesem alten Mädchen war er früher des öfteren zusammengekommen. Sie hatten miteinander zumeist über Literatur gesprochen, für die sich die Dame interessierte, weil sie körperliche Erlebnisse offenbar nicht hatte, denn sie war weder anziehend noch charmant. Ja, sie sah nicht so aus, als ob zwischen Knochen und Haut noch hinreichende Fleischteile eingeschmuggelt wären, um eine lohnende Kostprobe vorzuspiegeln. Dem Sohne aber, der vor dem Vatersterben gern über etwas sprach, was seiner sonstigen Befassung entgegengesetzt war, schien der Umgang mit diesem Mädchen auf ideeller Grundlage durchaus erträglich, zumal sie meistens zuhörte und selten widersprach.

Manchmal war auch sein Vater ins Zimmer gekommen, was dieser bei sonstigen Besucherinnen geflissentlich unterließ, und hatte das Mädchen zum Abschied auf die Stirne geküßt. Für den Erzeuger des Sohnes war es offenkundig eine der Gnade würdige Kreatur, und die Geküßte ging dann zumeist mit verklärtem Blick, so auch zuletzt, als sie das Buch geborgt, das sie heute zurückbringen wollte.

In den dazwischenliegenden acht oder mehr Wochen hatte sich manches zugetragen, das nun wie ein Keil zwischen Borgen und Rückgabe eingezwängt lag. Das würde eine Menge zu erzählen geben, aber mit der Menge des Erzählten würde sich die Vorbereitungszeit für den Auftritt vor dem Bundeskanzler fühlbar zusammendrängen, wenn es nämlich einer Vorbereitung für das, was gesagt und was zu sagen unterlassen werden sollte, überhaupt bedurfte. Beiläufig erinnerte sich der Sohn außerdem, daß er im Sinne gehabt hatte, vorerst ein Abenteuer zu bestehen, um die nötige Kühnheit aufzubringen, in Schönheit vor dem Diktator zu scheitern, und daß er diese Herzstärkung zunächst bei einer ins Ausland verlobten Bosniakin, an der Beleuchtung scheiternd, gesucht und dann bei einer anderswohin abgesprochenen Indianerin versäumt hatte, weil diese möglicherweise nach den unverständlichen Riten ihres altmodischen Stammes oder nach denen, die sie durch Hispanisierung annehmen zu müssen glaubte, sich an die Legitimität selbst bei Abwesenheit ihres Brautpartners gebunden glaubte. Einen gleichwertigen Ersatz für die beiden Weggefallenen konnte der Sohn aber in der ihm verbliebenen Zeitspanne, zumindest nach seiner augenblicklichen Vorstellung, nicht mehr finden.

Als er aber bei seiner Rückkehr nach Hause, welche verspätet erfolgte, die Buchausborgerin nach versuchter persönlicher Erstattung vor dem Gebäude auf und ab gehend antraf, weil sie vielleicht ihren Besuch mit Beileidskundgebungen verbinden und dabei die ihr noch nicht bekannte Mutter einbeziehen wollte, bat er die Warterin zu sich hinauf und drückte nach Entgegennahme des Ausdrucks ihres innigen Mitgefühls einen Kuß auf deren Lippen. Da sie sich einigermaßen erschrocken zeigte, zumal sie auf dergleichen unangekündigten Dank für ihre Anteilnahme nicht gefaßt war, küßte er sie noch mehrmals auf dieselbe Weise, obwohl die Begegnung mit ihren Lippen einen wäßrigen Geschmack zurückließ. Und wie sie nun nach hinten ausweichen wollte, sei es aus Züchtigkeit oder weil sie mit dem Empfangenen nicht einverstanden war oder davon schon genug hatte, drängte er sie in den Raum, in dem er zu schlafen pflegte und der keinen andern Ausgang hatte, und zwar so, daß sie bei jähem Entweichenwollen auf die Bettstelle niederfiel. Ihrem knochenkrachenden Ruck bei dem Versuch, sich aufzurichten, setzte er seine ganze Erdenschwere entgegen, wobei er ihr mit einer Hand zwischen die Beine in das Innere ihres Rockes fuhr, während er mit der anderen Hand bereits die Bluse über ihren Kopf zog. Als sie nun beide Hände zur untern Abwehr einsetzte, hatte er bereits eine ihrer Brüste freibekommen, die wider Erwarten in zureichendem Ausmaße sich als vorhanden erwies und auf die er nun seine Lippen drückte, während er mit der freigewordenen Rechten den Angriff der Linken in die äußerste Innensphäre unterstützte. Es war nicht anzunehmen, daß sie schreien würde, weil sie dergleichen sicher nicht für schicklich hielt und überdies bisher mit Recht als ein stilles Geschöpf gegolten hatte. Außerdem wurde von ihm in der ganzen Zeit gar nichts gesagt, so daß ein Widerschrei als Antwort nicht paßte und sie, die schließlich sogar den Besuch bei der Mutter gemieden, würde doch nicht durch Gerüfte die Öffentlichkeit herbeiholen wollen. Es war trotzdem schwer, sie des Rockes zu berauben. Bei der Hose, die sie mit beiden Händen festhielt, war nun ein Riß in der

Mitte unabwendbar geworden. Dabei mußte er die Lage seines Kopfes nach oben verschieben und mit diesem ihr kantiges Hinterhaupt vollends niederdrücken. Als er aber ihre seidige Haut rühmte, die tatsächlich ihr Bestes war, und mit diesem Lob das bisherige Schweigen aufgab, hörte er sie leise wimmern, später heulen, wobei die Tränen, mit denen sie ihren befürchteten Fall beklagte, sich mit dem Schweiß seiner Anstrengung, diesen herbeizuführen, vermischten, während sie glaubhaft versicherte, sie hätte bisher niemals einem Manne angehört.

So war es drei Uhr morgens geworden, wie er nachher an Hand des Zeitanzeigers feststellen konnte, als nach vergeblichem Ansturm, Vergleichsverhandlungen und Beschwörungen, bei denen er Gefahr lief, durch Auferlegung unerotischer Vorbereitungsgefechte die nötige Standhaftigkeit des einschlägigen Organes einzubüßen, ein Augenblick verminderter Wachsamkeit seines Opfers ausgenützt werden konnte, um unter Durchstoßung der zu Verhütungszwekken vorgelagerten natürlichen Verhüllung in ihre Intimsphäre so tief einzudringen, als ihm seine Mittel erlaubten. Wie er bei Aufdrehen der Nachtkastellampe feststellen durfte, war tatsächlich das Leinwandzeug von der erfolgten Sprengung so befleckt, wie dies zu früheren Zeiten in Brautnächten noch üblich war. Im übrigen schien ihm bei Licht besehen das frühere Mädchen noch weniger Vorzüge aufzuweisen, als ihm sein Tastsinn vorgetäuscht hatte. Es waren ihre Einzelteile wie bei falschgelösten Setzspielaufgaben ohne Proportion aneinandergefügt, insbesondere ihre Brüste ungleichmäßig ausgebildet, die Beine nicht entsprechend zu den Schenkeln gesteigert, der Leib nicht so angefügt, wie es gemeinen Vorstellungen entsprach. Das Bemerkenswerteste war jedenfalls jene Stelle, auf die es ihm am meisten angekommen war und auf welche er sich nunmehr ausschließlich festlegte. Da der Widerstand jetzt gänzlich weggefallen war und mit der Zeit sogar einem wohlwollenden Entgegenkommen Platz machte, konnte die gleiche Funktion noch dreimal im Dunkeln und ein viertes Mal bei Licht wiederholt werden. Diese letzte Vervollständigung seines Besitzergreifens, welche knapp vor dem abgeschlossenen und nach dem bereits begonnenen Ankleiden erfolgte, war dem Umstand geschuldet, daß die ruhigen Augen der bisherigen Jungfrau nun wie die einer Hure blauumrändert waren und so förmlich nach einer Zugabe verlangten, die dann auch beigefügt wurde.

Nach getaner Arbeit schickte der Sohn die Bettgenossin heim und ließ sich auch auf inständiges Bitten nicht herbei, sie wenigstens noch bis zum Haustor zu begleiten. Dafür übergab er ihr den Schlüssel, wodurch sie in die Lage gelangen konnte, nächstens wiederzukommen, wenngleich ein Stelldichein erst für einen Abend in achttägiger Entfernung zur Zeit der Haustorsperre festgesetzt wurde; denn er wollte nicht unbedingt bei Licht mit ihr in Zusammenhang gebracht werden. Während sie ihr Kleid anlegte, zeigte sie gewisse Wundmale, die auf ihren ruhmlosen Widerstand zurückzuführen waren, während der Sohn völlig unbeschädigt geblieben schien.

Er nahm sich nicht mehr die Zeit, nach dem Vorgefallenen traurig zu werden, wie es im Sinne des Sprichwortes bei allen Kreaturen zu geschehen pflegt, auch nicht ein Schuldgefühl aufkommen zu lassen, das vielleicht angebracht gewesen wäre, weil er immerhin eine Jungfrau zu Fall gebracht hatte, die er vorher gar nicht geliebt und nachträglich auch nicht zu lieben vorhatte, deren Opfer vielmehr lediglich zur Festigung seines Selbstbewußtseins bei ihm nicht wesentlichen Verrichtungen anstatt gehöriger Vorbereitung einer Rede für den Kanzlerbesuch dienlich sein sollten. Ja, er schämte sich wohl kaum, seine Gunst an ein gewöhnliches Geschöpf, wie ihm dies seine Schwester mehrmals, zuletzt bei Auffindung des wunderbaren Fenstermädchens vorgehalten hatte, vertan zu haben. Statt dessen schlief er gegen sonstige Gewohnheiten sofort und befriedigt ein und verharrte in seiner gründlichen traumlosen Abwesenheit, bis ihn die Mutter, die wahrscheinlich mit dem Instinkt der Frauen sein Abenteuer erschnüffelte, am Morgen weckte, damit er rechtzeitig zum Kanzlerbesuch einlange, für welchen er nicht einmal seine Schrift vorher noch durchzulesen gedachte, geschweige denn wirklich las. Bei Benützung des Zuges und nachher des Stadtstellwagens nahm er keine Notiz von den Delegationsmitgliedern, die mit der gleichen Fahrgelegenheit wie er selber reisten, aber erst am Ballhausplatz sich ihm anschlossen, als die Stunde X gerade bevorstand.

Diese Entscheidungsstunde wurde allerdings noch hinausgezögert, weil der Kanzler andere Beschäftigung der mit ihm und seinen Begleitern vorgezogen hatte und schließlich durch einen Diener sagen ließ, er sei selbst verhindert, die Herren zu empfangen, der zuständige Staatssekretär werde dies an seiner Stelle tun. Aber während nun des Sohnes Gefolge immer mutloser wurde und schließlich einer nach dem andern versuchte, sich vom Schauplatz wegzustehlen, hatte der Anführer seiner Versammelten die Fassung beibehalten, ja geradezu den Vorsatz einer heroischen Niederlage in den eines fulminanten Sieges umzuwandeln begonnen. Daher verlor er seine Ungetreuen nicht aus dem Auge und überließ ihnen auch durch Anfeuerung, Anraten, Unterricht überschüssige Bestandteile seiner eigenen Hartnäckigkeit, die er vorwiegend aus dem ausgefochtenen Sieg über eine alternde Jungfrau bezog, was zum Ausdruck zu bringen er immerhin unterließ.

Und wie nun der Sohn mit seinem rebellischen Häuflein Einlaß zum Staatssekretär erlangt hatte, welcher ein hochgewachsener, eleganter und auch adeliger Mann mit besten

Umgangsformen war, legte es der Hauptankömmling darauf an, den Stellvertreter des Ministers geistig unter sein Joch zu bringen, wie er dies mit der beileidbezeugenden Dame nach deren Entkleidung körperlich getan hatte. Und da er ein Buch auf des Staatssekretärs Tisch liegen sah, welches ein literarischer Versuch des letzteren sein konnte, zumal es dessen Namen trug und nicht wissenschaftlich gebunden schien, verfrachtete er sich sogleich auf das Gebiet, mit dem die Bekanntschaft des alten Mädchens begonnen hatte. Und obgleich er seit Jahren nur äußerst selten ein Buch seiner eigenen Bibliothek zur Hand genommen und neue Bücher höchstens des Leinwandeinbands halber, seltener des Lederkleides wegen einstellte, gefiel er sich darin, auf seinerzeitige Lektüren zurückzukommen, wie um einen Weg aus der Rechtsanwendung zu finden, der er noch nicht hörig war, an die er sich aber bereits verkauft fühlte. Der Staatssekretär, der sich auf eine halbe Stunde Langeweile mit abwesendem Ernste vorbereitet hatte, wurde bald von einem Angesprochenen zu einem Ansprecher, und als ein gütiges Lächeln um seine traurigen Mundwinkel trat, war eigentlich schon die halbe Stunde vorbei und kein Wort zur Sache gesprochen worden. Aber weder die befremdeten Mitglieder der Begleitung des Sohnes noch der Diener, der nach Anklopfen durch den Spalt hineinsah, vermochten das angegangene Gespräch zu unterbrechen, das von Klassikern, Romantikern, Naturalisten über den Expressionismus zur Neuen Sachlichkeit führte, über die nur mehr der Staatssekretär aussagte, wohingegen der Sohn, dem diese Richtung bereits fremd war, in die Rolle eines Zuhörers sich zurückdrängen ließ, die er seines Wissens vielleicht zum ersten Male in seinem Leben wirklich übernahm.

Dabei hatte der Staatssekretär die schon weggeschobene Eingabe des Sohnes mitten auf den Tisch gelegt, als gebrauche er sie als Aide-mémoire zur Stütze seines schöngeistigen Gedächtnisses, das ihn indessen keinen Augenblick verließ, wie auch der Sohn nicht den leisesten Versuch machte, durch Einwürfe etwas anderes zur Sprache zu bringen. Und als nach mehr als einer Stunde die Besucher sich erheben wollten, um die Behelligung des Kanzlervertreters abzubrechen, beließ sie der zu Schonende weiterhin in dem Zustand, in dem sie sich vorher befunden hatten, so daß die zweite Stunde angebrochen war ohne Änderung des Themas und der Rollen, auf die es verteilt war. Nur als schließlich doch die Sekunde des Abschiedes kam und der Staatssekretär allen Erschienenen die Hand drückte, sagte er zu, die Schrift zu studieren, er freue sich jedenfalls, deren Einreicher persönlich kennengelernt zu haben.

Diese aber, ausgenommen der Sohn, freuten sich sichtlich nicht und erklärten ihrem bisherigen Anführer auf der Straße, sie fühlten sich gefoppt und es sei ohnehin alles umsonst gewesen. Der Sohn allerdings meinte, er glaube doch an ein gutes Ergebnis des Studiums seiner Zuschrift durch Staatssekretär und Regierungsoberhaupt. Danach gingen die Erschienenen für immer auseinander. Die Zeitungen allerdings, die das Zustandekommen der Delegation unter seiner Leitung bereits im vorhinein übel vermerkt hatten, enthielten sich jeder Erklärung über die Aufnahme der von ihnen als Rebellen Bezeichneten, aber sie brachten die Nachricht, daß der so freundliche Staatssekretär zum Minister in einem Ressort ernannt worden war, in dem er mit dieser Sache kaum mehr befaßt werden konnte.

An dem Tage aber, an welchem die unverheiratete ältliche Frauensperson, welche dem Sohn anstelle des von ihm begehrten Wundermädchens nach einschlägiger Anstrengung zugefallen war, wieder zu später Stunde erscheinen sollte, hatte der Postbote das neueste Buch des früheren Staatssekretärs und nunmehrigen Ministers nebst einem Erlagschein gebracht. Auch war überdies in Abwesenheit des Sohnes vom Minister persönlich in der Rechtsanwaltskanzlei des ersteren telephonisch angerufen worden. Das sehr aufgeweckte, wenn auch nicht eingeweihte böhmische Stubenmädchen der Mutter hatte allerdings dem Anrufenden zu verstehen gegeben, daß es nicht annehme, es würde ein Minister selbst den Sohn verlangen und »Wer sind's wirklich, machn's keine Witz« als unbeantwortete Schlußphrase vor dem Abläuten in den Hörapparat gerufen. Der Sohn, welcher schwankte, ob er die sehr dralle Unglücksbotin mißbilligend in den Hintern zwicken oder lieber ohrfeigen solle, verzichtete schließlich auf beide Alternativen oder verschob die erste auf den Abend (zeitlich) und die dann bei ihm zu gewärtigende Exvirgo (örtlich).

Als er aber dieser, die anfangs erklärt hatte, sie sei nur gekommen, um den Haustorschlüssel zurückzubringen, sein Ungemach in ironischen Farben darzulegen versuchte, verzichtete sie auf ihren verspäteten Rückzug in die Enthaltsamkeit und tröstete den Sohn mit ihrer vollen späterweckten Weiblichkeit, so daß diesmal die ganze Nacht seiner Tröstung diente und der Sohn sie morgens bis zu ihrer Haustüre zurückbrachte. Damit war eine augenblickliche Ersatzhandlung der Stellvertretung und Vorbereitung in ein richtiges Verhältnis umgeleitet, das auf unbestimmte Zeit eingegangen war und mangels gebotener Zurückhaltung auch später eintretende Folgen nicht gänzlich ausschließen konnte.

Nach dieser Flucht in die Halblegitimität war es weiter vergebens, den gescheiterten Anruf des Ministers durch eigene telephonische Urgenzen wiederholen oder eine Entschuldigung anbringen zu wollen. Selbst die Einzahlung des Kaufpreises für das ministerielle Literaturerzeugnis versöhnte den von der Hausgehilfin Beleidigten nicht mehr, da diese Leistung wohl auch nicht zu seiner Kenntnis gelangte. Die Frist für das Kanzlerveto mußte inzwischen abgelaufen sein. Da der Sohn nichts von einem solchen hörte, entschied er sich für die Ehrbarkeit und suchte die Anbahnung von Beziehungen seiner Schwester zu dem klebrigen jüdischen Assistenzarzt zu verhindern.

Diese Überwachung erforderte eine genaue Kontrolle der Stundeneinteilung seiner Schwester, welche von seiten ihres Gatten keiner einschlägigen Beschränkung oder Beargwöhnung unterzogen wurde. Bei einem Kanzleigang, der an der Nullgrenze lag, ließen sich freilich Absenzen zu jeder Stunde rechtfertigen, besonders aber, wenn die Mutter zurückgeblieben war, um Telephonanrufe entgegenzunehmen. Aber je mehr sich der Sohn die Rettung der Familienehre angelegen sein ließ, desto weniger fand er Anlaß zu solchen Aktionen. Nur einmal traf er den Klebrigen, aber von drei oder vier Ehrenmännern und Ehrenfrauen flankiert, in Gesellschaft seiner Schwester an. Er versuchte denselben herauszufordern, indem er auf eine Gesetzesziffer anspielte, welche die Unterlage für Ahndung geschlechtlichen Mißbrauchs einer im Abhängigkeitsverhältnis stehenden Weibsperson bildete und erwähnte in diesem Zusammenhang die Anleitung einer Krankenpflegerin durch Assistenzärzte zu einer Reaktion wie der folgenden: »Herr Doktor, recht so?« Aber der Angegangene schien die Äußerung gar nicht auf sich zu beziehen, während die Tochter, das ist diesfalls die Halbschwester des Sohnes, sich für ihn beleidigt zeigte und so erst recht ihr Interesse dem unwürdigen Anwärter auf ein solches zuzuwenden schien.

Nach diesem abermaligen Versagen des Sohnes, das dieser sich eingestehen mußte, sah der im Hinblick auf die Bekämpfung fremder Versuchungen Gescheiterte von Besuchen bei der Schwester ab und widmete sich vorwiegend einer eingehenden Kultivierung seines Verhältnisses mit der geopferten Jungfrau, und zwar so, daß er sie immer erst dann entließ, wenn sie von Müdigkeit durch die illegitime

Lust übermannt beinahe aus dem Bette fiel, doch begleitete er sie nach diesem erzielten Effekt immer seltener heim.

Inzwischen verlief sich der Rest seiner Klientel, so daß er, wenn er Geld brauchte, zeitweise des feisten schwitzenden Kollegen Halbpartleute in Gnaden aufnahm, bis er sie bei geeigneten anderweitigen Eingängen in Ungnaden wieder entließ. Aber eines Tages wurde es dennoch ruchbar und stand schließlich im Amtsblatt, daß der Kanzler aus formalrechtlichen Gründen die Auflage, welche die Haus- und Grundbesitzer samt den Mietern treffen sollte, nicht genehmigt, sondern sich gegen sie ausgesprochen hätte. So war ein voller Erfolg des Sohnes ausgewiesen. Der Hausbesitzerverband dankte durch ein kurzes Schreiben, die Mieter allerdings wollten nicht einmal die auf sie entfallenden Barauslagen ersetzen, da sie die Unentgeltlichkeit der Leistung auch auf diese Ausgaben bezogen.

Immerhin war der Sohn sozusagen über Nacht ein bemerkenswerter Mann geworden, bei dem sich nachgerade von selbst die Hilfesuchenden einstellten.

Zwar wurde nicht lange darauf unter einem andern Namen und ähnlichen Modalitäten die Abgabe auf den Grund- und Hausbesitz und die Miete wieder eingeführt, doch hatte diesmal der Sohn mit deren Bekämpfung nichts zu tun, weil sie der Vertreter der Haus- und Grundbesitzer, nämlich der mehrfach erwähnte salbungsvolle Kollege und frühere Abgeordnete, in eigener Regie übernahm. Daher wurde es auch dem Sohne nicht angelastet, daß die einschlägige Besteuerung diesmal verblieb und sich so an der Sache im Effekte nichts geändert hatte. Den Nachteil trug allein der Mann, der sich vermaß, in die Fußstapfen des Sohnes zu treten, aber zu große Füße zeigte, um die Spuren nicht zu verwischen, oder zumindestens übersah, daß der Kanzler nur, weil der Form nicht gehorcht war, die Steuer zurückstellte, aber keineswegs deshalb, weil er die Bevölkerung der Gemeinde bei Einhaltung der äußeren Voraussetzungen von der Abgabe hätte ernstlich bewahren wollen. Aber mit diesen Feinheiten, die der Gesetzgebung zugrunde liegen, waren glücklicherweise jene nicht vertraut, die als bloße Laien ihre Folgen zu tragen hatten.

Als nun der Sommer anrückte, war bereits eine Kanzleikraft beim Sohn vonnöten, da die Mutter nicht mehr in der Lage war, der gesteigerten Nachfrage zu begegnen. Den Unsinnsprozeß mit dem Hofrat hatte der Sohn in erster Instanz trotzdem verloren. Ein rotblondgeschopfter Richter mit einem violinenförmigen Kopf war der Ansicht, daß es sich hier um keine Beleidigung handle. Der Kammerfunktionär, welcher den Sohn vertrat, berief an die höhere Instanz, doch urgierte bei seinem Klienten das noch immer ausständige Gutachten des ins Reich abgewanderten Professors über die Insultationsfähigkeit des zu ahndenden Vorwurfs. Der Sohn gab die Urgenz nicht weiter, weil er entweder daran zweifelte, überhaupt eine Antwort oder zumindest die für ihn brauchbare zu erhalten.

Doch hatte ihn der feiste Kollege inzwischen in der Unsinnsverfolgung bestärkt und bei gleicher Gelegenheit den eigenen Stammbaum durch Hinzumalen einer sogenannten arischen Großmutter ergänzt, da man seiner Meinung nach schon jetzt für den Fall einer späteren Einverleibung der Ostmark ins Reich vorzusorgen hatte, um späteren Unannehmlichkeiten nach den dort geltenden Gesetzen auszuweichen. Durch rechtzeitige Taufe war nach den Rassenormen zwar die Nachkommenschaft eines frühen jüdischen Religionsphilosophen bereits als deutschblütig gerettet, die Deszendenz des eisernen Kanzlers aber mußte zufolge späterer Verjudung erst durch Machtspruch des Führers wieder zurückgenordet werden, um dem Volksempfinden entgegenzukommen. Der österreichische Zweig der Familie eines deutschen Botschafters im Ausland versorgte sich mit einem rumänischen Zeugnis des Sabbatistentums, wodurch aus sabbatfeiernden Juden ebensolche nichtjüdische Sektengläubige geworden waren und der Botschafter seine weibliche Linie zu annehmbaren Mitgliedern der menschlichen Gemeinschaft machen konnte. Ein höherer Staatsfunktionär im Inland konnte nur durch Fälschung der Eltern seiner Frau die Stellung im Reich verteidigen. Bei Rassenuntersuchung seines Sohnes in der Schule durch eine hochqualifizierte Parteikraft bangte er mit seinem ehelichen Gespons daheim vor der Entlarvung, für die nur mehr die Öffnung des Gashahns offenzuhalten übrigblieb, da der Sohn viel zu lange ausblieb. Bevor aber das ausströmende Gift seine Wirkung getan hatte, stellte sich glücklicherweise noch heraus: die verspätete Rückkunft des Sohnes war einer kleinen intimen Feier in der Schule gewidmet, die seinethalben ergangen war, da der Rassenriecher ihn als einzigen reinen Nordier aus der Fülle der Schüler herausgeschnüffelt hatte. Wie dem auch war, des Feisten Ahnenbaum war bereits vollständig.

Der Schönling dagegen, der seinerzeit dem Feisten beim Sohne begegnet war und sich nach dem Nachtmahl mit der Walküre entfernt hatte, war bis jetzt nicht so weit, seine Ahnentafel anzulegen, zu welcher ihm noch immer ein brauchbarer Großvater abging. Man schrieb auch erst Herbst 1935 und es war anzunehmen, daß die Heimat von Italiens Faschistenführer gehalten werde, damit er seinen nordischen Weggenossen nicht zu nahe an die Grenze bekomme. Außerdem waren noch Frankreich und England da, auf die einige setzten, welche die Ansichten hatten, diese Mächte, welche Deutschlands Wiederaufrüstung und Rheinlandbesetzung zugelassen hatten, würden Annektionsplänen des Führers negativ gegenüberstehen. Bevor nun aber der Sohn, und zwar diesmal nach längerer Unterbrechung, mit seiner Restfamilie, nämlich Mutter und Tochter samt Anhang, auf späten Urlaub gehen sollte, während er bisher zu früherer Jahreszeit und allein Erholung zu suchen gewohnt war, traf er unterwegs den glatzköpfigen Facharzt, welcher Lust zeigte, an einem nahen Weinort den Heurigen zu verkosten. Weil nun der Sohn in seiner Absicht, dem Berufe zeitweise zu entweichen, durch beginnende Arbeit in demselben bestärkt wurde, schloß er sich diesem Durstigen an, obgleich er ihn bisher nicht zu seinem Freundeskreis zählte. Mußte er ihm doch bei seinem ersten Ausgang nach des Vaters Tode die fleischigen Teile einer Weibsperson streitig machen und wurde er überdies am Abschiedsabend der nach England verlobten Bosniakin durch Belichtung seitens des nunmehrigen Heurigenanwärters zur Zurückziehung seiner Hand aus verfänglicher Position veranlaßt, eine Geste, welche zudem zu spät kam, um unbemerkt zu bleiben.

Weil überdies aber drei ein Kollegium, alias Trifolium, das ist Dreiblatt, zu bilden pflegen, war noch der goldzähnige ruthenische Arzt beizuziehen, welcher dem Vater das Todesklistier versetzt und bei der Fleischverteilung die Rolle eines Anstifters gespielt hatte. Weiblichkeit wurde diesmal nicht mitgenommen, da jeder bereits ein Stück auf Lager hatte. Der Glatzkopf war daran, sich zum zweiten Male zu verehelichen, detto der Ruthene, sich eine Lebensgefährtin beizulegen, die er in seiner Klavierlehrerin gefunden zu haben glaubte. Schließlich pflegte der Sohn zur Nachtzeit die gewesene Jungfrau hinzunehmen, welche herzuzeigen er aber für erläßlich hielt. Danach wurde mittels Autobus der Goldzahn aufgesucht und unschwer abgeholt und sodann mit der Trambahn das Städtchen des sauren Weines erreicht, wo man im Bedarfsfalle noch auf Ergänzung durch andersgeschlechtliches Zubehör hoffte, nachdem man sein sonstiges Versorgtsein bekannt und ausgespielt hatte.

Der Anfang des Trinkens war ziemlich elegisch. Der Wein bekam keinem der drei. Der Goldzahn erzählte von seinen Kranken und dann von seinem bevorstehenden Weib und der neueinzurichtenden Ordination, da die bisherige auch die Junggesellenbude darstellte. Danach forderte der Glatzkopf den Goldzahn auf, bei seiner Hochzeit als Trauzeuge zu assistieren; überdies bedürfe er eines Anwalts, um seine Forderungen an der Verjährung zu hindern, sobald weibliche Hände seine rückständige Kartothek in Ordnung gebracht haben würden. Zuletzt ließ sich der Sohn vernehmen und bemerkte, daß er nichts so sehr hasse wie eine geregelte Tätigkeit und daß er eine sehr tüchtige Stenotypistin, die häßlichste von sieben erwählt habe, auf die er sich wenigstens verlassen könne. Daß sich ein wohlgeformter regelmäßiger fester Busen unter ihrem Kleid und ihrer Bluse abzeichnete, sagte er nicht, denn er fand dergleichen bei der Arbeit nicht störend.

Danach wurde der Wein eingegossen mit häufigem Prosten. An wenigen Tischen wurde gesummt, nirgends gesungen. Ein einziger Betrunkener befand sich im Lokal, der das Trifolium zum glückbringenden Kleeblatt durch Platznahme bei den bisher Dreigeblätterten ergänzte. Aber erst, als der Goldzahn vorzeitig aufbrach, weil er den weitesten Weg hatte, trug der Glatzkopf dem Sohne das Du-Wort an, welches auch der Betrunkene für sich akzeptierte. Danach ließen sich die beiden andern verbliebenen Tischgenossen in den von diesem bereits erreichten Zustand fallen, so daß sie nicht wahrnahmen, daß die Zeit des letzten Verkehrsmittels versäumt, die Zeche zu begleichen und der Aufbruch per pedes apostolorum, das ist mit Sendbotenfüßen, anzutreten war. Dabei schloß sich wieder der Vorausbetrunkene den andern an, die im übrigen in puncto Ladung und Ergebnis sich von ihm nun nicht mehr sonderlich unterschieden.

Auf dem Rückweg begann der Facharzt zu singen, hielt aber außerdem daran fest, mit den Händen Takt zu schlagen. Der Erstbetrunkene ließ sein Wasser auf der Straße, während der Sohn mit großen Schritten den beiden zu enteilen suchte. Es gelang ihm aber nicht, weil der eine sein Wasser im Stiche ließ, der andere sein Singen auf den Weg mitnahm und die längeren Beine aufwies. An einem Zaun von über mannsgroßer Höhe hatten ihn die beiden eingeholt. Der Erstbetrunkene wollte hier hinübersteigen, weil er ein Einsteigdieb zu sein schien, erwies sich aber als nicht lang genug und benützte daher die Schultern des Facharztes für seinen Aufstieg und Sprung. Danach hatte man ihn zwar los, doch war ihm schon vorher vom Glatzkopf dessen Visitenkarte samt aufgedruckter Anschrift gegeben worden, so daß die Duzfreundschaft vermutlich der Fortsetzung harrte. Nun heizte der Sohn dem ihm verbliebenen Partner auf der noch übrigen Wegstrecke gehörig ein, als ob er Unbilden für dessen durch Photographie belegte hübsche künftige Gattin seitens des Trunkenbolds befürchte, war aber tatsächlich selber nicht abgeneigt, bei dem Mädchen auszuhelfen, dessen Abbild im Schwimmkostüm angenehme Formen erkennen ließ. Zwar konnte der Facharzt wegen Andersgläubigkeit den Sohn nicht zu einem weiteren Trauzeugen machen, doch lud er ihn zur Hochzeit ein, die demnächst stattfinden sollte.

Bevor es aber zu dieser kam, fand sich noch der wasserabschlagende, zaunübersteigende Erstbetrunkene in der Kanzlei des Sohnes ein. Er war damals von einem spät heimkehrenden, leicht angesäuselten, das ist nur schwach bezechten, im übrigen außer Dienst befindlichen Gendarmen, allerdings mit einem Teil seiner Beute überrascht und auf die Wache geschafft worden, wo man den rührigen amtlichen Rauschinhaber wegen seiner außerdienstlichen Tat rühmte, die Reste des Diebsguts zustande brachte und nach gehöriger Ausnüchterung und vollem Geständnis den Stehler, der erst sechs einschlägige Vorstrafen aufwies und die Visitenkarte des Facharztes am Tatort verloren hatte, zwecks Abwartung des Verfahrens nach Hause schickte. Man fahndete indessen noch nach dem zweiten Mann, der ihm bei Übersteigung des Zaunes geholfen haben mußte und an dessen Namen er sich nicht mehr erinnerte, nachdem er die Rückkehr durch Verwendung einer im Garten aufgefundenen Steigleiter bewirkt, im übrigen auf der anderen Seite gerade in die Arme des durch ein Geräusch aufmerksam gewordenen, auch im Rausche hellhörigen Gendarmen gesprungen war.

Als der Dieb von der schönbusigen, sonst häßlichen Kanzlistin dem Sohne angemeldet worden war, freute sich dieser noch auf den Fall. Sowie der Mann aber vor ihm stand, freute sich nur mehr der erstere, denn er hatte den Namen des Sohnes gleichfalls nicht behalten und war nur zufällig in dessen Kanzlei gelangt, weshalb die Überraschung beiderseits eine vollkommene war. Der Delinquent begrüßte seinen künftigen Verteidiger als einen alten Spezi, das ist speziellen Gutbekannten, zudem Tat-, wenn auch nicht Entlastungszeugen und gratulierte ihm sofort zu seiner Sekretärin, die oben etwas zum Anhalten habe, wie man hiezulande bei nennenswertem oder sogar ordnungsmäßigem Oberbau im Hinblick auf den vorgestellten Akt zu sagen pflegt. Aber der Sohn überhörte mit strenger Miene den ungehörigen Teil der Einführung und ließ sich dann die Sache selbst genau in allen Einzelheiten schildern, wobei es ihm darauf ankam, daß die Visitenkarte des Facharztes nicht etwa auftauchen konnte und dieser von dem Dieb weder genannt noch eindeutig beschrieben wurde. Er machte dann seinem Schutzbefohlenen klar, daß sich dessen Tat ohnehin nach vier Gesichtspunkten zum Verbrechen eigne, nämlich wegen des Wertes der Beute, der Verübung zur Nachtzeit sowie durch Einsteigen und Machenschaft eines wiederholt Vorbestraften; bei Vorhandensein eines weiteren Mittäters würde noch eine fünfte Qualifikation in der gleichen Richtung hinzukommen. Dann zählte er die Milderungsgründe auf, die gering waren, weil der Dieb schon auf frischer Tat ertappt worden und es vielleicht nicht zählte, daß kein wirklicher Schade entstanden war, doch mußte Geständnis und Grad der Berauschung, je weniger sich der Schuldige an Einzelheiten erinnern könne, zu dessen Gunsten herhalten. Der Dieb bedankte sich schließlich, wurde etwas unsicher im Hinblick auf seine Bekanntschaft mit dem Sohn, unterschrieb dessen Vollmacht und zahlte noch einen geringen Vorschuß an, weil er einen größeren wegen vorzeitiger Abnahme der Beute nicht aufbrachte.

Kurz nach dem Abgang des Delinquenten stürzte der Sohn zu dem Facharzt, dem er damit die Antrittsvisite machte, wobei er die Braut des unglücklichen Dritten antraf und kennenlernte. Es war dies in der Tat ein bezauberndes Wesen. Ihr blondes Haar war so dicht wie der härene Mantel, in dem sich die von ihrem Gatten im Walde nackt den wilden Tieren preisgegebene Genoveva nach dem Schwindel mit ihrem Herzen, das durch ein feigeres zum Vorzeigen an den Befehlsgeber ersetzt wurde, befunden haben mochte. Dazu war auch sie im Besitz der im Inland seltenen symmetrischen Lustgebilde, die man im Volksmunde »Gspaßlaberln« nennt, das ist »Semmeln des Vergnügens« oder »Brötchen der Unterhaltung«, die in der Bluse noch trefflicher als die der Sekretärin des Sohnes in der ihrigen zum Ausdruck kamen. Dabei waren die Beine schön geformt, was ersichtlich war, da sie sich kurz trug und fortwährend in Bewegung geriet. Überdies hatten ihre Augen jene Bläue, welche mit der Pupillenfarbe des Sohnes übereinstimmte. Endlich war allerdings ihre Nase leicht gebogen, wie dies für die des Sohnes ebenfalls zutraf.

Als der Sohn und die Facharztensbraut einander auf diese Weise begegnet waren, nämlich er sie anstarrend, sie ihn freundlich musternd, war im selben Augenblick eine innere Annäherung geschehen, die nicht erst der Feststellung bedurfte, daß jeder von ihnen auch unter dem Zeichen des Schützen geboren war, und die selbst dadurch keiner Entfremdung Platz machte, daß sich herausstellte, der Richter, der den Vorwurf des Unsinns kostenpflichtig auf ihm sitzen ließ, welcher ihm in der Versammlung der Haus- und Grundbesitzer gemacht worden war, sei ihr Onkel gewesen.

Während des nunmehrigen Erstauftrittes des Duzbruders vom Alkohol war in keiner Weise von dem Schulterhinhalten für den Dieb die Rede, noch von dessen Vorsprache in der Kanzlei des Verteidigers. Man erzählte einander lediglich lustige Dinge, schließlich anzügliche Scherze, die von Erotik troffen, bis der Sohn auf die Episode von den beiden Clowns zu sprechen kam, die einander vor versammeltem Publikum fragten, wo die Frauen die meisten Haare hätten, der Reihe nach aber den Kopf, die Achselhöhlen, die Zähne ausschlossen, so daß ein Gendarm eine sich verfärbende Dame mit dem Bemerken tröstete, er werde sofort mit Verhaftung einschreiten, Gnädige könne ganz beruhigt sein, sobald einer der beiden Lausejungen das Wort ausspreche, das er dann selber nannte.

Als sich aber der Facharzt hier befremdet zeigte, weil ihm der Witz mit dem Zitat vor seiner Braut zu weit zu gehen schien, nahm ihn der Anwalt beiseite und berichtete ihm vom Grund seines Kommens und von der Begegnung mit dem von dem Facharzt geförderten Einsteigdieb.

Die Pause hatte die Braut benützt, um ihr Hochzeitskleid zu probieren, und kam jetzt weiß herangerauscht, begann auch alsbald, sich mit dem Sohn zu boxen, der achtgab, daß er sie dort nur leicht und sanft berührte, wo die

Annäherung überhaupt anstößig war. Indessen saß der Glatzköpfige erschrocken und verschüchtert auf seinem Kanapee und würgte an dem, was ihm zugetragen worden war, sowie an dem, was sich vor seinen Augen abspielte.

Wenige Tage darauf fand aber seine Hochzeit statt, die feierlich vor sich ging. Der Onkel vom Gericht war auch anwesend und unterhielt sich zumeist mit dem Sohne, dem er nicht und der ihm nicht gewogen war. Die Braut wurde dem Bräutigam vom fracktragenden Goldzahnzeugen zugeführt. Nach der Feier befand sie sich bereits am Arme des Sohnes. Sie ging mit ihm in ihre künftige Ehewohnung, begann dort mit ihm zu ringen, bis sie nach harter Gegenwehr auf beide Schultern zu liegen kam. Als aber der Sohn den Kampf noch weiter fortsetzen wollte, verhinderte dies der rasch nachgekommene Bräutigam, der darauf bestand, daß die Schlacht an dieser Stelle abgebrochen werde, und der selbst die Liegende in Empfang nahm.

Da nun der Urlaubsbeginn des Sohnes immer näher rückte und der Termin des Diebes wie auch der des Unsinnshofrates für die Zeit nach der Rückkehr festgesetzt werden konnten, der letztere schon in zweiter Instanz, hielt es der Reisepflichtige für nötig, vom Facharzt beziehungsweise dessen Gattin Abschied zu nehmen. Weil nun der Himmel besonders blau und der Facharzt durch Arbeit verhindert war, wurde ihm die Gattin zu einem Spaziergang anvertraut, und sie gingen so weit miteinander, als es bei der Kürze der eingeräumten Zeit noch möglich war. Aber da man wußte, daß sie miteinander gingen und ihre Begegnung geduldet war, dachte keines daran, das in es gesetzte Vertrauen zu enttäuschen, und sie blieben eines dem andern entfernt wie aus geschwisterlicher Verpflichtung. Aber als der Abschied kam, sagte sie zu ihm, sobald Mißtrauen und Eifersucht aufkommen sollten, würden sie frei sein, das zu tun, was ihnen dann gefiele.

Diese bedingte Zusage nahm der Sohn beglückter entgegen, als wenn er eine Gunst erschlichen hätte, die ihm nicht zugedacht war. Er wußte nur nicht genau, ob er hoffen sollte, zufolge andauernden Vertrauens den Zeitpunkt des Heranreifens seiner Freiheit hinauszuschieben, oder ob ein baldiges Mißtrauen besser seinen Zweck erfülle. Dabei unterließ er es, Vergleiche mit dem Wundermädchen zu ziehen, bei dem er gar nie zu seinem Ziele gelangt war, so sehr schien ihm diese Neigung neu und von früheren verschieden. Wie ihm allerdings wirklich zumute war, äußerte er nicht in dem Geständnis, das er sich selber gab und das er möglicherweise bereit gewesen wäre, einem Freunde ebenfalls zu erklären, wenn er geglaubt hätte, einen solchen noch zu haben.

Als er aber nach dem Spaziergang nach Hause kam, langte mit ihm gleichzeitig die frühere Jungfrau ein und führte Blumen mit sich. Solche hätte eher er ihr geben sollen, ganz abgesehen davon, daß viele in seinem Garten gediehen. Im übrigen war das, was sie ihm sagte, gar nicht verblümt. Es wurde ihm vorgehalten, daß er nun eine andere Blonde mit längeren Haaren habe, die auch ein bißchen jünger und hübscher sei, wie das schwache Zugeständnis lautete, überdies auch nicht so treu und ergeben, denn sie sei ja verheiratet, schließlich noch ein eingeschriebenes Mitglied der Partei, die sich die Ausrottung der Juden auf die Fahnen geschrieben habe. Aber der Sohn werde wahrscheinlich wissen, was er tue. So seien diese Blumen symbolisch sozusagen ein Abschiedsgeschenk.

Bei diesem Abschied, der ihm scheinbar so leichten Herzens oder auch mit verleugneter Schwere angeboten wurde, hatte der Sohn aber gar nicht im Sinn, es für immer damit bewenden zu lassen. Statt dessen begann er sein gewesenes Opfer zu entkleiden, wobei er schicklicherweise oben anfing, wie es bei länger andauernden Verbindungen geboten erscheint. Sie sträubte sich auch diesmal, wie sie damals getan hatte, als es nur galt, ihre Jungfernschaft zu beseitigen. Denn jetzt empfand sie ihre Ehre offenbar als mit im Spiel, welche sie zu diesem Zwecke angelegt hatte, um wenigstens etwas vor ihrer Konkurrentin vorauszuhaben. Aber selbst diese Zutat erschwerte ihre vollständige Entblätterung auf die Dauer nicht, sobald der Reiz an jener Stelle einsetzte, die nach dem Verlust des Paradieses durch Feigenblätter vor den Blicken der Gewöhnung und des Allzeitbereitseins geschützt werden mußte. Dieses Mittel, anstatt eines Rechenschaftsberichtes, sollte sie, sobald es gelang, völlig wehrlos machen, ja sogar zu einer Komplizin seiner Untreue.

Als aber der Akt abgeschlossen und nach dem natürlichen Verlauf die animalische Trauer einzuschalten war, fühlte sich der Sohn einer solchen noch immer nicht zugänglich. Ja, es ist denkbar, daß er auf weitere Wiederholungen, wenn auch nicht unbedingt mit derselben Mittelsperson eingestellt gewesen wäre, würde ihm noch solche abverlangt oder auch nur bereitgehalten worden sein. Vielleicht auch belustigte er sich innerlich zu Unrecht über die weiblichen Mitglieder einer Partei, die sich die Ausrottung seiner Gattung auf das Banner schrieb und es doch nicht verhindern konnte, daß gleich zwei ihrer Angehörigen erwähnten Geschlechtes einem Auszurottenden vermehrungssymbolische Neigungen entgegenbrachten, derentwegen eine der anderen sogar neidig schien. Denn wenn es überhaupt wahr sein konnte, daß die Glatzkopfsgattin dieser Innung angehörte, mußte dasselbe auch für die gewesene Jungfrau zutreffen, die anders nicht um die geheime Mitgliedschaft ihrer vermeintlichen Mitbewerberin wissen konnte.

Wie er am Morgen mit der familialen Trauergemeinde die Reise nach östlichen Gegenden antrat, sah er sich weder durch seine gegenwärtige Gesellschaft noch durch den nächtlicherweise gepflogenen Umgang mit einer Frauensperson noch durch den Rauch des Zuges, den er gelassen einsog, in seiner Stimmung beeinträchtigt. Wohl aber nötigte die so beschaffene Ausatmung der Lokomotive der Mutter ein Husten, der Schwester sogar energische Fensterzumachungsanweisungen ab. Auch die in den Leib seiner Heimat geschnittene Grenze versehrte sein Gemüt nicht, wiewohl er kaum an Wiedererfassung verlorener Landesteile dachte, wenn diese an ihm vorbeiflogen. Auch kam anscheinend nicht das Mitgefühl mit denen auf, die kraft Verwandtschaft und Anzahl das Abteil mit ihm zusammen füllten, wie trist deren Miene auch zeitweilig war und wie nah die Blutsverwandtschaft und wie verbindend der weniger als ein Halbjahr zurückliegende Verlust eines gütigen und gerechten Greises, dessen Darminhalt dem Rizinus widerstrebt hatte und auf dessen Grabstein beglaubigt stand, er sei einer von jenen gewesen, um derentwillen Gott die Welt noch weiter bestehen lasse.

Und doch konnte der Sohn nach seinem bisherigen Wirken, insbesondere nach dem, das auf den Tod dieses Vaters folgte, durchaus nicht der Meinung sein, der Herr werde ihn als Säule an Stelle des Abgeschiedenen zur Tragung des Rechtfertigungsdaches über die Sünden der Welt annehmen. Ja, er mußte sich bereits zu fragen beginnen, ob nicht bei dem schon Gegebenen und dem noch zu Erwartenden sowohl die Preisgabe als auch der Untergang aller sich sogar aus seiner Schuld und seinem mangelnden Eintritt an Vater Statt in die Gerechtigkeit noch zu seiner Zeit vollziehen würde.

Dennoch ist nicht anzunehmen, daß er dies alles damals tatsächlich dachte. Wahrscheinlich dachte er gänzlich anderes, das er später dem Gedächtnis vorenthielt, oder dachte nichts. Währenddem flog noch eine weitere Grenze vorüber, was nicht ohne Formalitäten geschehen konnte, zeigten sich draußen Landschaften von den bisherigen abweichenden Charakters, wurde zur Stärkung, Ablenkung und Zeittötung gegessen, die Zeitung betrachtet, geredet, ohne daß von all dem ein bleibender Sinn ausgegangen oder damit angestrebt worden wäre. Als aber das Unpersönliche und Allgemeine seinen Rang wieder abtrat, war draußen die Landschaft von der Nacht gelöscht worden, und es näherte sich der Augenblick, in welchem der Schlafwagen bezogen werden konnte, sofern dieser bereits angekoppelt war.

Daher nahm der Schwager Geld in die Hand, wie es in östlichen Breiten üblich war, wenn man Geringere an seine Rechte und Vorbehalte erinnerte. Danach salutierte ein Uniformierter und ein anderer trug Koffer, ein Dritter hielt die Türen zwischen den Wagen, ein Vierter öffnete das zugewiesene Abteil und glättete das Bett. Als alle Hilfeleistungen berappt waren, die Damen untergebracht, die Herren, soweit tunlich, zunächst, konnte der Schlaf anheben, mittelst dessen man in künftige Zustände gebracht wurde, welche eine weitere Unterbrechung der Trauerzeit bedeuten durften. Tatsächlich aber bettete sich die erblasserische Witwe noch tiefer in ihren Verlust, die Tochter dachte an diesen gar nicht, der Tochtermann hatte dessen nie gedacht. Der Sohn hinwiederum schaukelte zwischen Lust und Trauer über einem klaffenden Abgrund, aber mit Blickrichtung auf noch nicht in den Reiseverkehr einbezogene Sterne. Doch sowie der frühe Morgen anbrach und alles auf die Ankunft gefaßt war, ließ diese auch nicht länger auf sich warten. Vor der Bestimmungsstation harrte die Kalesche des Verwalters, der den Gutsherrn, nämlich den Tochtermann samt der Tochter und Enkelin sowie die Gebärerin des ersteren in ein kleines Landhaus bringen sollte, und in ein noch bescheideneres dessen angeheiratete Familie, nämlich Mutter und Sohn. Danach waren diese beiden wie vermutlich auch die andern mit der Einordnung ihrer Habseligkeiten beschäftigt. Eine ruthenische Bauernmagd mit einem Gesicht, das frisch war wie ein Apfel am Baum, lugte durch das Fenster und wurde dabei rot, wie Äpfel es nicht so rasch zu werden pflegen, als der Sohn sie ansah. Dieser aber blickte gleich darauf einer blonden Polin nach, welche auf der Straße vorbeistolzierte und ihm nur einen höhnischen Augenaufschlag gönnte.

Auf die Straße begab man sich nach Reinigung und Ordnung des Äußeren, und da sonst wenig Auffallendes zu sehen war, hatte man im Vorbeigehen auf dem Weg zur Tochter und dem Rest der Familie die Schilder zu betrachten. Danach trugen die Kaufmannsgeschäfte vorwiegend oder sogar durchwegs polnische Namen, die Gewerbetreibenden vom Schmied bis zum Fuhrwerker schienen laut Aussage ihrer Inhaberanzeigen Personen jüdischen Ursprungs zu sein. Die namenlose Menge, die kein Schild hatte und die Bauern und Knechte stellte, mußte nach Aussehen und Art für kleinrussisch gehalten werden. Keiner von allen zeigte den Frieden in seinem Gesicht. Die Polen waren in ihrem Land, aber die Sicherheit im Ausdruck hatte etwas Unwirkliches sowie Fallweises nach Art nicht wetterfester Schutzkleidung. Die Juden hinwiederum waren nicht in ihrem Land, schienen aber gefaßt auf jederlei Zukunft anderswo, hier oder nirgends mit Mienen zwischen Gestern und Übermorgen. Was die Ruthenen anlangt, so boten sie mangels Kenntnis des Alphabets in ihrer Antlitzprägung die üblichen Schwierigkeiten, die sich dem Buchstabieren bei derlei Fällen entgegensetzen, aber ihre Augen als Ausguck ihrer Seelen wirkten zuweilen unruhig. Der Sohn glaubte Sturm zu riechen, obgleich der gar nicht in der Landschaft steckte. Doch teilte er das mit ein oder zwei Sinnen Ausgespähte nicht den übrigen Sinnen und schon gar nicht seiner Weggenossin und den Personen im

Bestimmungshause mit, in dem man, wie vorgehabt, alsbald einlangte.

Die Familie des Gutsherrn plante nun eine Rundfahrt durch einen Teil des Gebietes, das ihr gehörte. Dazu war der Verwalter aufzusuchen, der statt einem Familienmitglied im Schlosse der Besitzer sein Wesen oder Unwesen trieb. Aus seinem ergebenen Lächeln war von ihm Hörigkeit zu erhoffen, nach seinem Auftreten und seinen Berechnungen war es allerdings pathetische Respektlosigkeit, die er statt dessen anmeldete. Es war anzunehmen, daß er die Bauern drückte, aber vielleicht nicht zum Nutzen des Gutsherrn. Sein Pelz, der stattlich war, der Schmuck seiner Gattin und seiner Töchter sowie die ihm gehörige Einrichtung zeugten sowohl von hoher Verwaltungskunst als auch von geringer Einschätzung der Urteilsfähigkeit seiner Gebieter, insbesondere aber von mangelnder Furcht vor diesen. Die Rundfahrt an sich enthielt dafür gewisse Gefahrenmomente. Auf Brücken fehlten Teile des Untergrundes. Böschungen, Löcher und Versenkungen sowie an Ort und Stelle liegengebliebene sturmgefällte Riesenbäume unterbrachen die angelegte Straße. Das Roß hatte wie ein Pegasus zu laufen, um nicht samt Ladung in dem Ergebnis verwalterlicher Unterlassungen auf Grund oder ins Grundlose zu gelangen, auch mußte das Fuhrwerk jederzeit gefaßt sein, die Stämme, die seinen Fortgang hemmten, auf schlüpfrigen und wohl auch teilweise versumpften Wiesen zu umfahren. Nirgends fragte der Gutsherr oder dessen Mutter nach dem Anlaß solcher Sorglosigkeit. Die Enkelin ritt auf einem Pony hinterher. Besorgte Zurufe von Tochter und Tochtermann galten der Feststellung ihrer jeweiligen Position, denn die Abgründe auf der Straße und die Risse in der Brücke waren groß genug, sie mitsamt dem Kleinpferd mühelos nach unten zu versenken. Der Sohn und seine Mutter betrachteten den Wald und dessen Tote in stiller

Ergriffenheit, die bei ihm sich auf das Ereignis beschränkte, bei ihr außerdem symbolisch-beziehungsvoll schien.

Als aber die Waldandacht auf unterbrochenen Straßen vollzogen und absolviert war, blieben Sohn und Mutter wieder daheim, das heißt in ihren derzeitigen vier Wänden. Die ruthenische Bauernmagd bereitete das Bett des männlichen Gastes und ließ dabei ihren kurzen Kittel bis zum Rückenbeginn hinaufgleiten. Als aber der Sohn die Anschauung durch Beteiligung weiterer Sinne zu ergänzen versucht war, trat die Mutter ein und vereitelte das Vorgestellte. Das Mädchen änderte seine Pose durch rasche Umdrehung, den Antlitzapfel bei sonst gleicher Frische noch merklich gerötet.

Wie nun der Sohn erbost und verlegen grimmig durch das Fenster sich nach außen ablenkte, ging draußen die Polin am Arme eines jungen Mannes in den Abend hinaus. Beide grinsten ihn an, wie gegenüber ausgeschlossenen Dritten üblich. Zumindest hielt er diesen Ausdruck weder für Vor- noch Nachgefühl eines Partnerglücks. Ansonsten mangelten wahrscheinlich weitere Verständigungsmöglichkeiten.

Auf dieses binationale stumme Spiel hin legte sich der Sohn zeitig zu Bett. Er hörte seine Mutter in der Nachbarkammer rumoren. Sie suchte ihre Vergangenheit oder Jugend, den Schatten des Verstorbenen oder Trost bei den Lebenden. Er konnte ihr nichts von all dem geben, ja verweigerte geradezu innerlich jeden Beistand.

Nach hingebrachter Bettruhe oder -unruhe mußte für den nächsten Tag ein erneutes Familientreffen gewärtigt werden. Der Sohn fand die Tochter vor dem Spiegel sich für niemand salben und schmücken und kleiden und einen Zeitabschnitt an den vorhergegangenen fügen, der stumm wie der abgelaufene sein würde, in welchem sie sich auf dem Opferbrett für das Wohlergehen der Familie eines Verstorbenen vorangetragen sah, den sie nur verklärt oder gar nicht mehr empfand, ausgenommen, daß sie in einem Stück ihres Bruders die Nachbildung des Dahingegangenen voraussetzte. Zumindest fühlte sie irgendwie, daß sie den Sohn brauchte, welcher ihr aber nicht auf halbem Wege entgegenkam.

Dieser trat vielmehr bald den Rückweg allein an, nahm ihn entlang des Baches, der etwas Wildes an sich hatte und offenbar seiner Auflehnung entsprach. Er fand die blonde Polin ohne Begleitung auf dem Geländer sitzen, die Beine wegwärts hin- und herbewegend. Sie hatte diesmal weder ein höhnisches noch ein überlegenes Mienenspiel herzuzeigen. Ihr Gesicht schien vielmehr das geistesabwesende einer Person, die nicht ganz erfolgreich war. Er war es auch nicht und ging vorüber.

Sowie er aber erst vorüber war, begann er sich ihren und seinen Fall in die Erinnerung zurückzurufen. Er glaubte in der Begegnung der Blicke, die diesmal erfolgt war, eine Art Einverständnis nachträglich erkennen zu müssen. Diese Übereinstimmung mußte noch nicht eine solche in der Zielsetzung sein, sie konnte damit zusammenhängen, daß mit dem Herrn, an dessen Arm sie am frühen Abend ausgegangen war, nicht alles so verlaufen war, wie sie es sich vorgestellt hatte, und daß sie nun in den Zügen des Sohnes gleichfalls Unbehagen und Unzufriedenheit zu lesen glaubte. Immerhin setzte der Sohn trotz dieser späteren Erkenntnisse seinen Weg fort, und die Polin blieb auf dem Geländer sitzen, allerdings nicht so lange, als er zu seiner Rückkehr brauchte.

Danach sollte die Familie bald wieder in ihre Einzelbestandteile zerfallen, nämlich die Tochter wohl mit ihrem unmittelbaren Anhang, dem Mann, der Enkelin und der Schwiegermutter in ihr Heim, die Mutter in das des Vaters, dessen Witwe sie geworden, zurückkehren, während der

Sohn die Reise noch unterwegs auf einem Schlosse im Tschechischen zu unterbrechen vorhatte, wohin er von einem Freunde eingeladen worden war.

Inzwischen hatte er seine Mutter mehrmals in seiner Bleibe, sofern er sie dort allein zurückgelassen, beherrscht, aber gebrochen wiedergefunden und nichts zu ihr gesagt noch sonst geäußert, das einem Troste ähnlich gewesen wäre. Auch war seine Schwester von ihm ausgeforscht worden und hatte ihm zugeben müssen, daß es mit dem jüdischen Assistenzarzt schon weiter gekommen sei, als er selbst mit der Gattin des Facharztes gelangt war. Er hatte einmal im Vorbeigehen Gewand gegen Gewand die ruthenische Bauernmagd gestreift, aber nicht gewünscht, daß es Haut gegen Haut zu einer innigeren Berührung käme.

Es war dann wieder ein Familienabend vorgesehen, der zwar zeigte, daß Blut nicht Wasser war, aber offenbar durch Verwässerung keine starken Bindungen auslöste, sofern es nicht in bloß wirtschaftlicher Beziehung eine gewisse Interessengemeinschaft ermöglichte. Ansonsten wäre die Frage am Platze gewesen, wozu man überhaupt weggefahren sei. Die Witwe schien nicht erholt, der Sohn kaum der Familie zurückgewonnen, die Tochter strebte auch nach außen, und der Gatte hatte noch nichts gefunden, dem er verfallen war, die Pferde ausgenommen, die er liebkoste und streichelte und bei besonderen Anlässen sogar wartete, wobei die Enkelin seine Neigung, soweit sie nicht zu einer Tätigkeit für die Tiere führte, mitunter teilte. Seine Mutter trug an einer anderen früheren Witwenschaft, hatte aber bereits ihre Liebe zu ihrem Kind in die ausgefahrenen Geleise der Gattentrauer umgelenkt.

Auf der Wegstrecke, die zwischen dem den Gutsherrn belassenen Gebäude und dem seinen Gästen zugewiesenen Hause zurückzulegen war, hantierte der Sohn mit den verkümmerten Gefühlen gegenüber der eigenen engeren und weiteren Familie, und auch die Mutter suchte nach einer Eröffnung in seiner Richtung. Weil aber der Wind von der entgegengesetzten Seite kam, wehte er Staub in ihre Münder, die er auf diese Weise vorübergehend stopfte. Dann kamen sie an.

Das Gepäck war leicht gepackt. Man hatte nicht allzuviel für diese Reise vorgesehen, der Sohn immerhin ein übriges für die anzustückelnde Schloßfahrt. Dann schnarchte man geruhsam, das heißt die Witwe röchelte beinahe, den Tod ihres Gatten in den eigenen künftigen Leichnam verlegend, der Sohn hinwiederum, der nicht schnarchen zu können glaubte, unterbrach sich selbst, sobald er sich dabei ertappte, so daß er Stakkatotöne hören ließ.

Die ruthenische Bauernmagd hatte sich noch am Abend unnötig lange an seinem Bette zu schaffen gemacht, doch war er durch wiederaufkeimende Familiengefühle mit einem andern, nur zeitweiligen Abschied beschäftigt; er vermutete sie auf Horchposten. Als aber der Morgen aufkam, brachte sie ihm eine frisch gebrochene Rose, ihr Apfelgesicht gleich in der Schürze versteckend. Dann lief sie davon und ließ sich das Trinkgeld entgehen. Dem Sohn aber ging in diesem Augenblick auf, wieviel ihm da ungenutzt verloren war. Bei der inneren Buchung dieses Verlustes kamen ihm wiederum die Familiengefühle abhanden.

Im übernächsten Zeitabschnitt wurde man diesmal in der Kalesche des Verwalters zum Bahnhof gefahren. Da die Gutsherrschaft ihren obersten Angestellten ungerügt gelassen, aber leise um Geld gebeten hatte, das er hätte richtig verrechnen sollen, zählte er seinem Herrn einen Bruchteil des Erbetenen laut zu, diese Zuzählung mit Verwendungsratschlägen begleitend. Dann kam der Zug genau wie vorgesehen, der die zunächst gesammelte Familie fortbrachte. Nach der ersten Landesgrenze wurden jedoch bereits Vorbereitungen für die Ausladung des Sohnes getroffen, wiewohl solche erst weit später erfolgen sollte. Dann sprach man nichts mehr als von den Eindrücken, die der Sohn noch haben würde, vielleicht auch, weil die eigenen Eindrücke nicht wogen oder schon durch den Luftzug weggezogen waren.

In jener Stadt, die sich eine goldene Beschaffenheit nachrühmt, hatte der Sohn nach Verdauung der Abschiedsformalitäten, einer ergänzenden Zufahrtsstrecke zum Hotel, von dem er aufs Schloß geholt werden würde, dem zwischenzeitigen Studium der Sehenswürdigkeiten ohne Zuhilfenahme eines Nachschlagewerkes einen ausgiebigen Rundgang zu tun. Dabei traf er ein sehr junges, aber doch schon dem eigenen Kindesalter entwachsenes Mädchen, dessen Kittel hoch über dem Knie endete und so die Anschauung erotisch schwellender Schenkel preisgab. War dieses Ding auch im Unteraufbau der zu spät durchschauten Ruthenin ähnlich, so schien doch das Gesicht nicht mehr ganz einem Apfel vergleichbar, zumindest kaum dem unabgepflückten. Die in Rede stehende Frauensperson trug auch eine große Tasche auf einer mit langen Schritten angetretenen Wartepromenade, die wahrscheinlich dem Nächstbesten zu gelten hatte. Vielleicht hielt sich der Sohn sogar für diesen, aber dann war er es wieder nicht, wie sie an ihm vorbeistrebte und er sich einreden wollte, daß man ihn auf dem Schlosse schon dringend erwarte, um ja nicht das erste Wort an ein Weib zu richten, das jeden andern für ihn und ihn für jeden andern nehmen könnte. Und doch wollte er schließlich eine Ausnahme machen, aber da hatte der Gegenstand seiner hinausgezögerten Bereitschaft bereits seinen Abnehmer gefunden.

Die Restbesichtigung der Stadt ließ zwar Mädchen gleicher Bestimmung als solche erkennen, aber keine von diesen wartete mit ähnlicher Beschaffenheit auf. So konnte der

Freund von der Ankunft des Sohnes unverzüglich verständigt werden und ließ auch nicht lange darauf warten, den Gescheiterten aufzulesen. Der Wohltäter trug einen langgezogenen Schädel, welcher solche Form vielleicht der Zange des seiner Geburt beigezogenen Arztes verdankte, dazu schwellende Lippen, die möglicherweise eine negroide Blutbeimischung im Mittelalter oder Altertum annehmen ließen, welcher Ansicht in viel späterer Zeit die zuständigen Naziamtsstellen gewesen sein konnten, als sie seine feudale Wohnstätte im Wegnahmewege dem Reichsstatthalter zuwiesen. Da diese Zeit aber noch nicht angebrochen war, wurde es dem Sohne noch ermöglicht, eine Woche lang der Gast seines Freundes zu sein. Allerdings hatte die Mutter des Einladenden dem soeben Eingetroffenen gleich auseinandergesetzt, daß es unschicklich wäre, den von Kindheit an durch gemeinsames Heranwachsen auch ihren Töchtern gegenüber geübten Brauch des Dusagens noch weiter fortzusetzen, da diese schon in mündigem Alter stünden und das Duzen ihre beginnende Weiblichkeit in irgendeiner Form beeinträchtigen könnte. Obwohl sich der Sohn an ihre Empfehlung oder Vorschrift von Anfang an geflissentlich nicht hielt, wurde trotzdem die Einladung nicht rückgängig gemacht und ihm sogar ein eigener Diener beigegeben, der tagsüber zumeist hinter ihm ging, wenn er ihm nicht vorne die Krawatte richtete.

Im übrigen war die hübschere ältere Schwester des Langschädeligen bereits einem mittellosen, gar nicht mehr jungen, noch dazu geschiedenen Baron zugesagt, während die jüngere, eine Hünin mit orientalischer Gesichtsbildung, im Begriffe stand, eine nicht standesgemäße, aber dafür reiche Partie mit einem Partner aus dem Kaufmannsstande zu machen. Da hier noch mütterliche Widerstände zu überwinden waren, befand sich der Bewerber gegenwärtig nicht am Platze. Dagegen blieb ein eleganter Herr der französischen Botschaft mit seiner bildschönen blonden Frau anwesend, für die eine Jagd veranstaltet werden sollte, bei der man es hauptsächlich allerdings nur auf Kleinwild, insbesondere Kaninchen, abgesehen hatte.

Dem Sohne war es nur recht, daß auch dieses Wild sich den vereinigten Jagdrohren der Schloßbesitzer und Gäste nicht stellte. Er selbst versuchte, der jüngeren Tochter und der Frau des Legationsrates, welche sich nicht unmittelbar an der Jagd beteiligten, die Kur zu machen. Er wurde auch zwischen beiden photographisch aufgenommen. Sonstige Folgen traten für niemand von den dreien ein. Das Bild entschädigte den Sohn sehr häufig nach seiner Rückkehr für alles, was ansonsten unterblieben war, auch für die mangelnde Erinnerung an irgendeinen Vorfall auf diesem Urlaubsplatze und dessen näherer Umgebung. Die Zeit, aus der die Aufnahme stammte, war insofern festgehalten, als sein Trauerflor für den beklagten Vater an der Vorderansicht seines Rockes deutlich sichtbar blieb.

Als nun die Schloßzeit abgeschlossen, die Spanne der Freizügigkeit angebracht war, sollte nun manche aufgeschobene Arbeit nachgeholt werden. Insbesondere hatte sich der Sohn mit dem Einsteigdieb zu beschäftigen, um den glatzköpfigen Facharzt zu entlasten und so weitere Gelegenheit zur Annäherung an dessen Frau zu finden. Er hatte seinen eigenen Unsinnsprozeß in zweiter Instanz fortzuführen und hiezu seinem Betreuer das nichtbetriebene Gutachten des ins Ausland abgewanderten Professors vorzulegen. Er hatte das Verlassenschaftsverfahren nach dem Tode seines Vaters zu beendigen und zwischendurch die gewesene Jungfrau zu trösten, aber auch seiner unglücklichen Mutter und der seines Rates bedürftigen Schwester ab und zu einen Augenblick zuzuwenden, außerdem aber und vor allem sich mit Fällen zu beschäftigen, welche die geglückte Abgabenbekämpfung ihm bringen mußte, auch wenn er wie bisher nie einen Finger rühren würde, um irgendeine Causa übertragen zu erhalten.

In dieser Zeit des Wartens zwischen einer Vergangenheit, die zu nichts geführt hatte, und einer völlig ungewissen, aber sicher unruhigen Zukunft gedachte der Sohn eines Gespräches mit seinem sterbenden Vater, in welchem ihm dieser gegen sonstige Gepflogenheit und gänzlich unvermittelt den Rat gegeben hatte, sich mit einem Mädchen zu vermählen, das er gar nicht kannte und das die Enkelin eines dem Vater angefreundeten Sektionschefs war.

Ansonsten hätte der Sohn wahrscheinlich dieses Angebot einer ihm zwar genannten, aber völlig fremden Weibsperson zurückgewiesen. Nur weil er es damals noch für schicklich hielt, Sterbenden gegenüber als bereits teilweise abwesenden Personen eine gewisse Nachsicht zu üben, die man ja auch schließlich dem eigenen Vater schuldete, meinte er so nebenhin, er würde die Dame sicherlich bei sich empfangen, wenn sie ihm eine Visite machen sollte. Mit dieser Antwort, die mindestens so seltsam war wie das vorausgegangene Offert, gab sich jedoch der Sterbende zufrieden, sei es, weil er die Erledigung für hinreichend hielt, sei es, weil er nicht mehr Kraft und Spielraum hatte, auf weitere Zugeständnisse zu drängen.

Um so erstaunter war aber der Sohn, als nunmehr eines Tages die Kanzleitür aufging und die von seinem Vater empfohlene Weibsperson bei ihm eintrat. Sie erschien durchaus nicht so, daß sie dem Sohn ein anderes als kurzfristiges erotisches Interesse abgenötigt hätte, dieses vielleicht noch, weil sie wie vordem die ruthenische Bauernmagd und nachher die tschechische Straßenschöne vor dem Beginn besonders kurzer Röcke den Ansatz grober, aber lusterweckender Oberschenkel über entgegenkommenden Knien und kernigen Waden ausstellte. Dagegen war der Oberbau vermutlich verfehlt, das Gesicht offenkundig mißglückt, weil gar nicht weiblich, sondern von männlicher Härte, wozu noch eine Stimme kam, die der eines Pfaues ohne dessen radschlagende Pracht entsprach. Ansonsten war die Dame bereits verheiratet, wenn auch, was aus ihren gar nicht in die Rechtssphäre gehörigen Erkundigungen hervorging, wohl nicht besonders gut.

Ihr Um-Rat-Fragen ging im wesentlichen auf häusliche Dinge, aber nicht einmal so weit, als echte Rechte der Frau, wie die Schlüsselgewalt, das ist die Befugnis des Einkaufs zu Lasten des Mannes, berührt wurden. Es beschränkte sich auf die Bestellung der Küche, die Versorgung von Wirtschaft und Garten, die Wahl der Sportart, wobei der andere Partner gar nicht geschildert worden, so daß auch eine psychologische Lösung nicht getroffen werden konnte. Weit wesentlicher als die Erlangung einer Empfehlung bezüglich Verhaltensart schien der vom sterbenden Vater eingeführten Frau ihre eigene Bemerkung, daß sie im Schwimmen perfekt sei, einem nationalen Schwimmklub angehöre, was der Sohn trotz Liebhaberei auf diesem Gebiet kraft Abstammung nicht konnte, daß sie es aber trotzdem für wünschenswert halte, auch ihn als Kollegen im beiderseitigen Einvernehmen auf dem Wasser zu begleiten. Danach fragte sie um die Höhe des Honorars für eine Unterredung, die zwar im Bureau stattgefunden, aber als kaum in dieses gehörig auch nicht zu verrechnen war. Sie versprach, bald wiederzukommen. Statt dessen kam aber ihr Vater, der vornehmer wirkte, eine Reihe von Rechtsauskünften forderte, keine verstand und es bei der Nichtbezahlung bewenden ließ.

Das Verfahren gegen den Einsteigdieb wurde zwischenzeitig unterbrochen, weil dieser Muße gefunden hatte, in einen halbindianischen südamerikanischen Staat zu verreisen, der nicht auslieferte, zumal mit demselben Rechtshilfeverträge nicht bestanden. Solche Fahrt wäre wohl nicht vor sich gegangen, hätte er sich nicht inzwischen mit einem hochgestellten Rechtsbrecher in Verbindung gesetzt und diesem bei der Ausfuhr von Beute wesentliche Hilfe geleistet. Nun suchte man ihn vergebens noch einer andern Übeltat halber. Statt seiner kam aus seinem Bestimmungslande eine Nachricht, mit welcher er sich für die gute Vertretung bedankte und auch den Facharzt grüßen ließ, an dessen vollen Namen er sich plötzlich erinnerte.

Diese Grüße mußte der Sohn bestellen und fand aus gleichem Anlaß einen bekümmerten Gastgeber vor, der mit scharfem Schnaps zur Bewirtung heranrückte, hatte er sich doch in der letzten Zeit Sorge gemacht, es würde im Verfahren auch ohne Einbeziehung seiner Person doch noch das Schulterbereitstellen zur Erörterung kommen. In den Empfang des Ankömmlings war auch ein Ringkampf eingeschlossen, der zwischen der blonden Gattin und dem brünetten Sohne ausbrach, ohne daß der Nichtbeteiligte der Schaustellung glatzköpfig dazwischentrat. Diese sportliche Betätigung steigerte sich mit dem Schnapseingießen allmählich zu beischlafähnlichen Handlungen, wobei der Facharzt nur hoffte, das Alleräußerste durch seine Gegenwart zu verhindern. Aus seinem Wortausstoßen und nervösen Räuspern ergab sich aber, daß ihm der Verlauf der turnerischen Austragungen keineswegs uneingeschränkte Zustimmung entlockte.

In der letzten Zeit hatte sich die entjungferte Dürre nicht mehr bei dem Sohne gezeigt, wiewohl er sie für angebahnte, aber zeitungerecht abgebrochene sowie versehentlich nicht einmal in Angriff genommene Beziehungen von Geschlecht zu Geschlecht zur Ersatzhandlung benötigt und herangezogen haben würde. Als er sie gelegentlich auf der Straße traf, ließ sie ihn seine Schande hören, welche mit der Schilderung fachärztlicher privater Regungen des Überdrusses gegen den Sohn begann und mit angeblich geplanten Maßnahmen, weitere Zusammenkünfte mit der blonden Gattin, wo immer sie stattfinden könnten, zu unterbinden, fortgesetzt wurde. Danach schilderte das beleidigte Mädchen, wieviel Spott es seinerseits des Sohnes halber entgegennehmen müsse, davon einigen seitens eines tuberkulösen Krämers, welcher hierorts sowie in einem kommunistischen Staate aufgeführte Theaterstücke produzierte und dem berichtenden Mädchen ein nicht ehrendes Angebot gemacht habe, nach dessen Ausschlagung er sich aber die Bemerkung gestattet hätte, sie hüpfe nur dann, wenn ein Jud ihr pfeife. Sie glaube daher, von künftigem Hüpfen auf Pfiff gänzlich absehen zu sollen.

Damit hörten die Besuche des Mädchens tatsächlich auf. Dagegen rückte der Termin des Unsinnsprozesses merklich heran. Gerade an dem Tage, an dem er aber stattfinden sollte, lief mit der Post der nicht mehr erwartete Brief des nach Deutschland abgezogenen Professors ein, welcher eindeutig erklärte, daß in dem Worte »Unsinn« eine Beleidigung nicht liege, was im übrigen der Sohn bei einiger Erinnerung an die einschlägigen Pflichtübungen in der Universität noch hätte wissen müssen. Als der Sohn mit herabgeminderten Hoffnungen das zweite Gebäude des Landesgerichtes für Strafsachen erreichte und schließlich den Saal verspätet betrat, bemühten sich die Richter bereits einen Vergleich anzuregen, was der belangte Hofrat aber ablehnte. Danach begann das Plädoyer des Privatanklagevertreters, welcher schilderte, daß das, was dem Hofrat ein Unsinn erscheine, dem Kanzler eingeleuchtet habe und von diesem grundsätzlich zur eigenen Meinung gemacht worden sei. Damit war der Kampf zwischen Sohn und Schulmann zu einem solchen zwischen dem Staatenlenker und dem Angeklagten erhoben worden, und obwohl zwar der, welcher dies vorgebracht hatte, sich aus dem gegenwärtigen Regime nicht allzuviel machte, wohl aber die, an welche der Appell ging, half kein hofrätliches Strampeln, um zu verhindern, daß der Unsinn zu einer vaterlandsschädigenden Bedeutung gelangte und mit fünf Tagen Arrest bei dreijähriger Bewährungsfrist geahndet wurde. Erst nach der Verhandlung wies der Sohn seinem Vertreter das ungünstige Gutachten vor und lange nachher zeigte der Hofrat, wenn auch reichlich verspätet, seine echte vaterländische Gesinnung, als er nach Heraufkunft des Dritten Reiches eine tönerne Kanzlerbüste am eigenem Leibe barg, so daß sie an diesem zerschlagen werden mußte. Bei der Urteilsfindung war aber beides nicht voraussehbar.

Als nun der Sohn seinen, wenn auch nicht ganz verdienten Sieg durch eine Feier auszukosten gedachte, begab er sich zu solchem Behufe in das Haus des Facharztes. Der aber war aus anderem Anlaß festlich gekleidet, dachte er doch eine Opernaufführung mit seiner Frau zu besuchen und eröffnete weiters dem Sohn mit ebenso hochgestimmtem Organ, er habe vor, seinem Weibe den Genuß von mindestens drei Theater- oder Opernaufführungen in seinem alleinigen Beisein pro Woche zu vermitteln, wodurch die Spaziergänge mit dem Sohne, welche bereits allgemeinen Anstoß erregten, unterlassen werden könnten. Als nun die Gattin persönlich auf der Bildfläche erschien und der Sohn sich daran erinnerte, was sie ihm für den Fall versprochen hatte, in dem ihren Zusammenkünften mit Mißtrauen begegnet werden würde, schien sie wenig zum Halten ihrer Zusage aufgelegt, ja sie ging nicht einmal auf Boxen oder Ringen ein, wobei allerdings diese Art von Gymnastik, die selbst das Brautkleid zuließ, vielleicht dem seidenen Abendkleid, das sie diesmal bedeckte, abträglich gewesen wäre. So schien nun der Sohn auch hier zurückgestellt, wie es ihm übrigens die von ihm Entjungferte bei ihrem freiwilligen Abschied angekündigt hatte.

Mit Ingrimm bewaffnet, begab sich der Sohn ins Hallenschwimmbad, welches an diesem Abend noch geöffnet war. Dort dampfte er zunächst in der Trockenschwitzkammer, als ihm der Bademeister dahin folgte, um ihn zu verständigen, daß eine Dame auf ihn warte, die ihren Namen nicht genannt habe. Der Sohn, welcher dachte, daß ihn die knochige Entjungferte entgegen ihrer Absage aus Eifersucht hieher verfolge, erklärte, daß die Dame weiter warten möge, er sei noch lange nicht mit Baden fertig. Er schwitzte sohin weiter im Trockenen, sodann im Feuchten, duschte, wusch sich und schwamm insgesamt einen halben Kilometer hin und her. Dieses getan, fönte er sein Haar reichlich, zog sich gelassen an und stieß, sobald er die dem Bade gewidmeten Räume verlassen hatte, auf die wartende Enkelin des Sektionschefs, welche auf diese Art die angekündigte Visite nachholte.

Diese Wendung der Dinge kam dem Sohn nicht ungelegen. Mußte er doch die gewesene Jungfrau in der Folge wahrscheinlich entbehren, desgleichen die Facharztsgattin zum mindesten bis auf weiteres. So ging er mit der auf ihn gewartet habenden Enkelin noch diesen Abend spazieren. Es war indessen kein Gang, den Cupido oder die Musen begünstigen konnten. Das Plappern der Partnerin ähnelte dem Geschepper angerosteter Herdgefäße. Und wie kurz sie auch geschürzt war und wiewohl die Dämmerung die Konturen besänftigte, die optische Wirkung wurde doch von der akustischen des häßlichen Organes ausgelöscht. Der Inhalt dessen, was sie sagte, lohnte des Zuhören nicht. Es war Küchendienst aus Küchengefäßen, das Schreiben von Glückwünschen oder Kondolenzen, das Spannen von Vorhängen, das Sticken an Decken, ein Reden, das seiner selbst nicht müde wurde und nicht einmal den Ansporn übrigließ, ihr beim Schritt zwischen die Schenkel zu greifen. Ruhe trat nicht ein, noch Rast auf einer Bank, wozu es schon zu feucht und zu kühl war. So konnte der Sohn seinem sterbenden Vater nicht den heimlichen Vorwurf des Irrtums in der Auswahl ersparen, wenngleich keine Beschwerde dieserhalb an irgendeiner Anschrift hätte angebracht werden können.

Ein Stelldichein wurde nicht vereinbart, auch begab sich der Sohn in der Folge kaum noch in die Badeanstalt. Um einen Ersatzsport auszuüben, dem die Jahreszeit entsprach, suchte er diesen im Eislauf, als die Wintersaison eröffnet wurde. Zunächst begnügte er sich, auf dem kleinen Platz hin- und herzulaufen, wozu er die Sicherheit längst besaß. Dann bemühte er sich um die Herstellung von Figuren, doch blieben seine Aneignungsversuche in dieser Hinsicht vergeblich. Immerhin traf er bei solcher Gelegenheit eine stark vermummte jugendliche Läuferin an, welche er mehrmals vom Boden aufzuheben Gelegenheit nahm, auf den sie von Schritt zu Schritt zu fallen pflegte. Dabei konnte er sich jedenfalls durch geeignetes Untergreifen von der Festigkeit ihrer Brüste überzeugen. So machte er sich schließlich erbötig, ihr den Eislauf beizubringen, und weil sie niemand am Abend nach Hause brachte, schickte er sich an, sie heimzubegleiten, wobei er es so einrichtete, daß sie im Zuge dieses Weges an seiner Wohnung vorbeikamen, in welche er sie einlud. Da sie zustimmte, teilte er sein kaltes Nachtmahl mit ihr und legte sie sodann auf das Sofa, ohne daß sie den geringsten Einwand dagegen vorgebracht hätte. Ihre Brüste erwiesen sich ersichtlich als knospenhaft und von großer Härte, und als er nach Entfernung ihrer Hose sein Geschlechtsteil einführen wollte, fand er sie unberührt, obgleich sie dies bestritt. Ja, sie behauptete sogar, in einem Wacheorgan einen gelegentlichen Liebhaber zu besitzen, wenn es ihr auch nicht viel ausmache, diesen mit dem Sohn zu betrügen. Sie gab auch auf Befragen an, über sechzehn zu sein und nichts dagegen einzuwenden zu haben, dem Sohn auf dem Diwan zu gehören, ganz ausgezogen und im

Bett dagegen halte sie nach ihrer besonderen, im übrigen nicht näher erklärten Einstellung eine Liebeseinigung für unschicklich und nicht vertretbar.

Im Hinblick auf den vorgefundenen Zustand und die damit verbundenen Zweifel an der Richtigkeit der Altersangaben der Eingeladenen und die Tatsache, daß ihre Aufklärungen und Einschränkungen keine verläßlichen Unterlagen für die behauptete Reife der allzu Bereitwilligen darstellten, hielt der Sohn die sofortige Eingehung von fleischlichen Beziehungen mit ihr für verfrüht. Trotzdem erkundigte er sich nach seinem angeblichen Rivalen, in dem er nach der Beschreibung einen widerlichen Gesellen erkannte, der mit blondem, gestutztem Schnurrbart herumstolzierte, erst kürzlich in der Wache eingestellt war und den Ruf sowohl politischer als auch privater Unzuverlässigkeit hatte, wie dies bereits außerhalb des Amtes ruchbar wurde. Noch zweifelte der Sohn, ob er die bereits eingehend geschlossene Bekanntschaft bei späterer Gelegenheit nach ergänzenden Erhebungen auf das äußerste vertiefen oder für bereits beendet halten sollte, im letzteren Falle aber auch den blondbürstigen Ordnungshüter für immer auszuschalten habe, um die Sittlichkeit, soweit noch tunlich, wiederherzustellen. Jedenfalls begleitete er die Kleine bis zu ihrem Haus und ließ sie für einen späteren Zeitpunkt auf den Eislaufplatz kommen, was sie vermutlich auch ohne diese Bestellung getan haben würde.

Seine Erhebungen scheiterten aber bereits daran, daß er nicht einmal den Vornamen des Mädchens, schon gar nicht dessen besondere Umstände kannte und seine Erkundigungen vorsichtig verlaufen mußten. Sie hatte sich zwar als die Tochter eines Ingenieurs ausgegeben, doch war es fraglich, ob diese Selbstauskunft zutraf, da in der Gegend, in die er sie heimgeführt hatte, nur Leute niederen Standes wohnten. Er konnte sie allerdings beim nächsten Treffpunkt veranlassen, ihre Eislaufbesucherkarte zu zeigen, wenn sie nicht von Mal zu Mal ein vorgedrucktes Ticket löste. Die Möglichkeit, den Wachebeamten ins Verhör zu nehmen, schied aus, er hätte sich sonst auf eine Stufe mit diesem stellen müssen. Die Beratung mit Freunden war unangebracht. Der Schönling zeigte sich kaum, der Fette war geschwätzig, die Mitwisserschaft des Facharztes wäre geradezu ungeheuerlich gewesen.

Der Bedarf nach dem Weibe stellte sich für ihn immer dringender ein, zumal ihn die ältliche frühere Jungfrau verlassen hatte und keine andere an deren Stelle getreten war. Der Gedanke, sich mit seiner Angestellten einzulassen, kam ihm nicht, einerseits wegen ihres zerknitterten Gesichts, andererseits wegen ihrer Abhängigkeit von ihm. Unter diesen obwaltenden Umständen schien es ihm noch eher vertretbar, sich auf die fragwürdigen Versicherungen des halben oder ganzen Kindes zu verlassen. Zumindest konnte er sich im schlimmsten Falle auf seinen guten Glauben hinausreden, sowenig auch dieser ausreichend vorhanden war. Als aber der Tag des Stelldicheins gekommen war, unterließ er, es einzuhalten. Aber bereits in der Nacht, wie er statt der Versäumten die Daunendecke in Anspruch nahm, machte er sich Selbstvorwürfe wegen unbegründeter Angst vor Entdeckung.

Auch das übrige Leben ließ sich übel an. Zwar nahmen die Singvögel, die er wiederum auf väterliche Art im Garten fütterte, noch immer oder schon wieder die ihnen mitgeteilte Beisteuer zur Mahlzeit als solche an, doch kamen sie ihm nicht mehr so nahe wie dazumal, vielleicht weil die herbe Jahreszeit keinen solchen Charakter zeigte, daß sie ansonsten keinerlei oder nur unzureichende Futtermengen gefunden hätten, vielleicht auch, weil ihnen inzwischen begründete Zweifel an seinen Vaterstellvertretereigenschaften gekommen waren.

Was nun die Kanzlei des Sohnes anlangte, so war in diese dem ihm väterlicherseits irrtümlich zugedachten Mädchen nach dem Vater auch der großväterliche Sektionschef gefolgt, der sich freilich bereits im Ruhestand befand und eine rötlich verfärbte erdapfelförmige Nase vorprotzte, aber einen wirklichen Rechtsfall brachte, welcher bei gehöriger Bearbeitung und glücklicher Gestaltung den Namen des Sohnes noch wesentlich bekannter machen konnte als dessen Abgabenangelegenheit. Hatte doch der Alte an die Bürgermeisterstadt ein offenes Handschreiben gerichtet, in welchem er deren Vertretern Vergeudung öffentlicher Mittel vorwarf, was er an Hand einer Zeitungsnachricht vom Ankauf einer Kutsche samt Vorspann illustrierte. Endlich wurde noch als weiterer Hilfesuchender ein gewesener Wirt angenommen, der sein gastliches Haus auf für neunundneunzig Jahre gepachtetem Gemeindegrund errichtet hatte, schließlich einen Kaufwerber und das Versprechen des Stadthäuptlings ergatterte, seine Wirtschaft günstig verkaufen zu dürfen, dann aber durch Gemeinderatsbeschluß gezwungen war, sein Unternehmen in der Kanzlei des Sohnes des Bürgermeisters nach Zurücknahme ursprünglicher Billigung um ein Viertel wohlfeiler abzugeben, als er nach der ursprünglichen Zustimmung des Stadtgewaltigen erwarten durfte.

Diese Art der Fälle führten den Sohn wieder mit dem unangenehm schwitzenden und fleckigen Kollegen zusammen, der inzwischen Anwalt geworden war und seine Praxis darauf gründete, daß er den Stunk in diversen Sektionen der Gemeinde aufdeckte, wobei ihm sein vollständiger Stammbaum für alle erdenkliche Zukunft die nötige Rükkenstärkung gab.

Und in der Tat saß man ansonsten irgendwie auf explosivem Material, wenn auch die Anhänger des Führers sich in dieser Zeit nach dem Kanzlermord damit begnügten,

Aborte zu beschmieren oder in die Luft zu sprengen, sofern eine geworfene Bombe nicht einen Juden zerfetzen oder ein Schuß einen linken Politiker zu erledigen hatte. Daneben hielten sich in Justiz und Verwaltung immer mehr Herren für den Eventualfall bereit, die Auffanglager für unentwegte Parteigänger verfehlten ihre Wirkung der Erziehung, wenn nicht überhaupt Wächter und Bewachte gemeinsame Sache machten. Die vaterländische Front des Regierungschefs erfaßte die Jungen nicht, die teils noch Linksrebellen waren, aber, soweit studiert oder arbeitslos, den Parolen von jenseits der Grenze hörig wurden. Und während die Beamten halb auf ihrem Schema, halb auf künftigen Erwartungen saßen, die Pensionisten damit rechneten, ihr Geld sowieso zu bekommen, auf die Arbeiter nicht mehr zu zählen war, die Bauern und Soldaten das Schielen und Zwinkern nach anderen Fahnen bereits erlernt hatten, blieben noch die Juden getreu beim Kanzler, dem sie Namen und Geld gaben, wovon erstere für ihn entbehrlich gewesen wären.

Diese Betrachtungen kamen dem Sohn um jene Zeit, wiewohl er noch mehr als zwei Jahre hatte, um die Ergebnisse zu gewärtigen. Auch hielt er sich an solche Einsichten kaum anders, als daß er lebte, als ob seine Welt für immer fortbestünde, welche überdies keine war, da er nichts hatte, an das er sich halten konnte, kaum an seine Zeit glaubte, noch weniger an seinen Beruf, seiner Umgebung gleichermaßen fremd blieb, seinen Freunden nicht traute und auch nirgends ein Weib sah, in dessen Schoß er seinen Kopf hätte legen wollen.

Die Nichteignung eines Schoßes für die Bergung oder Verbergung seines Gesichtes konnte ihn letztlich auf den Mutterschoß verweisen. Da der Frost bereits nachließ, versuchte die Inhaberin dieses Schoßes dem Garten jene Sorgfalt zuzuwenden, die sie ihrem Toten nicht mehr widmen durfte und die der Sohn nur widerwillig, wenn nicht mürrisch entgegengenommen hatte. Sie setzte und hegte dort ihre Obstbäume, darunter allerdings auch solche, die sie anstelle der Roßkastanien gepflanzt hatte, an deren Nichtfällung ihrem Verstorbenen zeitlebens gelegen war. Daneben steckte sie bereits das Frühgemüse im Küchengarten oder machte zum mindesten den Boden für dieses empfänglich, wobei ihr lediglich eine alte Gärtnerin zur Seite stand. Für die Pflege der Blumen war es noch zu früh, doch konnten Blütenhecken bereits bereinigt werden. Mit Frauenaffären durfte der Sohn seiner Mutter nicht mehr kommen. Zwar sagte sie nichts dazu, wenn er irgendwelche Weibsbilder zu sich brachte, bei denen sie voraussetzte, daß sie halbwegs in Ordnung, zumindest für ihn geeignet waren, von denen sie aber sonst nichts wissen wollte. Auch hatte sie es, als er noch Student war, nicht verhindert, daß er sich einmal mit einem Dienstmädchen einließ, das, ebenso jung wie er, ihm das Äußerste nicht gönnte, ihn wohl zwischen Schenkeln und Brüsten empfing, bis er es satt bekam, daß sie ihre Mündung einem Unbekannten für die Hochzeit in ihrer Halbjungfernschaft aufsparte. In der Folge hatte dann die Mutter, da der Sohn älter wurde, angenommen, daß er auch gesetzter werden würde und ihr eines Tages die vollkommene Schwiegertochter ins Haus werde bringen wollen. Sie wäre entschieden dagegen gewesen, hätte er ihr zum Beispiel den Fall der Halbwüchsigen vorgetragen. Was er ihr überhaupt sagen, inwieweit er seinen Weg für sie gangbar machen sollte, wußte er schließlich durchaus nicht. Im Grunde genommen hatte er überallhin allein zu gehen. Schließlich wurde nichts gesagt, und er fuhr zu seiner Schwester.

Aber wie er bei dieser war, fand sich alsbald auch der klebrige jüdische Assistenzarzt ein, den er, teils aus natürlicher Abneigung, teils aus angeblicher Schonung der Familienehre, von Anfang an für sie abgelehnt hatte. Aber wenn er diesen Fall mit seinem eigenen vergleichen wollte, war nicht er in irgendeiner Weise gerechtfertigt, sondern der andere hatte noch jene Duldung voraus, die von der Gesellschaft zeitweise den Ehebrechern eingeräumt wird, besonders dort, wo sie nur Lücken ausfüllen, die schon von vornherein solche Art der Korrektur begünstigen.

Der feiste und auch schwitzende Kollege hatte ihm inzwischen einige Unterlagen zur Verfügung gestellt, denen entnommen werden konnte, daß öffentliche Mittel der Gemeinde unnütz angebracht wurden. Allerdings betrafen diese Fälle durchaus nicht den Ankauf von Pferd und Wagen, den der alte Sektionschef in seinem später inkriminierten Brief zu Lasten der Gemeinde ausgelegt hatte. Dagegen stimmte bei der Leichenbestattung manches nicht, wobei die Tatsache, daß gewilderte Hirsche in dem Totenwagen heimgebracht wurden, nur eine erweiterte Auslegung der Beförderungsmittel darstellte, die Buchungen aber dem Direktor ein zusätzliches, ihm amtlicherseits nicht eingeräumtes Mehreinkommen sicherten. Aber auch von dem sehr biederen und als wohlanständig überall gerühmten Leiter einer mittleren öffentlichen Schulanstalt war noch viel gründlicher an Gemeindegeldern Anteil genommen worden. Seine überdurchschnittliche Begabung im Handelsfache hatte freilich die nebulos zerronnenen Beträge in sicheren Ziffern festgehalten, welche für das standen, was hätte sein sollen. Auch für das Bad wurden Beträge an heimische Firmen ausgezahlt, die ein Vielfaches der vorliegenden Kostenvoranschläge ausmachten. Daneben wirkte das Unrecht, das dem Wirt geschehen, dem der Bürgermeister nicht mehr Wort hielt, als ein brauchbarer Kaufwerber in der Anwaltskanzlei des Sohnes zur Verfügung stand, noch als Ausdruck rechtschaffenster Gesinnung.

Das Material des Feisten, ergänzt durch das Ergebnis

eigener Nachforschungen, reichte hin, um dem Richter einen Wahrheitsbeweis anzubieten, der zunächst eine kurze Darstellung von Fällen enthalten sollte, aber durch Anreicherung des vorhandenen Stammes durch immer neue Verzweigungen vermittelst höherer Spannung das überschrittene Ausmaß der Eingabe zu rechtfertigen hatte. Anschließend an die Zusammenkünfte beim Dicken wurden Weibsstücke zusammengerufen, um dem Sohn die mangelnden Tafelfreuden durch sinnliche Leckerbissen zu ersetzen, doch hatten die zustande gebrachten Frauenspersonen sämtlich etwas Abgegriffenes an sich und entsprachen kaum ästhetischen Gesichtspunkten. Das war der Nachteil an der Sache.

Als der kartoffelnasige Sektionschef sich schließlich nach dem Stand seiner Sache erkundigte und der Sohn ihm den Schriftsatz vorhielt, den er ohne Information des Klienten zustande gebracht hatte, reckte sich der Rücken des streitsüchtigen Biedermannes, bis er einer Rüstung glich, in der ein neugewordener Held nunmehr bis an den Hals steckte. Dafür berappte er dem Sohn mehr als das Doppelte des verlangten Vorschusses.

Weniger gut erging es dem Sohne mit dem Fall der Wirtschaftsführerin, den er vor Gericht gebracht hatte. Für diese waren die Erben eines ältlichen, verblichenen Krämers belangt, um das vorenthaltene Entgelt für jahrelange Dienstleistungen einzufordern, bezüglich welcher der Greis es unterlassen hatte, sie testamentarisch zu entschädigen. Der näselnde Richter fragte die auch nicht mehr junge Klägerin Hand aufs Herz, ob sie mit dem Greislergreis vor seinem Versterben nicht auch das Bett geteilt hatte. Als sie dies nach eingehender Wahrheitserinnerung dem Richter statt vorher dem Sohne einräumte, hielt sie ersterer aus dem Titel der Lebensgemeinschaft mit dem immerhin fünfunddreißig Jahre älteren Kleingeschäftsmann für genügend bezahlt und sprach die Testamentsnutznießer von jeder Zahlungspflicht los. Auch der Wirt verlor seinen Prozeß, da er im Unrecht gewesen wäre, auf die bürgermeisterliche mündliche Zusage zu bauen, und der richtige Bescheid der Gemeinde erst schriftlich im Gemeinderat, wenn auch unter dem Vorsitz desselben Bürgermeisters, zustande gekommen sei. Als dritten verlor der Sohn den Rechtsstreit des Mädchens, das angeblich erst nach dreihundertzwei Tagen seit der Zeugung ein Kind geboren hatte. Es nützte dem armen Ding nichts, daß in seiner Familie laut Beweis die Tragezeiten länger als üblich waren, wie Beispiele aus der Seitenverwandtschaft und einer aus der Aszendenz bezeugten. Hätte der Frauensperson Schwangerschaft um drei Tage weniger betragen, würde das Jugendamt den Prozeß mit sicheren Gewinnaussichten geführt haben, da es nach österreichischem Recht genügt, einen Beiwohner in der kritischen Zeit zu finden, der sich nur dann losstrampeln konnte, wenn er die Unmöglichkeit seiner Vaterschaft hundertprozentig erwiesen hätte, einen Fall, den es fast gar nicht gab, da die Wissenschaft nicht soweit war und den zeitgerecht austragenden Kindesmüttern nahezu immer geglaubt wurde. So aber war sie anstatt des angenommenen Vaters beweispflichtig geworden, und dieser hatte noch zwei Freunde gebracht, die eidlich bezeugten, auch in gleicher Richtung in sie eingedrungen zu sein und dies etwa in denselben Tagen. Wiewohl es den Anschein hatte, daß beide logen, fehlte die Möglichkeit, die Wahrheit an den Tag zu bringen. Diese Fälle beeinträchtigten aber den Ruf des Sohnes und trugen nichts dazu bei, ihn aus seiner dürftigen Privatsphäre in den Bereich der Jurisprudenz abzulenken.

Um den nobel näselnden Richter zu ärgern, hatten freilich der Sohn und sein fetter Kumpan, der mit noch weniger Glück bei diesem auftrat, einen Streit zwischen zwei

Fuhrwerkern vom Zaune gebrochen, deren einer den andern, der sein Schwager war, auf die runde Summe von dreißig Schilling verklagte, weil er dessen väterlicherseits auf die Gasse gesetzten minderjährigen Burschen ein paar Tage gefüttert hatte. Der Sohn, der den belangten Roßausnützer vertrat, machte reichlich Einwendungen und brachte siebzehn Zeugen, auch Gegenforderungen wurden geltend gemacht. Der Feiste spannte seinem Wagenschlepper sechzehn Zeugen vor und stützte sein Begehren auf weitere neun Punkte. Der noble Richter schwitzte Blut. Um dreißig Silberlinge, bezüglich welcher er in erster und letzter Instanz entscheiden sollte, hatte er acht Verhandlungen durchzuführen, die sehr weitschweifigen Zeugen, von denen mindestens einer immer erkrankt war, alle zu hören und jede Rechtsfinesse aus dem Gesetzbuch und nach den Entscheidungen weiserer Männer nachzuwägen. Schließlich gewann um Haareslänge der Sohn gegen den Fetten, der richtig böse wurde, weil für ihn das Spiel zuletzt einen Sinn bekommen hatte. Er fühlte die Gerechtigkeit betrogen und die Wahrheit an den Pranger gestellt und was der Phrasen mehr waren, die er nur diesmal anwendete, wo es im Grunde um nichts als die dreißig Schillinge ging, allerdings vermehrt um die Kosten des Prozesses von zwei Anwälten samt Stempeln.

Ein wenig durch die dreißig Silberlinge getröstet, begab sich der Sohn auf den letzten großen Ball der Residenzstadt, auf dem er sich unter Künstlern und deren Anhang in ungebundener Art betätigte. Aber nur eine von den drei Tänzerinnen, die ihm keinen Korb gegeben hatte, ließ ihn schließlich mit dem Mittelfinger in ihr Schenkelinnerstes eindringen. Er machte sich für diese Aufmerksamkeit noch dazu mit einer Goldmünze bezahlt, die sie zwischen den Brüsten trug und die türkische Züge aufwies, wie auch sie selbst nach der Demaskierung, nur sie keine ebenmäßigen.

Er verabschiedete sich daher von ihr nach kurzem Dank für die goldene Erinnerungsgabe und fuhr, ohne hiefür gleiche Entschädigung zu beanspruchen, nächst der Garderobe noch einem nur mit einem Höschen angetanen fetten Weibsbild zwischen die Beine, wobei er durch den übergeworfenen Umhang der Nymphe gedeckt war.

Nach diesem Feste war es wieder nichts mit einer Lebensgrundlage für den Sohn, als welche von ihm weniger das Essen und Trinken, das ihm die Mutter ohnehin tunlichst nach seinem Geschmacke vorsetzte, als die Mann-Weib-Beziehung angesehen wurde. Sein geistiger Bedarf war zwar durch die Rechtsausübung nicht gestillt, aber wohl gestopft, und es kam ihm gegenwärtig nicht in den Sinn, aus dem Zeitgeschehen, das ihn trug und schaukelte, oder aus künstlerischen und wissenschaftlichen Ansätzen früherer Epochen einen zusätzlichen Bedarf an Kenntnissen, Können und Erfahrungen geltend zu machen.

Was der Sohn aber vor dem Nichteinschlafen in sich herumwälzte, waren durchaus andersartige Phantome, sofern man seinen einschlägigen Schilderungen Glauben beimißt. Danach waren es hauptsächlich schon entkleidete oder entkleidungsfähige jugendliche Weibspersonen, ohne jene, die tatsächlich bereits bis zum Innersten auf seine Vorsätze eingegangen waren und bei denen das Endspiel auch in Wirklichkeit bis zur vollständigen Erleichterung durchgeführt worden. Deshalb kam außer der Polin, der ukrainischen Bauernmagd, der tschechischen Dirne, der Enkelin, auch die Frau des Facharztes darin vor sowie das halbwüchsige Mädchen vom Eislaufplatz, aber nicht mehr die gewesene Jungfrau, die dem Sohn die Treue und Beständigkeit aufgesagt hatte, nachdem sie ihm längere Zeit für genannte Zwecke dienlich gewesen war. Alle diese Personen waren ursprünglich voneinander durchaus verschieden in die Vorträume eingelegt und dort der gleichen Rolle der Reihe nach zugeführt worden, in der sie dann aber nicht mehr voneinander abgegrenzt werden konnten.

Figuren, die ihm nur auf Bällen begegnet waren, deren er noch einige private den offiziellen anzugliedern trachtete, waren von vornherein aus den vormorpheischen Darbietungen ausgeschlossen. Es mangelte ihnen vielleicht an realer Substanz, da Bälle ohnehin schon etwas von Stadien vor dem Einschlafen an sich haben. Vielleicht auch waren die einschlägigen Damen zu sehr der Gesichter beraubt, deren sie bei ihrem Auftreten noch bedurft hätten, wenn solche in der Folge auch minder sichtbar oder gänzlich entbehrlich wurden.

Die privaten Veranstaltungen waren nicht viel anders als die offiziellen. Sie dienten nur dem Anreiz auf das Ganze, nicht aber dessen voller Verwirklichung. Einmal konnte der Sohn erspähen, wie links und rechts und hinten und unten Burschenarme unter das Kleid eines für anständig gehaltenen Mädchens griffen und sich dort aus Platzmangel begegnen mußten, wenn nicht einem oder höchstens zweien zugleich der direkte Weg ins Zentrum der Gunst im Vortrab gelungen war. Da auch die so behandelte junge Dame nicht viel älter als vierzehn schien, begann der Sohn mit Vorstellungen und Berechnungen, wie alt nun heute jene bereitwillige Jungfrau sein mochte, die auf dem Eise so häufig hinzufallen pflegte und vor deren Eingangstor er einmal bekümmert angehalten hatte. Er kam zu dem Ergebnis, daß, wenn sie damals Ende der Dreizehn gewesen, sie inzwischen die Vierzehn vollendet haben konnte, denn der Frühling war in Sicht. Die Vierzehn waren aber gerade die Grenze, bis zu der man noch zurückgehen konnte, ohne sich straffällig zu machen, nur für anvertraute Personen, zu denen diese nicht zählte, gab es noch weitere Beschränkungen.

Diese aufgestellten Zeitzählungen und Ziffernreihungen

hatten allerdings nur den Charakter von Vermutungen und zählten ihn von der Verantwortung nicht los, wenn das Ergebnis nicht stimmte, wofür jede Sicherheit fehlte. Immerhin war er im Planen und auf dem Weg zur Verwirklichung wieder genau dort, von wo er sich durch seinen leidigen Beruf, durch Bergen im Mutterschoß, an Schwesterseite, im lockeren Freundeskreis, auf Bällen und in Träumen hatte ablenken wollen. Und als er sich an einem der letzten Schleiftage auf der zerbeulten Eisfläche einfand, lief ihm die vergebens Gemiedene, genauso unsicher in der Aufrechthaltung, um so sicherer in die Arme, während er unter die ihrigen griff, um sie so gefügig vorzufinden, als ob er gar nie ausgeblieben wäre. Daher wurde mit Sprechen gespart und statt dessen Körperannäherung betrieben, soweit dies der Fortbewegung nicht geradezu hinderlich schien. Die Brüste kamen ihm viel ausgebildeter vor, in den früher unbefangenen Augen lag ein frisches Wissen angedeutet. Es mußte ihm einer in der Zwischenzeit zuvorgekommen sein, vermutlich der Wachbeamte mit der blonden Hitlerfliege.

Die Wiedersehensfeier wurde vom Sohn mit Absicht öffentlich mit einem Kinobesuch vollzogen. Es würde wohl niemand annehmen, er werde ein Mädchen, das er auch nur im Eventualfalle für unter vierzehn halten konnte, ganz ohne Hehl ausführen und sich mit ihm zeigen, so daß man allgemein wußte, daß er mit ihm ginge, das heißt geschlechtlichen Umgang unter Mitverantwortung der Umwelt mit der Kleinen betrieb. Die für solche Zwecke Ausersehene hatte anscheinend weder Mutter noch Vater noch Vormund zu befragen, ob sie mit dem Sohne so lange von Hause wegbleiben durfte. Sie willigte sofort bedingungslos ein und forschte nicht einmal, welcher Art Vorstellung es sein sollte, was sich im übrigen weder damals noch in der Folge herausstellte.

Vor diesen beiden ungleichartigen Kinogängern hatte nämlich die Tochter des Vizestadthäuptlings Platz genommen, die groß gewachsen war, dazu eine hohe Frisur und über dieser eine erhabene Kopfbedeckung trug. Neben derselben befand sich allerdings ein nur mit einer Glatze bedeckter älterer Mann, der aber an Höhe bis zum Hutende seiner Partnerin ragte, von breiter Statur war und während des Filmgeschehens mit der geschilderten Sitznachbarin in deren Oberlaufe schäkerte, so daß kein Raum für Einblicke von Hintersassen auf die Szene übrigblieb. Allerdings hatte die junge Frau unter Ablehnung von Ersatzpersonen lange Zeit auf ihren im Ausland abwesenden Freund gewartet, mit dem sie anscheinend ebenso wie der Sohn mit seinem Eismädchen ein Wiedersehen feierte, das sich nur infolge des Ausmaßes beider Partner als Ausschluß von der Bühnenansicht für im Range Folgende darstellte.

Da das Eismädchen kleiner als der Sohn war und ihr durch Zwischenschau mithin nicht einmal die Illusion einer Kinovorstellung blieb, schien sie mit dem Bild-Ersatz, den ihr die Vorderen boten, höchst unzufrieden, obgleich der Sohn dank dieser Abdeckung sie durch Eingriff in das Gehege ihrer Schenkel zu entschädigen bestrebt war. Immer wieder ließ sie sich im Saale vernehmen, daß der Glatzmatz seine Breite (wörtlich: »Blade«) von oben bearbeite, und wie eine dazu komme, nichts zu sehen, weil die Süße laufend abgeschleckt werde. Es war verwunderlich, daß das Publikum, das beim Sehen zum Teil durch das mächtige Paar, beim Hören aber ganz allgemein durch die Eiskleine beeinträchtigt war, gegen sonstige Gepflogenheit, keinen Laut des Widerspruchs äußerte. Wahrscheinlich bedurfte das Leinwandgeschehen der Ausschmückung durch Ereignungen im Zuschauerraum, zu denen im übrigen auch sonstige aneinandergeschmiegte Paare ihr Scherflein beitrugen. Der Sohn versuchte immerhin, da seine Nachbarin nicht schweigen wollte, sie durch Vorhaltung der noch freien Hand hiezu zu bringen, was ihm nicht nur wegen des öffentlichen Lokals, sondern auch deshalb angebracht schien, weil er die vor ihm sitzende Dame persönlich kannte. Doch sprach die Halbwüchsige auch unter seiner Hand noch laut genug: »Schau dir den an! Schau dir die an!« und blies ihren Ingrimm zwischen seinen Fingern hinaus.

Als aber das Kino überstanden war und sie mit ihm nach Hause kam, konnte er mit einer völligen Schadloshaltung rechnen. Sie ließ sich diesmal willig ganz entkleiden und ins Bett bringen. Ihre völlige Reife war zwar nicht, wohl aber ihre Entjungferung von anderer Seite zwischenzeitig eingetreten. Dafür kam sie seinen Wünschen zutiefst entgegen und beteiligte sich eifrig an der Erzielung des jeweiligen Endergebnisses. Dadurch war wohl nichts bezüglich ihres Alters bewiesen, ihre Eignung aber nicht mehr in Frage gestellt.

Dieses geschehen, brachte er die nun eindeutig genossene Halbwüchsige bis vor ihr Haus, und zwar so, daß jedermann sehen konnte, wer sie zurückbrachte, und bewirkte durch einen stürmischen Abschiedskuß, daß der Charakter ihrer Beziehungen der Allgemeinheit nicht vorenthalten blieb. Solche Maßnahmen schienen ihm erforderlich, um seinen guten Glauben unter Beweis zu stellen, sofern es eines solchen Beweises einmal bedürfen sollte. Allein die in der Nähe Befindlichen und in diese Geratenen schienen geradezu bemüht, seine Gebärde und sein Auftreten überhaupt nicht zur Kenntnis zu nehmen, auch als er ein Stelldichein für den folgenden Tag ausmachte. Im übrigen glaubte er selbst auch jetzt noch vielleicht am wenigsten, was er die andern glauben machen wollte.

Als er aber tags darauf nach Kanzleischluß zur Empfangnahme der wässerig schmeckenden Partnerin seiner Lust oder vielmehr seines Lustersatzes antrat, stieß er auf den Schönling, der, begleitet von einem ausgemergelten und ältlichen Wesen, im Begriffe stand zu ihm zu kommen. Er konnte diesen unvermuteten Gästen nicht mehr ausweichen und wagte aus ihm selber unbegreiflichen Gründen nicht, von seiner Verabredung zu sprechen, wie wenig ihm auch an dem gegenwärtigen Besuche gelegen war. Der Schönling verwies auf seine Begleiterin als nunmehrige Inhaberin der in ihm vorhandenen freundschaftlichen Gefühle gegenüber dem anderen Geschlecht, und beide Ankömmlinge aus der Großstadt schickten sich bereits an, die Stufen zu seiner Wohnung zu erklettern, was der Mann langsam tat, da er im Zusatz zu seinem geröteten Gesicht auch noch in Atemnot geriet, während die Frau nach Geißenart bald auf der obersten Stufe angelangt war. So mußte er sie denn in das Zimmer führen, in welche zwei- bis dreireihig seine Bücher als falsche Zeugen einer Belesenheit protzten, der er längst abgesagt hatte. Dahingegen füllte die Hausgehilfin der Mutter die Schüsseln mit kalter Nahrung, die man immer bereit hatte, sie unangesagten Besuchern vorzusetzen, und das allgemeine Kauen ging der wissenschaftlichen Unterredung voraus, welche der Schönling in Mißachtung beigebrachter Weiblichkeit vom Stapel ließ und die sich von einer jüngst verarbeiteten Geschichte des Materialismus über die philosophischen Exponenten des Positivismus zu dem großen Ostpreußen zurückerstreckte, der seine Heimatstadt nie verlassen hatte, um von dieser aus seine logischen, psychologischen, ethischen und ästhetischen Netze überallhin zu spinnen. Die spindeldürre Begleiterin des Schönlings sah stur drein, bis dies ihr philosophischer Partner auch tat, während der Sohn als gelangweilter Dritter nur daran dachte, wie er die beiden schnellstens los würde, um seinerseits auf seine Rechnung zu kommen.

Bei der Suche nach einem Mittel hiezu fiel ihm ein struppigblonder Bursche ein, der bei allen Weibern Glück hatte, ob sie nun niederen oder hohen Standes, schön oder häßlich, alt oder jung waren, und der auch ohne Unterschied der Person jedesmal, wenn es der Augenblick zuließ, von diesem Glück gleich Gebrauch machte. Ihn hielt er in diesem Augenblick für geeignet, in die langweilige Atmosphäre einzudringen, sie aufzuwirbeln und zum wenigsten die Schöne auf schnellstem Wege an sich zu bringen und so zu entfernen. Er hatte die Gunst des Zufalls für sich, den erwünschten Störer sofort an den Draht zu bekommen. Dieser war allerdings in der Zwischenzeit ganz ins nationale Fahrwasser geraten und ließ sich daher mit der Antwort Zeit, nicht weil er deshalb einen Besuch bei dem Sohn vermeiden wollte, sondern weil es ihm darauf ankam, bei demselben nicht unbedingt von Ortsansässigen gesehen zu werden. Als er aber erfuhr, daß sowohl die zu Entführende als auch der, dem entführt werden sollte, von auswärts stammten, fand er für eine Absage keinen Grund.

Dieser junge Mann, der außerdem die Nachbildung des Hauptes eines großen, hier heimisch gewordenen Musikkünstlers auf untersetztem Körper trug, kam dann tatsächlich so schnell, daß man glauben mochte, er wäre selbst per Draht eingelangt. Sein Erscheinen war alsbald von einem Lächeln der bisher erstarrt dem wissenschaftlichen Vortrag des Schönlings folgenden Freundin begrüßt worden, einer freundlichen Zustimmung, die, obgleich sie in einer entsprechenden Verziehung der Mundwinkel bestand, doch so aussah, als ob sie geradezu von den Schamlippen aufsteige. Dessen schien im übrigen zugleich mit dem Ankömmling auch der philosophische Schönling gewahr zu werden, der sich nach dem letzten Bissen zum Aufbruch erhob und seine Dame zu sich befahl. Aber der Blonde mit dem Musikerkopf folgte beiden, wiewohl seine Absicht nur auf den einen Teil von ihnen gerichtet war.

Nach diesem Intermezzo hatte der Sohn noch Muße, das Halbkind oder Kind vom Eislaufplatz zu holen, aber nicht mehr, mit diesem einige Runden zu machen. Er entschuldigte sich nicht für seine Verspätung. Sie folgte ihm trotzdem und zeigte so ein Maß an Unterordnung, das erwachsenen Frauen seltener eigen ist. Er hatte kaum Zeit, sie zu entkleiden, in sein Bett zu legen und sich zwischen ihren Schenkeln zu ergehen, als bereits der Schönling vom Hausmädchen durch die Wohnung seiner Mutter ins Nebenzimmer geführt worden war, so daß er sein eben erst genossenes Mädchen gleich wieder im Stiche lassen mußte, um den Bericht des späten Gastes anzuhören.

Dieser schilderte außer Atem, daß er zunächst seine vormalige Begleiterin in den Zug gesetzt und dabei den Strohblonden am Gürtel seines Mantels festgehalten habe, zumal er der Stärkere gewesen sei. Trotzdem habe aber der andere, was durch Vorzeigen des abgerissenen Stückes der Anhaltung unter Beweis gestellt werden konnte, sich losgemacht, um in den fahrenden Zug zu springen und aus demselben ebenso wie das Mädchen herauszuwinken. Es fiel dem Sohne nicht leicht, seinen Freund von dem Unwert des Verlustes zu überzeugen, noch schwerer aber, ihn loszuwerden, um sich wieder seinem eigenen Mädchen zuzuwenden und dieses nach ergänzter Liebesbehandlung schließlich heimzubegleiten. Aber wie der Sohn mit der erneut in Besitz Genommenen zuletzt auf der Straße war, kam auch der Blonde mit dem Musikergesicht herangerückt, der offenbar ebenfalls die Absicht zu berichten gehabt hatte, aber nunmehr seine Blicke auf jene heftete, die ihm als weitere Beute dienlich schien.

Der Sohn wendete sich aber diesem zu und von jener ab, obwohl sie scheinbar gar nicht ging, sondern wartete. Andererseits verabsäumte der Blonde nicht, während seines nunmehrigen Berichtes fortwährend auf die Wartende hinzuschielen. Nach seiner Darstellung hatte der Einsatzfreudige die Eisenbahnfahrt in Gemeinschaft der Dürren unterwegs auf der Strecke nach Wien unterbrochen und mit dieser ein abgelegenes und dem Verfall preisgegebenes Wartehäuschen aufgesucht und dort ungeachtet gewisser Fortwirkungen des Winters, die auch das Kunsteis noch ermöglichten, die Halbentkleidete nicht nur normal versorgt, sondern sich außerdem auf französische Art mit ihr geeinigt, wovon er sich vor seiner Heimkunft noch schnell beim Sohne reinigen wolle. Daran anschließend gab er zu verstehen, daß er die Freundin des Sohnes, die er soeben sehe, zwar für reichlich jung, aber gerade noch brauchbar halte. Er selber sei vor kurzem von einer dreizehnjährigen Jüdin in ein Haus nächst dem Bache bestellt worden, wo sich die Bestellerin nur mit einem Bademantel bekleidet eingefunden, was ihm die Prozedur reichlich erleichtert habe. Da sie vor Jahresfrist sich nach ihrem Bekenntnis mit dem eigenen Bruder eingelassen, sei sie auch keine Jungfrau mehr gewesen, was seine restlichen Bedenken rasch zerstreut hätte. Der Sohn wollte nunmehr mit dem Gesetzbuch kommen, kam aber nicht damit, denn es begann ihn bereits vor sich selbst zu ekeln.

Er ließ den Blondschopf ins Haus, damit er Maul und Klauen wasche. Dabei erinnerte er sich, daß auch der Schloßbesitzer, dessen Einladung er ein Photo zwischen zwei Frauen verdankte, einmal in seinem Waschraum seine unteren Haare von Filzläusen gereinigt hatte. Nach dieser Erinnerung gingen seine Gedanken auf die Frage, wie Erfolg bei Frauen überhaupt reinlich zu bewerkstelligen wäre. Der Schönling, welcher gut aussah und wohl ausgestattet war, wurde in der Zeit einer akuten Lungenerkrankung vom Schloßbesitzer angetroffen, wie er zwischen zwei Mädchen im Bette aus einem Buch über Logik las. Diese machten aber keinen erbauten Eindruck. Ein prähistorischer Liebeskünstler mochte vielleicht, wenn seinen Erinnerungen geglaubt werden kann, noch durch schöngeistige Erörterungen seine Inbesitznahme einbegleitet haben. Der Blonde mit dem Musikerkopf raspelte Süßholz und alltägliche Komplimente, vielleicht würde man einmal auch ohne diese mit gar nichts zur Einführung auskommen können. Er, der Sohn, war nur selten auf Erfolge gefaßt und hatte sie höchstens gelegentlich, allerdings kaum dort, wo es ihm darauf angekommen wäre. Die Frage, ob Sexus allein das Leben rechtfertige, konnte sich einem immer wieder stellen, der sonst nichts hatte, dem seine Hantierung, sein Alltag zuwider waren und den familiale Verpflichtungen weder mit Genugtuung noch mit Interesse speisten. Er merkte, daß die Welt einen krummen Gang ging, er hörte, wie ein Mann aus einem Nachbarland aus Leibeskräften schrie, er sah, wie einer von dessen Jüngern sich vom Schleim eines ihm verkuppelten Mädchens reinigte, und auch vielleicht von dem der dreizehnjährigen Jüdin, die vorher angeblich von ihrem Bruder entjungfert worden. Aber wenn er durch das Fenster blickte, sah er die Kleine noch immer warten, vielleicht auf ihn, vielleicht aber auch bereits auf den andern, den sie nicht erst über ihr Alter belügen mußte, um diesem, wenn auch nicht ganz so offiziell wie ihm selbst, gehören zu dürfen.

Als der mit dem Musikerkopf Versehene endlich wegging, öffnete er ihm zwar das Haustor, begleitete ihn aber nicht, blickte auch kaum dem vermeintlichen Kinde oder als Nichtkind hingenommenen Wesen nach, sondern verhielt sich so, als ob ihm gleichgültig wäre, was weiter geschehen würde.

Andern Tages machte er dem Facharzt einen unangekündigten Privatbesuch. Dabei fühlte er sich fast so, als ob er mit dieser bisherigen Wegstrecke nach gar keinem Ziele fertig geworden und um die Nachwirkungen seiner spärlichen

Daseinsäußerungen insoweit herumgekommen sei, daß sie nicht mehr zur Sprache gebracht werden könnten. Der Facharzt suchte in seinen Karthotekblättern nach noch nicht verjährten, aber doch überfälligen Posten, die sich zur Einklagung eigneten, und säuselte dazwischen von einer Vernachlässigung seiner Person und der seiner Ehehälfte von einem, der offenbar zur unreifen Jugend Zuflucht genommen habe.

Bald danach erschien die früher Boxende ebenfalls auf der Bildfläche und trat einigermaßen aus ihrer Reserve, ohne allerdings in seinerzeitige sportive Übungen zu verfallen. Statt dessen suchte auch sie dem Sohne darzulegen, es schicke sich für einen normalen Dreißigjährigen nicht, mit halb so jungen Geschöpfen das Auslangen zu finden, ein Mann müsse ausharren können, dann werde er eines Tages die bekommen, auf die er bisher manchmal gar nicht und manchmal vergebens gewartet habe, die aber jedenfalls für ihn bestimmt sei. Der Sohn war versucht, diese Vertröstung auf die Sprecherin selbst zu beziehen, doch ihre Stimme war bis zur Tonlosigkeit gedämpft und in keiner Weise zu einer Verheißung getönt. Aber das, was gesagt wurde, konnte nicht anders als kühl in Gegenwart des Gatten zum Ausdruck kommen, zumal ohne Entzauberung ein offenes Versprechen vorgelegen hätte. Gleichwohl mußte, um dem Suchen des Sohnes ein Ziel zukommen zu lassen, ein volles Wunder mit aller Pracht in Szene gehen, denn es schien ihm zu viel verlorengegangen, als daß er von schmucklosen Sätzen noch sich gekrönt gefühlt hätte.

Er lehnte also die Belehrungen ab, soweit sie sich auf die angeblich Fünfzehnjährige bezogen, wiewohl er ihnen bereits entsprochen hatte, bevor sie an ihn gerichtet worden waren. Allem Anschein nach war das Mädchen bereits für ihn verloren, wollte er sie nicht aus den Armen des Musikerkopftragenden zurückergattern. Im übrigen endete der

Abend mit einem Mikadospiel, bei dem der Sohn mit unsicheren Fingern die Stäbchen legte und herausholte, Facharzt und Gattin dagegen sich viele Punkte gutschreiben konnten.

Wieder zu Hause angelangt, fand er ein Flugblatt in seinem Briefkasten, in welchem vierzehn Übel aufgezählt waren, die den Juden zum Vorwurf gemacht wurden, wobei die Anführung damit begann, daß sie neunzig Prozent der Anwälte und Ärzte in der Hauptstadt stellten, auch die Wirtschaft beherrschten, die Zeitungen in Händen hielten und über das meiste Geld verfügten. Daneben war noch erwähnt, daß die Juden betrögen, Diebe seien, veruntreuten, aber außerdem sich an Frauen vergingen, die sie mißbrauchten und vergewaltigten. Von Mädchen unter vierzehn war aber nicht die Rede, auch war auf dem Blatt nichts unterstrichen oder zur privaten Darnachhaltung, Umkehr oder Selbstverurteilung hervorgehoben. Der Sohn legte das Blatt in seine Reklamenmappe und hatte vor, gelegentlich darauf zurückzukommen.

Nun hatte der Oberste Gerichtshof äußerst schnell in der Sache des Wirtes reagiert und die beiden unterinstanzlichen Entscheidungen dahin abgeändert, daß die Gemeinde schuldig war, dem Geschädigten Ersatz für jene Summe zu leisten, die sich aus der Differenz dessen ergab, was er für sein Unternehmen erhalten hätte, würde es bei dem ersten mündlichen Versprechen des Bürgermeisters geblieben sein, und jenem Betrag, den er tatsächlich erhielt, als er auf Veranlassung des Gemeindeöbersten in der Kanzlei des bürgermeisterlichen Sohnes einen Vertrag unterschrieb, der die Genehmigung der Organe der Stadt erhalten sollte. Hier sprach das Oberste Gericht ausdrücklich von einer Verletzung der guten Sitten, aber auch von Nichteinhaltung einer Zusage, wobei es gleich sei, ob der Vertreter der Stadt bei seiner ersten Genehmigung noch die anderen Gemeinderäte befragt hätte oder nicht. Der Sohn verständigte den Wirt sogleich. Einen Augenblick hielt er sich für gerechtfertigt, seine Sendung darin zu sehen, einem Entrechteten gegen eine öffentliche Körperschaft zum Siege zu helfen. Der Wirt dankte und ging. Er hatte nie daran gezweifelt, daß er zuletzt gewinnen würde. Die Arbeit des Sohnes hielt er offenbar für nicht mehr als Schablone, außerdem gehörte er auch der geheimen nationalen Organisation an.

Und schließlich kam der Tag, an dem der Sektionschef außer Dienst mit seinem Vergeudungsvorwurf gegen die Gemeinde unter Anklage stand. Hier hoffte der Sohn, sehr ehrenvoll ins öffentliche Gespräch zu kommen. Die Vertreter der Wiener Tagespresse füllten das Gericht im Zweiten Wiener Gemeindebezirk, wohin die Sache delegiert worden war, damit nicht in der eigenen Gemeinde der Stadtverordneten der ihnen angelastete Vorwurf zur Sprache komme. Der Sohn hatte zunächst wohl versucht, dieser Abschiebung der Sache zu begegnen, hatte sie aber schließlich in dem Gedanken hingenommen, daß ein etwa zu gewärtigender Sieg vom Zentrum aus durch um so weitere Verbreitung festgehalten werden könnte. Doch schon am Anfang der Verhandlung, als der Sohn seinen Schriftsatz vorzutragen im Sinne hatte, erklärte der Staatsanwalt, daß er nicht mehr für Bürgermeister und Gemeinderat einschreite, sondern die Vertretung in deren Hände zurücklege. Der unmittelbare Nachkomme des Bürgermeisters, welcher für alle Fälle anwesend war, übernahm nun die Anklage, worauf der im Zuge dieser Darstellung als Sohn Bezeichnete die ersten vier Absätze seiner Vorwurfsbegründung vortrug. Es war dies aber nur der eigentliche Auftakt zu dem, was er ernstlich zu sagen hatte, doch kam er nicht weiter in seinem Vorbringen, weil ihn der Richter bereits unterbrach und erklärte, daß der Sprößling des Stadtherrn seinem nicht erschienenen Vater eine ganz andere Freude machen würde, wenn er von der Anklage abstehe, bevor die Verteidigung alles anführe, was sie zu sagen habe. So wurde dem Sohne das Wort abgeschnitten und die Verhandlung aus anderen als gesetzlichen Gründen unterbrochen, bis der Bürgermeister mit seinem selbstgezeugten Vertreter telephoniert hatte. Dieses Gespräch dauerte fast eine halbe Stunde, da der Vater manche Einwände dem Seinen entgegengehalten haben mochte. Immerhin erschien dieser danach mit rotem Kopf und eingezogenen Schultern zum offenbaren Zeichen, daß er vermöge Sieges über seinen Vorfahren die Niederlage durch seinen Gegner einzustecken bereit sei. Das bedeutete freilich das Ende des Prozesses, aber auch den Abbruch des Vortrages des Verteidigers, welcher noch von dem Skandal bei Erbauung des Bades, den abgezweigten Geldern von der Leichenbestattung und Schulverwaltung und so manchem anderen Detail zu sprechen vorgehabt hatte, das dem alten Sektionschef unbekannt gewesen war, als er wegen zweier ehrlich angeschaffter Gäule und eines billigen Kutschbockes die Gemeinde öffentlicht vernadert, das ist bezichtigt, hatte. Zwar schied der Kartoffelnäsige als eindeutiger Sieger aus der Gerichtshalle, der Sohn aber wurde in den Zeitungen nur am Rande erwähnt, als eine Art unruhiger Geist, ohne den im Leichenwagen beförderten Hirsch oder das verspielte Geld der Lehranstalt, nicht einmal im Zusammenhang mit der Verhaftung der beiden ungetreuen Beamten, die später zweieinhalb beziehungsweise drei Jahre Kerker bekamen, auch ohne Anführung der Maßregelung oder Disziplinierung einiger anderer, die später gänzlich freigingen. Wahrscheinlich sorgte die Enkelin noch dafür, daß er trotzdem eine Weile Stadtgespräch blieb, ihren Großvater hinwiederum kümmerte mehr der eigene Ruhm.

Im übrigen gab es bereits hinreichend Stunk, der nicht an die Nase des Sohnes herangetragen wurde, wenngleich dieser ihn trotzdem mitroch, sobald er ruchbar wurde. Ein etwa zwölfjähriges Mädchen, das mit der Hausgehilfin allein in einer entlegenen Villa wohnte, während Vater und Mutter, jedes auf seine Art, ihr Vergnügen anstrebten, hatte nacheinander oder, sofern durchführbar, nahezu miteinander eine Anzahl Ortsbewohner, darunter auch dreizehn Honoratioren, zu sich durch das Fenster steigen lassen. Diese übten sich sowohl an dem Kinde als auch an dem Hausmädchen, doch hatte einer von ihnen offenkundig ein venerisches Übel beigesteuert, das in der Folge einen angesehenen Teilhaber, Gewerbetreibenden höherer Art, das Augenlicht kostete. Der Prozeß wurde zwar niedergeschlagen, doch begab sich die Mutter des Mädchens in die Kanzlei des Sohnes, um dort Feststellungen zu treffen, die den Bestand ihrer Ehe sichern sollten. Dabei wurde sie von einem sehr nationalen Herrn begleitet, welcher sich vor Jahresfrist dadurch ausgezeichnet hatte, daß er einen früheren sozialistischen Parteiführer kaltmachte und hierfür nur gelinde bestraft wurde. Dieser ehrenwerte Mann widersprach ihr häufig bei ihrem Vorbringen, so daß es fraglich schien, ob er wirklich die Reinwaschung dieser Dame ernstlich übernommen hatte oder ob er nicht vielmehr, wie es den Anschein bekam, vom Gatten der Frau bestellt gewesen, einen photographisch aufgenommenen Ehebruch zu begehen, während er ihr weismachte, er helfe ihr heraus. Als der Sohn sich daranmachen wollte, aus den übel gemischten Informationen eine Einheit herzustellen, blieb der Sozialistentöter überhaupt weg und kam schließlich auch die zur Strecke zu bringende oder zu rettende Unglücksmutter nicht wieder. Honorar wurde keines bezahlt.

Gar nichts zu tun hatte der Sohn mit der Angelegenheit einer jugendlichen Hausgehilfin, die von einer vormaligen Prostituierten und nachmaligen Fabrikantengattin zunächst ausgehungert und dann langsam zu Tode geprügelt wurde. Der Prozeß zog sich jahrelang hin. Erst unter Hitler wurde ein Todesurteil vollstreckt, wodurch dessen strenger Gerechtigkeitssinn in bezug auf Morde unter Beweis gestellt werden sollte.

In einen nicht weniger argen Fall, der sich in der Nähe ereignete, wurde der Sohn als Zeuge hineingezogen, und gab so den Anstoß zur Aufrollung eines gewaltigen Verfahrens. Ein Mädchen, das schon mit dreizehn Jahren einen älteren, aber sehr wohlhabenden Liebhaber hatte, im siebzehnten bereits ihn bestatten und beerben durfte, heiratete alsbald einen jungen bärtigen Holzschnitzkünstler, welcher seine Beine und Arme hoch versicherte, aber schon nach Zahlung der ersten Prämie durch Einbuße eines Fußes den Versicherungsfall erreichte. Angeblich hatte er so fest mit der Hacke auf einen Klotz geschlagen, daß wesentliche Teile seines Unterschenkels abgetrennt wurden. Zwar wies das amputierte Stück mehrere Einschnitte auf, doch versicherte sein Weib unter Eid, daß dies im Spital geschehen sein müsse, wo man wegen nicht sorgfältiger Verwahrung abgetrennter Gliedmaßen um die Widerlegung verlegen war. Die Versicherungsgesellschaft zahlte schließlich schweren Herzens, weil man dem Mann die Selbstverstümmelung nicht nachweisen konnte. Sie zahlte später noch die Versicherungssumme wegen Ablebens, zumal es mit dem Versicherten bald zu Ende ging. Danach zahlte sie noch einen weiteren Betrag, als auch das Kind, das er mit seiner Frau gehabt hatte, draufging, denn auch dieses war zu deren Gunsten versichert. Auch für die mit ihr befreundete Näherin, die das Zeitliche segnete, nachdem sie eine Versicherung zugunsten der tieftrauernden Witwe und Mutter eingegangen war, wurde noch anstandslos bezahlt. Schließlich mußte eine angeheiratete Tante, welche die auch in diesem Falle durch die Versicherung Begünstigte zu sich genommen hatte, häufig erbrechen.

Besagte, mit der schon gründlich Heimgesuchten nahe verschwägerte Frau war vor ihrer Witwenschaft mit einem Manne verehelicht gewesen, der vor vielen Jahrzehnten den Vater des in dieser Aufzeichnung als Sohn Bezeichneten in einem Spitale als Arzt angeblich vom Typhus gerettet hatte. Da in damaliger Epoche solche Rettungsfälle nicht allzu häufig vorkamen, hatte der dankbare Patient dem unbemittelten Arzt die zur Begründung einer Privatpraxis erforderlichen Geldsummen vorgestreckt, auch wurde der Heilkünstler in die Familie als Wahlonkel eingeführt und überallhin empfohlen, und weil er selbst außerdem ein gewisses Wissen mitbrachte und erfolgreich war, gedieh seine Praxis auf das beste. Als er nun endlich vor längerer Zeit zu sterben kam, hinterließ er seiner Gattin ein großes Vermögen und eine schöne Villa, allerdings auch die Lehre, sie möge niemals seine Nichte, die spätere Holzblockwitwe, mehrfache Überleberin und glücklich Versicherte, zu sich nehmen, da es sich bei dieser Person um ein gefährliches Weibsstück handle. Allerdings hatte der scheidende Arzt auch mit dem Vater der Betreffenden, seinem eigenen Bruder in Unfrieden gelebt, zumal dieser, abgesehen von sonstigen Prellereien, auch ihn selbst geldlich geschädigt hatte und eine Mißheirat mit einer lockeren Gesponsin eingegangen war. Weil aber der erblasserische Arzt zu wenig Einzelheiten für sein Mißtrauen gegenüber der angeblich gefährlichen Nichte anzugeben in der Lage war oder etwaige Mitteilungen infolge der Länge des seit seinem Ableben verstrichenen Zeitraumes bereits in Vergessenheit geraten waren, trat eine Annäherung zwischen der Gewarnten und der, vor welcher sie gewarnt worden war, in Hinkunft dennoch ein. Wie nun der als Sohn Eingeführte sichtlich mit keinem Mädchen ging und die auch von ihm zufolge Gepflogenheit im Elternhaus als Tante Angesprochene dieses wahrgenommen hatte, stellte sie ihm gelegentlich eines

Kinobesuches die nicht mehr trauernde Witwe und Entkindete vor, wobei sie ihn als Neffen, sie als ihre Nichte bezeichnete. Der Sohn rauchte zwar während einer Lichtpause die kostbare Zigarette, welche ihm von der Vorgestellten angeboten war und hörte auch deren zierliche Redewendungen, welche reinste Unschuld versinnbildlichten, die sich erst recht in der Katastrophe und schon gar in Katastrophenreihen veredelt. Ihm entging auch nicht der kalte Zauber ihrer Augen, welche die sonst vollkommene Schönheit mit Zeichen ungerührter Kalkulation versah. Spontan und vielleicht nicht ganz überlegt sagte er dann der Tante auf deren Frage, ob dieses wunderbare Weib nicht was für ihn wäre, das Wunder liege bei diesem neben der Satanie. Er wolle daher nichts, als daß die Tante den vergessenen Rat ihres verstorbenen Gatten beachte, damit sie nicht an dessen schuldhafter Nichtbeachtung zugrunde gehe. Die neuerdings, diesmal allerdings von nicht zuständiger Stelle Verwarnte empörte sich darüber, daß der Sohn als Anwalt aufgrund eines einzigen Eindruckes eine solche Behauptung wage.

Es dauerte indessen nicht lange, bis die sogenannte Tante, richtiger Wahltante, in seine Kanzlei kam und sich darüber beklagte, es würde ihr schlecht, wenn sie von der Nichte, die sie nun in den Haushalt aufgenommen habe, zubereitete Speisen eingenommen habe. Deren Arzt erkläre ihr immer, sie habe den Krebs, doch verdaue sie gut und schmerzlos, wenn sie anderswo esse. Der Sohn riet ihr neuerlich, das Weibsbild zu entfernen, wenn sie Wert darauf lege, am Leben zu bleiben. Die Tante tat es nicht, kam aber alsbald wieder und beklagte sich nunmehr, sie habe vorgehabt, ihr Vermögen einem Neffen, der ein armer Kellner sei, zu vermachen, doch habe sie ein Testament zugunsten dieser nur angeheirateten Nichte aufsetzen müssen; auch sei sie vor ihrem Übelbefinden noch eine Versicherung zu dem Nutzen eben derselben eingegangen. Der Sohn riet nun zum dritten Male, den Mut zum Schlußmachen aufzubringen, entwarf ein Testament zugunsten des Kellners und für diesen eine Erklärung an die Versicherungsanstalt, betreffend die Änderung der Person, an die die Summe im Todfall ausbezahlt werden sollte. Ja, er brachte sogar die Unhöflichkeit auf, die Tante auf ihre schlechte Hautfarbe und schwindende Körperlichkeit hinzuweisen. Diese aber hatte den Ausdruck eines Kaninchens, das, von einer Riesenschlange zum Futter ausersehen, dem Basiliskenblick nicht widersteht, verschob Entschlüsse auf später und starb inzwischen.

Als sie in der Kanzlei des Sohnes nicht wieder erschien, war von demselben der letale Ausgang der Affäre wohl angenommen, aber zu dessen Überprüfung nichts unternommen worden. Eines Tages nun kam eine Zeugenladung ins Haus, die statt seines richtigen einen jüdischen Vornamen enthielt und die einen Betrugsfall der mehrfach erwähnten Nichte betraf. Der Sohn leistete der Konvokation Folge, obwohl er nicht richtig geladen war und weiters weder über Betrügereien noch über Nichtbetrügereien der in Rede Stehenden aus eigener Wahrnehmung informiert war. Er hatte aber innerlich bereits vor, vielleicht nicht so sehr der Tante wegen, die sich ihr Grab selbst geschaufelt hatte und ihm wenig nahe stand, wohl aber der Verzerrung seines Namens halber die Nichte in einer Weise zu bedienen, mit der sie nicht hatte rechnen können.

Erst beim Untersuchungsrichter erfuhr er den Grund seiner Bestellung zu Gericht. Es war ein verhältnismäßig harmloser. In der ererbten Wohnung der Tante hatte nach deren Ableben ein Brand stattgefunden, bei dem ein Teppich zugrunde gegangen war, den der Arzt vom Vater des Sohnes erhalten hatte. Da auch dieser Brand versichert und für den Teppich ein hoher Betrag verlangt worden, fühlte sich die Versicherungsgesellschaft diesmal betrogen und erstattete Anzeige, während sich die Nichte auf den Vater des Sohnes als Zeugen berufen wollte, dem sie einen jüdischen Vornamen beilegte und von dem sie behauptete, er habe den Teppich für teures Geld ihrem Onkel verkauft. Der Sohn aber wußte, daß sein Vater diesem Arzt nichts verkauft hatte, sondern ihm mit kostbaren Geschenken die unentgeltliche Heilbehandlung der Familie vergalt.

Nun waren zwar nicht genügend Indizien vorhanden, den Brand als gelegt zu betrachten, noch weniger dafür, daß ein Betrug in der Bewertung der zugrunde gegangenen Stücke vorlag, die möglicherweise aus unzureichender Information überbewertet wurden, wenn nicht überhaupt die einschlägigen Wertangaben stimmten. Der Sohn aber hatte schon beim Weggehen, dann unterwegs und jetzt erst recht den Entschluß gefaßt, einen Fall bis auf den Grund aufzudecken, dessen unbedenkliche Oberfläche ungeschickt angekratzt war.

Daher begann er nach flüchtigen Schilderungen zum Gegenstand sich aus einem versehentlichen Zeugen der Beschuldigten zu einem freiwilligen des noch nicht geltend gemachten Teiles der Verdächtigung zu entwickeln.

In diesem Zustand seiner seelischen Verfassung erzählte er zwar nicht von der Begegnung im Kino, wohl aber von beiden Besuchen der Wahltante und dem Inhalt dessen, was sie bei dieser Gelegenheit vorgebracht hatte. Derlei Vorbringen brachte ihm eine Umarmung seitens des Untersuchungsrichters ein, welcher einbekannte, daß er schon längst den Gedanken gehegt habe, fünf Leichen auszugraben, nämlich die des Erstliebhabers des Mädchens, des einbeinig gewordenen Gatten, des Kindes, der Näherin als auch der Tante, doch habe ihm zu solchem Vorgehen die Handhabe gefehlt. Nun, da er diese habe, wolle er die Fälle aufklären, und wenn ihm dies gelinge, sei ihm ein Aufsteigen im

Range sicher. Er bitte den Sohn um dessen Anwesenheit hinter einer Wand, wenn er die Vernehmungen der Zeugen durchführe, bei denen die Tante ohne Beschwerden gegessen habe, sowie des im Testament vernachlässigten Kellners und sonstiger Leute, die über die Klagen der Alten, nunmehr Dahingeschiedenen, über ihr Wehbefinden nach Mahlzeiten daheim und über die wohltuende auswärtige Verköstigung etwas wissen würden. Diese Einschaltung des Sohnes entsprach durchaus nicht dem Gesetze, da nach österreichischem Recht weder der Ankläger noch der Verteidiger zu Vorerhebungen oder Untersuchungsakten beigezogen wurden, in seinem Falle aber ein Anwalt, der nur zur Aufklärung eines noch gar nicht zu überprüfenden Falles gewisse Umstände genannt hatte und durchaus Privatmann blieb, kraft angewandten Unrechts zum ungesetzlichen Horcher ernannt werden sollte, der von seinem Posten aus wohl auch durch Beisteuer von Ratschlägen statt einem unbeweisbaren Versicherungsbetrug einem fünffachen Mord ans Licht helfen sollte. Dennoch nahm der Sohn diese Einschaltung auf sich, und es gelang dem Untersuchungsrichter mit seiner Hilfe aus ermittelten Zeugen Umstände herauszubringen, die eine Vergiftung der Wahltante in den Bereich der Möglichkeit rückten. Von den darauf angeordneten Untersuchungen erfuhr der Sohn nur nachträglich das Ergebnis, das der Untersuchungsrichter ihm mitzuteilen nicht unterließ. Danach war ein Gift aus Südamerika, wo der Vater der des Versicherungsbetruges Verdächtigten vor ihrer Geburt geweilt hatte, und welches von ihm zum Andenken mitgebracht worden, von solcher Beschaffenheit, daß es langsam tötete und den heimischen Medizinmännern in seinen Anwendungsfolgen ziemlich unbekannt war, bei vieren der ausgegrabenen Leichen, nicht bei der fünften, nämlich der schon zerfallenen des seinerzeitigen Liebhabers der Verdächtigten, festgestellt worden. Weitere

Nachforschungen ergaben auch noch, daß das Bein des nachmals durch Gift zugrunde gegangenen Mannes ihm ebenfalls von seiner späteren Witwe abgehackt worden. Als der Sohn sein Tun überschlug, roch er im Geiste noch einmal die Coronazigarette, die ihm die Frau mit dem kalten Blick und dem sonst wunderschönen Äußeren im Kino offeriert hatte und die zu dem ersten Anlaß wurde, daß er sich mit ihr beschäftigte. Daß diese Beschäftigung für sie später letal ausging, verdankte sie freilich erst dem Umstand, daß sie nicht seinen, aber seines Vaters Vornamen nachträglich in einen jüdischen verwandelte und vielleicht auch noch der Tatsache, daß sie seinen Alten Herrn verdächtigt hatte, ihrem Onkel einen Teppich teuer verkauft zu haben, den dieser geschenkt erhalten hatte. Viel später erst, als der gute Hitler die böse schöne Mörderin köpfen ließ, tat ihm sein Beitrag zur Aufdeckung leid. Immerhin wurde schon früher der von ihm informierte Richter dieser Begegnung und ihrer Folgen halber dienstlich befördert.

Im Zuge des Frühlings, der immer saftiger wurde, konnte der Sohn eines Sonntags bei einem Alleingange die vorläufige Summe aus dem hinter sich gebrachten Streifen der Zwischenzeit ziehen, die sich vom Sterben seines Vaters bis zu dem, was jetzt war, erstreckte. Die Berechnungen ergaben eine fast abgezahlte Hypothek, die beständige Aufbringung eines gewissen Wirtschaftsgeldes für die Mutter, außerdem ein wenig Geld für Bücher, die er sammelte, wie ein anderer Hirschkäfer oder Schmetterlinge spießt, ein paar gute Worte für die Familie, die aber die bösen nicht überwogen, keinen Trost und Einstand für die Mutter, wenig für die Schwester, die neben einem seines Mannestums beraubten Gatten nach Ersatz und Liebe suchte, kaum eine Gabe für eine begehrte Frau, da er unbegehrte zu seiner Befriedigung einsetzte, darunter vielleicht eine, an der er ein Verbrechen begangen hatte, kleine anwaltliche Erfolge, welche jeder andere auch erzielt hätte, ausgenommen vielleicht den des Wirtes, der ihn als selbstverständlich hinnahm, die Beseitigung einer Abgabe, die unter anderem Titel wiederkam und von niemandem mehr beseitigt wurde, die Beförderung eines besoffenen Sektionschefs außer Dienst, welche einen Leichenbestatter und einen Schuldirektor in den Abgrund zog, daneben der Beitrag zur Aufdeckung des Mordes, der ihm im Grunde genommen gleichgültig war und den er nicht aus Motiven aufdecken half, welche als edel bezeichnet werden konnten. Mußte er doch der Vorladung, die nicht richtig adressiert war, gar keine Folge leisten und hatte ihn als Juden ein unterstellter jüdischer Vorname nicht zu ärgern. Allerdings ärgerte ihn damals auch seine Handlungsweise noch nicht, sie schien ihm bloß überflüssig und nicht positiv zu bewerten. Die Natur um ihn duftete aber aus Millionen von grünen Blättern und Nadeln und bunten Blumen nicht gut noch ungut, Teil derselben Welt, in der er sich selbst ohne Beisteuer gleichwertiger Ausdrucksmittel vorfand.

Was ihm noch außerdem begegnet war, das vorbeigegangene Wundermädchen, und was sonst kaum in seiner Sphäre blieb, die Bilder aus einem Schloß, der Schönling und die Walküre, die Hopfenstange und der Musikerkopftragende, den er zum Schabernack eingeschaltet hatte, kamen bei seinen Berechnungen nicht vor. Sie fielen von der Waagschale herunter, sei es, daß er sie nicht richtig plazierte, sei es, daß sie nichts wogen oder erst ihr Gewicht bekommen würden, wenn er den Überschlag gründlich wiederholte, den jetzt der Duft auslöschte, der den Einzelgänger entzückte und traurig machte. Und wenn er seinen Fuß in die beginnende Dunkelheit setzte, fühlte er sich erst recht benachteiligt, als ob man unter seinen Schritten bereits die Erde wegzöge.

Er machte sich auch Gedanken darüber, ob er büßen und umkehren sollte. Aber die Buße setzte nicht nur Reue voraus, sondern überdies den Wunsch, ein Besseres für das Falsche einzusetzen. Und die Umkehr würde einen Weg verlangen, auf dem man gekommen und den man zurückgehen konnte. Doch die Veränderungen an den Wegen vollziehen sich bereits bei deren Begehung. So kam es ihm zumindestens vor, und außerdem empfand er schon mit Bestürzung, daß es gar kein Weg war, auf dem er sich fortbewegte, sondern ein Zickzackfliehen in der Dunkelheit vor einem Schützen, der bei Gelegenheit auf ihn anlegen würde.

Als dann der Sommer aus dem Frühling sprang und die Hitze an die Ferien erinnerte, beschloß er, diesmal allein mit der Mutter zu verreisen. Vielleicht konnte er ihr jetzt wirklich ein Sohn sein, der sich ihrem Kummer öffnete, ihre Ängste und Bedrängnisse milderte und ihr Hinweggleiten zum Vater aufzufangen oder wenigstens zu unterbrechen vermochte. Sie fuhren nach kärntnerischen Höhen, wo die Urlaubsgäste aus dem Reich bereits teilweise ausgeblieben waren, weil Hitler dieses Reiseziel mit hohen Auflagen belegte, um die Ostmark allmählich unterzukriegen. Der erste Irrtum des Sohnes war das Hotel, das außerhalb der geschlossenen Ortschaft lag, der zweite das Vorhandensein von national eingestellten Damen aus dem Städtchen, aus dem er sich hieher hatte retten wollen. Da zunächst niemand sonst zu seiner Verfügung stand, nötigte er die Mutter zu weiten Gängen, denen sie nicht gewachsen war und gelegentlich welcher unbeaufsichtigtes Rindvieh die alte Dame erschreckte, wenn diese auch die Furcht hinunterwürgte. Eine Durchfahrt im Bahnstollen führte freilich nach Badgastein, wo ein Gerichtspräsident sich ihnen zugesellte und der Mutter nach Kräften den Hof zu machen suchte, so alt sie beide waren. Das ergab ein schmerzliches Lächeln in ihrem Gesicht. Sie hatte nach dem Absterben des Gatten in Geist und Erscheinung bereits darauf verzichtet, Frau zu sein, wiewohl sie weit jünger war als der, dessen Tod sie grabwärts zog.

Nach solcher Exkursion, die vereinzelt blieb, löste sich der Zusammenhang zwischen Mutter und Sohn immer mehr. Dieser hatte auch ein Mädchen erspäht, dessen Gebärerin er der seinen zur Gesellschaft gab. Es war in der Tat ein sehr rassiges Geschöpf, welches italienische, spanische oder jüdische Züge trug und die Tochter eines sowohl in der Schweiz als auch im Lande tätigen großen Baumeisters sein sollte. Die Dame, von der besagtes Jungweib unmittelbar abstammte, hielt das Mutter-Sohn-Verhältnis für vorbildlich und begünstigte daher Zusammenkünfte zwischen den beiden Kindern. Eine davon erfolgte in dem vom durchziehenden Bach gespeisten äußerst kalten und dörflich schlichten Schwimmbecken, in welchem zu der gewählten Stunde nur der Sohn und die Rassige dem Sporte zugetan waren. Das Mädchen kam darin körperlich gut zur Geltung, und der Kopf, den sie stolz erhoben trug, widerstrebte der Röte, wurde vielmehr bronzen, wie es Standbildern geziemt. Durch allzuviel Betrachtung kam aber der Sohn weder zu Erklärungen noch zu Angriffshandlungen, denen übrigens auch die Behütung aus der Ferne entgegenstand. Hingeworfenen Phrasen in einer Pause, während sich die Statue eine Zigarette eingesetzt hatte, entnahm er überdies, daß ein anderer Anwärter vorhanden war, an dessen Statt die Mutter des Mädchens offenbar den Sohn einschalten wollte. Wie aber die Wahl in den Augen der Bronzenen ausfallen würde, konnte der Sohn aus deren Vorschlag nicht erkennen, er möge einmal mitkommen, wenn sie mit dem andern ausführe, ein entsprechender Wagen sei vorhanden. Es gelang ihm nicht einmal zu erforschen, wessen der Wagen war und warum gerade er zusammen mit dem andern antreten sollte. Sie setzte ihre Beine burschikos, bewegte sich ebenso. Die wunderbare Gestalt und der zauberhafte Ausdruck der Augen befanden sich mit einem Mal hinter einem Schleier, wie er bei Faschingsveranstaltungen üblich war. Eine weitere Zusammenkunft gab es nicht.

Nun wollte der Sohn den höchsten Berg erklimmen, der ins Gasteinerland hinabsah oder vielmehr den Blick dorthin ermöglichen sollte. Die Mutter ging nicht mit. Zwei ältere Leute, die aus Wien stammten und Mann und Frau waren, erklärten sich zum Aufstieg bereit. Dieser verursachte ihnen etliche Schwierigkeiten. Zuletzt war der Sohn ihnen weit voraus. Der Hüttenwirt äugte nach den Neuankömmlingen. Neben ihm stand eine schon vorher angekommene Slowenin aus Jugoslawien, die Lederhosen trug, welche so kurz waren, daß ihre wohlgeformten Schenkel fast bis zum Ausgangspunkt frei blieben. Sobald die drei Neuen angekommen waren, verteilte der Wirt sein Lob so, daß er erklärte, der ältere Herr sei am besten gegangen, womit er allerdings den Sohn meinte, der die Dreißig noch nicht um vieles hinter sich hatte. Die Slowenin begrüßte ihn und heftete ihm ein Edelweiß an, das sie angeblich soeben gefunden hatte. Sie erklärte sich sogleich bereit, mit ihm nach weiteren solchen Ehrenblumen zu suchen.

Schließlich aber kam er mit ihr ohne Fund der gesuchten Blumen auf einen abschüssigen Felsblock zu sitzen, wo sie ihm erklärte, sie habe schon manchen abgewehrt, der sich ihr habe nähern wollen. Der Sohn näherte sich ihr nicht, denn sie waren schon so nahe beisammen, daß ein Näherrücken nicht mehr möglich war. Allerdings konnte in der Schilderung ihrer Unberührbarkeit geradezu eine Herausforderung zu einschlägigen Angriffshandlungen liegen, die zufolge der Gefährlichkeit der Gegend keinen wirksamen Widerstand zugelassen hätten. Auch forderten die beinahe ganz entblößten Schenkel und eine sehr sinnliche Stimme zu nachhaltigem Genusse in entrückter Höhenlage heraus. Da der Sohn ihren offenbaren Erwartungen trotzte, wurde die Verführerin politisch, kündigte ihm an, daß sich bald in seinem Lande einiges Neue vollziehen werde, es würde sie interessieren, ob er mitmachen wolle. Er betrachtete sie mit einem vollen Augenaufschlag und sah dabei in ihr nicht nur eine begehrenswerte Frau, sondern auch eine Kundschafterin, wobei er freilich nicht feststellen konnte, für wen und was sie erforschen mochte.

Er sagte ihr, wobei er, was er vorbrachte, mit einem Mal empfand und sich mit Stolz dazu bekannte, obwohl er nicht wußte, wie er nächsten Tags zu seinem behaupteten Vorhaben stehen würde, seiner Meinung nach würde Hitler kommen, kein Alliierter und auch nicht der Italiener werde das verhindern. Die üble Schicht seines Volkes, nämlich so ziemlich alles, was da sei, werde sofort dem neuen Herrn zujubeln. Die Juden würden umkommen und nichts tun, um es zu vermeiden, und niemand werde ihnen helfen. Er selber aber wolle Hitler umbringen. Er fühle die Kraft dazu und die Sendung in sich, er werde den Augenblick und die Gelegenheit dazu herausfinden. Das sei vielleicht gerade das, was er überhaupt auf dieser Welt zu tun habe, denn er sehe in diesem Unhold keine Persönlichkeit, nur eine Personifikation aller Gemeinplätze, die in dem Wortschatz der Halbgebildeten vorhanden und aus diesem ins Volk gelangt seien.

Kann sein, daß er, sobald er diese Eröffnung einer wohlgeformten Frau gemacht hatte, die zunächst von ihm nach ganz anderen Zielen gerichtete Eröffnungen erwartet hatte, sowohl das Unangebrachte seiner Mitteilung als auch deren Undurchführbarkeit, zumindest durch seine Person, erfaßte. Immerhin legte die fremde Frau daraufhin ihren Arm um seine Schultern und sagte kurz: »Versuchen Sie es nicht! Sie würden sterben, er nicht. Sie müssen trachten, ihn zu übersteigen, wie Sie über diesen Berg hinausgekommen sind.«

Jedenfalls war das, was der Sohn damals angeblich als seine Sendung empfand, und das, was die fremde Frau ihm als erreichbar anempfahl, durchaus nicht gleichartig und schon gar nicht gleichwertig, ganz abgesehen von der Besonderheit und Einmaligkeit des Vorgestellten und der bloß allgemeinen Beschaffenheit des ihm Zugedachten. Er mußte daher sehr wohl die beiden Ziele auseinanderhalten können, das des Lebenseinsatzes für die Beseitigung einer fleischgewordenen und in diesem Zustand hochgefeierten Personifikation und das des bloßen Überdauerns des durch andere Kräfte, ohne irgendein Zutun seinerseits, zu vernichtenden Popanzes. Davon abgesehen, hatte er sich zu dem von ihm nunmehr erstmalig vertretenen Lebenszweck gegenüber einer ihm völlig fremden Adressatin bekannt, die ihm später wohl kaum begegnen, geschweige denn ihn an seine Zusage erinnern würde, die sie selbst in ihrer Entgegnung sofort um die Erscheinung und das Risiko des Heldentums vermindert hatte. Es fehlten ihm überdies alle Einzelheiten eines Planes für die Ausführung. Sein Versprechen war ohne jede Anregung, ja ohne irgendein sichtbares Motiv gegeben worden. Der dagegengesetzte Rat enthielt, wenn er nicht bloß Verhöhnung war, bestenfalls einen Funken der Beschwichtigung für einen zu phantastischen Gedanken Aufgeplusterten oder einen Schimmer des Verständnisses zugunsten eines Unbekannten, der unterwegs war, aus einer Zeit herauszukommen, in die er hineingeboren und hineingewachsen schien.

Im übrigen kümmerte sich die Slowenin, als sie schweigend nebeneinander zur Hütte abstiegen, nicht mehr um ihn. Und als er dort einlangte, waren die mit ihm gekommenen, inzwischen frisch geatzten beiden Alten schon im Begriffe zur Abwärtswanderung, der er sich wortlos anschloß, ohne noch seinerseits eine Pause zum Ausruhn oder zur Mahlzeit einzulegen. Sie fragten ihn allerdings nach dem Erfolge seiner Blumensuche und meinten dabei vielleicht etwas anderes. Es wäre in beiden Fällen auf dasselbe hinausgekommen. Er hatte weder sonst Ehre eingelegt noch ein weiteres Edelweiß außer dem einen erlangt, das ihm die Slowenin bereits bei der Ankunft ausgehändigt hatte.

Überdies änderte sich in seinem Verhalten nichts, weder in der Richtung, zu der er sich bekannt hatte, noch in der, welche ihm anempfohlen worden war. Allerdings haderte er mit der Mutter, von der er früher erwartet worden und die um ihn bitter besorgt gewesen war. Als am Morgen ein Brief von daheim die Nachricht brachte, ein kleiner Hund, den man ihm vor seiner Abreise geschenkt und dem er wenig Pflege gewidmet hatte, sei durch den Biß einer Biene in die Zunge verendet, machte er der Mutter Vorwürfe, daß sie das Tier nicht in den Urlaub mitgenommen, sondern unter fremder Aufsicht zurückgelassen, obwohl es seine Sache gewesen wäre, sich besser um seinen Hund zu kümmern und ihn entsprechend zu versorgen.

Dann machte er sich auf, die Slowenin zu finden und ihr statt der Alpenblumen, die sich ihm entzogen hatten, andere, gekaufte zu überreichen, um in ihrer Gunst zu bleiben. Sie empfing ihn ohne sichtliches Interesse in einem Kleid, das ihr nach seiner Meinung weit weniger stand als die besonders kurze Lederhose am Vortag. Sie gab ihm außerdem zu verstehen, daß ihr begonnenes Abenteuer, das am vergangenen Nachmittag nicht zu Ende geführt worden war, heute keine Fortsetzung mehr zulasse. Darauf ging er, ohne um weitere Duldung zu bitten, geschweige denn auf einer solchen zu bestehen. Von dem, was gestern besprochen worden war, so wichtig es ihm angeblich erschien, war nicht mehr die Rede. Vielleicht blieb er innerlich nicht unglücklich bei der Vorstellung, daß das, was ihm noch gestern als heilige Sendung vorgekommen war, nämlich eine fleischgewordene Personifikation aus der Welt zu schaffen, offenkundig von ihm ins Leere geredet worden.

Als er wenige Tage später mit seiner Mutter abreiste, hatte er nichts getan, um ihr den Urlaub angenehmer zu machen, auch die bronzene Tochter des Baumeisters nicht wiedergesehen, einen Hund in der Ferne verloren, dessen er sich zur Zeit des Vorhandenseins nur wenig erinnert hatte, eine äußerst unbestimmte Begegnung mit einer Slowenin gehabt, und trotzdem glaubte er, daß sich mit ihm etwas verändert habe.

Mit der Ankunft des Herbstes waren die Schwierigkeiten im Lande nicht geringer geworden. Die gegen das Regime waren, sagten es immer offener, und es hatte den Anschein, daß manche der Linksstehenden, wie dies bei dem Spiel Vaterleihmanscher, das ist »Vater leihen wir ihm die Schere«, üblich war, bei dem die Mitwirkenden von Baum zu Baum ihre Plätze tauschten, aber einer mit verbundenen Augen in der Mitte blieb, von links nach rechts hinüberwechselten. Das waren freilich meist kleine Leute, die über eine gewisse Halbbildung verfügten, aber es hatte den Anschein, daß auch Personen mit hohen Posten nicht verläßlich waren und den Kanzler verrieten, sooft er sich umwandte. Darunter befanden sich wahrscheinlich auch jene, auf deren Treue der Bundesstaat beruhte. In Wien schrieben die Zeitungen gedämpft und gemäßigt, die aus der Provinz hatten bereits den Unterton, der von zwischen den Zeilen im Bedarfsfalle in die oberste Spalte aufrücken würde. Ein blonder Kollege des Sohnes hatte zwar gute linke, das ist unzulässige, aber erfolgreiche Geschäfte in der Provinz gemacht, kaufte sich jedoch nunmehr eine der größten Kanzleien in der Hauptstadt und versicherte dem Sohn, man werde dort einen »arischen« Rechtsanwalt bald suchen. Ein vereinzelter Richter hatte in einer Verhandlung den Verdacht ausgesprochen, daß der jüdische Vertreter sich nur deshalb vorwage, weil er aus der Not des Klienten ein Geschäft mache und nicht um ihm zu helfen. Dieser Richter wurde allerdings suspendiert. Ein anderer, mit dem der Sohn viel zu tun hatte, sagte zwar nichts, doch ließ er den Sohn jeden Prozeß verlieren. Als der Geschädigte einmal meinte, es sei der Protokollinhalt in das Gegenteil des Vorgekommenen verzerrt, ließ er einen amtlichen Zeugen ins Zimmer kommen, der ihm laufend bestätigte, was nicht so gesagt worden war. Trotzdem lehnte der Sohn den Richter ab, welches ihm zwar nichts nützte, aber nach mehrfacher Wiederholung in verschieden gelagerten Fällen den Abgelehnten veranlaßte, sich an einen Ort zu melden, wo er besser gestellt war und unwidersprochen blieb. Erst in viel späterer Zeit nahm er Gelegenheit, es bei einem Kriegsgericht auf Hunderte Todesurteile, und zwar hauptsächlich Wirtschaftsdelikte halber (vom entwendeten Brotlaib bis zur Aneignung sonstiger begrenzter Vorräte), kommen zu lassen, bis ihn eine verirrte Kugel für immer in der Rechtsprechung unterbrach.

Während der Sohn tagsüber wachsam sein sollte, dies aber nicht immer war, blieben die Nächte dem Schlaf vorbehalten, den er noch im eigenen Bette tun konnte. Er fühlte sich ziemlich daheim, formte Pläne auf kurze Sicht, darunter auch den, einen jüdischen Privatbankbesitzer aus seinem Hause nächst seinen Räumen zu entfernen, weil er geflissentlich seine Nachtruhe und, wie er annahm, auch die weiterer Mitbewohner störte. Im übrigen wollte er die Wohnung des andern für sich, teils zur besseren Unterbringung seiner Kanzlei, teils zu der seiner Mutter, welche er aus einer großen, auf der anderen Seite an seine Gemächer angrenzenden Behausung in seine dann um zwei Zimmer zu erweiternden Ubikationen zu bringen vorhatte.

Er würde allerdings diesen Plan dermalen nicht gefaßt haben, wenn er schon damals dauernd damit gerechnet hätte, daß es sich hier bloß um eine vorübergehende Lösung handeln könne. Denn in Österreich dauern Prozesse, in denen sich gewisse Gewinnaussichten für den Hauseigentümer ergeben, zumeist Jahre, und er hätte mit ins Kalkül ziehen müssen, daß ihm keine allzulangen Zeiträume für den Verbleib an Ort und Stelle übrig sein würden. Davon abgesehen, mußte er durch sein Vorgehen schon jetzt die Juden der nächsten Umgebung, ca. tausend an der Zahl, geschlossen gegen sich erbittern und würde keinen einzigen von ihnen für sich mobilisieren können, wenn er einmal in schon absehbarer Zukunft seiner bedürfen sollte, um mit ihm gemeinsame Sache zu machen.

Noch waren einzelne der Mitjuden zeitweilig darum bemüht, ihn vorübergehend in ihre Kreise zu ziehen. Ihm hatte nur eine Fünfzehnjährige gefallen, die nach Art einer Gliederpuppe, als er sie vorfand, im Tanz begriffen schien, dazu eine fürwitzige Intelligenz aufwies und einem nahen Familienangehörigen kraft Verlobung zugehörte, bei dessen Eltern sie bereits wohnte. Solche Verbindungen, die eine Art Inzucht gewährleisten, welche den Juden einer Region ein bestimmtes Aussehen gibt, das dann mit Rasse verwechselt wird, war an sich etwas, was der Sohn als Unrecht empfand, besonders auch, weil dieses Mädchen mit unwirklichen und sehr regelmäßig fabrizierten Zügen nichts von einem entfremdeten Fertigstoff enthielt und weil er es außerdem haben wollte, freilich, ohne es zu heiraten.

Er geriet dadurch in das Haus, in dem die Kleine sich aufhielt, daß er sie damals zum Tanz engagierte, in dem sie sich ganz von selber drehte, obwohl er nur seine Lust und ungenügend beherrschte Hemmungen ihrem Stil entgegensetzte, dann aber trotzdem von ihrem Bräutigam und Vetter gebeten wurde, für eine andere spätere Veranstaltung einen Prolog zu verfassen, und diesen höchstselbst ins Haus brachte, sich dadurch einführte und seine Auftritte von da ab häufig wiederholte.

Durch diese Besuche kam er auch mit anderen jüdischen Familien in Verbindung, die teils von freiberuflichen Tätigkeiten der Familienhäupter lebten, die Beamte, Kaufleute oder Gewerbetreibende waren; es fanden sich aber noch zwei Landwirte darunter. Solche Bekanntschaften machte er bei geselligen Zusammenkünften, Bällen und Maskenfesten, zu denen sich die wohlgeformte Gliederpuppe begab. Weder seine Worte noch seine Gesten wurden aber von dem in Betracht kommenden Mädchen erwidert, wiewohl sie nachgerade von dem Vetter loswollte, allerdings wohl kaum, um aus dessen in seine Arme zu fallen, sondern weil sie einen dritten jungen Mann kennengelernt hatte, der dem herrschenden Ideal eher entgegenkam als er, nämlich regelmäßige, nur durch Intelligenzbrille unterbrochene Züge aufwies und diese mit einem geordneten und ruhigen Wesen bei aufrechter Haltung verband. Der Sohn begnügte sich damit, unter sonstige Mädchenkittel zu greifen, was zuweilen bis auf Einspruch gelang, wozu er sich aber nicht erst in jüdische Gesellschaft hätte begeben müssen.

So erhielt er von einer Mutter die wegschauende Genehmigung, bei Abendspaziergängen deren Tochter wie ein Mediziner mittels geeigneter Handgriffe an ansprechenden Teilen ihres Körpers zu untersuchen, vielleicht weil dieser wirklich tadellos war. Das beständige Beisein der natürlichen Aufsichtsperson machte aber eine vollständige Einigung mit dem großgewachsenen jungen Ding, das eine Ladnerin war, völlig untunlich.

Bessere Ergebnisse brachten abendliche Spaziergänge mit der Frau des Musikers, der um diese Zeit seinen Beruf ausübte. Weil deren Oberteil aus der Form gegangen war, der Kopf und die Schenkel ihm aber entsprachen, vollzog sich die Verbindung nur in bezug auf den freigelegten Querschnitt, während das übrige Stück unentkleidet belassen blieb. Bald nach der gänzlichen Einigung stellten sich aber Folgen ein, welche die Frau ohne Befragung des Sohnes beseitigen ließ, deren Kosten er nachträglich aber auf sich nehmen mußte.

Diese kleinen Treulosigkeiten brachten ihn nicht davon ab, die hübsche Gliederpuppe für sich zu beanspruchen. Sie wollte ihm aber weder im Wald gehören noch in seinem Schlafzimmer, obwohl er sie schließlich zu Besuchen bei sich sowie zu ausgedehnten gemeinsamen Spaziergängen bringen konnte. Zuletzt reiste sie ab, um in einem anderen Land ihren Vater zu sehen, ihre Mutter war verstorben oder nach Scheidung verschollen. Vor dieser voraussichtlich immerwährenden Trennung hatte der Sohn es schließlich dazu gebracht, daß sie ihm ihren letzten Abend widmete. Die vorhergehenden waren von ihr wahrscheinlich mit seinem glücklicheren Konkurrenten zugebracht worden, der anscheinend nach erreichtem Endziel nicht mehr auf der sentimentalen Feier des Auseinandergehens bestand.

Der Sohn, welcher nach der Rücksprache mit der Slowenin über seinen Lebenszweck, der zwischen Tötung eines Unholds und Überleben desselben variierte, ein anderer geworden zu sein meinte, ohne daß er freilich hätte sagen können, worin dieses Anderswerden sich äußerte, hatte es an dem Abschiedsabend besonders darauf angelegt, die geliebte Puppe durch Vernunfts-, Gefühls- und fleischliche Momente an sich zu bringen, wobei er ihr sogar sagte, daß er sie liebe, eine Äußerung, die er in dieser Form schon mehr als ein Jahrzehnt nicht mehr gebraucht hatte. Sie durchschaute ihn mit einem Auge und blickte, ohne schielen zu müssen, mit dem unbeschäftigten andern nach dem Nachbarn, eine Kunst, die temperamentvollen und sogenannten ausgeglichenen Frauen von Natur aus zukommt.

Im übrigen waren ihm von ihrem Körper nur die besonders gerade angesetzten und doch richtig schwellenden Beine bis nicht hoch über das Knie bekannt, dazu ihr Puppengesicht samt Lockenkopf. Wie sie schließlich ging, ohne auf seine Formulierungen einzugehen, welche sie durch die Schärfe ihres Blickes um ihren Sinn verstümmelte, sagte sie ihm trotzdem: »Auf Wiedersehen.« Der Sohn aber weinte damals zum ersten Male seit seiner Kindheit, wie es sich auch schickt, wenn man eine schöne Puppe verliert.

Ansonsten änderte sich an seiner Lebensweise wenig. Sein Prozeß gegen den jüdischen Bankier und Mieter lief noch immer. Die andern Familien seines Glaubens hielten diese Rechtsverfolgung für unangebracht, ohne daß sie vielleicht schon witterten, daß widrige Dinge im Kommen seien.

Einer nach dem andern zog sich wieder von ihm zurück, seit offenbar geworden, daß er auch keine ehrbaren Absichten auf ihre Töchter hatte, sondern nur solche, zu deren Entsprechung nicht unbedingt er herangezogen werden mußte.

Im übrigen war an den nächtlichen Lärmszenen bei seinem anderswo bankhaltenden Mieter wiederum der schon erwähnte Bürgermeistersprößling beteiligt, welcher seinerseits den Vertrag mit dem von der Gemeinde geschädigten Wirt hätte aufnehmen sollen und schließlich vor der Schlußphase für seinen Vater und die mitbeleidigten Gemeinderäte den Prozeß gegen den kartoffelnäsigen Sektionschef hätte zu Ende führen sollen. Dieser junge Mann mußte vor dem Schlafzimmer des Sohnes mit dem gekündigten feisten Bankier scherzhafte Ringszenen ausgeführt haben, bei denen dem Gehör nach einer oder beide zu Boden fielen und sich dort wälzten. Auch ein weiterer Jüngling war an den lautstarken Übungen beteiligt, dem Anscheine nach allerdings vorwiegend mit Grölen und Schlägen auf höher gelegene Holzteile, offenbar also Möbelstücke. Alle aber praktizierten Gesangs- und Schreikünste, die weit über Mitternacht dauerten und zuweilen auch die Mieter im Nachbartrakte auf den Plan riefen. Wie diese aber vor Gericht aussagen sollten, war ihre Erinnerung vermindert oder entschwunden und nur die irrtümliche Weglassung einer Verneinung in der Übertragung aus dem Kurzschriftprotokoll ins reine, die der gegnerische Vertreter zu beanstanden übersehen hatte, machte die Aussage eines dieser unbrauchbaren Zeugen für das Urteil wieder brauchbar, so daß der Sohn in erster Instanz gewann.

Inzwischen hatte Italiens Faschistenführer noch einmal seinen Kumpan im Reich davon abgehalten, Österreich einzustecken, und damit den langen Kanzler letzterwähnten Landes dazu gezwungen, Beweise seiner Verläßlichkeit und Nachahmung zu liefern. Auf die Juden ging man noch nicht los. Etliche Flüchtlinge aus dem Reich hatten sich sogar vorübergehend hiezulande etabliert, obwohl es ihnen an Einfühlungsvermögen gebrach, sich der biegsamen Art der Gestalten ihres Gastlandes anzupassen.

Unter ihnen mußte sich auch ein Agent befunden haben, der dem Sohne eines Tages Bleistifte und sonstige Schreibwaren anbot, deren dieser nicht bedurfte. Doch begleitete der Ankömmling sein Offert mit der Berufung darauf, daß er in Deutschland selber Rechtsanwalt gewesen sei. Da sein forsches Auftreten den Sohn nicht dazu veranlaßte, sein Anerbieten trotz solcher Mitleidsempfehlung anzunehmen, entfernte sich der Mann mit großem Getöse, wobei er ankündigte, daß der Sohn selbst in naher Zukunft vielleicht in die gleiche Lage geraten und dann die Dinge richtig zu würdigen lernen würde. Dieser Einwurf erregte aber in dem zu Überzeugenden nur den Drang, den Propheten hinauszuwerfen, nicht, sich von ihm bekehren zu lassen, welcher Anweisung der auch rechtzeitig nachkam.

Während aber jener ging, stand bereits ein völlig anderer Agent auf der Treppe, der offenbar ebenfalls die Absicht hatte, dem Sohn eine allerdings nicht ersichtliche Ware anzubieten. Wahrscheinlich weil er den Hinauswurf des anderen miterlebte, zeigte er wenig Neigung, einem gleichen Schicksale entgegenzugehen. Er entfernte sich aber noch nicht, sondern verblieb auf jenem Treppenabsatz, an welchem er gerade angelangt war, als der andere an ihm vorbeistrebte.

Dieser Neuankömmling hatte die typischen Züge eines Ostjuden, aber eines solchen, der auf dauernder Wanderung war und hinter dem niemand stand, der sich seiner angenommen hätte. Der Erschienene hatte überdies etwas Besonderes an sich, das nicht allein durch Zaudern, offensichtliche Einsamkeit, Nirgendszugehörigkeit und Gebeugtheit zu umschreiben war. Der Sohn hatte vielmehr einen Augenblick lang das Gefühl, als stünde eine geheimnisvolle Gestalt vor ihm, die sich des Äußeren eines kleinen und krummen ostjüdischen Hausierers bediente, um ihn an Dinge zu erinnern, die er längst vergessen hatte, und nicht erst gerade jetzt beim Hinauswurf seines ehemaligen reichsdeutschen Kollegen.

Es bedurfte großer Mühe, den Hausierer zum Eintritt zu bewegen. Beinahe ähnelte dieses Vorhaben einer Geisterbeschwörung. Und als der Gebetene schließlich im Chefzimmer angelangt war, wollte er sich nicht setzen, und wie er schon saß, nicht sprechen. Er mußte aber offenbar vor seinem Auftritt die Absicht gehabt haben, etwas zum Kauf anzubieten, oder vielleicht auch um eine Spende zu bitten, eine Einstellung, die bei in Not geratenen Juden nicht gerade selten ist, bei diesem aber nach dem Schimmer, der in seinem Gesichtsausdruck lag, nicht vorhanden zu sein schien. Auch daß er eine Auskunft, einen Rat haben wollte und jetzt durch Schreck oder vorübergehendes Unwohlsein an seinem Vorhaben gehindert war, glaubte der Sohn ausschließen zu dürfen, wiewohl er nicht allzuhäufig naturbelassene Juden aus dem Osten gesehen, geschweige denn sich mit ihnen eingehend abgegeben hatte.

Wie nun der Sohn zwar vorsichtig, aber doch bestimmt, mit einem Interesse, das er schon längere Zeit nicht mehr gezeigt hatte, den Hausierer zur Anbietung seiner Waren veranlassen wollte, entschuldigte sich dieser damit, daß er solche mitzubringen vergessen habe.

Einen Hausierer dieser Art hatte der Sohn freilich nie erlebt, und je länger er ihn ansah, desto mehr wunderte er sich, was dieser Mann überhaupt von ihm wollte. Als er ihm eine Spende anbot, die vor ihm der reichsdeutsche Kollege in Form der Abnahme nichterwünschter Ware gebieterisch verlangt hatte, zuckte der fremde Mann nur die Achseln oder, richtiger gesagt, machte eine Bewegung mit seinen überhängenden Schultern. Seine Antwort schließlich war, daß er nichts benötige. Nun kam der Sohn auf die von ihm zuvor bereits ausgeschaltete Vorstellung zurück, daß es sich um einen Klienten handle, der möglicherweise in einer höchst verzwickten und verworrenen, vielleicht sogar unlösbaren Affäre einen Ausweg suchte. Aber der vermeintliche Rechtssucher lehnte allen Rat ab, wie er vorher eine milde Gabe oder sonstige Unterstützung sowie den Abverkauf imaginärer, d.i. nur in seiner Vorstellung vorhandener Waren abgelehnt hatte. Nunmehr sehr bestimmt um den Grund seines Kommens befragt, erklärte er plötzlich ohne auszuweichen: »Ich bin gekommen, um dazusein.« Darüber befragt, wer er sei, genauer, wie er heiße, lächelte er bloß unbeholfen, aber vielleicht ironisch, und sagte gar nichts. Der Sohn faßte das so auf, daß offenbar keine Bindung irgendwelcher Art durch Namensnennung hergestellt werden sollte, daß aber vielleicht er selber dem Mann eine beliebige Benennung geben könnte, die er ihm gegenüber tragen würde, andern gegenüber vielleicht eben nicht. Denn er konnte sich nicht gut sagen, der liebe Gott sei zu ihm gekommen. Und wie er nach ihm griff, um zu fühlen, ob er körperlich sei, erhob sich der verhinderte Hausierer sofort, denn er war offenbar greifbar und daher auch tatsächlich vorhanden, hielt aber ebendeshalb nichts davon, daß man sich erst davon überzeugte. Oder aber es handelte sich tatsächlich um eine bloße Vorstellung, die nicht als solche bloßgestellt werden wollte. Dann sagte er, und damit ging er auch: »Ich komme wieder mit Ware.« Welcher Art diese Ware sein würde, gab er freilich nicht bekannt, und da er sich nach diesen Worten so schleunig als denkbar entfernte und niemals wiederkam, faßte der Sohn die letzte Bemerkung nur als eine Ausrede auf und konnte den Sinn des Besuches nicht ausmachen, wenn es nicht der gewesen sein sollte, daß dieser ursprünglich etwas Bestimmtes beabsichtigt, nach dem Hinauswurf des reichsdeutschen Flüchtlings aber auf die Durchführung seiner Absicht verzichtet hatte.

Als er nun nach der Entfernung des Mannes seine Kanzlistin um ihre Meinung fragte, was sie von dem Hausierer halte, und die Antwort bekam, der Herr aus Deutschland wäre reichlich unverschämt gewesen, forschte er nicht mehr nach ihrer Einstellung zu jenem, der nach dem von ihr Erwähnten gekommen war. Kann sein, daß er diese Frage bereits für überflüssig hielt. Doch bestand auch die Möglichkeit, sie würde erklären, daß niemand sonst gekommen sei, und eine solche Antwort wäre ihm in Anbetracht seiner Auffassung von der nichtwirklichen Welt vermutlich unangenehm erschienen, vielleicht auch deshalb, weil er mit solchem Bescheid im Augenblick nichts hätte anfangen können.

Er hatte in Glaubensdingen kaum je eine Bindung erfahren, noch eine solche freiwillig auf sich genommen. In der

Schule war ihm dürftig die jüdische Lehre beigebracht worden. Daheim hörte er viel häufiger von der katholischen, mit der er sich später sehr eingehend befaßte. Auch las er Luther und dessen Verfechter nicht minder aufmerksam als die Kirchenväter und Scholastiker. Als eine Delikatesse ließ er die Verteidigung der Heiligkeit des Papstes Alexander VI. durch einen Jesuiten auf sich wirken. Kein Plädoyer des gewiegtesten Advokaten war besser aufgebaut. Danach ging er auf den Mohammedanismus über, wobei er den Schiiten gleiche Rechte wie den Sunniten und unter diesen wiederum den Wahabiten einräumte. Er konnte also von seiner Lektüre nicht den Hinduismus und die Lehre Buddhas ausschließen und mußte sich am Rande noch mit dem Shintoismus beschäftigen. Lediglich die Glaubensarten der Naturvölker und der zum Dahinwelken verurteilten Indianer glaubte er vernachlässigen zu dürfen. Das alles geschah in einer Zeit, in der er einen Lebenszweck brauchte und meinte, ihn in Religionsbüchern finden zu können.

Später, als er sich der Philosophie verschrieb, auch aus der Kunst einen Glauben machen wollte, und schließlich, als er Anwalt wurde und nicht mehr las, hatte er es hingenommen, daß sein Dasein in Stunden unterteilt war, die der Arbeit gehörten, und andere, die der Erbauung dienten. Dazwischen lagen Essen und Trinken, das ihm sowohl die Mutter als auch die Schwester so gut als möglich zurichteten, an das er sich aber so sehr gewöhnte, daß diese Funktionen mechanisch wurden, denn er war kein Franzose und deren Geschmacktheoretikern noch kaum zugänglich.

Anders schien es ihm mit den Frauen. Die einen glaubte er zu lieben, von den anderen nahm er Besitz. In dieser Tatsache fand er einen Ausgleich, dessen Grundlage er nicht näher überprüfte. Die Beschäftigung mit der Familie betrachtete er mürrisch als Pflicht und übte sie lustlos.

In seinem Beruf, den er nicht auf eigenen Wunsch, sondern auf Veranlassung seines Vaters angenommen hatte, suchte er zwar vor allem einen Gelderwerb. Trotzdem schämte er sich am Anfang, etwas für diese Dienste zu empfangen oder zu begehren, denn er war nie sicher, ob das, was er getan hatte, Geld wert war. Nur äußerst selten und in späterer Zeit kam er zu der Ansicht, daß seine Leistung außerhalb des Tarifes eine positive Einstufung verdiente. Aber gerade in jenen Fällen, in denen seine Überzeugung, etwas Rechtes und Wertbeständiges getan zu haben, beinahe vorlag, fehlte diese Auffassung gewöhnlich bei seinen Klienten, was ihn noch unzufriedener machte als die sonst ohnehin vorhandene Anschauung, seine Arbeit tauge kaum, weder im allgemeinen und schon gar nicht im besonderen Falle.

Nach dem Vorfall mit den beiden Agenten prägte er wohl beide Begegnungen dem Gedächtnisse ein. Den ersteren registrierte er bloß, obwohl gerade hier ein ausgesprochenes Memento, das ist eine Erinnerung, an von ihm zu beherzigende Umstände vorlag. Der andere Vorfall aber grub einen Strich, eine Linie in seine Stirne ein, für ihn kenntlicher als eine Runzel, und in Richtung des Felsengespräches mit der Slowenin verlaufend, das auch keine Lösung anzeigte, sondern zwischen Hitlertöten und Sintflutüberleben verlaufen war. Nun kam außerdem ein Mann hinzu, der ihn nur aufgesucht hatte, um dazusein, und der schließlich offenbar nur von ihm selber zur Kenntnis genommen worden war. Und er schämte sich, daß er den Gedanken nicht los wurde, es könne Gott gewesen sein.

Er gab ihm zwar in der Erinnerung einen häßlichen Namen, rein willkürlich, wie österreichische Beamte im galizischen Kronland die ihnen vorgeführten Beschnittenen benamsten, die nicht für bessere Namen bezahlen konnten. Damit war zwar ein Dreckwurf nach der Erscheinung gezielt, aber keine völlige Entgötterung erreicht worden. Die

Frage, wie sich das vorgestellte Weltoberhaupt zeige, wird übrigens von den Religionen zwar unterschiedlich, aber doch nicht gänzlich verschieden beantwortet. Die Juden haben am Anfang ihrer Geschichte solche Erscheinungen angeführt, deren späteren Verlauf sie für die endgültige Erlösung vorbehalten. Das mag damit zusammenhängen, daß mit dem Zeitpunkt, in dem ein christlicher Messias als erschienen angenommen wurde, sich ihre Lage unter den Völkern sichtlich verschlechtert hatte. Dazu trug vielleicht bei, daß in einer Abschrift der Bergpredigt, in der ursprünglich offenbar richtig zitiert war, daß bei den Alten gesagt sei, man solle seinen Feind nicht hassen, nun aber gelte, daß man ihn sogar lieben solle, das »nicht« wegfiel, woraus durch einen Schreibfehler aus Nichthaß der Haß sich entwickelte und entzündete. Das Mißverständnis setzte sich damit fort, daß man die Sätze der Verkündigung, gemäß welcher Jesus erklärte, das wichtigste Gebot sei das vom einigen Gott, nicht mehr zur Kenntnis nahm, diese Anordnung einfach wegließ, wie auch seine ursprünglich geäußerte Absicht, er sei nicht zu den Kananäern, sondern zu den verirrten Schafen aus dem Hause Israel gesendet worden, wörtlich zu nehmen aufhörte, zumal er selbst sich bereden ließ, sogar die Kananäerin zu heilen. Es ging damit weiter, daß man die Juden in ihrer Gesamtheit mit dem Gottesmord belastete, und zwar nicht nur die zeitgenössischen, sondern die Juden aller Zeiten, wodurch Kreuzzüge, Vertreibungen, Verbrennungen, Verstümmelungen, Beraubungen, Falschbeschuldigungen und Verfluchungen im Gebet gegen sie zulässig und angebracht wurden. Auch Luther blies in dieses Horn, und seine letzten Nachbläser beherrschten gerade Deutschland.

Sie hatten zwar auf Anregung halbwissenschaftlicher Krakeeler und Sonderlinge die Angelegenheit auf das Gebiet der Rasse verlegt und mit Hilfe eines zeitweilig abgefallenen katholischen Schematikers eine Verordnungsgrundlage gefunden, die bewies, daß ihre Annahmen mit voneinander äußerlich streng getrennten Menschengattungen nichts zu tun hatten, wie auch der Führer mit seinen herabfallenden Schultern und die süchtigen oder gescheiterten Kleinbürger, die seine obersten Vasallen waren, sich selbst kein ebenso deutsches Gesicht aufsetzen konnten, als es manche Juden aus europäischen Ländern, und nicht nur aus dem deutschen Sprachgebiet, aufwiesen. Der Sohn erinnerte sich übrigens auch, wie mancher antisemitische Ideologe seinen Vater und später sogar ihn aus der schwarzen Liste streichen wollte.

Aber das war es nicht allein, was ihm an einer gesetzten Lehre widerstrebte. Wenn Gott Mensch werden konnte, was sicher ein schönes Sinnbild und sogar eine mögliche Vorstellung war, dann würde er nicht den Prunk einer Himmelfahrt benötigen, um seine Herkunft auszuweisen, sondern vielmehr dort weiter vorhanden bleiben, wohin er sich aus freien Stücken zu Erlösungszwecken begeben hatte, die er kaum für einen einzigen Menschen tatsächlich bewerkstelligt und durchgeführt hatte.

Daher konnte es keinen Sinn für das Leben ergeben, sich durch Gnade in Gott geborgen zu wissen, aber auch nicht durch die guten Werke, die zumeist ihren Gehalt an Güte späterer unangebrachter Benennung verdanken und häufig durch viel schwerwiegendere andere, ohne Versuch einer Abwälzung der Belastung, aufgehoben werden. So zumindestens dachte der Sohn damals über diese Dinge, und darum lebte er nicht anders als in einer Zwischenzeit. Wenn ihn aber plötzlich doch zwei an sich unscheinbare und objektiv unwesentliche Anlässe ein wenig aufhorchen machten, von denen der zweite Anlaß nur von ihm wahrgenommen und daher möglicherweise kaum anders als in seiner Vorstellung vorhanden war, so konnte seine Erkenntnis und das aus dieser geschöpfte Denken vielleicht darum in ihm entstanden sein, weil er sich zur Austilgung eines Personifikation gewordenen Unmenschen entschlossen zu haben behauptete oder wenigstens dessen Zeitalter überleben wollte, wenn er auch seine Absicht zu einer Zeit und gegenüber einer Person kundgetan hatte, die zur Entgegennahme dergleichen Äußerungen weder legitimiert noch vorerst bestimmt war, und weil er außerdem bisher nie den Besuch eines Hausierers erhalten hatte, der seine Ware mitzubringen vergaß, nichts wollte noch erbat, aber kam, um dazusein.

Dieses Kommen, um dazusein, mußte, falls es tatsächlich eine Manifestation Gottes gewesen sein sollte, sich durchaus nicht in etwas Schönem, Hellem, Prunkvollem, Glorienumgebenem demonstrieren. Freilich war sich der Sohn dessen bewußt, daß keine auf Massenbetrieb eingerichtete Kirche sich eine häßliche und unscheinbare Gottheit leisten kann. Alle amerikanischen Filme, die auch für Massen gemacht sind, müssen gut oder zumindestens positiv ausgehen. Die Zeichnungen Rembrandts von Jesus unter den Jüngern zu Emmaus, auf denen er mit einem zugekniffenen und einem anderen erleuchteten Auge hervortritt, bleiben in der Wiener Albertina verborgen und sind nur Kennern zugänglich. Sie zeigen die gekrümmte Erscheinung eines alten, aber vergeistigten Juden.

Der Jesus aus dem altslawischen Text einer bulgarischen Kirche, der vielleicht eine Übersetzung aus der griechischen, das ist für die Juden bestimmten, Fassung ihrer Geschichte von Josephus Flavius darstellt, konnte, obwohl er, seine Echtheit vorausgesetzt, das einzige historische Zeugnis für die Person Jesu wäre, schwerlich für die Kirche in Betracht kommen. Er zeigt einen Menschen ohne körperliche Schönheit in der Umgebung herabgekommener oder unzufriedener Rebellen gegen die bestehende Ordnung, und sein Ausdruck hat die Züge von Rembrandts Vision in der zitierten Zeichnung. Es ist verständlich, daß man kirchlicherseits Drews' Behauptung für ungefährlicher hielt, daß es Christus nie in der Wirklichkeit gegeben habe.

Die Unzufriedenheit mit der bestehenden Ordnung muß freilich, soll sie Religion und nicht bloß soziale These sein, mit dem Inneren der Dinge beginnen. Es darf nichts von dem Vorhandenen weggeworfen werden, wie auch keiner zu verwerfen ist. Wo ein Opfer verlangt wird, ist es kein Opfer mehr. Es müßte aus Überzeugung und nach gründlicher Überlegung geschehen und im Sinne der Stimme, die innen ist. Denn wenn es einen Gott gibt, so läßt er die Welt nicht an seinem Finger laufen, wie der größte deutsche Dichter in Übereinstimmung mit dem größten jüdischen Philosophen befunden hat.

Im Zusammenhang mit diesen Ideengängen, die ihn damals angeblich beschäftigt hatten, überprüfte der Sohn sein bisheriges Zwischendasein auf seine Grundlage hin und kam zu folgendem Ergebnis: Er war, außer wenn er von anderen gestoßen wurde, hauptsächlich mit zwecklosen Dingen beschäftigt gewesen, wobei die Bekanntschaft von Menschen vorgezogen wurde, die in keiner Weise nützlich sein konnten.

Seine sogenannten Liebesabenteuer hatten meist die Begegnung mit Wundern zum Gegenstand, aus denen er nichts machen konnte und die auch nie zu einer körperlichen Einigung führten. Statt dessen suchte oder fand er diese Befriedigung, die in Wirklichkeit keine war, mit Gestalten, die er sich statt dieser Wunder unterschob, wie der dürren Jungfrau, der Kleinen vom Eislaufplatz, zuletzt der jüdischen Ehebrecherin, bei der er das Gesicht und den Unterleib zur Kenntnis nahm, die mißglückten Teile des Körpers aber nicht entkleidete.

Er hatte einmal einen bärtigen kleinen Chefredakteur

und Kritiker kennengelernt, der für ihn damals unbedingt etwas tun wollte, dem er aber nur die Bitte abnötigte, als Kritiker den Erstauftritt einer schönen, aber unbegabten Schauspielerin an seiner Statt besuchen zu dürfen. In der ihm sodann eingeräumten Kritik war jedoch bloß die Erscheinung des Mädchens gelobt, nicht aber deren Spiel. Er hatte wohl vorgehabt, durch diesen Besuch sich Besitzrechte an der zu lobenden Dame zu sichern, doch waren dem damaligen Studenten nicht einmal genügend Mittel geblieben, um die Garderobiere zu bestechen, daß sie ihn länger hinter den Kulissen beließe, sobald ihm die Darstellerin um den Hals fallen würde und vielleicht manche Befugnis freiwillig zugestanden hätte, obwohl er ihr nur ein billiges kleines Stück Schokolade und nicht einmal Blumen überbringen konnte. Nach seiner Kritik durfte er sich gar nichts mehr von ihr erwarten. Als Nichtkritiker ohne Freikarte, sohin als zahlender Besucher, wäre er zum Kommen allerdings überhaupt nicht in der Lage gewesen.

Jetzt war ihm der Journalist wieder begegnet und hatte ihm unterwegs einige Schriftstücke ausgehändigt, mit folgendem Bemerken: »Machen Sie, lieber Doktor, daß die Pfändung eingestellt wird, man hat meine Bibliothek mit Beschlag belegt, die brauche ich als Schriftsteller, hier dieser Prospekt ist ein Beweis für meine künstlerische Produktion!« Während der Sohn auch diesen ihm auf der Gasse zugetragenen Fall ohne hinreichende Information einer Lösung entgegenbringen wollte, dachte er noch über den jüdischen Hausierer nach, der ihn kurz vorher verlassen hatte und angeblich gar nichts wollte.

Er war sich kaum mehr genügend sicher, ob sein Erlebnis echt war, so absonderlich schien es ihm, obwohl er vorwiegend ungewöhnliche Fälle überantwortet bekam. Trotzdem notierte er den häßlichen Namen, den er dem Mann gegeben hatte, der ihn kürzlich ohne Waren aufgesucht. Wozu er diese Notiz machte, wußte er selbst noch nicht, er hatte nicht vor, diese Chiffre in irgendeine Kartei einzuzeichnen. Aber sowie das Wort dastand, war es für ihn schon so unaussprechlich wie für fromme Juden der Gottesname, nur hatte es sich um einen gehandelt, von dem keinerlei Göttlichkeit ausstrahlte, der eben nur gekommen war, um dazusein, und an dessen Ankunft er bereits zweifelte.

Danach begann er sich für den Fall des spitzbärtigen kleinen Journalisten zu interessieren, aber er dachte ihn noch nicht zu Ende. Zuvor gab er auch noch der Personifikation eine Bezeichnung, jener, welche zu beseitigen er der Jugoslawin zugesagt hatte, während ihm von ihr nahegelegt worden war, sich damit zu begnügen, den anderen bloß zu überleben. Dieser andere hatte schon von Natur seinen Namen, aber das war nicht der, unter dem er ihn zu töten oder wenigstens ohne Ermordung zu bestehen vorhatte. Der Name, den er geben wollte, mußte über die Gestalt hinausragen, sie aufheben und in ihrer Hohlheit ausweisen. Er fand ein ihm geeignetes Wort und schrieb es gleichfalls auf unter dem, in welchem er den Hausierer durch eine klägliche Benennung hatte festhalten wollen. Er behielt zwar den Zettel nicht, auf den er die beiden Namen notiert hatte, doch verwendete er diese sogar als Losungsworte für seine geringen Ersparnisse, die er, einem alten jüdischen Brauche folgend, der vorschreibt, nicht alles auf eine Karte zu setzen, bei zwei verschiedenen Banken deponierte.

Der spitzbärtige gnomenartige Satiriker, der gegenwärtig von einer kleinen Zeitung aus den noch häufig glückenden Versuch unternahm, in das Kunstleben einzugreifen, hatte den Sohn viel früher bereits von jenen Dingen in Kenntnis gesetzt, wie Ehren und Ruhm und insbesondere einflußreiche Positionen in Angelegenheit der Literatur verteilt zu werden pflegen. Ein sehr geschwätziger Literat war bei der herrschenden Partei durch seine Beredsamkeit, aber auch durch gute Dienste angekommen, da seine Fertigkeiten, leichte Ware an den Mann zu bringen, unschwer dort für Talent, ja sogar Genie ausgegeben wurden, wo man mangels Kennertum sich gern mit dem begnügte, was am schnellsten bei der Hand war, den hergebrachten Formen entsprach und auch inhaltlich nicht zu entsetzen vermochte. Als aber der besagte Literat nach der angeblich ersten Kulturstätte Wiens auf dem Gebiete des Theaters seine Hand ausstreckte, war ihm der ironische Gnom dazwischengefahren und hatte durch scharfe Kritik an den künstlerischen Verdiensten den Einschleicher in die Kunst gehörig bloßgestellt. Dieser nun, der auch seine Widersacher noch schonte, solange er sie für sich zu gewinnen hoffte, schrieb an den Gnom einen rührenden Brief, der als geheim und nicht vorlesbar bezeichnet wurde, von dem aber der spitzbärtige Adressat dem Sohne dennoch Mitteilung machte, indem er zunächst seine Auffassung von Geheimhaltungspflicht demonstrierte.

»Der Brief ist streng vertraulich, lieber Sohn, ich darf ihn daher weder vorlesen noch vorzeigen, aber sagen kann ich Ihnen, was drinnen steht.«

Und in der Tat enthielt der Brief das Versprechen einer vorläufigen Abstandnahme von der Beanspruchung der leitenden Position im Theaterwesen, wenn man ihn eben nicht jetzt wolle, er habe sich auch gar nicht in Person beworben, sondern man hätte ihn dazu bestimmen wollen, eine Bestimmung, die der betreffende Herr in späterer tausendjähriger Zeit trotz eifrigster Angleichung an die öffentliche Meinung auch nicht erreichte, wohl aber nach dem Ende dieser Epoche schließlich erfüllte, da ihn diesmal die Strömung an die richtige leergewordene Stelle trug.

»Diese Hypothek habe ich soeben verhindert«, sagte der Gnom. Aber weil er sich auch als Okkultist betätigte und so mit der dunklen Zukunft zu tun hatte, fügte er hinzu: »Aber er wird es immer wieder versuchen und schließlich durchsetzen.«

Etwas später kam es aber in Frage, den Staatspreis für Musik einem Manne zuzuwenden, der später für die Moderne mit Recht als wichtig angesehen wurde. Damals hatte der Sohn den Privatbesuch eines an körperlichem Format gewaltigen Musikers, der nach einigen Ansätzen zu einer Neuerung des Klanglebens wieder in ausgefurchte Bahnen zurückverfallen war, der sich aber seinen Sarkasmus, welcher dem Österreicher mehr als sein Gemüt eine Note der Eigenart gibt, weil er echter und origineller als jenes ist, von Jugend auf bewahrt hatte. Da der Sohn gerade vorhatte, zumindest eine von zwei Töchtern des erwähnten ausgezeichneten modernen Komponisten nächst dem Schwimmbekken anzusprechen, wenngleich jede von beiden die mit muskulösem Körperbau ausgerüsteten nationalen Sportler vorzog und den Sohn gar nicht beachtete, ließ er sich von dem Gedanken nicht abbringen, die Badeanstalt zu besuchen, wohin ihn der monströs gebaute Musikproduzent begleitete. Sie waren kaum an Ort und Stelle angelangt, ohne sich ausgezogen zu haben, als der Sohn die eine Komponistentochter ausnahm und sich vor sie hinstellte. Sein Begleiter, der zeitlebens für junge Mädchen ein großes und nicht nur platonisches Interesse bezeigte und sich dabei keineswegs auf seine Schülerinnen beschränkte, rief mit Enthusiasmus: »Die da, wer ist die, kennen's die? Das ist ein Prachtweib!« Der Sohn nannte deren Namen, ohne den ihres Erzeugers zu verschweigen. »So, so«, sagte der Komponist älterer Schule, »das hätt' ich ihm gar nicht zugetraut.« Sie waren nicht lange weitergegangen, als auch die jüngere der Schwestern zu sehen war, welche der Sohn wieder mit Sehnsucht, sein gewaltiger Begleiter mit interessierter Begierde betrachtete. »Und wer ist die? Die ist ja noch schöner«, fragte der Gewaltige. »Das ist die andere Tochter des modernen Komponisten.« »Mir scheint, wenn ich schon der Mann bin, der den Preis zu vergeben hat, er wird ihn doch bekommen. Er kriegt ihn nicht für seine Musik, aber für seine fleischlichen Werke.«

Später erfuhr der Sohn, daß der Gewaltige Wort gehalten hatte. Als es ihm aber noch immer nicht gelungen war, bei Annäherungsversuchen an eines der Mädchen etwas anderes als einen Tritt in die Weichen zu erhalten, glaubte er, sich einem nationalen Schwimmer, der ihm zugetan war, anvertrauen zu sollen und gleichzeitig auf die Affäre mit dem Staatspreis zurückzukommen. Der ins Vertrauen Gezogene, ein braungebrannter Athlet mit einigem Hirn, enttäuschte aber den Sohn gehörig: »Denen liegt an ihrem Vater nichts, vielleicht krepiert er noch an denen ihrer Vielmännerei. Wenn ich Ihnen was raten darf, bemühen Sie sich nicht um sie, ich tue es schon lang nicht mehr! Die eine hat die Syphilis abbekommen, die zweite die Gonorrhöe. Es steht wirklich nicht dafür.« Ob diese Mitteilung wahr gewesen ist oder den Sohn nur abhalten sollte, sich weiter zu bemühen, kam nie heraus. Immerhin ärgerte er sich bald, den jungen Athleten ins Vertrauen gezogen zu haben. An sich hatte er nie vorgehabt, ein Fürsprecher für den Vater der Mädchen zu sein, denn er kannte weder dessen Musik noch wußte er, daß der gewaltige Klangproduzent in einem Preiskollegium saß, geschweige denn, daß er dort vielleicht den Ausschlag geben konnte. Auch pflegte er ansonsten von seinen Neigungen kaum etwas ruchbar werden zu lassen, ausgenommen vielleicht, daß er mit der Kleinen vom Eislaufplatz öffentlich gegangen war, aber das hatte seine ganz anderen Gründe gehabt.

In der Folge sah er den Gewaltigen lange Zeit nicht mehr, auch nicht den spitzbärtigen Gnom. Dieser erledigte zwar seine persönlichen Kontakte, sofern sie nicht gerade

Frauen betrafen, auf der Straße oder im Kaffeehaus, hatte überdies drei, vielleicht sogar vier Quartiere, ohne seine Büroräume, in denen er sich am seltensten aufhielt. Trotz seinem vorgerückten Alter und seiner zwergischen Gestalt fanden die Frauen ihn sehr attraktiv, wozu auch noch sein Witz gehörig beitrug und seine Befassung mit der spiritistischen Wissenschaft, nicht zuletzt seine angeblichen Beziehungen zum Film. Er war zwar verheiratet, lebte aber zumeist bei einer unverheirateten Frauensperson, mit der er ein Kind hatte und die als seine Nichte galt. Außerdem wurde er häufig mit einer blonden Siebzehnjährigen gesehen, deren Vater ein höherer Offizier gewesen war und die unbedingt zum Film wollte.

Der Sohn begab sich zunächst zum Exekutionsrichter, der ihm bis auf Widerruf gewogen war, und versuchte für den Gnom die Freigabe von dessen Büchern als unentbehrlich zu erwirken. Der Kommissär besah sich die Vollstreckungsakte und sagte dann: »Unter den Gläubigern ist ein kleines Kind einer Hilfsarbeiterin, dem Ihr Klient tausend Schillinge schuldet. Wenn das Kind sein Geld bekommt, will ich die Bibliothek gegen die anderen Exekutionsführenden ausscheiden. Die sollen meinetwegen warten.« Der Sohn teilte das Ergebnis seiner Bemühung dem Gnom bereits einige Augenblicke später mit, denn er traf ihn gerade mit dem schönen siebzehnjährigen blonden Mädchen, als er das Gerichtsgebäude verließ. Sie trug das neueste Kleid, das ihr der Spitzbärtige bestellt hatte, und hatte die schönste Frisur, die auch auf dessen Veranlassung vom teuersten Haarkünstler hergestellt worden war. Nur mit dem Film, dessentwegen sich das Mädchen mit ihm eingelassen hatte, war es noch nichts, obwohl die Siebzehnjährige entzückend aussah. Der Sohn rief den Gnom beiseite und teilte ihm kurz mit, wie er ihm die Bücher retten könne. Dieser reagierte prompt. »Dem Kind zahl ich auf

Ehrenwort, wird heute noch aufgegeben. Gleich fahr ich mit der Blonden nach Wien, um das zu regeln. Begleiten Sie uns zum Bahnhof!« Dort gab der Spitzbärtige dem Türsteher, der die Fahrkarte zwickte, ein Zweischillingstück als Trinkgeld, bevor er vom Sohne Abschied nahm.

Dieser hielt nun die Nichtbezahlung des Unterhaltes für das Kind der Hilfsarbeiterin für ein bloßes Übersehen, außerdem lernte er noch am Abend im Bade die Schwester der Blonden kennen. Sie saßen am Rande des Bassins, bis die Dämmerung kam und man das Bad versehentlich sperrte, ohne sie vorher von der beabsichtigten Schließung in Kenntnis zu setzen. Der Sohn benützte die Gelegenheit zu keiner Annäherung, da er sich bezaubert glaubte. Er machte für Sonntag vormittag ein Stelldichein außerhalb der Ortschaft auf einem Hügel aus. Da er aber verschlief, ging er nicht hin. Ob sie vielleicht auch ausgeblieben war oder auf ihn gewartet hatte, stellte sich nie heraus, da sie einander nicht wiedersahen.

Der Spitzbärtige hatte im übrigen seinem Ehrenwort nicht entsprochen und keinen Groschen für das Kind der Hilfsarbeiterin bezahlt. Der Richter erklärte nunmehr, im Hinblick auf den Ausscheidungsantrag betreffend die Bibliothek vorerst die Gläubiger um Stellungnahme bitten zu müssen. Der eine von ihnen, ein Buchhändler, betrachtete die Antragstellung als eine arge Zumutung. Seine exekutive Forderung stamme eben aus der Lieferung der Bücher, die zwar nicht bezahlt worden waren, aber nunmehr als unentbehrlich ausgeschieden werden sollten, obwohl sie seine einzige Deckung für den Kaufpreis bildeten. Der zweite Gläubiger, ein Verleger, bezeichnete die Vorlage des Prospektes mit den Schriftstellerqualitäten des Spitzbärtigen als eine Unverschämtheit. Das Buch, von dem der Prospekt handle, habe der Gnom gar nicht geschrieben, obgleich er es dem Verleger verkauft habe, der im Glauben, dieses zu bekommen, auch den Prospekt verfaßt habe. Nun setze der Spitzbärtige des Gläubigers Prospekt der Forderung desselben auf Rückzahlung des Betrages für sein nie geschriebenes Buch entgegen. Der Kleine sei kein Schriftsteller, aber ein Gauner.

Als nun der Sohn nach langer Suche den Kleinen bei dessen Nichte ausfindig machte, sagte dieser bloß: »Daß er mich einen Gauner nennt, darüber kann ich noch hinweggehen. Daß ich aber kein Schriftsteller sein soll, laß ich mir nicht gefallen, da klagen wir gleich.«

Übrigens war auch auf die Bekanntschaft des Gnomen mit der Blonden ein gewisser Schatten gefallen. Nicht nur, daß dieser sie nicht zum Filme bringen konnte, auch hatte deren Vater die unbezahlten Rechnungen des Friseurs und des Schneiders zugestellt erhalten und aus diesem Grunde mit seiner Tochter eine unliebsame Auseinandersetzung gehabt. So stand es in dieser Zeit vorübergehend nicht zum besten mit dem Mann, dem der Sohn seine unbezahlte Bibliothek mit dem Prospekt für ein von diesem nie geschriebenes Buch hatte retten sollen.

Seit geraumer Zeit war in Wien und Umgebung ein Anwaltskollege aufgetaucht, der durch sonderbares Gehaben sowohl die Gerichte als auch die Standesbehörde, vor allem aber die Öffentlichkeit beunruhigte. Der Mann war aus Indien mit einem Tropenkoller heimgekommen, der sich insbesondere in einer gesteigerten, in die Öffentlichkeit getragenen Sinnlichkeit manifestierte, aber auch sonst Skandale aller Art auslöste. Er erschien bei Gericht mit einem Hündchen, das er nur zeitweise an der Leine führte, attackierte gelegentlich die Richter, indem er wegen ihrer Rechtsprechung in öffentlicher Verhandlung beleidigende Vorwürfe machte, bedrohte auch die Gegner in deren Wohnung mit der Hundepeitsche und bekam dieselbe ebenfalls an seinen Kopf. Auch probierte er einmal Hosenträger in dem Geschäft, in dem die nun vierzehnjährige junge Jüdin daheim war, welcher der musikerkopftragende blonde Frauenkonsument angeblich in deren Kinderzeit im Garten aus einem Bademantel gelöst hatte, wobei ihm aber der Bruder des Kindes schon zuvorgekommen sein sollte. Diesmal ließ der schon im besten Mannesalter stehende sonderbare Anwalt, während er die Hosenträger probieren wollte, sein Beinkleid fallen, unter dem er nichts anhatte, so daß die Vorzüge seiner Männlichkeit gänzlich sichtbar wurden, was aber die Kleine nicht ohne Aufsehen mit Protest zur Kenntnis nahm. Sowie der Anwalt hierauf das Geschäft verlassen mußte, schloß er sich dem Sohn auf der Straße an, verstellte einer Aristokratin den Weg, der er die Vorzüge ihres von einer Nurse geführten Kindes auseinandersetzte, fügte aber nach Aufheiterung ihrer Mienen die rhetorische Frage hinzu, ob das so schöne Kind der Angeredeten nicht vielleicht von ihm sei. Dem hierauf ihn im Stich lassenden Sohn folgte er zwar nicht unmittelbar nach, doch setzte er sich in dessen Vorraum auf das Linoleum des Fußbodens, wobei er späte Früchte verzehrte, deren Kerne er um sich spuckte. Der Hausgehilfin aber erklärte er, der Sohn müsse schließlich doch einmal nach Hause kommen. Sollte er aber bereits zu Hause sein, könne er die Wohnung nur durch diesen Vorraum verlassen. Auf solche Art durfte es nicht ausbleiben, daß er den Sohn schließlich in Beschlag nahm, als dieser verspätet heimkehrte. Er setzte ihm sogleich auseinander, daß der kleine Spitzbärtige mit einer siebzehnjährigen Blonden aus gutem Hause herumziehe, auf die er als Sechziger nicht Anspruch habe, außerdem müsse er die Minderjährige verführt haben. Der Sohn wendete ein, daß es sich um keine Neuigkeit handle, da die ganze Stadt davon schon wisse.

Auf diesen Satz entfernte sich der späte Verbreiter alter Neuigkeiten, kam aber bald zurück, warf sich in die Brust und betonte, daß er Schuld auf sich geladen und Fürchterliches angerichtet habe. Es sei ihm gerade nächst dem Hause der Spitzbart mit der Blonden begegnet, den habe er schreiend auf der Straße gestellt, ihm auch vorgehalten, daß er ein altes Schwein sei, minderjährige Mädchen verführe und daß hievon bereits die ganze Stadt wisse; als aber der Spitzbart Aufklärung über seine Informationen verlangte, habe er den Sohn als seinen Gewährsmann angegeben. Damit hatte der letztere den Spitzbart für immer los, der Narr blieb ihm aber noch auf geraume Zeit erhalten.

Er war im übrigen außer mit diesem mit noch manch anderen Narren gesegnet, die seine Kanzlei aufsuchten und ihr Recht wollten. Eine, die sich bis zur Bewußtlosigkeit schnürte, fühlte sich um ihre Ersparnisse von einem jüdischen Anwalt geprellt, der bald darauf verhaftet wurde. Eine andere, die sich als polnische Baronin bezeichnete, verlangte von einem nationalen Vertreter angeblich für sie hypotheziertes, in Wirklichkeit von ihm auf eigene Rechnung im Kasino verspieltes Geld zurück. Es war dem Sohn gelungen, von dem belasteten Kollegen, der sich über die Beschuldigung sehr entrüstet zeigte, noch eine Summe zu erhalten; am nächsten Tag wurde derselbe allerdings auf Anzeige einer anderen Person festgenommen.

Was die Narrheit dieser beiden Damen betraf, so äußerte sie sich allerdings nicht nur darin, daß sie mit diesen beiden Fällen, in denen sie im Recht waren, den Sohn beschäftigten, vielmehr fühlten sie sich in der Folge immer mehr benachteiligt und herabgesetzt, wenn einer sie merkwürdig ansah, an der Wichtigkeit ihrer Person zweifelte oder Geld für sie auslegte, das sie überhöht fanden. Die polnische Baronin hatte sich nach ihrer traurigen Erfahrung mit dem nationalen Anwalt kurzfristig in das Büro eines alten Juden begeben, dessen Sollizitator, das ist höherer Kanzleibeamter, einen Vetter hatte, welcher Lampendochte erzeugte. Da die Polin sich offenbar mit uralten Beleuchtungskörpern versah, hoffte sie, bei Engrosbestellung die Dochte durch das Glied dieser Rechtsanwaltskanzlei billig zu erstehen. Das war auch der Fall, doch beging sie den Fehler, eines ihrer Dochtgespräche mit dem Chef der Kanzlei selber zu führen. Die Information über Dochte kostete dann ebensoviel wie die Dochte selbst, was sie zu Kritik veranlaßte. Die Schnürleibdame fand gefährliche und versteckte Feinde schließlich hinter jedem verdunkeltem Haustor und an jeder Straßenecke. Trotzdem nahm die Baronin ein gutes Ende, sie entschlief sanft über einer ihrer mit vielen Fragezeichen versehenen Berechnungen. Die Schnürleibdame, welche sie lange überlebte, wurde tatsächlich nächst einem verdunkelten Haustor erstochen aufgefunden, doch war dies viel später als sie befürchtet hatte.

Indessen hatte der Sohn weder seine Begegnung mit der Jugoslawin noch den vermeintlichen Besuch des Hausierers vergessen. Aber er wußte noch nicht recht, was er mit diesen ihm einschneidend erscheinenden Zufälligkeiten anfangen sollte. Da er sie für sehr wichtig nahm, behielt er sie für sich und teilte sie schon gar nicht seiner Mutter mit, welche überdies zu kränkeln begann und schließlich fettleibig wurde, was sie vorher nie gewesen war.

Inzwischen hatte das Siebenunddreißigerjahr seinen Anfang genommen, vor dessen Beginn er auf Wunsch der Mutter mit dieser die Christmette aufgesucht hatte. Damals und mit dem Beginn des neuen Jahres suchte er auch die Tochter häufiger auf, fand aber mehrmals den jüdischen Spitalsarzt dort, gegen welchen er schon immer einen Widerwillen hatte, der sich von Mal zu Mal steigerte. Zwar war nicht mehr von dem »Herr Doktor, recht so?« der von den Assistenzärzten mißbrauchten Krankenpflegerin die Rede, wohl aber wurde viel Aufsehens betreffend Beziehungen und Verbindungen mit maßgebenden Personen der

Wissenschaft und der Politik gemacht, wobei die Tochter mit hungrigen Augen die Quacksalbereien des Prahlers von dessen Augen ablas, als würde es sich um geweihte Kost, ja um das Evangelium handeln. Im übrigen besuchte die Tochter jetzt auch häufig die Kirche, wahrscheinlich erbat sie sich Glück im Ehebruch, ihre Stiefmutter, die vielleicht nichts Bestimmtes erflehte, hatte sich mit dem Besuch der Christmette begnügt, zu der sie allerdings den Sohn mitgenommen.

Da sie jedoch krank war, begab sich dieser mit ihr auch zum goldzahnbleckenden Arzt, der nichts Ernstliches feststellen konnte, aber immerhin eine Diät mit Schonung der Gallenblase verschrieb. Sie sprach auf diese aber nicht an und glaubte daher seiner Diagnose nicht. Am liebsten hätte sie den Heilkünstler konsultiert, der ihren Gatten gepflegt und für unheilbar befunden. Aber dieser war nicht mehr aufzutreiben, zumal ihn, wie längst erwähnt, nach dem Blick aus den nichtgeschlossenen Augen des Toten ein letal verlaufender Unfall mit Beschlag belegt hatte.

Noch bevor es soweit kam, daß die Mutter weitere Konsultationen auf sich nehmen sollte, war der Prozeß gegen den feisten jüdischen Bankier endgültig gewonnen worden, und der Sohn strebte danach, dessen Wohnung mit der seinen zu vereinigen, die der Mutter aber aufzugeben. Damit war diese allerdings noch immer nicht einverstanden. Sie hing an den Räumen, in denen sie glaubte, glücklich gewesen zu sein, weil sie daselbst mit ihrem Mann gelebt, wenngleich er auch dort verstorben war.

Im übrigen dachte der Bankier noch gar nicht daran, zu räumen, und suchte die von ihm nicht vorausgesehene Übersiedlung so lange hinauszuzögern, bis er ihm passenden Ersatz gefunden hätte. Zu diesem Zwecke mußte die Delogierung tunlichst hinausgeschoben werden. Daher hielt die Mutter auch die Zeit für Proteste nicht gekommen und glaubte, daß ihre Leidensmiene hinreichend sei, den Sohn von dem Vorhaben abzuhalten, sie aus den angestammten Räumen zu übersiedeln. Dieser allerdings schien keineswegs bereit, den schwer erkämpften Erfolg gegen den Bankier durch Abgabe von dessen Räumen an einen neuen Mieter in Frage zu stellen, konnte aber diese Ubikation und die der Mutter nicht gleichzeitig behalten.

Etwa um die gleiche Zeit wurde die Mutter, um sie aufzuheitern, von der Tochter einmal ins nächstgelegene Kaffeehaus geführt, wobei der Sohn nicht mitgekommen war. Nichtsdestoweniger setzte sich der den beiden Damen nur vom Sehen bekannte närrische Rechtsanwalt zu ihnen. Als die Mutter nun unvorsichtigerweise darauf zu sprechen kam, sie wolle ein paar Roßkastanienträger in ihrem Garten fällen, was freilich nicht ganz im Sinne ihres verstorbenen Gatten sei, sie wisse aber keinen starken Mann, der ihre Entschließung durchführen könne, erklärte der fremde Narr, er werde am frühen Morgen kommen und alle Bäume absägen, so daß der Garten ganz ratzekahl wie die Glatze des Facharztes aussehe, von dem ebenfalls vorher die Rede gewesen war. Er werde durch diese Kahlschlägerei sich eindeutig als starker Mann legitimieren. Mit solchem Versprechen verließ er die beiden Frauen, wobei er vergaß, daß er eigentlich gekommen war, um Komplimente anzubringen, die bei ihm allerdings meist exhibitionistischen Charakter aufwiesen. Die Mutter bangte aber bereits für ihren Garten, in dem sie alle nutzbringenden Fruchtbäume zog und nur die unnützen ausscheiden wollte.

Inzwischen aber war ihr Nichtwohlbefinden ein dauerndes geworden. Obwohl viele Anzeichen darauf hindeuteten, daß sie sich im Zustand einer funktionsgestörten Gallenblase befand, wurde ihr von einem nationalen Arzt, in dessen Ordination sie sich begab, eröffnet, sie habe ein Geschwür im Mastdarm, das er für krebsartig halte, die

Operation dürfe nicht mehr aufgeschoben werden. Darauf setzte er sich unaufgefordert mit einem politisch gleich eingestellten Primarius in Verbindung, der vor Jahren den Sohn nach von ihm gewonnener falscher Diagnose operiert und auch den Vater, wenngleich gegen dessen Willen, schmerzhaft überprüft hatte. Der Goldzahnblecker, der allerdings dem letzteren das todbeschleunigende Klistier versetzt hatte, zweifelte an der Kompetenz der beiden vereinigten Nationalen. Er hielt sie für unfähig, ein Übel richtig zu erkennen, der Sohn sei auch nur dank guter Konstitution seinerzeit zum Überstehen der Leibesöffnung seitens des Chefarztes tauglich gewesen.

Als aber der Bankier seine Wohnung schließlich doch geräumt hatte und diese vom Sohne bezogen werden sollte, entschloß sich die Mutter, ins Spital zu gehen, um einen chirurgischen Eingriff auf sich zu nehmen, vielleicht auch mit der Gefahr, dabei zu sterben, um nicht übersiedeln zu müssen. Sie wartete aber die nötigen baulichen Veränderungen in den freigemachten Räumen ab, die diese an die bisherigen des Sohnes anschließen sollten, was sie persönlich zu beaufsichtigen vorhatte, während der Sohn diesmal allein auf Urlaub gehen sollte, wozu er sich Frankreich aussuchte, da in Paris eine Ausstellung geplant war und er dann noch an das Kanalmeer, in die Bretagne und vielleicht in die Normandie zu reisen gedachte.

In der Zwischenzeit kam nun der glatzköpfige Facharzt wiederholt mit seiner Gattin ins Haus, was er vorher nur selten getan hatte, und suchte die Mutter von ihrem Entschluß abzubringen, weil er dem Goldzahnblecker, seinem Freunde, als einem ernsten und menschlichen Arzt weit mehr Einsicht zutraute als den beiden Nationalen, deren einer die Operation angeraten, die der andere durchführen sollte. Während nun der Facharzt die Mutter von Übereilungen abzubringen suchte, war es des Sohnes Wunsch, die begleitende Gattin des Arztes wieder in seine Sphäre zu ziehen, das heißt, sie bei Gelegenheit an sich zu bringen, was aber immer mißlang, weil die Mutter es jedesmal so einrichtete, daß er mit dieser Frau nicht allein ins Gespräch kam, geschweige denn sie in seine Räume ohne Beisein des Gatten hinüberbringen konnte. Während sie die Ehe des Facharztes vor ihrem Sohne schützte, ließ sie sich von jenem trotzdem nicht mehr in ihrem Entschlusse, sich operieren zu lassen, wankend machen. Und dann kam schließlich die Zeit, in der die neue Wohnung hergerichtet werden und der Sohn nach Paris fahren sollte.

Vorher hatte ihm der Facharzt noch die Belangung seiner säumigsten Patienten übertragen, soweit nicht Verjährung im Wege stand, und schließlich die Einklagung einer nationalen Kurpfuscherin wegen unlauteren Wettbewerbs, da diese sich durch Plakate rühmte, alle Übel heilen zu können, die in sein Gebiet verschlugen. Der Prozeß ließ sich gut an, wurde noch vor Urlaubsantritt des Sohnes in erster Instanz gewonnen und konnte in der zweiten und dritten kaum verlorengehen. Das Punktum, das heißt, die Bemessungsgrundlage für die Gebühren und Kosten, war vom Sohne sehr hoch gewählt worden, denn er hoffte diesmal auf ein ausreichendes Honorar, durch das er die Lücken in seinen Ersparnissen würde schließen können, die mit der Pariser Reise notwendigerweise verbunden waren. Als er diese Fahrt daher antrat, geschah es mit einem ausgesprochen guten Gefühl, obwohl er die Mutter krank und vielleicht operationsbedürftig zurückließ, die Schwester seiner Dazwischenkunft bedurfte, um von dem jüdischen Sekundarzt loszukommen. Aber er selbst ließ niemand sonst zurück, an dem ihm noch lag, auch wenn Abschiednehmen auf französisch mit ein bißchen Sterben gleichzusetzen ist. Soviel Französischkenntnisse hatte er sich nämlich inzwischen angeeignet, da er einen belgischen Professor, der allerdings Flame und deutsch gesinnt war, zur Vorbereitung seiner Frankreichfahrt zugezogen, welche er nun antrat.

Im Zug, der ihn mit sich forttrug und der ziemlich überfüllt war, erlangte er doch schräg gegenüber Anschluß an ein junges Mädchen aus Tirol, dem er sich nicht bekannt machte, was es übrigens auch nicht tat, mit welchem aber trotzdem und ungeachtet der anderen Anwesenden eine Kontaktaufnahme stattfand, die zunächst nur in Redewendungen ihren Ausdruck bekam, später aber, als diese auf das Verhalten junger Menschen verschiedenen Geschlechts zueinander übergingen, auch in leichte gelegentliche Streifungen allerdings bekleideter Körperteile ausartete. Die Schwierigkeiten besagter Leibesübungen führten schließlich zum vorübergehenden gemeinsamen Verlassen des geschlossenen Abteils und zum Betreten des Speisewagens, wo sich jedoch jener blonde Anwalt vorfand und sich ihnen anschließen wollte, der dem Sohn gegenüber seinerzeit die Verlegung seiner Kanzlei nach Wien damit begründet hatte, daß dort bald »Arier« in solchem Berufszweige gesucht würden. Da der Sohn trotzdem keine Unterbrechung in seinem Unterfangen liebte, stellte er zwar auf den nachdrücklichen Wunsch des anderen diesen der ihm selber dem Namen nach unbekannten Dame vor, zog sich aber dann nach Austausch belangloser Bemerkungen mit derselben in einen entfernten Waggon zweiter Klasse zurück, wo er sich den gerade verlassenen schmalen Platz des Zugführers mit ihr teilte. Daß die von ihm der Öffentlichkeit Entzogene gerade Kopfschmerzen zu haben äußerte, veranlaßte ihn zur Handauflegung auf deren Stirn, in der Folge aber, ohne sonstige Schmerzensäußerung abzuwarten, auch anderswo, während dann der Aufdruck seiner Lippen auf die ihrigen zur Erleichterung ihrer Pein im Haupte ausreichte. Leider ließen wiederholte Störungen, zuletzt auch die durch den zurückgekehrten und seinen Sitz reklamierenden Zugführer, keine vollständige Einigung zu, und als die junge Dame in Innsbruck ausstieg, wußte er von ihr nichts, während sie ihn für einen Reisenden, das ist Agenten mit Ware, ansah, welcher Anschauung er aus Bequemlichkeitsgründen nicht widersprach.

Er hatte dem auf der Reise geliebten Wesen die Koffer kaum hinausgereicht, als er die schwarzhaarige, seinerzeit bronzene Tochter des schweizerischen Baumeisters erspähte, die nicht mehr von ihrer Mutter begleitet war, mit der er sie in der Gesellschaft der seinigen im vergangenen Sommer im kärntnerischen Urlaubsgebiete kennengelernt hatte. Als er sich aber, freudig den Armen der einen entglitten, in die der anderen zu begeben trachtete, fand er, daß sie an Mutters Statt einen männlichen Begleiter hatte, der vermöge seiner Jugend nicht ihr Vater sein konnte, bei unmittelbarer Betrachtung seines Gehabens ihr gegenüber aber wohl kaum ihr Bruder war.

Anstatt dieses ihm entgangenen Abenteuers wurde er unfreiwilliger Zuschauer des Vorspiels einer Wallfahrt. Zwei sehr groß gewachsene Mädchen und eine ältere Dame, die deren Mutter sein konnte, hatten einen ziemlich kleinen, aber kugelrunden Priester in fleckiger Soutane zur Gesellschaft, der zunächst neben dem Sohn saß, welcher wiederum auf der anderen Seite mit einem Engländer konversierte. Der winzige Pfarrer sprach zwar mit der Mutter in einer Sprache, die wie eine Mischung von Italienisch und Arabisch klang, schmachtete aber bereits zu den beiden Töchtern, von denen ihn zuerst die jüngere anfaßte und auf ihren Schoß setzte, von wo er seitens der älteren auf den ihrigen hinübergeholt wurde. Während der Sohn mit dem jungen Engländer den Wettstreit der Töchter um den heiligen Mann bekrittelte, wahrscheinlich weil jeder von beiden Kritikern gern seine Stelle eingenommen hätte, wurden sie von der älteren Jungfrau, die den Schwarzen gerade an die

Schwester hatte wiedererstatten müssen und die überdies Englisch verstand, dahin belehrt, daß man eben von Malta aus auf einer Wallfahrt nach Lisieux und auch Lourdes begriffen sei und zu diesem Zwecke natürlich seinen Pfarrer bei sich haben müsse. Ihre Sprache sei aber Maltesisch, nicht Italienisch, daher schon eher Arabisch.

Nach dieser Begegnung, die hinreichte, ihn für den Rest der Fahrt zu beschäftigen, kam keine weitere zu deren Ergänzung, bis er in der Seinestadt eingelangt war und dort nicht abgeholt wurde.

Es war vorgesehen, daß er sich zu weitschichtig Verschwägerten begeben sollte, was am besten und auch am billigsten mit der Untergrundbahn zu bewerkstelligen sein mußte, in die er seine Koffer unterhalb der Weltstadt durch wohlig feuchtwarme Gänge trug, in denen auf ausgehängten Karten nach einschlägigem Druck das Reiseziel, wenn man es wußte, aufleuchtete samt der dahin führenden Wegstrecke, unter Berücksichtigung der nächsten Verbindungen und Umsteigemöglichkeiten. Dieses System erregt das Staunen jedes Wieners oder bei Wien Behausten, denn er wird hiedurch in ferne Dezennien vorausgeschickt, in denen auch seine Metropole einen Ansatz zu solchen Beförderungsmitteln erhalten würde, ungeachtet allen Schlachten, die sich die verschiedenen politischen Systeme daselbst für ihre Standpunkte liefern werden, auf denen sie stehenbleiben, bis man sie von ihnen entfernt. So mußte es in kurzer Zeit kommen, daß er in die gewünschte Gegend geriet und billig, aber schwierig seine Koffer vor sich herschleppte, bis er nach vielen mißverstandenen Auskünften an der rechten Stelle landen durfte.

Ein Herr, der Onkel zu nennen war und der Familie präsidierte, küßte ihn sowohl rechts als links auf die Backe. Das ist der Beweis für die Aufnahme in Gnaden, wie auch der landesübliche Vorläufer von Auszeichnungen seitens hoher Obrigkeiten und Offiziere gegenüber geringeren Angehörigen derselben Gilde. Danach traten die übrigen Familienmitglieder in Erscheinung, nämlich eine dazugehörige, noch guterhaltene Tochter des als Onkel Anzusehenden, nebst deren mächtigem Ehegespons, dazu eine Enkelin, die noch ledig war, aber auch kolossal wie eine Statue und durchaus nicht den üblichen Vorstellungen von Französinnen entsprach. Das rührte daher, daß die Romane, die von solchen berichten, nicht immer typische Fälle verarbeiten, hängt aber auch allerdings mit dem Umstand zusammen, daß die in Paris versammelten Bewohner aus aller Herren Ländern gekommen und wegen eines nahen Meeres und weiterer Hügel und Gebirge an Ort und Stelle verblieben sind, bis sie unter Einbeziehung der schon vorhandenen Subjekte jene Mischung herstellten, die mit der Zeit die Pariser Bevölkerung ausmachte.

Bevor aber der Sohn noch Feststellungen in dieser Richtung anzubringen in der Lage war, wurde er bereits zur Familientafel zugelassen, wo er nächst dem neuen Oheime saß, aber zu seiner vorübergehenden Eingemeindung links die junge Koloßstatue hatte, welche er schon von früher her kannte, weil sie einmal bei ihm in Österreich gewesen. Danach lief die Unterredung in einer Mischung von Englisch, Französisch und Deutsch, weil ersteres eine vom Onkel bevorzugte Sprache war, durch die er sich allerdings niemandem als sich selbst verständlich machen konnte, das Deutsche und Französische hinwiederum die wechselseitigen Muttersprachen der Anwesenden waren, die von denen, die sie beherrschten oder zu beherrschen vorgaben, so geradebrecht und verzerrt werden mußten, daß der diese Ausdrucksformen nicht beherrschende Teil die ihm intelligibel gewordenen Brocken zu seiner eigenen Sprechweise umbilden und so gebrauchsfähig kneten oder einschmelzen konnte. Auf solche Art wurde ein spannendes Gespräch vom Zaune gebrochen, das zwar nichts besagte, aber durch Schwierigkeit der Verständigung und Silbenverrenkungen zur Begünstigung seines Verlaufs den Reiz des Nichtalltäglichen zu bekommen schien.

Nach der rituellen Handlung des Mittagessens, bei welcher der Oheim den Vorsitz führte, wurde die Einteilung getroffen, wer jeweils während des Aufenthaltes des Sohnes diesen unter seine Fittiche nehmen würde. Man entschied sich für einen bestimmten Turnus, in den auch der katholisch strenggläubige Stiefsohn des Onkels einbezogen wurde, ein stiller, düsterer, aber heißhungriger Geselle, der eine kranke, aus der Form gegangene Frau zur Seite hatte, welche bei der Aufteilung des Sohnes unter die Familienmitglieder vorweg ausschied. Die Reihenfolge begann mit seiner Ausfolgung an das jüngste Exemplar, nämlich die kolossale Enkelin, mit welcher der Sohn in der wohligwarmen Untergrundbahn beinahe dorthin wieder zurückgeriet, woher er gekommen war. Danach wurden die Auslagen besichtigt, die in der Rue Rivoli für den Fremden vom Rande des Balkans ihre dezenten Reize aufwiesen, auch der Louvre von außen gezeigt, dessen Inneres ein anderes Familienmitglied bei späterer Gelegenheit eröffnen und erläutern würde. Von dort aus strebte man zu der von einem österreichischen Dichter poetisch verklärten Treppe der Orangerie, die sich angeblich nach dem Himmel streckte, sodann auf den riesenhaften Eintrachtsplatz mit dem von Napoleon aus Ägypten als Andenken mitgebrachten gebieterischen Klotz, und von da aus zu den Gefilden des Elysiums mit großen alten Bäumen, deren einer einen anderen österreichischen Autor mit einem Ast später erschlagen sollte, damit sich die Weissagung erfülle, er würde in Paris sein größtes Erlebnis finden. Da damals aber diese Zeit noch nicht war, wurde der Baum weder herausgefunden noch vorausgeahnt, da andernfalls zufolge Weitergabe und Verdichtung der Ahnung von Mund zu Ohr letzten Endes der Vorsehung hätte in Unterschiebung eines glücklichen Endes in unzulässiger Weise vorgegriffen werden können. So aber betrachtete man unbefangen die Rondeaux, aus denen die Fußgänger stiegen, um sich zwischen den Autokolonnen durchzuzwängen oder gemäß dem Pfiff eines Polizeiagenten bis zum Aufruf oder Winke Spalier zu stehen.

Danach hatte der Sohn den Triumphbogen zu bewundern, unter dem ein unbekannter Soldat, zwecks Nachahmung durch andere Staaten aus seinem ursprünglichen Grabesschlaf gerissen, untergebracht worden war, neben der Stelle, an welcher ein früher immer in Bewegung befindlicher Minister aufrecht beerdigt stand, um bei Gelegenheit allfälligen Ansprüchen des aus dem Kyffhäuser erweckten Deutschen, Friedrich Rotbart, hindernd entgegenzutreten. Danach kehrte man mittels Autobusses über den bereits geschlossenen Markt zum Universitätsviertel um, wo der Luxemburggarten noch offenstand, den man am Ende des Stückes eines nordischen Dichters zum Ausschluß des letzten Liebespaares gesperrt hatte.

Und überall, wo man ging, geschah alles in ziemlicher Eile. Auch die Liebe unterwegs, die weitgehend in der Öffentlichkeit vorbereitet wurde, nahm sich nicht viel Zeit, weil entweder jeden der beiden Beteiligten schon je ein anderer Partner erwartete, oder es sich nur um eingeschobene Genüsse zwischen Aperitif und Horsd'œuvre handeln durfte.

Nachdem auch die Sorbonne aus der Ferne besichtigt worden, schritt man zu Fuß inselwärts wieder zurück, wo das Paris des großen Karl gestanden, den die Deutschen und die Franzosen in gleicher Weise für sich reklamieren und welchen auch die Juden zurückweinend als ihren ersten Beschützer in Anspruch nehmen, den Hitler hinwiederum mit schneidender Stimme noch im Grab zu köpfen pflegte zur Ahndung der Sachsentaufe, welche nach seiner Meinung das Waldheidentum Germaniens an schon früherer Verbräunung gehindert habe. Daselbst blieb Notre-Dame noch im Zeichen des kitschigen Glöckners umgedeutet, den Frankreichs fruchtbarster und oberflächlichster Routinier zwecks Erlangung pathetischer (deklamatorischer) Unsterblichkeit in die Kirche versetzt hatte. Der ältere und strengere Justizpalast hatte bereits seine Tore geschlossen und war so einer Innenbesichtigung entzogen.

Nach dieser Lokalanschauungstour mit der kolossalen, offenbar unter Zusatz flandrischen Einschlags hergestellten Cousine war der Abend dem Stiefsohn des alten Onkels vorbehalten, welcher vermöge seiner streng katholischen Absichten den Sohn, nach dem Beispiel eines gleichgesinnten Autors, offenbar zu Abschreckungszwecken, mit dem verdammten Teil der Weltstadt bekannt zu machen bestrebt war. Er führte ihn zwar nicht in jene Kneipe, von der er erzählte, daß ältliche Huren dort Geldstücke von den Tischen mit ihren Schamteilen aufschnappten, obwohl solche akrobatische Geschicklichkeit schon einer Ansicht würdig gewesen wäre. Weil überdies sich der Montmartre als von zugereisten Fremden verstopft erwies und bei flüchtiger Besichtigung nicht gerade nennenswerte Schamlosigkeiten offenbarte, geriet man dann in ein Nachttheater, das unter der Leitung einer gutgebauten Negerin stand, in dem die auftretenden wohlproportionierten weißen Püppchen ihre Kleider heruntergerissen bekamen, was damals andernorts noch nicht gang und gäbe war, und ihre bloßen, untadeligen Oberkörper der Öffentlichkeit zur Schau stellten. Nach der Repräsentation konnte man Nachbildungen in Wachs oder einer festeren Materie bei Billeteuren und Portiers kaufen, aber auch gegen eine entsprechende Aufzahlung ein intimes Beisammensein mit den Mädchen in natura in die Wege leiten.

Den Abschluß des Abends aber bildete ein Familiencafé, das nach Beiseiteschiebung eines roten Vorhangs zugänglich war und in das der einlassende Herr, angeblich ein Mitbesitzer des Etablissements, hineinrief: »Zwei Herren ohne Begleitung.« Danach gelangte der Sohn mit seinem streng katholischen Stiefcousin in ein sehr verrauchtes Lokal, in welchem an den Tischen ältere bürgerliche Ehepaare sowie auch jüngere Leute, zum Teil sogar mit Mädchen, die die Mündigkeit erreicht hatten, an normalen Wirtshaustischen saßen. Nach den Angaben dessen, der den Sohn hier einführte, befand sich an einer vom Zentrum entfernten Ecke auch ein Teil der Abteilung eines Ministeriums samt dem Ressortchef. Obwohl außerdem schon Hunderte von Anwesenden um die Mitte versammelt waren, wurde gerade in nächster Nähe von dieser für den strenggläubigen Stiefcousin und den ungläubigen Sohn eine kleine Tafel eingeschoben. In besagter Mitte aber tanzten, indem sie ihre Reize zu äußerster Geltung brachten, hübsche und frische Mädchen, insgesamt sieben, von denen die siebte geradezu schön zu nennen war. Alle hatten nur ein kurzes Höschen an, der Oberkörper war völlig frei und tadellos in Ordnung, denn nach Mitteilung des Stiefcousins handelte es sich hier nicht um geübte Dirnen, sondern um reizvolle Damen aus der Provinz, die in die Weltstadt gekommen waren, um ihren Putz einzukaufen und dabei in Geldverlegenheit geraten waren. Dieses Haus beherbergte sie höchstens für drei Monate, alsdann mußten sie entweder heimkehren oder in ordinären Bordellen um Aufnahme ansuchen. Die siebente, wirklich Schöne, die geradezu das Gesicht einer Heiligen hatte, betrachtete der Sohn mit wachsendem Interesse. Angeblich war dieses aber keineswegs erotisch, sondern lediglich bedauernd, daß ein bezauberndes Wesen solcher Art von ihm kaum je in Gesellschaft gefunden worden, in solcher Vollendung nicht einmal einem Maler zur Verfügung gestanden, dafür aber in einem Hurenhause seine Bestimmung finden sollte. Mit diesem Gedankengang setzte er sich allerdings in Widerspruch zu dem vom angeblich zweitgrößten deutschen Dichter (hinter dem bekanntlich in wesenlosem Scheine alles Gemeine, das uns alle feßle, liegenblieb) dennoch hochgepriesenen französischen Autor des Pornographen, welcher, wie viel später ein weibergeringschätzender Schwede, gerade die vollkommene Schönheit der allgemeinen Kontaktnahme reserviert wissen wollte. Wie dem auch war, die Schöne fand aus den Hunderten von Bewerbern oder nichtbewerbenden Betrachtern den Sohn heraus, sei es, weil er sie unentwegt anstarrte, sei es, weil sie diesmal eine Wahl zu treffen geneigt war, während sie sonst nur Gegenstand einer solchen blieb, und diese Wahl zu seinen Gunsten ausfiel. Sie setzte sich auf seinen Schoß, streute Pfeffer und Salz in sein Bier, das bestellt worden war, weil es das Billigste war, obwohl er es ohnehin nicht zu trinken beabsichtigte, weil er dem Biergenuß abhold war. Sie umschlang ihn auch und zeigte ihm mit vollster Deutlichkeit, daß sie nun auch annehme, daß er sie an der Kasse mieten werde, wie dies dem Brauch entsprach. Der auf solche Weise Ausersehene und Bevorzugte war aber dermaßen entsetzt, daß er gar nichts tat, um die auf ihn verlegten gesammelten Erwartungen einzulösen, obwohl das junge Geschöpf weit länger, als dem zu erwartenden Anteil an den für sie einzuzahlenden zehn Franken gemäß gewesen wäre, in Wartepose auf ihrem selbstgewählten Sitzplatz verharrte. Als sie den Sohn schließlich verließ und ein blonder Jüngling sich an sie heranmachte, indem er einen höchst erotischen Tanz mit ihr begann, ließ sie von diesem nicht einmal ihre Brüste berühren, obwohl sie schließlich doch, nach dem an der Kasse vorher verabreichten Entgelt, mit ihrem nunmehrigen Erwerber zu verschwinden hatte, wozu sie allerdings die gleichgültigste Miene machte, die sie bei ihrer

Schönheit noch aufbringen konnte. Als dann Sohn und Stiefvetter miteinander das Lokal verließen, bemerkte der letztere, daß weder der Glaube noch die sittliche Pflicht ihm verboten haben würden, die guten Dienste des Mädchens in Anspruch zu nehmen, denn seine Frau (er sagte ungenau »ma famille«) sei krank, und so hätte er ersatzweise seine ehelichen Pflichten anderswo ausüben dürfen, nämlich offenbar bei der Schönen, obgleich er von ihr gar nicht gemeint gewesen war.

Am nächsten Tag fiel die Rolle, dem Sohn einen Einblick in die Weltstadt zu geben, auf den Schwiegersohn des Onkels. Er führte diesen zunächst zum Justizpalast, der diesmal offenstand, aber nicht besichtigt wurde. Statt dessen betrat man die Hallen. Dort hatte das in kleinste Teile zerschnittene Tierfleisch, wie es übrigens auch nicht anders in sonstigen Fleischerläden zu Schau gestellt wurde, schon seine anatomische Gestalt verloren, die es in Mitteleuropa bis zum Detailverkauf beibehielt. Auf dem Markt gab es übrigens mehr Gemüse als anderswo. Auch tauchten in dessen Nähe ab und zu die Morgenhuren auf, während die Nachtdirnen in ihre Behausungen schlichen. In einem Bistro wurde von Sohn und Schwiegercousin der Frühaperitif genommen, wonach die Autobusfahrt zum Eiffelturm ging, wo alle Etagen zu besichtigen waren, insbesondere aber der zweite Aperitif in der zweiten, der dritte in der obersten eingenommen werden mußte. Von dort wurden sämtliche Ausblicke gezeigt, die Touristen vorzuweisen sind, einschließlich jener Stellen, von denen sich die meisten Selbstmörder in die Tiefe zu stürzen pflegten. Danach blieb nur noch übrig, den Sohn auf das Ausstellungsgelände zu führen, wo man ihn allein ließ, weil einerseits den diesmaligen Fremdenführer sein sonstiger Beruf abrief und man andererseits Ausstellungen besser allein und nach eigenem Gutdünken erlebt.

Das Erleben begann tatsächlich schon gleich beim Eingang, nahe dem sich der österreichische Pavillon befand, in welchen der Sohn von dem diensthabenden Kellner geradezu hineingezerrt wurde. Dieser, ein Mann aus Graz, glaubte in dem Hopgenommenen seinen ehemaligen Ober wiederzuerkennen, den er überschwenglich zu begrüßen für gut befand, obwohl der Sohn in seinem bisherigen Leben nie nach Graz gekommen war, ausgenommen auf der Durchfahrt, geschweige denn, daß er derjenige gewesen wäre, für den er gehalten wurde. Außerdem aber befanden sich als einzige Gäste in dem Restaurant eine ganz junge Schweizerin mit ihrem offenbaren Freund oder Bräutigam, welch erstere den Sohn sogleich auf Schwyzerdütsch ansprach, sei es, um ihren Partner eifersüchtig zu machen, sei es, weil ihr der Angeredete im Augenblick entsprach. Da Schwyzerdütsch und Wienerdeutsch nicht gleich in gehörigen Einklang gebracht werden konnten, setzte das Weibsstück die Unterhaltung auf französisch fort, was infolge der Einfachheit der ausgewechselten Phrasen tatsächlich zu einem brauchbaren Gespräch führte. In dieses mengte sich der Bräutigam kaum ein, sei es, weil es ihm nicht dafürstand, den Sohn als einen beginnenden Nebenbuhler auszuschalten oder ihn auch nur für einen solchen anzusehen, oder sei es, daß er das Mädchen auch sonst zu vernachlässigen geneigt war. Danach besichtigte man alle möglichen Pavillons zu dritt, wobei die schlanke und ranke Gebirglerin durch ihr Geplauder die Kulissen wegschob, so daß der Sohn nur mehr auf sie und ihre Daseinsäußerung ausgerichtet blieb.

Währenddem ließ der Bräutigam und Freund die beiden häufig allein, um seinerseits anhand eines gedruckten Führers alles Beschaubare für sich in Augenschein zu nehmen. Trotzdem berappte er die Unkosten für die um den Sohn vermehrte Gemeinschaft an Drinks, Gabelbissen und Eintrittsgeldern. Die neue Bekanntschaft wurde nach Durchmessung des Ausstellungsgeländes und Besuch des Trocaderos, das gleich dem Eiffelturm von einer früheren Exposition zu wechselnder Bestimmung an Ort und Stelle belassen worden war, vorübergehend unterbrochen. Dabei schmiegte sich die Zierde Helvetiens, offenbar zwecks Verärgerung des Bräutigams, an den Sohn, dem sie auch versicherte, daß er gut aussehe, ihr Typ sei und daß sie ihm hiemit ihre Züricher Anschrift übergebe, damit er sie in dieser Stadt bei seiner Rückfahrt gelegentlich einer von ihm einzuschaltenden Zwischenpause treffen und sehen könne zu einem ausgiebigen Rundgang und einer abendlichen Unterhaltung. Der Bräutigam sagte nichts dazu, schloß sich diesem Ersuchen kaum an, hinterließ auch seine Adresse dem Sohn nicht, wiewohl er keineswegs durch Wort oder Geste zu erkennen gab, daß er die beabsichtigte Zusammenkunft der beiden nicht dulden wolle oder auch nur nicht billige. Der Sohn hinwiederum, der ohnehin nicht vorhatte, durch Hitlerdeutschland zurückzukehren, und gern seine angebahnten Liebesabenteuer, wenn vermeidbare Folgen zu befürchten waren oder sonstige Unsicherheitskoeffizienten vorlagen, auf später vertagte, gab sein Einverständnis bekannt und kehrte in den Bereich der Familie seines neuen alten Onkels zurück. Für den Abend war der Besuch der Comédie Française vorgesehen, wobei als diesmalige Begleiterin die Cousine und Mutter des kolossalen Mädchens bestimmt war. Auch dieser Abend begann wieder mit einer weiblichen Annäherung. Denn kaum hatten die beiden das Theater bezogen, in welchem die Vorstellung noch lange nicht beginnen sollte, als die etwa vierzigjährige nunmehrige Partnerin des Sohnes ihre Beine mit den seinen wie zu einem Knoten zu verschlingen suchte, ein Unterfangen, das einerseits wegen des Vorhandenseins der Knochen, andererseits kraft der intakten elektrischen Beleuchtung nur andeutungsweise gelingen konnte und dennoch immer wieder durch abenteuerliche Verrenkungskünste angestrebt wurde. Daran änderte sich wenig, als der Vorhang bereits aufging, obwohl der Sohn auch jetzt nichts zur Verwirklichung ihres Vorhabens beitrug, allerdings auch nirgendwohin ausweichen konnte, weil eine fette, noch ältere Dame den Sitz neben ihm und den Platz für die Beine unter demselben vollständig ausfüllte. Gesprochen wurde bei diesem Vorgang allerdings gar nichts, sei es, weil ohnehin vermöge der Bewegung der Sinn dieser Gesten hinreichend ausgedrückt war, sei es, weil die Nachbarn, welche auf die Bühne schauten, zwar hiedurch von der Einsicht in die Verknotungsbestrebungen sich ablenken ließen, aber Gehöreinwirkungen aus ihrer Nähe unbedingt wahr- und übel aufgenommen hätten, sei es, weil dem Sohn nicht genügende Französischkenntnisse zugetraut wurden, um sein Einverständnis wirksam und dezent durch Worte zu offenbaren.

Der Mangel solchen Sprachwissens setzte diesen allerdings auch außerstande, trotz vorangegangener Bekanntschaft mit einer Übersetzung des vorgeführten Stückes über einen in seiner verheimlichten Liebe getäuschten Dichter mit großer Nase und demgemäß möglichem Erraten der szenischen Vorgänge, an den rasch hervorgesprudelten pathetischen Versen teilzunehmen. Dieser Entgang begünstigte aber noch nicht seine Eignung zum Liebhaber, als welcher er vorweg in Anspruch genommen worden war. Letzterem Umstand Rechnung tragend, brachte er sich selbst um die noch ausständige Besichtigung des Louvre und setzte sich schon anderen Tags in Fahrt nach der näheren Bretagne mit dem vorläufigen Ziel Saint-Malo, der Stadt mit der herrlichen mittelalterlichen Mauer, welche Siedlung nunmehr von dem Badeort Dinard durch eine zum Meeresarm ausgewachsene Flußmündung getrennt war. Zum Bahnhof geleitete ihn diesmal der alte Onkel, wogegen kein Einwand der Familie verlautete. Er wurde mit einem Kuß auf beide Backen verabschiedet, wie er auch mit einem solchen bei seiner Ankunft in Empfang genommen worden war.

Als er in Saint-Malo das gutbürgerliche Hotel mit seinen Koffern betrat, hatte ihn schon auf der Treppe ein junger Engländer angesprochen und in seinem Idiom befragt, ob er Golf oder Tennis spiele, wie gut er schwimme und wie lange er bleiben wolle. Bevor er noch sein Zimmer angewiesen bekam, gesellten sich noch weitere Briten und ein Mädchen von ebendort hinzu, welche den Sohn in ihren Kreis einschlossen. Weil er aber gemäß österreichischer Sitte alles der Reihe nach zu unternehmen gedachte, zunächst sein Zimmer sehen, sich in demselben niederlassen und von der Reise reinigen und erst daraufhin Einteilungen seines Aufenthaltes treffen wollte, wurde er zwar in dieser Hinsicht verstanden, aber gleichzeitig für unfreundlich befunden und fortan gemieden. Da er nun nirgendwo Erkundigungen einholte, wie man sich gegenüber dem Wellengang und Ebbe und Flut verhalten sollte, welche in solcher Art das adriatische Binnenmeer nicht aufwies, das ihm schon bekannt war, gelangte er nur durch Glück und Mühen an die Oberfläche des Wassers, während an zwei weiteren Schwimmern Wiederbelebungsversuche gemacht werden mußten, als sie von unterhalb der Wellen hervorgezogen wurden. Sodann beteiligte er sich an der von Einheimischen geübten Muschelsuche nach Eintritt der Ebbe und begab sich schließlich durch die schönummauerte Altstadt, auf deren Bollwerken er sich erstmalig erging, nach der Flußmündung, jenseits welcher er eine Palme erspähte, die bereits dem mondänen Badeort Dinard angehörte.

Das Palmenziel zu erreichen erschien ihm trotz Vorerlebnissen ein Soforterfordernis, weshalb er mit der trockenen Schwimmhose, die er unter der Kleidung trug, sich hierorts in die spätnachmittäglichen Fluten begab, uneingedenk des erst verzehrten welschen Imbisses, welcher ihm den Genuß der örtlichen Kost zwar vorgezaubert hatte, aber noch unverdaut war. Dessenungeachtet drang er bis in die Mitte der Mündung vor, als ihm dorthin eine junge Dame nachgeschwommen kam, welche ihm das durch einschlägige Tafeln Verbotene seiner gegenwärtigen Maßnahme eindringlich vor Augen führte. Da er sie aber nicht gleich verstand, insbesondere aber von seinem Vorhaben nicht abgebracht wurde, hielt sie es offenbar für zweckmäßig, ihm auf seinem verbotenen Wege beizustehen, bis sie schließlich beide, ohne in einem Stromwirbel zu geraten, an dem mondänen Strandufer einlangten. Nunmehr war es nur natürlich, der nächsten Palme zuzustreben, welche sie auf steinigen Wegen schließlich erreichten. Da aber keiner von ihnen Geld in seinem Schwimmgewand bei sich führte, die Sonne auch nicht mehr sehr hochstand, sondern sich meerwärts senkte, außerdem die Rückkehr noch zu bewältigen war, konnte des Bleibens der beiden nicht sehr lange sein und unterblieben schon aus diesem Grunde Annäherungen, die das rein gesellschaftliche Ausmaß überschritten, wenn sie überhaupt bei Wegfall eines oder mehrerer dieser Hinderungsanlässe zustande gekommen wären. Auch war sie, wie sich im Gespräche herausstellte, nicht Pariserin, sondern ein Mädchen aus der Provinz, und solche pflegten nach Auskunft des Stiefcousins zumeist ehrbar zu sein, erst nach der Ehe gegenüber Begünstigten und nur dann allgemein zugänglich, wenn sie in Paris bei ihren Modeeinkäufen mit den ihnen sonst zur Verfügung stehenden Barmitteln nicht ihr Auslangen finden konnten.

Als sich die beiden aber bald wieder ins Wasser begaben, versuchte der Sohn trotzdem in diesem Element mit seiner Begleiterin in fleischliche Kollision zu gelangen, was ungerügt und unabgewiesen blieb, vielleicht weil das Wasser nicht mit dem festen Boden zu verwechseln ist, vielleicht weil sein Gehaben für unbeabsichtigt angesehen wurde oder auch anderswo und bei Absicht nicht beanstandet worden wäre. Als sie aber nun selbander das Festland erreicht hatten, nachdem sie diesmal beinahe in die Strömung geraten wären, und daher ein offenbar amtlicher Retter oder auch Schwimmeister mit einem Boote ihnen entgegengefahren kam, stiegen sie jeder anderswo ans Land und trafen einander auch nach der Bekleidung nicht mehr. Der Sohn nahm sich selber übel, nicht rechtzeitig eine einschlägige Verabredung getroffen zu haben, weil er mit Recht befürchtete, daß es ohne solche schwerlich ein Wiedersehen geben werde. Sodann trat er den langen Heimweg an, zumal sein Hotel sich weit von hier und auch von der Altstadt entfernt, die er von Mauer zu Mauer zu durchschreiten hatte, in einer eigenen Badegegend befand.

Zum Abendessen kam er zu spät und aß ganz allein. Trotzdem dachte er nicht daran, sich nach diesem sogleich zur Ruhe zu begeben. Vielmehr nahm er wieder den Weg in die Stadt, obwohl er die Bucht zwischen Saint-Malo und Dinard nicht mehr zu durchschwimmen vorhatte. Auch war das Mädchen offenkundig auf der von ihm mit Füßen getretenen anderen Seite des Festlandes behaust und wenn überhaupt, so eher daselbst wiederzufinden. Als er aber an der Mauer der Stadt einen Film gratis ablaufen sah, in dem ein jüngst aus dem Schlossergewand hervorgeholter Schauspieler den Gangster mimte, und dort Sesselreihen aufgestellt waren, um das Ganze bequemer mitzuerleben, nahm auch er Platz, und zwar neben einem Mädchen, das er lange Zeit für die frühere Schwimmerin hielt und dem er sich dementsprechend zu nähern suchte, bis sie ihr Gesicht nach ihm hinwandte, welches ein anderes war.

Nach diesem mißglückten Versuch der Fortsetzung von schon Abgeschlossenem durch versehentliche Anbahnung eines Zwischenfalls meldete sich der Sohn im Hotel für einen Ausflug nach dem normannischen Mont-Saint-Michel, welcher als neues Weltwunder für die verlorengegangenen griechischen und asiatischen eingeschoben worden war. Hier hatte er sich zunächst gewundert, daß die Stadt auf einer Brücke über Sanddünen zu erreichen war, und sich dann den Fels hinauf von Altkirche bis zu Neukirche führen lassen, bis er bei seiner Rückkehr mit dem vorgesehenen romantischen Staunen die Heraufkunft des Wassers oberhalb des Sandes und auch unterhalb der Brücke bewundern durfte, wobei ihm allerdings zur Ergänzung seines Eindruckes diesmal die Partnerin fehlte.

Um eine solche durch tiefere Rückkehr in die Vergangenheit wiederzufinden, kehrte er aus dem für den Herrgott besser geeigneten Frankreich bis in die Schweiz zurück, wo er schon eine Adresse hatte, wo er sich melden konnte.

Sowie er aber ein dem Bahnhof benachbartes Hotel bezogen hatte, das ihm den Eindruck erschwinglicher Preise machte, und von dort aus sogleich die Helvetierin von der Ausstellung zu Paris in ihrem Heimathafen telephonisch erreichen wollte, hatte diese sich bereits mit ihrem Liebsten versöhnt. Da sie aber den Sohn nicht unversorgt verschmachten lassen mochte, empfahl sie ihm eine schmucke Freundin. Diese fand sich alsbald an seinem Herbergsorte ein, wurde aber nicht auf sein Zimmer gelassen, weil dies in bürgerlichen Gasthöfen nicht als landesüblich galt.

Im übrigen wußte der Sohn ohnehin nicht, wie er sich gegenüber der Stellvertreterin, welche Turnprofessorin an einer Mädchenschule war, verhalten sollte. Er kannte weder die Landesbräuche noch die Ortsgepflogenheiten, auch nicht die Einstellung seiner Besucherin zu ebendenselben. So rührte er sie nur mit Augen an, als sie ihn zwischen Fluß und See herumführte, kaufte ihr kein Geschenk, das ihr vielleicht Freude gemacht hätte, ja sprach kaum von Dingen, die ein junger Mann mit einem jungen Mädchen bespricht. Er lud sie allerdings zum Mittagessen ein, doch erwies sie sich weder als hungrig, obwohl sie vollschlank und hochgewachsen war, noch auch als kapriziös, vielleicht weil sie nicht ohne Gegenleistung, die offenbar kaum verlangt wurde, eine wählerische Gastfreundschaft auszukosten geneigt war. Bald darauf verließ sie den Sohn und kam am nächsten Tag nicht wieder, obwohl sie nicht unbedingt in ihrer Schule gebraucht wurde und noch Urlaub hatte, was aus ihrer ursprünglichen Bereitschaft, die Zusammenkunft zu wiederholen, hervorging. Dagegen kam statt ihrer die Freundin, die sie zum Sohne entsendet hatte. Diese war aber äußerst übellaunig, denn sie hatte sich soeben mit ihrem Freunde überworfen, und zwar diesmal offenbar für lange oder für immer. Zumindest sagte sie das und ließ außerdem durchblicken, daß die bloße Erwähnung des Sohnes zu solchem endgültigen Zerwürfnis ausgereicht habe. Nach ihrem Gehaben wurde sich dieser nicht darüber klar, ob er ihr beim Sichärgern behilflich sein sollte oder ob von ihm ein gebräuchlicher Trost durch Volleintritt für den Ausgeschiedenen erwartet wurde. Da sie aber mit Erzählen nicht aufhörte und diesmal Schwyzerdütsch statt Französisch sprach, konnte er diese Klarheit nicht gewinnen, und weil er sie nicht unterbrechen wollte, um nicht unhöflich zu sein, wurde es ihm auch nicht möglich, seinen Vorteil bei der Sache zu finden. Seine Versuche, sie auf sein Zimmer zu bringen, wo alles möglicherweise viel einfacher gewesen wäre, scheiterten an der Unerbittlichkeit des Portiers, und mangelnde Ortskenntnis sowie Furcht vor ihrer Entrüstung hinderten ihn daran, ihr ein anderes Hotelzimmer vorzuschlagen. Am Abend, als ihre Gänge von Gastlokal zu Kaffeehaus und wieder zurück noch nicht beendet waren, stieß auch die Stellvertreterin vom Vortage zu ihnen, um noch an der Abendmahlzeit und dem Besuch eines Kaffeehauses, welches aber einer Bar nicht entsprach, teilzunehmen. Obwohl nun der Sohn zwischen beiden Mädchen saß, sprachen sie nunmehr ausschließlich miteinander und über ihn hinweg, und zwar so, als ob er gar nicht anwesend wäre. Dies wenigstens war seine Ansicht, aber es konnte sein, daß gerade solche Gespräche bei gehöriger Aufmerksamkeit des scheinbar Übergangenen diesen endlich zur Tätigkeit veranlassen sollten. Es war nämlich insbesondere von den letzten Liebesabenteuern der beiden Damen die Rede, die sie äußerst freimütig vor ihm besprachen, wobei allerdings auch die Rede auf mangelnde Kühnheit, wenn auch entsprechende Großzügigkeit der erwähnten Partner kam, die aber am Ende doch wohl auf ihre Rechnung gekommen waren und ihren Mann erwartungsgemäß gestellt hatten. Zwar entsetzten solche Gespräche den Sohn nicht sonderlich, schienen ihm aber auffällig, wenn sie von einer Lehrperson geführt wurden sowie von der bisher offenbar ständigen Freundin oder Braut eines anscheinend vermögenden und kultivierten Mannes. Die Ratlosigkeit des Sohnes, welcher durch derlei Unterredungen vielleicht abgeholfen werden sollte, wurde vermöge derselben noch vermehrt, und es tröstete ihn nur, daß zumindest bei seinem Abschied, der kaum auffiel, die Konversation zwischen den Mädchen nicht abbrach, sondern auf gleicher Grundlage weitergeführt wurde.

Als er folgenden Tages heimfuhr, war er in Paris, der Bretagne, der Normandie gewesen, hatte sich zeitweise dem Meere anvertraut, architektonische und Naturwunder registriert und vorübergehenden Eindruck auf nicht näher bestimmbare Damen gemacht. Erfolg hatte er nicht gehabt, und die Eindrücke waren vergänglich, nicht anders als Kartengrüße. Daran änderte auch der Umstand nichts, daß dank einem besonderen Zufall wiederum die bronzene Baumeisterstochter, die er in Kärnten gekannt, mit ihm im gleichen Zuge war und diesmal allein fuhr. Sie sah ihn nämlich gar nicht an. So unwichtig war er anscheinend überhaupt dem anderen Geschlechte geworden.

Noch blieben ihm allerdings die gewonnenen Eindrücke, aber auch diese nur in einer Form, in der man damals schon gewisse Lebensmittel konservierte, was aber weder ihren Gaumenzauber noch ihre Naturfrische bewahren konnte. Es waren ihm ansonsten Erinnerungen persönlicher Natur weit lebendiger im Gedächtnis geblieben, mitunter sogar mit größerer Kraft als die Gegenwart.

Als er daheim eintraf, fand er die Wohnung des jüdischen Bankiers bereits der seinen angegliedert. Die Mutter, unter deren Aufsicht dies geschehen war, schien ihren Widerwillen gegen ihre Übersiedlung in die ihr zugedachten Räume innerlich noch nicht genügend überwunden zu haben, obwohl sie diesen in voller Deutlichkeit zu äußern unterließ und zudem entschlossen schien, ins Krankenhaus abzutreten. Die Schwester hinwiederum, hier zumeist Tochter genannt, gab ihm gegenüber mehr als andeutungsweise zu, den jüdischen Assistenzarzt vollends erhört zu haben. Man hatte allerdings angeblich vor, einander nach ihrer Scheidung vom jetzigen Gatten zu heiraten. Diese widrigen Begebenheiten im Familienkreis wurden für den Sohn nur insofern leicht gelindert, als er den Prozeß für den glatzköpfigen Facharzt gegen die Kurpfuscherin endgültig gewinnen konnte. Im übrigen erfuhr er auch, daß jenes jüdische Mädchen, das er als Fünfzehnjährige beim Tanze kennengelernt und ihrem Vetter und Bräutigam hatte abspenstig machen wollen, um es an einen besser aussehenden Nebenbuhler zu verlieren, kurzfristig wieder am Orte sei und sich sogar mit dem Gedanken trage, ihn aufzusuchen. Aber obwohl er bei ihrem seinerzeitigen Verlust sogar ins

Weinen geraten war, was er nicht einmal beim Tode des Vaters zustande gebracht hatte, war er zufolge widriger Umstände nicht mehr gewillt, sich nun auf diese in Aussicht gestellte Visite einzurichten. Es kam nämlich zu der Begegnung zwischen ihm und einer reizvollen jungen Dame im Schwimmanzug, die an Proportionen, soweit ersichtlich, keineswegs der Schönen im öffentlichen Hause in Paris nachstand, wenn ihr Gesicht auch durchaus nicht ganz so unschuldig zu sein schien wie das besagter Dirne. Allerdings war die Badenymphe, die er im Stadtbad kennenlernte, Mitglied eines nationalen Schwimmverbandes, dessen Angehörige, als innerlich hitlerverpflichtet, bei Vollbekleidung mit weißen Strümpfen versehen waren, wobei diesbezüglich das Geschlecht keine Rolle spielte. Dennoch schien jene im Schwimmbad nicht mit solchen Beinzeichen Ausgestattete dem Sohn zutiefst ergeben, sei es, daß sie dessen Abstammung nicht kannte oder dieselbe für sich nicht zur Kenntnis nehmen wollte. Sie schwamm außerhalb der Veranstaltungen ihres Clubs mit keinem anderen als mit ihm, sofern sie nicht am Betonstrande neben ihm die Sonne einsog. Ja, sie war sogar bereit, seine Kabine zu besichtigen, zumal damals die Sitte aufkam, daß jüngere Personen verschiedenen Geschlechts, von denen eine daheim einer gewissen Überwachung ausgesetzt gewesen und aus Anlaß einer Begegnung im Schwimmbad eine einschlägige Neigung verspürte, dann, wenn einer von beiden eine Kabine im Familienstockwerk besaß, sich darin zu äußersten Zugeständnissen herbeiließen. Aus einem gewissen Sicherheitsbedürfnis fragte der Sohn aber, zumal es sich bei der allfälligen Partnerin um die Tochter eines höheren Richters handelte, vor dem zu bewerkstelligenden Sündenfalle, wie alt sie sei, da er in diesem Falle zum Unterschied von dem der angeblichen Ingenieurstochter mit einer noch nicht Siebzehnjährigen nicht einmal eine Annäherung solcher Art in

Kauf nehmen wollte. Allerdings rechnete er offenkundig mit einer für ihn befriedigenden Auskunft. Das Mädchen aber, das jedenfalls vor seiner Zeit entwickelt war, bekannte sich als lediglich zwölfjährig. Das veranlaßte den Sohn, die Bekanntschaft sogleich vollständig abzubrechen, wodurch er die ihm Zugetane voraussichtlich zu einer Verhärtung ihrer nationalen Gesinnung veranlaßte, denn spätestens jetzt mußte sie, wenn sie nicht schon früher Gelegenheit dazu gehabt hatte, schon im Zuge neugieriger Erkundigungen über den, der sie ausgeschlagen hatte, seine Nichteignung im hitlerischen Sinne in Erfahrung bringen. Daran konnte auch die viel später eingetretene Tatsache nichts ändern, daß der Sohn, als er zehn Jahre später zum ersten Male wieder in einer Tramway die ihm heimatlich gewesene Siedlung zu erreichen bestrebt war, eine schlanke junge Dame anlächelte, die er nicht zu kennen glaubte und die ihm schließlich mit Worten versicherte, sie sei dieselbe, inzwischen zwar verheiratet, sohin aber auch nicht mehr zwölf Jahre alt.

Kaum die Enttäuschung über das Alter einer Nationalen, sondern reiner Zufall war es indes, der damals den Sohn veranlaßte, an eine hübschgewachsene Jüdin heranzutreten, um zunächst mit ihr zu schwimmen. Sie konnte es aber nicht. Weil ihre ganze Familie, bestehend aus Mutter, Vater, drei Brüdern und einer kleineren Schwester, in der Nähe war, mußte sie aber doch zwecks Durchführung der Anfangsannäherungen von den übrigen entfernt werden. Daher riet ihr der Sohn, das Schwimmen doch zu versuchen, er wolle es ihr zeigen. Anscheinend begriff sie schnell. Wie er sie aber dabei zu eindringlich berührte und hiedurch nicht nur bei ihr, sondern auch in Ansehung des Wassers ins Tiefe geriet, verlor sie ihre Sicherheit ganz, fürchtete unterzugehen und klammerte sich aus diesem Grunde an seinen Hals. Das aber war nicht nach seinem Sinn, zumal er

Wasser schluckte. Er machte sich deshalb los, so daß das Mädchen unterging und er vergebens nach ihr tauchte. Ein anderer Herr brachte sie wieder an die Oberfläche und zurück zur Stiege. Trotzdem hielt sich der Sohn zur Fortsetzung seiner Annäherungen noch für berechtigt, die er nunmehr in Gegenwart nicht nur ihrer ganzen Familie, sondern auch der übrigen Öffentlichkeit praktizierte. Zwar berührte er sie hiebei an allen ihm zugänglichen, auch sogenannten die Geschlechtssphäre betreffenden Stellen, wenn auch nicht unter Verschiebung oder Entfernung des Schwimmkleides, doch war diese Einleitung orts- und landesüblich und wurde daher von niemandem beanstandet. Trotzdem war die vorher fast durch sein Verschulden Ertrunkene nicht willig, obgleich schon siebzehnjährig, ihm in die Kabine zu folgen, nicht nur weil der jüngste Bruder, sei es aus eigenem Antriebe, sei es als Sendbote der Eltern, sich nun ebenfalls auf der Pritsche der beiden niederließ, sondern weil sie, wie sie erklärte, ihr Mädchentum (gemeint war offenbar der Rest ihrer Jungfernschaft) für später aufsparte. Wie zwecklos dies gewesen war, konnte, ebenfalls zehn Jahre später, der Bericht des jüngeren Bruders gegenüber dem Sohne zum Ausdruck bringen, aus welchem hervorging, daß nach Erschießung der Eltern im Zuge hitlerischer Säuberungstätigkeit die in Rede Stehende der Vergasung zugeführt worden, so daß nur der damalige Überwacher als noch schuldloser Knabe offenbar zwecks späterer Weitergabe der Schreckensnachricht von der Vertilgung ausgespart worden sei.

Weil nun aber diese Zukunft damals nicht vorhersehbar gemacht werden konnte, mußte sich der Sohn mit der Ablehnung seiner einschlägigen Bemühungen abfinden. Am gleichen Abend aber brachte er die Mutter in das städtische Krankenhaus, weil sie seine Begleitung wünschte und er am nächsten Tag keine Zeit für sie hatte. Der nationale Diagnostiker war vom Chefarzt verständigt worden, während der Sohn den goldzahnbleckenden praktischen Arzt berief. Dieser brachte auch den glatzköpfigen Facharzt mit. Man hielt sodann eine lange Beratung ab, in der jedoch keine Einigung erzielt werden konnte. Facharzt und Goldzahnblekker waren eher für eine Operation, allenfalls Entfernung der Gallenblase, wenn überhaupt der Bauch der Mutter geöffnet werden sollte. Dagegen schien der Chefarzt entschlossen, das offenbar bösartige Gewächs zu beseitigen, welches sein nationaler Kollege im Mastdarme der Mutter festgestellt hatte.

Während nun die Entscheidung auf den nächsten Tag verschoben war, kehrte der Sohn allein nach Hause zurück. Bei dieser Gelegenheit traf er den Musikerkopftragenden, welcher ihn fragte, ob er deshalb aus dieser Gegend komme, weil er die Kleine suche, die so jung in seine Arme gelangt sei. Bei dieser habe er seltenes Glück gehabt. Obgleich nicht völlig entwickelt, sei sie immerhin vierzehnjährig gewesen. Ihm selber hätte das weniger ausgemacht, aber so ein Anwalt hätte leicht Scherereien bekommen können. Im übrigen habe man die Kleine von hier entfernt, angeblich zu einer Tante, wahrscheinlich in ein auswärtiges Haus des Vergnügens, der Vater sei eben auch kein Ingenieur gewesen, ihm selbst habe sie nicht besonders geschmeckt, es sei so ein Gefühl von unreifem Obst dabei gewesen, im übrigen gehe er bald in den Balkan, hier kenne er ohnehin alle Löcher, dort gebe es vielleicht noch was Neues. Möglicherweise kehre er dann einmal ins erweiterte Reich zurück, inzwischen möge der Sohn seine Mutter grüßen lassen, hoffentlich sterbe sie nicht schon jetzt.

Als er nun zwar mit Bedauern, wenn auch nicht mit Vorsätzen nach Hause zurückgekehrt war, setzte ihn die Hausgehilfin davon in Kenntnis, daß sie eine Dame in die Wohnung gelassen habe, die äußerst energisch Einlaß verlangt und Erkundigungen über seine vorübergehende und die längere Abwesenheit seiner Mutter eingezogen hätte. Sowie er die Gesellschaftsräume der Wohnung nach dieser mysteriösen Besucherin abgesucht hatte, ohne Spuren derselben vorzufinden, nahm er an, daß es sich um eine Einschleichdiebin gehandelt habe, und überhäufte das Dienstmädchen mit Vorwürfen, doch konnte er nicht entdecken, daß etwas fehlte. Ganz zuletzt wollte er sich in sein Schlafzimmer begeben, das er bei der Durchsuchung ausgelassen hatte, weil dort nichts an Werten zu finden gewesen wäre. Sowie er nun dessen Tür öffnen wollte, fand er sie versperrt, so daß er Kraftanstrengungen machte, sie aufzubrechen. Daraufhin ließ sich eine Stimme von innen vernehmen, welche die Anfrage an ihn richtete, ob er endlich allein sei. Da ihm die Stimme bekannt vorkam, wenngleich er deren Inhaberin niemals in seinem Schlafzimmer vermutet hätte, antwortete er bejahend. Darauf wurde ihm anstandslos der Zugang in ebendiesen Raum freigegeben, und als er denselben betrat, befand sich die, die ihm geöffnet hatte, in seinem Bett, in dem sie sich anscheinend schon vor der Öffnung befunden hatte. Es handelte sich dabei um dieselbe junge Jüdin, die er in ihrem fünfzehnten Lebensjahre eindringlich der Begattung halber bestürmt, ohne das geringste anzurichten, und derentwegen er beim Abschied bitterlich geweint hatte. Nunmehr traf er sie erstaunlicherweise in seinem Bette in unwiderlegbarer Bereitschaft, bei der sie auch noch eine Zigarette rauchte und nach den einschlägigen Spuren schon deren mehrere vorher geraucht haben dürfte. Sie begründete sofort, noch bevor sie darum gefragt wurde, sowohl ihren Besuch als auch den gegenwärtigen Platz ihrer Niederlassung damit, daß er sie ja damals gewünscht habe und sie daher annehme, ihm noch willkommen zu sein. »Die Mühe des Auskleidens habe ich Ihnen abgenommen«, ergänzte sie ihre Darstellung.

Es blieb ihm nach seiner späteren Behauptung nicht einmal Zeit, innere Betrachtungen anzustellen, wie es gekommen sein mochte, daß dieses früher ziemlich scheue Mädchen, das, nachdem er es dem Vetter und Bräutigam abspenstig gemacht, einem anderen, ihm körperlich an Aussehen überlegenen Freunde zugewendet war, nun nach langer Abwesenheit und früherer Verweigerung sich in völlig unüblicher Weise mit einer niemals vorgestellten Plötzlichkeit aus eigenem Antriebe und mit äußerster Deutlichkeit ihm zur sofortigen Inbesitznahme bereithielt. Da sie es außerdem wenigstens vorläufig an aufklärenden Bemerkungen fehlen ließ, war er lediglich vor die Wahl gestellt, entweder unter Verzicht auf vorgängige Nachforschungen von dem Angebot Gebrauch zu machen oder erst Erkundigungen einzuziehen, welchen offenbar in der Zwischenzeit von seinem erzwungenen und beweinten Entsagen bis zu ihrer unvermittelten Wiedergutmachungsgeste abgelaufenen Vorgängen er diese nicht der Sitte entsprechende Wendung ihres Verhaltens danken durfte. Ihr Gesicht allerdings wies keine Deutungsspur auf und war sohin als Spiegel in dieser Hinsicht ungeeignet. Als er sie aufdeckte, konnte er im Oberkörper eine gewisse Erschlaffung und Neigung zur Fülle, an den Schenkeln aber unverändert feste und harmonische Beschaffenheit feststellen. Solche, wenn auch nicht gründliche Erhebung ließ zwar auf eine nicht ganz einwandfreie Vergangenheit der Dame schließen, aber doch wohl kaum in dem Maße, daß hiedurch ihre völlige körperliche Anziehungskraft entscheidend beeinträchtigt worden wäre. Daher vereinigte er sich mit ihr nach kurzem Vorspiel auf die natürlichste Weise, ohne daß er dabei ihrer Vergangenheit oder seiner auf die Operation wartenden Mutter gedacht hätte. Als sie am Morgen ging und ihren Besuch für den nächsten Abend in Aussicht stellte, empfand er trotzdem ihre Hinnahme als die leidenschaftsloseste, die er bisher erfahren hatte.

Seine Kanzlei hatte in der Zwischenzeit trotz mangelnder Beziehungen und nur gelegentlicher Erfolge ihres Inhabers an Wachstum gehörig zugenommen. Ein schwieriger Fall war der eines Markenhändlers, der einige Sonderserien zur Abstempelung einem jungen Mann aus guter Familie übergeben hatte, welcher sie aber nicht mehr zurückerstatten konnte, weil sie ihm angeblich unterwegs ohne sein Verschulden verlorengegangen waren. Manches deutete darauf hin, daß es sich hier nicht um einen Verlust, wohl aber um eine Veruntreuung gehandelt hatte, wenn man den Weg der Marken zurückverfolgte. Ein Unschuldsbeleg des guterzogenen jungen Mannes war anscheinend gefälscht. Der Prozeß war nichtsdestoweniger schwer zu führen und wurde durch ein Strafverfahren ergänzt, das aber der zuständige Untersuchungsrichter lange in der Schwebe hielt.

Noch mit diesem Falle beschäftigt, überdies belastet mit dem enttäuschenden, wenn auch erfolgreichen Wiedersehen mit einem vielgeliebten, aber anders vorgestellten Wesen, dazu mit Reue wegen eines weiter zurückliegenden Abenteuers behaftet, das hart an der Grenze der Strafbarkeit verlaufen war, sich aber schließlich nur als sehr bedauerlich erwiesen hatte, begab der Sohn sich zu seiner Mutter, die noch nicht operiert worden war, weil sie einen durchaus entkräfteten Eindruck machte. Sie war während seines französischen Urlaubs und seither von Tag zu Tag immer weniger, das ist geringgewichtiger geworden, so daß sie nunmehr einem Schattenbild verglichen werden konnte.

Eine Bluttransfusion, die man vom Sohn nach der Mutter vornehmen wollte, scheiterte einerseits an der mangelnden Vollblütigkeit des ersteren, andererseits aber an der Unsicherheit der damaligen Wissenschaft oder des Operateurs, ob nach der vorhandenen Blutgruppenzugehörigkeit beider die Rückleitung des Materials dessen, der es von ihr ursprünglich empfangen hatte, überhaupt ohne Gefahr für die letztere durchgeführt werden durfte. Außerdem bestand ein gewisses Zögern des Sohnes in offenbarer Angst vor einschlägigen Verlusten zugunsten seiner Gebärerin. Auch erwartete er in seiner Kanzlei die Witwe eines im Burgenland ermordeten Heimwehrmannes, für die er an der Seite des Staatsanwaltes bei einem an Ort und Stelle anberaumten Hauptverhandlungstermine intervenieren sollte. Schließlich verschob man die Transfusion bis nach dem vorzunehmenden chirurgischen Eingriff oder dem Habhaftwerden eines sicherlich geeigneten und zur Abnahme bereiten Spenders.

Daher verließ der Sohn seine Mutter und hörte sodann in seinem Büro von der Witwe des Ermordeten, daß ihr Gatte über einen platten Scherz ins Jenseits gestolpert war. Er hatte einem Knaben anläßlich eines Gasthausbesuches an seinem Arbeitsorte den Auftrag erteilt, ihm Streichhölzer zu bringen, wozu er ihm mit den Worten »Da hast an Tausender« Geld gegeben hatte. Ein im Saale anwesender junger Besitzer eines mittleren Bauerngutes hatte die Redewendung gehört, die Übergabe der Valuta aber nicht gesehen, bei der es sich um ein noch im Kurs befindliches altes Tausendkronenstück aus der Inflationszeit mit einem nunmehrigen Werte von zehn Groschen handelte, während der zufällige Zuhörer zu Unrecht annahm, es sei dem Knaben seitens des Streichholzlüsternen eine Tausendschillingnote zum Wechseln und Ankauf solcher phosphorkopftragender Stäbchen anvertraut worden und müßten demgemäß noch weitere Scheine gleicher oder verwandter Art überflüssigerweise sich in der Verwahrung des Knabenentsenders vorfinden.

Im Hinblick auf diesen Ausspruch und dessen irrtümliche, weil wörtliche Auslegung in bezug auf noch im Kurs befindliches Geld entschloß sich der mittlere Bauer, dem offenbar reichen Taglöhner nachzugehen, um denselben seiner Barschaft zu entledigen, wozu er sich als Hilfsmittel mit einem vor dem Wirtshaus liegenden länglichen schweren Steine ausrüstete, der in der Mitte einen Durchmesser von fünfzehn Zentimetern hatte, aber nach den beiden Seiten zusammen mindestens fünfunddreißig dieses Maßes aufwies. Als nun der bereits Angetrunkene und um seine Tausender zu Erleichternde sich einige Schritte vom Wirtshaus weg in die Dunkelheit eines Seitenweges begeben hatte, fühlte er sich von dem schon geschilderten harten Gegenstande erledigt, und zwar zufolge einer Schädelzertrümmerung, während die alsbald vorgenommene Durchsuchung der Taschen des Beiseitegeschafften den nach Tausendern Spähenden nicht nur in seinen Ertragserwartungen gründlich enttäuschte, sondern auch noch dessen baldige Festnahme herbeiführte.

Unglückseligerweise fiel die Operation der Mutter nach mehrfacher Verschiebung gerade mit der Hauptverhandlung in Eisenstadt zusammen, bei welcher nach dem damaligen Rechte der vorsitzende Richter an der Spitze eines Schöffen- statt in Beiordnung eines Geschworenenkollegiums die wesentliche Arbeit leistete und auch den Ausschlag gab. Der Staatsanwalt war ein Routinier auf dem Gebiete des Fußballs, das hinderte ihn ein wenig an dem Studium des Falles, den er kaum aus den Akten kannte. Der Richter hinwiederum, von dem der Ausgang der Sache abhing, war für sein Interesse an schönen Frauen berühmt. Der Verteidiger, welcher möglicherweise ein Jude war, schien durch geeignete Technik den Fall darauf abzustimmen, daß es sich hier nicht um einen Mord, sondern nur um einen Totschlag mit nachstehender Suche nach den Papieren des unbeabsichtigt Getöteten handelte, der im Verlaufe einer politischen Auseinandersetzung sein Leben einbüßte, weil er Hahnenschwänzler, das ist Heimwehrmann war, während der andere der damals zwar verbotenen, aber nichtsdestoweniger tatsächlich bestehenden nationalsozialistischen Partei angehörte.

Der Sohn war an diesem Tage besonders einsilbig und unsicher, vielleicht gedachte er seiner Mutter, möglicherweise seiner Geliebten, am ehesten aber der siebzehnjährigen schwarzgekleideten blonden Tochter des Getöteten, welche in der ersten Reihe der Zuschauer saß, einer schönen Darstellerin der Salome glich und so zarte Züge hatte, wie sie bei einem Mädchen aus dem Volke nicht allzu häufig vorkamen. Aber auch die Augen des Richters waren nach dem gleichen Ziele abgelenkt, und so kam es, daß man allgemein den Stein übersah, der auf dem Verhandlungstisch lag und der nach seinem Ausmaße und Gewicht wohl kaum für eine unbeabsichtigte Tötung, sondern eher für einen Mord zu zeugen in der Lage war. Immerhin unterbrach der Richter nach dem Vortrag der Parteienvertreter die Verhandlung für zwei Stunden, bevor er mit seinen Schöffen das Urteil fassen wollte.

In der Zwischenzeit, die jetzt eintrat, versuchte der Sohn die Witwe vorbauend darüber zu trösten, daß der Urheber ihrer Witwenschaft vermutlich nicht wegen Kapitalverbrechens die Höchststrafe, sondern wahrscheinlich nur wegen Totschlags eine weit geringere erhalten werde, doch leuchtete ihr dies nicht ein, wiewohl sie keine Gegengründe äußerte, sondern nur schweigend im Gerichtssaale zurückblieb. Die Tochter aber ging auf des Sohnes Aufforderung hin mit diesem ins Freie und erklärte ihm, wieviel ihr Vater ihr gegolten habe, er hätte ihretwegen überall gearbeitet und so sein Leben eingebüßt, damit ihr Anstrengungen erspart blieben. Tatsächlich zeigten ihre Hände, die der Sohn nun faßte, keine Spuren irgendwelcher Tätigkeit, wenn andererseits aus ihrer Art zu sprechen auch nicht anzunehmen war, daß sie studierte, sondern eher, daß sie sich nach Prinzessinnenart ungetrübtem Nichtstun widmete. Die Einladung des Sohnes, mit ihm in das neue Kino zu gehen, in welchem man den Film über das Erdbeben von San Franzisko spielte, nahm sie trotz ihrer Trauer dankbar an. Da saß sie nun neben dem Einladenden, das rechte Knie an seinem linken, und als es dunkel wurde und Liebe und Schauer über die Leinwand zogen, trat jene Annäherung zwischen beiden ein, wie sie damals in gut verfinsterten Kinos zwischen jüngeren Personen verschiedenen Geschlechts, aber verwandter Instinkte einzutreten pflegte. Er hatte aber kaum seine Hand auf den Weg nach ihrer Intimsphäre ausgeschickt, ohne noch auf äußeren Widerstand gestoßen zu sein, als ihm plötzlich einfiel, daß er in Antrag und Plädoyer vergessen hatte, nach der zu veranlassenden Beaugapfelung des Tötungssteines auf dessen eindeutige Eignung zum Morde hinzuweisen, und so blieben seine Finger unterwegs stecken, ohne das Endziel zu erreichen.

Als aber die Vorstellung zu Ende war und er dem Mädchen in den Mantel geholfen hatte, vertrat ihm der Richter den Weg, der ebenfalls im Kino war, ohne sich freilich des Steines erinnert zu haben. Vielmehr regte er an, der Sohn möge ihn seiner Dame vorstellen. Derselbe erklärte sich zur Erfüllung der Bitte bereit, meinte aber, die Dame verlange einen Kopf, nicht wie die Tochter der Herodias, der sie vielleicht in ihrer Unabweisbarkeit ähnlich sei, den eines Propheten, aber den eines Mörders. Nun versicherte der um den Kopf Angegangene, er sehe kein Mittel diesen auszufolgen, wie sehr er sich auch sonst bemühe, den Mädchenwünschen zu entsprechen. Da verwies der Sohn auf das Vorliegen des auf dem Richtertisch ausgestellten Deliktkörpers, dessen Mitnahme durch den bewußten Tausendschillingbeutesucher vom Wirtshausumkreis bis in die steinlose Gegend, in welcher die Tat geschehen war, zusammen mit der Eignung zur sicheren Todhervorrufung hiezu ausreiche. Die Erwähnung des Steines veranlaßte wie die des langgesuchten der Weisen den Vorsitzenden zu längerem Nachdenken. Er kam schließlich mit dem Sohne dahin überein, daß er nach Einlangen in den Gerichtssaal fragen werde, ob jemand neue Anträge stellen wolle, und daß dann der Sohn nach wiederzueröffnendem Verfahren noch Gelegenheit bekommen solle, auf den Stein zu verweisen. Obwohl diese Lösung nach stattgehabten Plädoyers nicht gesetzlich vorgesehen war, ermöglichte sie doch, Vergessenes nachzuholen, und es war anzunehmen, daß der Überraschungseffekt ausreichen würde, um die Gemüter zu verdutzen und dem Falle die beabsichtigte Wendung zu geben.

Und als nun die vom Kino aus versammelten Mitwirkenden an dem Verfahren sich mit denen, die nicht dort gewesen waren, im Verhandlungssaal vereinigten, fragte der Vorsitzende, ob wer was zu sagen hätte. Der Verteidiger hatte nichts anzubringen, weil er bereits alles, was er ausdrücken wollte, zum Ausdruck gebracht hatte. Der Staatsanwalt, der vor ihm sich hätte äußern sollen, wußte kaum etwas vorzutragen, zumal er bei dem Fußballmatch, dem er inzwischen beigewohnt hatte, auch nichts Einschlägiges gefunden hatte. Als aber der Sohn seine Anträge stellte, die sich im wesentlichen auf den Stein und dessen Abholung im Zusammenhang mit der Tausenderaffäre bezogen, heiterte sich das Gesicht des Staatsanwaltes auf, als ob die von ihm bevorzugte Mannschaft gewonnen hätte, und er schloß sich alsbald den Anträgen an, welche der Sohn als Privatbeteiligtenvertreter für die Familie des Ermordeten (in Deutschland Nebenkläger genannt) gestellt hatte. Der Sachverständige, der noch nicht weggegangen war, weil ihn der Ausgang des Prozesses interessierte, ergänzte nunmehr sein Gutachten dahin, daß die Behandlung mit diesem Stein unbedingt tödlich endigen mußte. Ein noch vorrätig gebliebener Zeuge bestätigte, daß Steine dieser Art nur aus der Wirtshausnähe mitgenommen sein konnten und sich nirgendwo im Umkreis der Überfallstelle befänden. Ein Gendarm, der den Tatort genau kannte, wußte ebenfalls zu melden, daß Steine dieser Art daselbst vorher nie vorgefunden worden seien. Die bisher vernachlässigte Geschichte von dem Tausender wurde nun von dem Knaben und einem erwachsenen Wirtshausgänger deutlicher bezeugt, welch letzterer auch den Angeklagten aufhorchen gesehen, und neben ihm sitzend selber nicht hatte unterscheiden können, ob es ein gemünztes Tausendkronenstück oder ein Schein über tausend Schillinge gewesen war, von dem der später Getötete laut als von einem Tausender gesprochen hatte.

Dann wurden die Plädoyers ergänzt. Der Staatsanwalt erwies sich als fest, der Sohn unterstrich dessen Vortrag mit eigenen Argumenten, der Verteidiger versagte. Darauf zog sich der Richter feierlich mit den Schöffen zurück und kam mit ihnen bald wieder, um den Steinschwinger wegen Raubmords zu verurteilen und die Todesstrafe durch Erhängen über ihn auszusprechen. Der Sohn aber verschwand mit der Tochter des Ermordeten, die ihm zulächelte, im Gedränge, in welchem auch die Witwe verlorenging, ohne daß daran gedacht wurde, sie wiederaufzufinden oder die Bekanntschaft des glücklichen Mädchens mit dem Richter zu vermitteln. Zu einer Hinrichtung des zum Tode Verurteilten kam es freilich noch nicht, weil der Verteidiger die Nichtigkeitsbeschwerde eingelegt hatte.

Immerhin war an diesem Tage auch die Operation der Mutter des Sohnes zur Zufriedenheit der Ärzte, wenn auch nicht zu einer solchen der Operierten verlaufen. Sie sah so elend und dünn wie ein Faden aus, als Sohn und Stieftochter sich bei ihr einfanden. Auch hatte man ihr bloß die Geschwulst aus dem Darm entfernt, dazu was sie an Weiblichkeit im Innern hatte, zumal die Gelegenheit günstig schien und sie einige Myome aufwies. Das, was der Goldzahnblecker angeregt und der glatzköpfige Facharzt befürwortet hatte, nämlich die Öffnung der Gallenblase, war nicht vor sich gegangen. Nach Mitteilung dieser beiden hatte sich die herausoperierte Geschwulst im übrigen als harmlos herausgestellt, während nach der Behauptung der Operierten ihre Schmerzen im Gallenbereiche anhielten, das heißt nach und nach wieder auftraten, sobald die Narkose ihre Wirkung verlor.

Einstweilen war es aber noch nicht klar, ob die Mutter überhaupt überleben würde und, wenn ja, wann sie ihr Spitalsbett mit der Wohnung, in die sie nach dem Willen des Sohnes übersiedeln sollte, vertauschen dürfte. Ein Blutspender war nicht eingetroffen. Auch die Stieftochter der Blutbedürftigen, welche zwar Blumen gebracht hatte, war zum Opfer des Inhaltes ihrer Adern nicht bereit, wiewohl sie von den Ärzten hiezu für tauglich angesehen wurde. Sie bezog diese Tauglichkeitsvorstellung vielleicht auf ihr gutes Aussehen und setzte es in Zusammenhang mit den Abenteuern des jüdischen Assistenzarztes, denen sie sich bereits zuzählen konnte. Wahrscheinlich war sie aber bloß feige in bezug auf ihren besonderen Saft, wie dies auch ihr Bruder, der richtige Sohn der zu Rettenden, gewesen sein mochte, als er selbst noch Gegenstand einschlägiger Erörterungen gewesen war. Immerhin bekam die Mutter statt Blut Injektionen verschiedenster Art, so daß sie bald so zerstochen war, wie Nadelkissen es nach langem Gebrauch zu werden pflegen. Plötzlich erklärte sich eine junge Klosterfrau zur Blutspende bereit. Mit ihr hatte es eine gewisse Bewandtnis. Etliche Jahre zuvor war der Sohn mit einer akuten Erkrankung in ein ähnliches Spitalszimmer eingeliefert worden, wenn auch nach den damaligen Erkenntnissen der Medizin zu spät für die angeordnete Leibesöffnung. Derselbe Primarius hatte ihn jedenfalls aufgegeben, dieselbe Krankenpflegerin an seinem Lager Platz genommen, obwohl noch eine andere privat von seinem Vater angestellt worden war. Er sah einem Häuflein Elend nicht unähnlich, und man schloß bereits zwischen Assistenzärzten und Pflegerinnen Wetten um eine Tafel Schokolade ab, ob und wie lange er noch überleben werde. In der vierzehnten Nacht, als die Krise bereits überwunden und die Wette von den Lebensbejaherinnen gewonnen zu sein schien, saß diese Schwester, also nicht seine eigene, an seinem Bett, wo er noch mit geöffnetem Bauch und Schläuchen in diesem, die Eiter und Kot abführten, ausgestellt war. Trotzdem überkam ihn unerwarteterweise die Lust, von der Gottverlobten Besitz zu ergreifen, und sie schloß keusch die Augen, damit sie nicht sehend eine Sünde beginge. Es war ihm nicht ganz gelungen, sie zu entkleiden. Das Kreuz an der Hose beschützte sie vor einem letzten vollständigen und richtig plazierten Ergebnis dessen, was er mit offenen Augen anstrebte und sie mit geschlossenen geschehen lassen mochte. Immerhin war er einigermaßen glücklich gewesen, während sie nachher nur bescheiden fragte, ob er sie wirklich ausgezogen habe. Im übrigen hatte sie ihn nach Beendigung seines Spitalaufenthalts noch daheim mit einer älteren Schwester aufgesucht, welche die beiden allerdings allein ließ, um die Mutter zu beschäftigen, ohne daß sich das Spiel wiederholt hätte. Diese ältere Schwester wurde nach Denunziation durch einen Assistenzarzt in viel späterer Zeit Spottverse halber, die dem Führer galten, zum Tode verurteilt und hingerichtet, ohne daß der Primarius dies hätte verhindern wollen und können, obwohl er wegen ihrer Tauglichkeit angeblich ihre Mithilfe bei Operationen schwer vermißte. Der Assistenzarzt hinwiederum kam dieser Denunziation wegen in noch späterer Zeit mit fünf Jahren Kerker davon, als Österreich zwar wieder bestand, sich aber nur höchst ungern der Zwischenzeit erinnerte.

Vor diesem Teil der Zwischenzeit aber, nämlich während des Ablaufs der in dieser protokollarischen Darstellung vorgestellten Epoche, bot sich immerhin eine junge Nonne für die Mutter eines Juden zur Blutspendung an, ein Angebot, das allerdings nicht angenommen wurde, sei es, weil der Primarius dagegen war, sei es, weil die Ordensobern Schwierigkeiten in ihren Vorschriften oder deren Anwendung fanden. Die Mutter blieb daher so blutleer, wie sie vorher war, hatte aber die Kraft eines Schattens, noch aufzuscheinen, ohne zu sterben.

Wahrscheinlich glaubte sie, daß ihr Sohn sie noch brauche, womit sie vielleicht recht hatte, wie sie auch wahrscheinlich nicht im Unrecht war, wenn sie ihm die Verse eines französischen Boulevardlyrikers vor Augen führte, in welchen gezeigt ist, daß ein anderer Sprößling auf Verlangen eines Mädchens das Herz aus dem Mutterleib riß, mit diesem aber stolperte und von demselben trotz vorangegangener Herausreißung auch noch befragt wurde, ob er sich nicht beim Stolpern weh getan hätte.

Allerdings kam es dem Sohne manchmal selbst so vor, als bemächtige er sich des Herzens seiner Mutter, um es für eines der Mädchen oder eine der Frauen zu verausgaben, die er nicht einmal liebte, aber wenigstens haben wollte. Er tröstete sich dann meistens mit dem Gedanken, daß die Mutter nur sein leibliches Wohl im Auge hatte, während sein bereits verstorbener Vater doch noch zeitweise an das, was er für seine Persönlichkeit hielt, geglaubt haben mochte. Vielleicht bedurfte er dieser Erneuerung, um die nicht sicher vorhandene eigene Meinung betreffend Vorhandensein eines Lebensinhalts aufrechterhalten zu können. Denn er war doch nicht ganz der Ansicht, diesen Sinn im Selbstzweck oder im Essen und Trinken, die von ihm ohne sonderlichen Genuß zwischen Arbeit und Liebesvergnügen eingenommen wurden, finden zu sollen, in seiner Tätigkeit schon gar nicht, nicht einmal in sogenannter geistiger Fütterung, welche der erste französische Lexikograph sogar dem Göttervater, was die Verschlingung der Verstandesgöttin Methis anlangt, als veritablen Frauenfraß angelastet hatte. Und schließlich waren auch die sogenannten Liebesgenüsse des Sohnes, zu Unrecht einer echten und achtbaren Einigungskraft unterstellt, bloße Verschlingungen und Verrenkungen, die für Sekunden Lustersatz vortäuschten. Weshalb sein Grund der Lebensrechtfertigung in der nebulosen Vorstellung bestand, mit Gemeinplätzen fertig zu werden und dabei einen Hausierer zu bewundern, ja für Gott zu nehmen, der ohne Ware gekommen war, um dazusein.

Mag sein, daß solche Unterstellungen für eine Zwischenzeit langen, in denen ein Inkubus oder Sukkubus nicht nur die Form des Teilhabers am Genusse, sondern auch die des Lebenszweckes und des Sinnes des Geschehens übernimmt, ohne daß diese Auf- oder Unterlage Dämonie für sich hat, so daß bei Abwesenheit Gottes nicht einmal die Gegebenheit des Teufels vorausgesetzt werden durfte. Auf diese Weise klaffte das Nichts einerseits aus den Abgründen um ihn und in ihm, andererseits aus allen Nähten und Bindungen, die ihn selbst oder wen oder was auch immer mit der Außen- oder der Innenwelt zusammenfügen oder auch nur in irgendeine Ordnung bringen sollten, selbst in eine bloß willkürliche und provisorische.

Indessen schlief er nach dem Abschied von seiner Mutter mit jener Frauensperson, die er als Fünfzehnjährige ebenso heiß wie vergeblich begehrt und die sich nunmehr nach Ablauf einiger Jahre aus eigenem Antrieb und völlig unerwartet in seiner Abwesenheit in sein Bett gelegt hatte. Wiewohl sie derzeit keineswegs mehr so war, als er sie sich damals vorgestellt, hatte es nahezu alltäglich mit der Hinnahme und Hingabe ein Bewenden, und dabei blieb es auch, als sie ihm das durchaus Begreifliche anvertraute, daß in der Zeit der von der Tante unterstützten, ihr im übrigen ekelhaften Bindung an den Vetter ihr ohnehin bemakelter

Leib so manchen anderen getragen hatte, dem sie ebenfalls nicht ohne Grausen angehört hatte, so daß sie sich von einer Hure nur dadurch unterschied, daß die jeweilige Barzahlung nicht gefordert worden und solche wohl auch ausgeblieben war.

Ansonsten würde der Sohn noch Gelegenheit gehabt haben, sich mit dem halbwüchsigen Hausmädchen einzulassen. Dieses hatte ihm das Angebot gemacht, an ihren nach dem Gesetze vorgesehenen Sonntagsausgängen teilzunehmen, sie könne allenfalls noch ihre Schwester mitnehmen. Immerhin akzeptierte der Sohn ihr Offert nicht, wahrscheinlich deshalb, weil er nicht zum andern Male, wie bei der vermeintlich Vierzehnjährigen, seine Karriere aufs Spiel zu setzen gedachte, da er sich nach dem Tode des Vaters als Haushaltungsvorstand empfand und die Verwendung einer Minderjährigen zu solchen Zwecken, für die sie ihm offenbar nicht anvertraut war, unter Strafsanktion stand. Es kann aber auch sein, daß ihm augenblicklich die genügte, welche bereits bequem zum jeweiligen Gebrauche in seinem Bette lag und nicht erst vorher durch den Besuch von Weinlokalen gefügig oder wenigstens in Stimmung gebracht zu werden brauchte.

Sooft er übrigens die Mutter aufsuchte, richtete es die geistliche junge Schwester, die ihm ihren Leib und seiner Mutter ihr Blut vergebens gegönnt hatte, fast immer so ein, daß sie gegenwärtig war. Das würzte den Klang der Klagen der zwischen Leben und Tod Schwankenden mit dem Duft einer hoffnungslosen Zuneigung oder zumindest einer solchen, die nicht leicht in ein tatsächliches Geschehen umzusetzen war. Dazu kamen auch Leute auf Besuch wie die blonde Walküre, welche einmal mit dem Schönling ein Liebesabenteuer gesucht und statt dessen nur unsanfte Einwirkungen auf ihre Arme und Beine in Kauf genommen hatte. Sie brachte sogar die Nachricht, daß ihr Gatte es würde einrichten können, dem Sohn einen Vortrag im Rundfunk zu verschaffen, bei welcher Gelegenheit auch dessen Bild in den Zeitschriften erscheinen würde. Inhalt und Thema dieser Vorlesung sollte bei einem Mittagessen bestimmt werden, zu dem der Sohn gleichzeitig eingeladen wurde.

Der Gatte der blonden Walküre, welcher ein plattchinesisches Antlitz zur Schau trug, beschränkte seine intimen Zuneigungen nicht ausschließlich auf das andere Geschlecht, und es war ihm auch wenig darum zu tun, daß diese Anwandlungen geheim blieben. So hatte er zufolge ziemlich gleichlautender Gerüchte im vergangenen Sommer den städtischen Schwimmeister insofern in dessen Dienste erleichtert, als er für diesen die am Rande der offenen Badestrandfläche in gemauerten Gefäßen angepflanzten Blumen begossen und es so ermöglicht hatte, daß der von solcher künstlichen Bewässerung Befreite dafür seinerseits die Walküre mit naturgegebenem Werkzeug begießen durfte, allerdings nur so lange selbst nicht weiter dabei in Anspruch genommen wurde, bis jener eintraf, der ihn mit metallischer Gießkanne im Dienste vertreten hatte und nunmehr im Austausch für erwiesene und gestattete Gefälligkeiten als Dritter im Bunde sich während der Liebesübungen des Badeboldes an dessen anderer Seite erbauen konnte.

Es ist nun zwar anzunehmen, daß der Plattchinese auch für den Schönling, bevor dieser bei seiner Gattin versagt hatte, eine gewisse Zuneigung empfunden haben mochte, zumal er vor ihm einmal Brüste und Beine seiner krank darniederliegenden Frau aufgedeckt hatte, um ihm über deren Beschaffenheit eine zustimmende Äußerung abzunötigen, die der damals Angesprochene wegschauend zu erstatten nicht bereit war, vielleicht, weil er es vorzog, schon bei den Anregungen zur Liebe allein zu sein, wenngleich er, wie bereits vorgebracht, über fehlgeschlagene Beziehungen sogar in diesem Falle dem Sohn Bericht erstattete.

Auf keinen Fall aber war das Angebot des Plattchinesen an den Sohn, das vielleicht überhaupt von seiner Frau ausging, jenem einen Vortrag zu vermitteln, auf eine gleichartige Einstellung demselben gegenüber zurückzuführen. Vielmehr ist es eher möglich, daß er sich für alle Fälle einen juristischen Beistand sichern mochte, wie es auch nicht ausgeschlossen ist, daß er einen von keiner Komplizität belasteten dankbaren Zuhörer und Gast suchte oder daß er der Gattin, die für den Sohn gewisse mitleidige oder undefinierbare Instinkte hatte, einen platonischen Gefallen nicht versagen wollte. Außerdem aber legte er noch Wert darauf, im Hause der Tochter verkehren zu dürfen, in dem einflußreiche Leute zusammenkamen, sowie während seiner Abwesenheit für seine Frau in der Person des Sohnes zeitweise eine solche Gesellschaft gefunden zu haben, die sich ohne deren Abnützung mit harmlosem Beisammensein begnügte.

Währenddessen besserte sich der Zustand der Mutter soweit, daß man sie nach Hause nehmen konnte, wenngleich sie auch dort noch eine Weile bettlägerig bleiben würde. Zu dieser Zeit gab auch die Tochter eine Jause, bei welcher der Plattchinese brillierte und dessen Frau zur Geltung kam. Denn er entließ zwischen kleinen gutgeformten Zähnen zündende Witze und wohlgeschliffene sarkastische Redensarten, die Frau hinwiederum überschattete durch ihren Wuchs die fadenscheinigen Dämchen und entzündete dabei großgewachsene Herren, deren mehr oder minder deutliches Ansinnen sie niemals leichtfertig schlechthin ausschlug.

War nun der Vortrag des Sohnes gesichert, für den er solche Erinnerungsstücke zusammentrug, aus welchen hervorging, wie diese Zwischenzeit, in der man lebte, zu nichts anderem führen könne, als daß die Welt in ihrem jetzigen Bestand verfalle und wohl kaum in gleicher Weise wieder aufgebaut werden könne, so hatte man wenigstens zur Dämpfung der von ihm erzielbaren Eindrücke ihm einen trockenen Denker als Einführer gegeben, der ihn als einen unruhigen Geist und Dekadenzler hinstellte, den man nur deshalb zu Worte kommen lasse, um am Beispiel zu zeigen, welche Irrmeinungen draußen herumspukten. Der Einführer, welcher einen Buckel hatte, war erst kürzlich mit einer langen Abhandlung für einen jüngst verstorbenen Einzelgänger eingetreten, welcher der Zeit aus ihrem grammatikalischen Unvermögen ein Halsgericht machte, darob auch von den Journalen totgeschwiegen worden war, nicht allerdings von den ernstzunehmenden Sonderlingen und einer delikatessenhungrigen Allgemeinheit, die sich den Magen mit seinen feuerfarbenen Heften verbrannte und von jenen, die seinen einzigen unverzeihlichen Irrtum aufgriffen, durch den er einem im vorigen Jahrhundert verstorbenen großen Dichter deutscher Sprache und jüdischer Abkunft einen hämischen Mundklöppel anstelle dessen echter zynischer Zunge einzusetzen bestrebt war, nachdem er auf mechanischem Zerlegungswege darauf aus war, das Blut aus dessen Versen zu quetschen. Immerhin richtete der krause Buckel dem Sohn keinen sonderlichen Schaden an, da dieser ohnehin nicht ankommen wollte und die nach ihm gezielten Pfeile an ihm vorbeiflogen, wie auch viele Jahre später der nunmehr bekehrte Rundrückige dem Sohn nicht mehr nützte, als er knapp vor dem eigenen Ende einem Stück desselben aus einem Bogen von Lob, der mit Röcheln untersetzt war, eine Brücke baute, die niemals der Allgemeinheit zugänglich gemacht wurde.

Wie dem auch war, man schrieb bereits November 1937, als der Sohn im Rundfunk ausgiebig zu Worte kam, keinen sonderlichen Erfolg hatte, aber als gutaussehender junger

Mann in einer Zeitschrift auf Staatskosten abphotographiert war. Dieses Bild wurde von der Tirolerin erkannt, der er auf der Bahnfahrt von hier zur Weltausstellung in Paris auf der Wegstrecke bis Innsbruck begegnet war und mit der er sehr weitgehend geflirtet hatte, die außerdem damals nicht seinen Namen gewußt und seine Befassung für die eines Agenten gehalten hatte. Nunmehr glaubte sie über ihn besser Bescheid zu wissen, stellte sich in einem Briefe als die Tochter eines sehr hohen öffentlichen Funktionsträgers vor und machte ihm Vorwürfe, daß er sich ihr statt als Dichter als unbekannter Vertreter ausgegeben hatte. Er antwortete ihr ungeschickt und anmaßend, womit die Korrespondenz abgeschlossen war.

Inzwischen hatte der Vorsteher des Gerichtes, in dessen Verhandlungssaal der Mordprozeß gegen den tausendergierigen Nazi stattgefunden hatte, es diesem ermöglicht, sein nicht unbeachtliches Vermögen eines mittleren Landwirtes auf die eigenen Kinder zu übertragen, um auf diese Weise die schöne Tochter des Hahnenschwänzlers um ihre Ansprüche gegen den noch nicht Hingerichteten zu betrügen. Der Sohn reagierte hierauf mit einer Anzeige wegen Mißbrauchs der Amtsgewalt, ein Erfolg stellte sich aber nicht ein, auch fand die Justifizierung des Mörders nicht statt. Des Opfers hinterlassenes Mädchen wurde so weder mit dem begehrten Kopf des Töters gefüttert noch für ihre Armut aus dessen Säckel entschädigt.

Die Mutter des Sohnes hinwiederum wurde für ihre Liebe zu diesem zwar mit dem Ramsch aus Vaters Wohnung, aber nicht in dieser eingerichtet; was gut war, behielt der Veranlasser des Tausches für sich. Die leeren Zimmer, aus denen sie übergesiedelt war, starrten nun in diesem Zustand, dem Rachen eines langen Grabes nicht ganz unähnlich, durch das Dröhnen bei nächtlichen Dehnungen des Holzes in den auf weichem Unterboden aufgetragenen Parketten aber von einem Beerdigungsplatz deutlichst unterschieden. Überdies hatte die Mutter den Abend am Rundfunkgerät sitzend verbracht, an dem der Sohn im Lautsprecher zu hören war. Auch hatte sie es sich nicht nehmen lassen, ihm selber zum ersten Male, seitdem sie sich vorübergehend vom Lager erhoben hatte, ein wohlschmeckendes Mahl zuzubereiten. Er war aber weder dazu aufgelegt, das aufgetragene Festessen zu loben, noch die Mutter zu ihrem Aufstehenkönnen zu beglückwünschen oder wenigstens aus diesem Anlaß zärtlich zu rügen. Vielmehr verbrannte er sich bereits mit der Suppe Zunge und Lippen, worauf er es richtig fand, die auf solche Art beeinträchtigten Organe längere Zeit im Spiegel zu begutachten, bevor er sich das inzwischen kaltgewordene Essen zuführte, von dem er große Teile überhaupt geringschätzig stehenließ.

Knapp vor dem Eintritt des Winters erkrankte hinwiederum die Frau des Facharztes an einer leichten Blinddarmentzündung und wurde in ebendas Spital gebracht, aus dem man vor kurzem die Mutter geholt hatte. Dieselbe junge geistliche Schwester versah bei ihr Dienst, wobei sie eine gewisse Erregung nicht verhehlte, als sie den Sohn neuerdings, diesmal aber als ständigen Gast einer jungen, mit ihm nicht verwandten Frau wiederfand. Es mag sein, daß dabei Lust und Entrüstung, je nach der Seite der Sache, auf die ihre Bedachtnahme gelenkt war, miteinander abwechselten, daß aber bei Buchung der Belastung durch das fremde Weib und bei dem offenbaren Interesse des Sohnes an diesem die Tatsache, daß es sich hier auch noch um eine verheiratete Person handelte, vielleicht kaum zusätzlich ihre religiösen Gefühle verletzte.

Immerhin hätte die Eingelieferte spätestens acht bis zehn Tage nach der glücklich verlaufenen Wurmfortsatzentnahme wieder das Krankenhaus verlassen sollen, was wahrscheinlich auch geschehen wäre, hätte nicht die junge geistliche Pflegerin, während die Patientin noch in Narkosewirkung lag, je einen überheißen Thermophor unter deren beide Fußsohlen gelegt. So aber erlitt die so glühend Umsorgte Brandwunden mindestens ersten und zweiten Grades, was zwar der Unterlegerin eine Rüge eintrug, den Spitalsaufenthalt derer, welcher unterlegt wurde, aber entsprechend verlängerte und somit auch die Besuche des Sohnes um ein Erkleckliches vermehrte. Der Facharzt hinwiederum mußte seine Visiten bei der Gattin, weil diese ihm ihre Schreibkünste nicht mehr zur Verfügung stellen konnte, wegen teilweiser Übernahme ihrer Dienstleistungen immer mehr einschränken, wiewohl er sich vielleicht ab und zu wunderte, daß der Sohn die eigene Praxis desto häufiger zugunsten der fachärztlichen Ehefrau vernachlässigte.

Die Ring- und Boxkämpfe mit ihr konnten zwar wegen ihres Zustands jetzt nicht nachgeholt werden. Doch als die Folgen der Operation, ausgenommen die mittelbaren an den Fußsohlen, nicht mehr beachtlich waren, näherte der Sohn seine Finger jenen Stellen, an die er noch immer hoffte, einmal mit anderem Werkzeug gelangen zu dürfen, und wenn die geistliche Schwester zugegen blieb, was fast immer der Fall war, tat er bei ihr ungefähr dasselbe, nur daß er der Hindernisse halber nicht ganz so weit gelangte. Dabei machte es ihm offenbar wenig aus, daß die eine merken konnte, was er an der andern vornahm, weil beide mit ihrem vorläufigen Anteil einverstanden schienen oder vielleicht gar nicht daran dachten, daß der anderen Ähnliches geschah. Als schließlich die Facharztensgattin bereits im Hofe sitzen durfte und die junge geistliche Schwester dort ebenfalls Platz nahm, aber so, daß der Sohn zwischen beide zu sitzen kam, mußte jede von ihnen doch wahrgenommen haben, daß er beide zunächst im Oberbau umschlang und dann, wenn nicht zu befürchten war, daß ein unbeteiligter

Dritter herzukäme, ergänzende Expeditionen auch nach anderen Richtungen anstellte. Ebensowenig durch das Beisein der symmetrisch auf der andern Seite des Sohnes sitzenden Nebenbuhlerin wie durch das Fehlen eines geistlichen Beichtherrn behindert, bekannte die Nonne nunmehr, daß sie in voller Kenntnis der Wirkungen der beiden Thermophore diese unter die Fußsohlen der weltlichen Dame gelegt hätte. Sie erntete einen grimmigen Blick der Beschädigten, wie der Sohn einen gleichen vorher noch niemals wahrzunehmen Gelegenheit gehabt hatte, auch sprach die in dieser Hinsicht Versehrte, daß sie sich vorbehalte, ihren Mann von dem Vorfall in Kenntnis zu setzen. Die auf diese Weise allerdings nicht in Verlegenheit versetzte junge Schwester sah sich hinwiederum zu der Frage veranlaßt, ob die zur Information ihres Eheherrn Aufgelegte diesen auch von ihren Beziehungen zum Sohne unterrichten wolle, worauf die Antwort unterblieb. Der aber, den sowohl das Geständnis als auch das daraufhin erfolgte Streitgespräch seinetwegen hätte stolz machen sollen oder können, entfernte sich, wie er sagte, nicht aus Furcht, sondern aus Überdruß und setzte seine Besuche im Krankenhaus nicht mehr fort.

Er hatte vor, sich nunmehr seiner Mutter zuzuwenden, tat dies aber dann doch nicht, weil sie ihn plötzlich gegen alle Gewohnheit auszufragen begann, was ihn diesmal so früh nach Hause geführt habe. Er dachte dann angeblich daran, zur Tochter, nämlich seiner Schwester zu fahren; vielleicht wollte er dortselbst die Scherben der Familienehre wieder aneinanderkitten. Schließlich aber kam das Mädchen diesmal früher zu ihm, um das er geweint hatte, als er es als Fünfzehnjährige nicht hatte bekommen können, und das er wesentlich später, als Entblätterte, nicht gerade mit Tränen in seinem Bette begrüßt hatte. Die Veranlasserin seiner damaligen Augenentwässerung machte ihm bei ihrer jetzigen Begegnung, der fünften oder sechsten seit der Wendung der Dinge, zum Vorwurf, daß er wie ein Kater schnurre. Vielleicht sollte das auch kein Vorwurf, sondern bloß eine Feststellung sein. Ihm jedenfalls widerstrebte der Vergleich, sei es, daß er ihn in seiner Mannesehre oder bloß in seiner Menschenwürde herabzusetzen geeignet schien. Als nun nach stattgehabter Paarung das Wesen, das daran beteiligt war, ihn um eine Wechselzeichnung oder um ein Darlehen im Werte von achthundert Schillingen anging, war es ihm recht, sie bezahlen zu können, obwohl er die Fordernde nicht so hoch bewertete und seine geringen Ersparnisse erheblich angreifen mußte, um ihrem Verlangen nachzukommen. Daraufhin informierte er sie darüber, daß er denselben Abend noch verreise und daß sie erst dann wiederkommen möge, wenn er sie von seiner Rückkunft verständigen und zum Erscheinen auffordern werde.

Im übrigen verreiste er erst am nächsten Morgen, ohne allerdings seine Mutter oder seine Kanzlei in gehörige Obhut gebracht zu haben und ohne sich sonst zu kümmern, was in seiner Abwesenheit geschehen könnte. Die Reise führte ihn nicht weit, doch war der Zug zweimal zu wechseln und ebensooft auf diesbezüglichen Anschluß zu warten, wobei die Exspektation der Zeit noch die der Anreise überstieg. Als er das letzte Stück Weges mit einer Kleinbahn am Gebirgsrand und über Schluchten und Abgründe zurückgelegt hatte, war Schneetreiben und füllte tiefes Weiß die Erhebungen und Senken der Landschaft. Im Bergort, in dem er schließlich in einem guten Wirtshaus Quartier nahm, war aber mangels Einrichtung für den Skilauf und Feststagsferien kein sonstiger Gast vorrätig noch im Antrab, selbst der Wirt und die Kellner hatten sich beurlaubt. Nur die junge Wirtin versah den Dienst und hatte den geheizten Gastraum außer mit dem üblichen Inventar auch mit ihrem weiblichen Handwerkszeuge ausgestattet.

Da sie mit ihm allein war, versuchte sie ihn mit Hoffnungen auf eine baldige hitlerische Zukunft auszustatten, wiewohl er ihre Inaussichtstellung nicht freudig aufnahm, wenn er sie auch schweigend über sich ergehen ließ. Indessen gestattete sie ihm, in Ermangelung ihres nach Deutschland verreisten Gatten an ihren Knien lehnend zu schreiben, während sie für den Abwesenden eine Wollweste strickte. Angesichts ihrer Blondheit und Blauäugigkeit nahm er sie in seine Arbeit hinein, in der ein Wurstel, das ist Hanswurst, aus den Plattheiten des Pöbels seinen Geist zur Macht bezog, während die Blonde ihn allenthalben begleitete und liebende Strophen zugunsten des Holzwolle blutenden Plattkopfs sang, die dadurch ironisch ausarteten, daß sie anders klingen sollten, als sie gemeint waren. Zuweilen gestattete sie dem Sohn auch, ihr einiges aus seiner Arbeit vorzulesen, aber sie ließ sich nicht anmerken, ob sie ihn verstand, noch weniger, inwieweit sie in dem Wurstel die von ihr so freudig vorausgesagte Gestalt des Führers wiedererkannte. Er fragte sich daher manchmal, warum sie ihm überhaupt Platz zu ihren Füßen noch weiter einräumte, wenn von ihr zu ihm nichts sonst eine Überleitung bildete. Aber es war der einzige gutgeheizte Raum in dem kältesten, ganz verschneiten Winkel Österreichs, vielleicht sogar Europas, in einem sonst für eine Vielzahl von Personen bestimmten Gasthaus und niemand zugegen außer ihm und ihr, und all das zusammen schien Romantik genug für die Ironie ihres Beisammenseins abzugeben.

Den von ihr verehrten und von ihm bekämpften in dem Wurstel Enthaltenen begleitete die Wirtin als jungfräuliche Tänzerin, Modell seiner Schneiderkunst, Pflegerin, Kellnerin, auch als Knabe im Krieg gegen Riesen auf Stelzen und als Königstochter im Märchen bei seinem Aufstieg und Fall von Null bis Unendlich und wieder nach Null zurück. Er hatte das alles Jahre zuvor mit einer anderen Dame auf der

Seite der Gemeinplatzverkörperung geschrieben, aber nun mußte sie jene Lieblichkeit vertreten, die auch in dem für sie erdachten Namen war, auch durfte keinerlei Enttäuschung sie von dem Wurstel entfernen, den sie immer ansang, während er ihr nichts zurücksingen konnte, den sie innig liebte, während er selbst dergleichen nicht zu gewähren hatte. Und wiewohl sie manchmal die Beine ein wenig öffnete, während der Sohn sie jungfräulich beschrieb, gelangte er doch nicht so dazwischen, daß er die Reinheit, die er ihr trotz Verehelichung angedeihen ließ, sei es in der Tat, sei es im Wort, beeinträchtigte. Während der aus Gemeinplätzen hergestellte Wurstel nur den Körper einer Personifikation aufwies, der aus Ausgespucktem, aus Pfützen aufgefischtem hohlem und klanglosem Schlagwort bestand, blieb sie empfänglich, begehrenswert und liebend ohne Widerhall. Der Sohn selbst aber gönnte sich nirgends Zugang zu dem, was er schrieb, wie er auch niemals in die Intimsphäre der für ihn jungfräulich verbliebenen Wirtin gelangte, an deren Knien er nur schreibend lehnte.

Und um das Unwirkliche des Geschehens noch für Zukünftiges offenzuhalten oder auch eine Verwirklichung in nicht mehr erträumtem Sinne in Aussicht zu stellen, erklärte ihm die Knieverleiherin aus Anlaß des Abschieds, sie wolle ihn zu Ostern in seinem Hause besuchen. Und wie er dies bezweifelte, erhob sie sogar sehr ernsthaft die Finger zum Schwur, wobei sie die Einschränkung machte, sie werde bloß dann nicht kommen, wenn sie inzwischen versterbe, doch diesfalls zeitgerecht dafür sorgen, daß er dann pünktlich verständigt werde. Er konnte sich freilich ihr Sterben nicht vorstellen, wie ihm schließlich ihr Leben unvorstellbar wurde und er bald ihre Besuchsansage vergaß.

Damals allerdings winkte sie noch dem kleinen Zug nach, in welchem der Advokat wider Willen die erste Wegstrecke verfrachtet werden sollte. Bei dieser Gelegenheit erinnerte er sich des Wundermädchens, das er in Gesellschaft der Tochter in einem Waldhaus erblickt und von dem ihm damals vorausverkündigt worden war, er werde nie dergleichen Freundin haben. Dieses aber erschien zumindest nach seines Vaters Tode unvermittelt bei ihm, wobei die Gründe ihres Kommens in bezug auf Stichhaltigkeit nie vollends aufgeklärt wurden. Freilich verlor er es an den Fußball und an den Baron, der dem Überfahrenwerden seines Hundes beigewohnt hatte, ohne daß er vorher bei ihr etwas erreicht hätte. Auch die im Brautkleid boxende Gattin des Facharztes durfte er später nicht mehr allein sehen, schließlich aber doch in Gesellschaft einer Nonne, die er einmal unvollständig ausgezogen hatte und die er nun mit der Facharztensgattin zusammen zwar sichtbar, aber nicht zureichend begünstigte. Weiters gerieten vorübergehend in sein Rückblickfeld die Ruthenin bei den Ölquellen, die Polin am Bach, die Indianerin vor ihrer Hochzeit mit dem Tierarzt, die Funktionärstochter auf der Fahrt zur Pariser Ausstellung, die Zwölfjährige, die er ablehnen mußte, die junge Jüdin, die ihn nach Untergang und Annäherung im Bade nicht wollte, das Mädchen vom Kanalmeer, die beiden Schweizerinnen, die schließlich über ihn hinwegplauderten, die knorrige Jungfrau, die er in Besitz genommen hatte, um beim Kanzler besser seinen Mann zu stellen, das Eismädchen, dessen Mündigkeit im Zweifel stand, die er sich aber trotzdem unterschob, und schließlich jene, die er als Fünfzehnjährige mit Tränen ungenossen verabschieden mußte und nunmehr mit achthundert Schillingen bezahlt hatte. Zuletzt sah er noch die Jugoslawin auf dem Berge, der er zugesagt hatte, den Führer zu töten, und die ihn dazu bereden wollte, ihn lieber zu überleben. Und dann zeigte sich hinter den Mädchen, die ihre erotische Beschaffenheit verloren und damit vollends erloschen, der Hausierer, der gekommen war, um dazusein, und nun begann, während das Leben gegen ihn ein furchtbares Schicksal zu protokollieren anhub, gegen dieses recht zu behalten.

Aber ehe der Sohn noch Einzelheiten sah, die sich gegen den jüdischen Hausierer auftürmten und die er wegblasen sollte, wie es der Fall ist, wenn ein Mensch gegen Papier siegen soll, war der Zug zweimal gewechselt, Wien erreicht und das Heim in Stundennähe.

Die Mutter hatte diesmal keinen Weihnachtsbaum angeschafft, wie dies die Jahre vorher der Fall war, als die katholische Halbschwester im Gefolge des Festes zu kommen pflegte. Auch war teils den Zeitungen, teils der allgemeinen Stimmung zu entnehmen, daß der ständig stärker werdende Druck Hitlers auf die österreichische Regierung vom Süden her nicht mehr wesentlich behindert werde. Im Westen war ein höherer Postbeamter an die Regierung gelangt. In Wien selbst operierte ein deutscher Herr, der seinerzeit von sich hatte reden machen, als er seine Aktentasche mit Geheimdokumenten verlor, und noch einmal später, als er durch Weitergabe eines Mund-zu-Ohr-Gesprächs zwischen Ministerdamen ein politisches Blutbad auslöste. Nun sollte er Österreichs Boden mit Verrat bebauen, soweit dieser nicht schon längst solchen wuchern und treiben ließ. Das, was nach Ansicht des Führers das Weltjudentum war, nämlich einige reiche Leute jenseits des Ozeans, dachte so wenig wie die auf dieser Seite des Weltmeeres, daß der Programmpunkt »Juda verrecke« jemals verwirklicht werden würde, es sei denn an einigen wenigen Linksgerichteten, deren Rettung nicht der Mühe und schon gar nicht des Geldes wert sei. Und so nahmen die Dinge ihren unvermeidlichen Gang.

Wenn nun zwar trotz stattgehabter Beispiele auf deutschem Boden die programmatische Ausrottung des Judentums von den Betroffenen nicht wörtlich und daher auch nicht ernst genommen wurde, so war sich der Sohn doch ziemlich sicher, daß er bei Einlangen des Führers und seines Trosses von der Rechtsanwaltschaft ehestens enthoben sein würde. Hier war das im Reich geübte Geschehen bereits vorbildlich, und es bestand wohl keine Aussicht, daß es in Österreich milder zugehen würde als dort, weil hier an die zweitausend Anwälte zu beseitigen sein würden. Vielmehr war es so gut wie sicher, daß der geringfügige Rest an Nichtjuden für das dann noch nötige Geschäft genügen dürfte, zumal mit dem Recht doch wohl auch dessen Anwendung entfallen würde. Allerdings waren die Vorstellungen über das Tempo und das Ausmaß dessen, was dann geschehen würde, von den späteren Ereignungen durchwegs verschieden. Was den Sohn betraf, so war es ihm im Augenblick sogar unklar, ob er, sobald es soweit sein würde, bleiben oder gehen sollte. Immerhin suchte er nunmehr wiederum Anschluß an jüdische Kreise, und zwar diesmal in erster Linie an den Rabbiner, der ihn in die Sitten und Gebräuche der Lehre spät, aber dafür um so gründlicher einweihte und ihn sogar zu dem nächsten Fest einlud.

Wie aber der Sohn die Kenntnis, wenn auch nicht die unbedingte Annahme ihm bisher nur oberflächlich geläufiger oder sogar gänzlich fremder Riten anstrebte, fühlte er sich durch die blonde, vollschlanke, blauäugige, sehr junge Rabbinerstochter angezogen, so daß die Tänze mit der Siebzehnjährigen sein jüdisches Weltbild ergänzten, wenn nicht überhaupt ausmachten, nach welchem einem einigen Gotte das All angeschmiegt war, bis es dieser im Innersten durchdrang.

Während sich die Vorbereitungen des Sohnes auf das schon schwelende Unheil nur auf Tänze mit einer schönen Rabbinerstochter beschränkten, hatte die Tochter, die wegen ihres vorteilhaften Aussehens und ihres Reichtums Zutritt zu den Regierungskreisen erhielt, den von dort geflüsterten falschen Informationen weitere Verbreitung verschafft, der Westen verbleibe wachsam, der Italiener werde einmal mehr umschwenken, obwohl er sich schon offen für Deutschland entschieden hatte.

Allerdings war bloß an der Richtigkeit, nicht aber an der Echtheit solcher Informationen zu zweifeln, zumal ein Minister sogar für seinen unmittelbarsten Nachkommen die Verbindung mit der Tochterstochter anstrebte. Vielleicht auch erschien ihm eine solche noch sicherer als sein oberster Beamtensessel. Im übrigen gab es wiederholt Austausch von Personen an der Spitze und von Richtungen. Die christlichen Verbände lösten die Heimwehren ab, deren Führer hinwiederum teilweise zu Hitler übergingen, teilweise ins westliche Ausland flohen. Die einheimischen Juden saßen noch fest, aber sie saßen möglicherweise in der Falle.

Für dieses Inderfallesitzen suchte der Sohn bisweilen seinen persönlichen Anteil an der Schuld. Wenn ein jüdischer Bankdirektor auf Kosten seines Institutes und der kleinen Einleger untreu war und flüchtig wurde, drückte man wohl ein rückwirkendes Gesetz durch, dieses konnte aber den Sohn nicht betreffen, seine Anlagen gingen in anderer Richtung. Wenn ein jüdischer Redakteur oder Bücherschreiber sein Geschäft mit dem Zerfall der Sitten machte, etwa dafür ermordet und sein Mörder unter allgemeinem Beifall freigesprochen wurde, so hatte der Sohn mit ihm nichts zu tun. Wenn er außeranwaltlich kunstbeflissene Zeilen setzte, so war dabei an kein Geschäft gedacht und auch keines möglich. Seine Affären mit kleinen Mädchen, selbst mit der, deren Unmündigkeit er in Kauf genommen hätte, betrafen ihn allein, es war nichts Jüdisches daran. Zwar galt es seit fast einem Jahrtausend als üblich, sofern nicht Verfehlungen von Juden überhaupt erfunden wurden, die eines einzelnen allen aufzuerlegen. Es war dies ein billiger Ausweg, sich selbst von Flecken rein zu sehen oder angesammeltem

Mißbehagen einen Sinn zu geben, indem man es dort entlud, wo der Widerstand gering war. Von alten Fälschungen her, die in die heiligen Schriften eindrangen, als man sie kopierte und Zeichen für Nicht einfügte oder wegließ, durch Zwischenschübe und Weglassungen von Abschreibern und Kommentatoren, bis der Mord an Gott herauskam, war alles auf dieses Häuflein geladen worden, das in Glück und Unglück keinen Weg mehr zurückfand und von dem sich immer Abtrünnige zu lösen suchten, die ihre Schwestern und Brüder für die eigene Sicherheit verkauften, oder solche, die als geborene Opfer das Recht, hingerichtet zu werden, für sich in Anspruch nahmen, weil sich keiner fand, der sie sammelte, um sie in das gelobte Land zurückzuführen. Und als einer auftrat, der sie dahin rief, glaubten ihm nur die Unentwegten, die zu härtesten Mühen und Einzelkampf nach allen Seiten gesonnen waren, nicht jene anderen, welche geduldig warteten, wie lange man sie ungeschoren ließ, bis statt des fruchtlos erwarteten Erlösers der Henker die Zahl und die Namen der Opfer festsetzte.

Dessen gedachte er wohl zu dieser Zeit, aber auch gleichzeitig des Umstands, daß nur eine Tat im Augenblick den Spuk zerstieben lassen konnte, nämlich die physische Zerstörung jener Personifikation, die augenblicklich nebst anderen nicht minder gefährlichen Gemeinplätzen die Judenauslöschung bewältigen wollte. Bei Vernichtung der Person, die diesen Gedanken verkörperte, würde es sich zwar nicht um mehr als um die Beseitigung einer gänzlich unbedeutenden skrupellosen Kreatur gehandelt haben, wohl aber einer solchen, die durch Einhauchung aller Formeln seit Jahrhunderten angehäufter platter Vorstellungen oberflächlichster Art zur Verkörperung einer Ansicht geworden war, mit der sich banalste Massen aus dem Mist verstaubter Literaturabfälle, der Auftragung waschblauer Himmel billigster Ansichtskarten, dem Zusammenklang von Blechmusik aus zehnter Hand mit dem Rhythmus marschierender Versager an den Felsen von Gips ihr deutsches Wesen erlogen und diesem Überkitsch im Zerrspiegel angeblich jüdische Art entgegenzusetzen behaupteten. Es war nicht anzunehmen, daß bei Zusammenbruch des einen schon vorhandenen Exemplars der Personifikation so rasch ein anderes an dessen Stelle treten könnte. Denn jeder von den Diadochen würde den künstlichen Alexander beerben wollen und keiner über den ausschlaggebenden Anhang verfügen können. Die dann losgelassenen Mengen würden sich wahrscheinlich anderswo ihr Teil nehmen als von dem Fleisch des Juden aus Zypern, um das der venetianische Kaufmann gewettet hatte, bis ein florentinischer Autor verfälschend die Rollen vertauschte, wie sie dann der große Brite übernahm, in einem kleinen Auftakt zur Endlösung der Judenfrage.

Aber während sich der Sohn noch zu nichts aufraffte und niemand sonst etwas tat, um die Falle zu öffnen, war der Tag bald gekommen, an dem der schulmeisterliche Kanzler nach Berchtesgaden berufen wurde, die Lektion des Führers erhielt und aus dem Untergrund sich die kommenden Recken sammelten, erfolgreiche Sprenger öffentlicher Bedürfnisanstalten, Bombenleger vor jüdischen Juwelierläden, freigesprochene Mörder israelitischer Groschenschreiber, Kumpane der Mörder des Vorgängers dessen, der zu lang war, um sich nach dem Schatten seines verzwergten Regierungsvorgängers zu bücken.

Mit dieser Vorstellung, die einen Sonntagvormittag in Anspruch nahm, begab sich der Sohn an dem dazugehörigen Nachmittag in seinen Wald der schwarzen Föhren, mit dem er verbunden war durch eine Reihe glücklicher und unglücklicher Abenteuer mit Mädchen, die sich entweder ihrer Hose und ihres Büstenhalters entledigen ließen im richtigen Augenblick oder zu früh oder zu spät, oder beides beibehielten und gegen seinen Ansturm verteidigten, wobei er in den glücklichsten Fällen einen wäßrigen Geschmack auf der Zunge und den Lippen behielt, bei den ungünstigen Ergebnissen aber nur einen trockenen und einen Druck in der Magengegend als Folge ihm entgegengesetzter und gelungener Abwehr oder hinuntergeschlungener Brocken seines Versagens. Er konnte aber den Wald auch als Quelle und Labung seiner Einsamkeiten empfinden, seiner Flucht vor den andern, die nicht so oder auch ebenso waren wie er, mit denen er jetzt jedenfalls nichts gemein haben wollte, weil er etwas suchte, das ihm gehören könnte, und es nur in den Düften fand, die der Natur weggeatmet wurden, um durch verdorrte Kehlen in verbrauchte Lungen zu gelangen.

Die Natur gab sich aber schließlich auch als solche selbst zu erkennen, ohne Bezug auf ihn, mit all der ihr eigentümlichen Grausamkeit, mit dem Genügen ihrer Wohlfahrt, welche darin bestand, daß Stärkeres und Schwächeres einander verzehrten und daß sie nur in Anspruch nahm, was ihr die Erde und der Himmel gaben, reichlich und beschränkt je nach der Laune des Gebenden, seiner Gesinnung des Geizes oder der üppigen Verschwendung. Und endlich war dieser Wald ein Stück Heimat, das er jetzt Aug in Aug als einen Teil seiner selbst empfand und dem er ebenfalls etwas sein konnte, das durch sein Dasein am allgemeinen Zerfall und an der Verwesung teilhatte, aber auch durch lebendiges Eindringen zum Bestand und zur Zweckwerdung beitragen konnte. Zwar wurde der Öffentlichkeit von nationaler Seite, vermehrt um die Verwandtschaft eines großen Bürgermeisters, immer wieder eingeschärft, daß dieser gegen einen jüdischen Holzhändler und jüdische Journalisten den Wald gerettet habe, und dabei verschwiegen, daß er bei seinem zweiten Kampfe im Blatte jenes jüdischen Einzelgängers seine Stimme erheben konnte, der die

Menschen nachlässiger Gesinnung aufgrund ihrer schlechten Grammatik in brandroten Heften richtete und demgemäß eine ganze rote Nummer dem Verfechter jenes Waldes abtrat, dessen unverfälschter Stil ihn vor dem Mißkredit abschirmte. Aber wie die Profitgier eines jüdischen Holzhändlers und einer wohlfeilen Presse nicht zu Lasten aller Juden ausgelegt werden durfte, wäre es auch nicht am Platze gewesen, die Größe ihres Retters an den Maßen der kläglichen Kläffer zu messen, die sein Lob mit Anstinken der Juden mischten, wenn in diese Chöre auch läppische Familianten des nicht durch sie glorifizierten Ehrenmannes der Walderhaltung einfielen.

Als der Sohn sich auch das vor Augen gehalten hatte, nahm er Abschied von dem lebenden Gehölz, das ihm noch geblieben war, um dahin fliehen zu dürfen, wenngleich es drohte, undicht zu werden, da schon der Boden Zeichen eines künftigen Bebens aufwies. Denn der Gemeinplatz, auf dem sich Wurstpapiere, Futterreste und leere Blechschachteln aufhäuften, würde den Wald fressen, daß eine gangbare Straße daraus entstehe, auf der man exerzieren, marschieren, fouragieren oder selbst in Gemeinschaft koitieren könne.

Als dann der Montag kam und ein Agent erschien, diesmal kein jüdischer, bei dem das Aufdruckpapier für die Kanzlei zu bestellen war, das auszugehen drohte, fragte der den Sohn, ob er denn wirklich noch Quantitäten der bisher besorgten Art zu brauchen glaubte, einige seiner »Artgenossen« hätten die Nachbestellung verweigert, der vielleicht Eingeweihteste von ihnen sei mit all dem, was er schnell noch habe versilbern können, in die Schweiz gereist. Aber der Sohn wollte dem Agenten das nicht glauben, was er selber bereits wußte. Vielleicht fand er sogar in der Bestätigung seines Wissens Anlaß zum Widerspruch oder wollte zuerst am eigenen Leibe erfahren, was kommen würde, bevor er versuchen mochte, diesen etwa nackt und bescholten, statt bekleidet und noch ohne angelastete Schuld in Sicherheit zu bringen. Es kann auch sein, daß er den nichtjüdischen Agenten, der zwar Ware hatte, aber im gegebenen Falle aus Ehrlichkeit nicht im sonstigen Ausmaß anzubringen versuchte, mit dem jüdischen verglich, der bereits ohne Ware gekommen war, und zwar lediglich, um dazusein, wenn er nicht wirklich vergessen hatte, was er beabsichtigte, und der Sohn dies nicht wahrhaben wollte. Und es konnte schließlich überhaupt sein, daß er den freien nichtjüdischen Agenten, der ihn ehrlich warnte, Satanas dem Versucher gleichsetzte, den jüdischen aber, der kam und ging, ohne nützlichen Rat zu geben, mit dem Gott seiner Vorstellung identifizierte, der nur erschienen war, um sein Dasein zu bekunden, nicht zu nützen, nicht zu schaden und vor allem auf keine Weise vorzusorgen, daß seine Geschöpfe besser würden oder es ihnen besser ergehe, damit sie sowohl innerlich als äußerlich gerettet würden.

Jedenfalls richtete er seine Gedanken nunmehr auf das Bleiben ein, ja verband sogar die Vorstellung damit, daß er dabei unbehelligt sein würde. Zu diesem Zwecke stellte er sich seinen Großvater von Vaterseite vor, wie dieser an des Reiches äußerster südöstlicher Grenze Grundbesitzer und Landwirt gewesen war, wenngleich er auch Teile der ihm gehörigen Wälder verholzte. Er fuhr achtspännig zur Freite um die Großmutter und richtete ihr einen kostbaren Salon mit Perserteppichen ein. Als sie aber zu einem Klavier noch ein zweites hinzustellte, führte er die kalbende Kuh auch in den Salon und beließ sie so lange dort, bis die Großmutter versprach, sich des einen Musikkastens zu entledigen. Er lieh seinen Pächtern Geld und ließ es nicht aufschreiben. Als er aber zwei von ihnen untereinander tuscheln hörte, man müsse die Juden fortjagen oder sogar umbringen, stieß er ihre undankbaren Schädel gegeneinander, daß der eine

eine Beule bekam und der andere einen Sprung, den er mit Geld wieder löten mußte, damit die Sache nicht vor Gericht kam. Dann wurden auf Großmutters Anregung Juden als Gutsbeamte ins Land gebracht. Weil er aber am heiligen Sabbat arbeitete, kochen ließ und die Pfeife rauchte, wurde er von den strengeren Gleichgläubigen in den Bann getan, worauf er sie alle entließ und brotlos machte, was hinwiederum die Behebung des Bannes zur Folge hatte. Überhaupt stand der alte Mann mit Gott schlecht. Wie er mit siebzig ein gestraucheltes Pferd aufhob und sich einen Bruch zuzog und erst, als dieser verklemmt war, sich zu Heilungszwecken in die Reichshauptstadt begab, legte ihm sein ältester Sohn, der an seinem Krankenlager saß und damals Oberst war, später allerdings sogar General werden sollte, nahe, doch die Fürsprache des Allerhöchsten in Anspruch zu nehmen. Der Großvater aber war sich offenbar dessen bewußt, daß ihm von dieser Seite wenig Hilfe kommen würde, und verlegte sich darauf zu erklären, falls ihm die Natur nicht helfen könne, müsse er eben mit Bedauern sterben.

Der Vater allerdings war milder, wenn auch nicht eben in der Jugend. In dieser hatte er es, wie bereits erwähnt, als Student in einer nationalen Verbindung auf dreiundzwanzig Duelle und Mensuren gebracht. Das letzte Duell absolvierte er mit einem Prinzen. Da der Vater Linkser und nicht groß gewachsen war, konnte der erlauchte Gegner mit wohleinstudiertem Primhieb die Temporalis seines Widersachers durchschlagen. Erst im Ehrengange, den man ihm trotz starkem Blutverluste einräumte, entledigte sich der Vater mit damals erlaubtem Cerclehiebe des Prinzen, dessen Eingeweide er bloßlegte. Das kostete ihn viele Nachtwachen an des Gegners Krankenlager, sei es, daß sein Mitleid verspätet erwachte, sei es, daß der Tod des Besiegten nach dem damaligen Gesetze das Duellverbrechen zu einer strengen Ahndung geführt haben würde, weil es sich nicht mehr hätte vertuschen lassen. Immerhin starb der Prinz erst nach anderthalb Jahren und außerhalb des Sanatoriums, und die Obrigkeit erfuhr nichts von Zusammenhängen. Der Vater aber kam nicht mehr zum vierundzwanzigsten Waffengang, das zweite Dutzend blieb also unvollendet. Auch das Motiv des letzten Zweikampfes wurde nicht ganz aufgeklärt. Der überlebende Duellant behauptete, er habe den andern wegen Herabsetzung zu dieser Auseinandersetzung veranlaßt, weil derselbe, wenn auch ohne Bezugnahme auf ihn, behauptet habe, Juden seien feige und nicht satisfaktionsfähig, eine Meinung, die sich übrigens später im sogenannten Waidhofner Programm der Nationalen allgemein durchsetzte. Trotzdem hatte der Bericht der alten Dame etwas für sich, welche mit achtzig dem Sohn die Mitteilung machte, sie sei damals Tänzerin gewesen und als solche mit einem Kinde des Vaters schwanger gegangen. Der Prinz, der dies nicht gewußt habe, hätte sie zum Tanze aufgefordert. Daraus seien die schon erwähnten Komplikationen entstanden.

Wie dem auch war, das Nationale im deutschen Sinne blieb ein Anliegen des Vaters bis ins späteste Alter, wie dem Großvater dessen Gottlosigkeit. Mit dem Verlust Elsaß-Lothringens für Deutschland hatte der Vater sich nie zufriedengegeben, noch weniger aber mit der Abtretung Südtirols an Italien. Als der Sohn anläßlich einer Reise nach Rom in Meran Station machte, wo er den Vater treffen sollte, fand er diesen auf einem öffentlichen Platze, von Einheimischen umringt, wo derselbe aus eigenem Antriebe und völlig erfolglos, wenn auch nicht ohne Eindruck zu machen, den Landesteil, in dem er sich befand, für seine Heimat in Anspruch nahm.

Was nun die Muttersfamilie betraf, so hauste sie über ein Jahrhundert in einem der ältesten Vorstadthäuser, um das die Tramway einen Bogen machen mußte, geachtet auf nunmehrigem Wiener Boden. Das Bild der Urgroßmutter als junges Mädchen hatte sich angeblich ein früherer Kaiser für sein Lustschloß im nahe gelegenen Schönbrunn anfertigen lassen. Allerdings hatte der Sohn sich niemals davon zu überzeugen versucht, ob es dort tatsächlich noch hing.

Wenn er nun aber sein Anliegen auf Weiterverbleiben im Lande außer auf Gottlosigkeit des Großvaters, Duellfreudigkeit des Vaters, das Schönbrunner Abenteuer der Urgroßmutter auf etwas gründen wollte, so mußte er doch einen Umstand aus seinem eigenen Leben hinzufügen können, damit das Verdienst der Vorfahren auf ihn übergehe. Er hatte freilich seinerseits kaum vielen was zuliebe oder zuleide getan, ging seinen dumpfen Weg der Pflicht, wenn auch nicht aus Neigung, so doch aus einer gewissen Notwendigkeit, und was am Rande solchen Weges wuchs, wenn es auch nicht zu pflücken wert war, das pflückte er doch, sobald es leichter zu pflücken war als das, was sich durch Starrheit dagegen sträubte. Dazu kam, daß man sogar mit ihm fallweise eine Ausnahme gemacht hatte, wie jener Gerichtsvorsteher, der ihn zu sich privat eingeladen hatte, obwohl ihm nach dessen Erklärung seine Rassezugehörigkeit nicht homogen oder kongenial erschienen war. Wenn auch der Sohn damals noch entrüstet abgelehnt hatte, so erschien er nunmehr sehr häufig bei einem nationalen früheren Steueramtsleiter, dessen einziger Sohn Selbstmord begangen hatte, ein Sproß, den er zwar nicht gekannt hatte, der aber mit ihm gleichaltrig gewesen war. Auch dieser Mann machte scheinbar eine Ausnahme, daß er ihn zu sich kommen ließ. Dazu lud er allerdings noch eine schwarzhaarige reizvolle Dame ein, die als weiblicher Leckerbissen die Einladung für den ausnahmsweise Zugelassenen interessanter gestalten sollte.

Um etwa die gleiche Zeit gab es noch ein Wiedersehen

mit einem vor längerer Zeit nach Deutschland und später Frankreich abgewanderten, besonders begabten jüdischen Schulfreund, der im Ausland für den ökonomischen Teil wichtiger Blätter arbeitete, diese Tätigkeit spielend und schnell, auch gewinnbringend bewältigte und den Rest seines Tages der Geschichtsphilosophie zuwendete. Dieser junge Mann war zum Sterben des eigenen Vaters, eines höheren Richters, mit dem er übrigens zu dessen Lebzeiten nicht besonders gut ausgekommen war, in die frühere Heimat zurückgekehrt. Noch weniger gut verstand er sich allerdings mit seiner Mutter, einer noch immer schönen Frau, welche sich aufgrund oberflächlicher Lektüre geistreich gebärdete und Salon und Bett mit Herren berühmter Namen teilte. Mit einem begrabenen und einem auf langes Leben eingerichteten Elternteil ausgestattet, hatte dieser Freund, der am linken Fuß hinkte und eine schneckenförmig geringelte Nase aufwies, aber im übrigen gut gewachsen und vorbildlich gekleidet war, kraft seiner Neigung zum Sohne diesem den Hauptanteil an seiner unzeitigen Anwesenheit im Lande eingeräumt. Dabei kam es nicht nur zu unfruchtbaren Erörterungen der gegenwärtigen Lage und dem Austausch paradoxer Lebensweisheiten, sondern unter anderem auch zum Besuch eines gut frequentierten Kaffeehauses am Waldwiesenrande, in dem, als die beiden Platz genommen hatten, ein angejahrter Wahrsager auftrat, der für zehn Schillinge die persönliche Zukunft jedes Anwesenden den Betroffenen zu verraten geneigt war. Der Sohn war diesem Fachmann schon einmal begegnet, als er ein Volksfest aufgesucht hatte, bei dem der Alte noch zerlumpt gewesen und für einen Schilling gewahrsagt hatte. Damals wurde dem Sohn der Bestand der Rechtsanwaltsprüfung an einem bestimmten Tage vorausgesagt sowie die gleichzeitige Befassung mit einer der Jurisprudenz nicht verwandten Kunst, die später die Oberhand gewinnen würde.

Dem Facharzt, der in des Sohnes Begleitung saß, verhieß der Einschillingsmann die Befreiung von der Unterhaltspflicht für die erste Gattin und die Eingehung einer neuen Ehe, die wiederum mit einer Hörnung gekrönt sein würde. Erst als der Sohn in der Garderobe vor dem Prüfungssaal dem diensthabenden Mantelverwahrer sein Überkleid unter Hingabe der damals letzten fünf Schillinge anvertraut hatte, erfuhr er von dem Überzahlten, daß gerade an jenem Tag, an dem er nach des Wahrsagers Vormeinung die Prüfung erfolgreich bestehen sollte, die Herren im Konferenzzimmer sich im gleichen Sinne geäußert hätten. Obwohl der Sohn schlecht vorbereitet war und auch das schriftliche Examen nicht aus Opposition, sondern aus Unkenntnis der Meinung seines Prüfers in diesem widersprechendem Sinne gelöst hatte, war er gern geneigt, der Versicherung des Unbefugten zu glauben, ungeachtet dessen, daß man Steuerrecht prüfen würde, welches sein Mitkandidat unter Verweigerung der Weitergabe der Skripten an ihn noch eifrigst vor dem Einlaß präparierte. Der Sohn verstand es damals, den Examinator auf das Gebührenrecht abzulenken, von dem der andere versicherte, nichts zu wissen, womit er recht hatte, und verhalf so der an ihn ergangenen Weissagung zu einer teilweisen Erfüllung. Der Erfolg mit der zweiten, der Rechtsklugheit nicht verwandten Kunst, stand allerdings noch aus, ebenso wie des Facharztes Hörnung, die er später sehr ersehnte, soweit er sie persönlich und mit eigener Beteiligung herbeiführen konnte.

Nunmehr aber stand der Einschillingzukunftwisser, glorreich in einen Zehnschillingzeitvorausseher vernobelt, wieder vor ihm, der er diesmal im Beisein eines Freundes war, den er nicht hörnen konnte. Der Hinkende, welcher längst bei Tische saß, als der Zehnschillingmann das Lokal betrat, war nicht gläubig und daher bereit, den Aberglauben mit in Kauf zu nehmen, sei es bloß der Belustigung halber oder auch der Ernstnahme wegen, wie man selbst die unglaubwürdige Zeit als etwas Wirkliches hinnehmen mußte, welche ihre Ringe immer enger um jene schloß, die am Platze blieben und die Anstrengungen, ihrer Umklammerung zu entgehen, auf später verschoben.

Der Wahrsager verneigte sich höflich vor dem Geschichtsphilosophen und Schreiber im ökonomischen Teil von Zeitungen und ließ ihn wissen, was diesem ohnehin bekannt war, dem Sohne aber nicht, daß nämlich der verkürzte Fuß, den er unter dem Tische verbarg, auf einen ungünstigen Fall beim Eislaufen in noch nicht schulpflichtiger Kindheit zurückzuführen wäre. Im übrigen sei Hinkender aus Anlaß des Todes eines nicht sehr geliebten Elternteiles ins Land gekommen, werde sich jedoch damit abfinden müssen, daß der noch weniger verehrte, aber dafür sehr begüterte Teil seiner unmittelbaren Vorfahren ihn selbst überleben werde. Dafür würde er in kurzer Zeit ohne Gewinn in die Fremde wieder zurückkehren. Als der Gegenstand der Weissagung mit zwanzig statt mit zehn Schillingen bezahlte, wußte der Sohn, daß der Urgrund von dessen Hinken gefunden war, denn für die noch ungeklärte und überdies auch nicht günstige Zukunftsinaussichtstellung wäre der hingegebene Betrag zu viel gewesen.

Während sich der Sohn nun auch erinnerte, daß ihm der Facharzt von dem Unterhaltsverzicht der ersten Frau geredet hatte, den der nunmehrige Freund derselben veranlaßt, und daß er selber doch ab und zu, wie bei Erzeugung der Proben für den Rundfunkvortrag und beim Andenknienschreiben bei der wundermilden Wirtin einer nicht juristischen Kunst gehuldigt hatte, hielt er trotz sonstigem Unglauben die geschehenen Voraussagungen des Ein- bis Zehnschillingpropheten für durchaus vertretbar.

Nach längerem Fußmarsche, welchen der Sohn mit dem Hinkenden nunmehr antrat, kamen sie in jene Weingegend, in der der Heurige betont deutsch auf ehemals feurigem Kogel gedieh. Man bestellte daselbst sechs Flaschen solcher Flüssigkeit, denn der Sohn, der sich bewußt war, vieles zu vertragen, wollte den andern zum Taumeln bringen. Dieser aber war nach der ersten Flasche schon so aufgelegt, daß er entgegen sonstiger Schweigsamkeit den versammelten Heurigengästen bekanntgab, daß er ein Jude sei. Damit löste er Unbehagen und Gemurmel aus, obwohl es nicht schwergefallen wäre, dergleichen auch ohne sein Bekenntnis herauszubekommen. Immerhin hörte er aber sodann, vielleicht aus Reue über seine Mitteilung oder deren Wirkung, mit dem Trinken auf. Dadurch war der Sohn genötigt, die restlichen fünf Bouteillen entweder stehenzulassen oder in sich aufzunehmen. Weil er sich aber zu letzterem entschloß, versetzte er sich alsbald in jenen Zustand, in den er den andern zu bringen vorgehabt hatte. Als ihn nunmehr die Heurigenbesucher ausfragten, ob er nicht vielleicht auch ein Jude sei, verneinte er dies jedoch mit Vehemenz und widerlegte damit den Satz, daß im Weine die Wahrheit sei. Gleichzeitig aber versuchte er sich zu erheben, was ihm aber nicht vollends gelang, denn seine Beine standen bereits sehr stark unter jener Wirkung der menschenbezwingenden Flüssigkeit, der seine Bekenntnisfreudigkeit widerstanden hatte. Oder vielmehr sie standen gar nicht mehr, sondern beschrieben Kreise, während ihn der Freund, dem er diesen Zustand vergeblich hatte angedeihen lassen wollen, wieder etwas ernüchtert unter die Arme nahm und heimwärts führte. »Dann, wenn Sie also kein Jude sind, erschlagen wir den auch nicht, daß er Sie noch nach Hause führt, denn wir gehen nicht nach Hause.« Und zu dem Hinkenden gewendet, äußerte man sich noch: »Merk's, Jud!«

Der Sohn, der alsbald zum Raufen aufgelegt war, wollte sich auf den sich Äußernden stürzen, taumelte aber dabei in die Gegenrichtung, und da er bereits in dieser war, eilte er hinaus in die Nacht, in der glücklicherweise keine Vehikel fuhren und die sich lange zwischen hier und daheim erstreckte. Auf dieser Flucht wiederholte er noch mehrmals die Verleugnung seines Glaubens und seiner sonstigen Zugehörigkeit, bekannte sich aber dafür wiederholt zu seinem Namen, so daß etwa Vorübergehende, die zwar nicht ihn selbst, wohl aber seine Benennung und Befassung kannten, auch über seine Religion und sogenannte Artbeschaffenheit Bescheid erhalten haben würden. Aber wiewohl sie einigen späten Heimzüglern begegneten und der Sohn dem Hinkenden trotz eigner Belastung immer vorausentlief, fanden seine lautstark vorgetragenen Versicherungen niemals Widerspruch, ja zuweilen sogar Zustimmung, bis sich die Reise des Sohnes dadurch verkürzte, daß er plötzlich den Hügel hinunterkollerte und ihm der umsichtig gewordene Freund auch anläßlich dieses Absturzes nachhinkte, bis er ihn ganz unten zusammengesunken aufgreifen konnte, von dort mühsam nach seiner Heimstätte schleppte, richtiger bis zu den Stufen derselben, auf denen der Beförderte unter Erbrochenem liegenblieb, bis ihn die Mutter am Morgen auffand und zu Bette brachte. Der Freund aber hatte es vorgezogen, den Rest der Nacht bis zur Abfahrt des ersten Zuges auf dem Bahnhof zu verbringen.

Sobald der Sohn gereinigt und ausgeschlafen war, ohne daß die Mutter ihm einen Vorwurf gemacht hätte, ging er nicht in die Kanzlei, sondern zu dem judenhasserischen vormaligen Steueramtsleiter, der den Selbstmord des eigenen Sohnes beklagte, welchem sich alle erdenklichen Mädchen zu dessen Lebzeiten zur Verfügung gestellt hatten, was diesen statt zur sukzessiven Entgegennahme der Angebote zur Beklagung derselben in verfallszeitverpönenden Gedichten und schließlich zum Selbstmorde getrieben hatte. Als, wie übrigens selten genug, von diesen Dingen nur rein anspielungsweise die Rede war, blickte der Sohn aus seinen blauen jüdischen Augen in die schwarzen der nationalen Dame, die man seinethalben eingeladen hatte. Aber wiewohl sie seine Blicke irgendwie entgegennahm, wies nichts darauf hin, daß sie zu seinen Gunsten ihre Schenkel öffnen werde, sei es, weil sie für ihn das Schicksal des Steueramtmannsprößlings befürchtete, sei es, weil sie ihn nicht wollte oder bloß die Gelegenheit unpassend fand. Vielleicht war der Sohn im Gegensatz zu dem vorverblichenen Burschen, der sich vor der Verkrümmung zum Beischlaf ins Jenseits geflüchtet hatte, seinerseits für diese Übersiedelung bereits reisefertig, wenn auch nur innerlich, während er sich äußerlich noch auf ein Bleiben auf längere Dauer einrichtete. Und seine Augen drückten keine Wünsche aus, die denen des bereits Abgeschiedenen zuwidergelaufen wären.

Auf dem Heimwege aber erinnerte er sich wieder seines stattgehabten Rausches wie auch früherer Berauschungen, die noch zu Lebzeiten des Vaters stattgefunden und diesen erbittert und geängstigt hatten. Darunter war insbesondere eine, bei der er sieben und nicht nur fünfeinhalb Flaschen Alkohol konsumiert hatte, und wie dann ein damals berühmter Autor beim Friseur in Erfahrung gebracht und dem Vater brühwarm weitergegeben hatte, zunächst einige Burschen, die stärker als er waren, verprügelt hatte, dann deren Mädchen bis auf die Toilette nachgelaufen war, in offenbarer Absicht auf unzüchtige Begegnung, ein Treiben, dem schließlich der Wirt, ein ehemaliger Ringer, ein Ende gemacht haben soll, indem er den Störenfried überwältigte und dann hinaustrug. Dieses Abenteuers erinnerte er sich nunmehr in dem ihm vom Vater vorwurfsvoll vorgetragenen Sinne. Dagegen wußte er von der Berauschung der vergangenen Nacht nicht viel mehr, als daß er die häuslichen Stiegen verunreinigt hatte, ansonsten war er weder von der Mutter informiert worden, die etwa aus drittem Munde Nachrichten vernommen hätte, noch von dem Freund, der, wenn auch selbst ein wenig angeduselt, so doch vielleicht in der Lage gewesen wäre, Vorgefallenes aus eigener Erkenntnis zu schildern, falls er zu diesem Zwecke dageblieben und zur Verfügung gestanden wäre.

So aber versetzte es den Sohn in peinliche Angst, der sich von seinen Rauschgedanken und der Mißernte bei der Schwarzen in des Gartens Hängematte ausruhen wollte, ohne in seine Kanzlei zu schauen, als er von seiner Mutter verständigt wurde, es seien zwei Herren von der Gendarmerie eingelangt, die ihn zu sprechen wünschten, aber von ihrem Vorhaben nichts mitgeteilt hätten und kanzleiseitig in Zivil auf ihn warteten.

Im Hinblick auf sein nächstunmittelbares Vorleben konnte der Sohn nichts anderes annehmen, als daß dieser Besuch mit seinem Rausch in Verbindung stehe, da mit der Schwarzhaarigen nichts Rügenswertes vorgefallen war und er an sie auch kein von ihr gemißbilligtes Ansinnen gestellt hatte. Sowie er nun zögernd die Kanzlei erreichte, taten die beiden erschienenen Gendarmen sehr geheimnisvoll, bis sie ihm den Zweck ihres Kommens auseinandersetzten. Danach handelte es sich diesmal allerdings nicht um Begebenheiten im Zustande der Trunkenheit des Sohnes, sondern lediglich um ein an ihn zu stellendes Angebot eines populären Werkes über Rechtsfragen, welches ein Gendarmeriehäuptling in seiner Freizeit verfaßt hatte, das zwar kein einziges juristisches Rätsel löste, aber für einen besonders hohen Preis zu haben war, der ungefähr der Gesamtsumme seines jetzigen Barschaftsrestes entsprach. Freudig, mit so wenig für so viele unbekannte Sünden loszukommen, berappte er mit allem, was er hatte, eine für ihn sinnlose Erwerbung, die er auch sofort nach dem Abschied der Überbringer in die hinterste Reihe seines Bücherkastens stellte. Der Ärger kam ihm nachher, als ihm die Mittel zu wichtigeren Anschaffungen fehlten und Klienten ausblieben, die ihm hätten zahlen können, doch gewann er seine durch den Katzenjammer verlorene Sicherheit wieder zurück. Auch hatte er nach vielen Jahren die Genugtuung, als seine Bücherei von kundigen Dieben gestohlen wurde und mit dieser auch der dazugehörige Kasten in Verlust geriet, doch noch das Werk des Gendarmerieobersten, der inzwischen unter verschiedensten Regimen avancierte, unangetastet als Erinnerungsstück vorzufinden. Immerhin hatte ihn schon damals seine Neuerwerbung in den Stand versetzt, sich so zu verhalten, als ob er sich nicht in aller Öffentlichkeit besoffen, sein Judentum verleugnet, einen Hang hinuntergekollert und die Stiegen seines Hauses verunreinigt hätte.

Im übrigen begab sich der Sohn mangels Geldes und sonstiger Erfolgsmöglichkeit wiederum zum Facharzt, wo er in seiner Sorglosigkeit bestärkt wurde. Weder dieser noch dessen früher geboxt habende Gattin zeigten irgendwelche Befürchtungen in der Richtung, daß es anders werden könnte. Mit ausladender Geste erzählte der Gatte, der in hilflosem Dusel einem Einbrecher die Schultern zur Verfügung gestellt hatte, daß er demnächst der Vaterländischen Front, das ist Organisation der Regierung, beitreten würde, wobei er vergessen hatte, daß er sich seinerzeit bei der Sozialdemokratischen Partei an jenem Tage hatte einschreiben lassen, in Verlaufe dessen sie dann verboten worden war. Im übrigen nahm die Frau des Inaussichtstellers ihre Tändeleien mit dem Sohne, die sie auch im Spitale auf sich genommen hatte, nunmehr außerhalb desselben wieder auf, vielleicht um ihn zu beruhigen, wiewohl dieser weniger einer Beruhigung als einer Beunruhigung bedürftig erschien, um das, was er vor den kommenden allgemeinen Ereignissen vorauswußte, sich auch selbst zu glauben oder zumindest jene Tatkraft zu gewinnen, seine bisher an entlegene Dinge verausgabte und bei naheliegenden versagende Strebsamkeit auf die Bahn des Entrinnens zu lenken. Aber in diesem Zusammenhang war vielleicht noch einiges in der Person des Sohnes zu ergründen, was er sich selbst nicht eingestand. Er wollte los von seinen Wurzeln wie von seinen Pflichten. Bei Verlassen des Landes in Gemeinschaft mit seiner Mutter würde er zwar in der Heimat, die ihn verstieß und von der er sich innerlich abwenden wollte, das Andenken seines Vaters zusammen mit dessen Begräbnisort zurücklassen und von sich abwälzen, eines Mannes, der an dem schlechten Klistier eines wohlmeinenden Arztes ein paar Tage vor dem für ihn festgesetzten Ende gestorben war. Er würde aber mit seiner Mutter die andere Wurzel und diese lebendig mit sich nehmen, ja an einem anderen Orte einpflanzen, an dem ihn dann den alten nicht unähnliche Verpflichtungen festsetzen könnten. Er aber wollte vielleicht nichts anderes mit sich nehmen als sich selbst, bar jeder pflanzlichen Umsetzung, gefühlsmäßigen Verpflichtung, Verantwortung und natürlichen Bindung. Das hieße allerdings, nebst einem neuen Mord an seinem toten Vater einen ebensolchen an der noch lebendigen, aber kränkelnden und daher hilfebedürftigen Mutter zu begehen, ein Unterfangen, welches von langer Hand vorzubereiten ihm derzeit möglicherweise noch widerstrebte und das daher vorläufig aufzuschieben war.

Die Iden des Märzes waren nun immerhin im Kommen. Seine Kanzlei ließ sich nicht schlecht an, sein Warteraum war häufig bis zum Bersten voll. Als siebzehnter Anwalt hatte er sich hier niedergelassen, und es schien, als werde er mit äußerster Beschleunigung nach Zahl und Gewicht der Fälle auf den dritten Platz vorrücken. Gerade in letzter Zeit hatten sich wieder unerwartete Erfolge in der Praxis eingestellt, und es war nirgends aufgekommen, daß er noch vor kurzem in einer nahe gelegenen Heurigenschenke ausgeartet und vielleicht auf dem windschiefen Heimweg Gesetze des Anstands, ja sogar Vorschriften der Standesehre verletzt hatte.

Freilich stellte sich nachgerade das Bedürfnis ein, mit irgendeinem Menschen ins Gespräch zu kommen, obwohl gar nicht feststand, was überhaupt zu sagen gewesen wäre. Die Mutter eignete sich infolge Alters und Krankheit, auch anderer Neigung zu solcher Gesprächsanbahnung nicht. Die Schwester hatte vorübergehend durch ihre völlige Hingabe an den widerwärtigen jüdischen Assistenzarzt ihre Rolle als geeignete Empfängerin von Erklärungen und berechtigte Erstatterin von Einwänden oder Zustimmungen verloren. Die ehemals Fünfzehnjährige war mit ihrer Bezahlung aus dem Kreise seiner Partnerinnen ausgeschieden, die Schwarze vom antisemitischen Steueramtsleiter, ja selbst die Facharztsgattin waren noch nicht hinreichend oder zumindest nicht als mögliche Unterredungspartnerinnen in diesen Kreis eingetreten. Der Schönling, der fette Dickköpfige, der Musikerkopftragende schienen mit eigenen Umständen zu sehr beschäftigt, der Plattchinese und der Hinkende hatten sich nicht mehr blicken lassen. So kam es dem Sohn gelegen, daß ein Vetter, der ihm wegen der Kühnheit und Anständigkeit seiner Meinung innerlich nahe war, ihn einlud, weil der soeben Jungvermählte auch eine Wohnung nächst dem Gürtel von der Gemeinde Wien erhalten hatte. Es handelte sich bei diesem Vetter um einen noch jungen Mann, der sich im Weltkrieg als Siebzehnjähriger gemeldet hatte, mehrfach ausgezeichnet wurde, in kurzem Leutnant geworden war und nach mehreren, zum Teil schweren Verwundungen nach dem verlorenen Feldzug mutter- und vaterlos, auch infolge Verlustes seines Bruders im Felde geschwisterentbehrend, ohne Vermögen und hinreichende Vorbildung sich eine entsprechende Position durch Zuversicht und Ausdauer schuf und dann einen Hausstand zu gründen wagte. Zu diesem Zwecke hatte er sich, obwohl athletisch gebaut und kraft dieses Zustandes ein Liebling der Frauen, mit einem bescheidenen Wesen begnügt, das er als Repräsentant größerer Radiofirmen sozusagen anstatt einer sogenannten guten Partie entsprechend verwöhnen konnte. Der Sohn hatte sich im übrigen durch diesen Vetter, sobald die Wunden in seinen Ersparnissen durch die achthundert für die frühere Fünfzehnjährige und die einhundertfünfzig für das prachtvolle, aber unbrauchbare Gendarmeriebuch geschlossen waren, einen Radioapparat angeschafft, den er auf solche Art billiger als sonstwo beziehen konnte und mit dessen Hilfe er bei etwaigen Besuchen die Schönen schneller in die Horizontale zu bringen hoffte, zumindest unter Ersparung vorheriger persönlicher Ansprachen und Überredungen.

Bevor aber der Sohn zu diesem Zweck den soeben erstandenen Zauberkasten spielen lassen wollte, besuchte er den schon erwähnten Vetter und dessen neue Frau und neue Behausung. Er wurde daselbst wie ein Prinz empfangen, obwohl er vergessen hatte, ein Geschenk für die Einweihung der Wohnung, ja sogar Blumen für die Neuvermählte mitzubringen. Wahrscheinlich wurde sein feierlicher Empfang dem Umstand geschuldet, daß er nur höchst selten Verwandte, die ihm dem Grade nach ferner als Bruder und Schwester standen, aufzusuchen pflegte und daher schon allein sein Kommen, wenn auch mit leeren Händen, als eine Ehrung empfunden worden war. Die Stimmung war im übrigen die denkbar beste, das Essen von der Hausfrau auf das schmackhafteste zubereitet, der Wein vom Gastgeber auf das sorgfältigste ausgesucht worden. Mit solcher Einbegleitung ließ der Vetter wahrscheinlich erstmalig, sicher aber letztmalig seine Zukunftspläne hören, die gleich für die nächsten zwanzig Jahre zusammengefaßt wurden, große Wohlhabenheit voraussetzten und auch entsprechende Nachkommenschaft, die sich mit dem Steigen der materiellen Voraussetzungen nach und nach einstellen sollte. Bei dieser Gelegenheit vergaß der Sohn vorübergehend das Nichtvorhandensein eigener Zukunftsplanungen, ja seine einschlägigen unterdrückten Befürchtungen, so daß nicht er es war, der die allgemeine Stimmung verdarb, vielmehr das Rundfunkgerät, das der große Vertreter von derlei Instrumenten unversehens eingeschaltet hatte und aus dem noch unvorhergesehener die Stimme des langen Bundeskanzlers klagend vernehmbar wurde. Dieser war gerade im Begriff, abzudanken und das ganze Land widerstandslos Adolf Hitler zu übergeben.

In diesem Augenblick brach in den hellen Augen des blonden Vetters dessen eben dargelegter zwanzigjähriger Zukunftsplan zusammen, während die Frau bloß in die Schürze weinte. Danach aber hatten die Gastgeber das weitere Gefühl, es würde ihnen nicht nur die Wohnung, sondern auch das, was sie bisher als ihre Heimat angesehen hatten, unter den Füßen weggezogen, wiewohl keiner von beiden den Gedanken ins Auge gefaßt hatte, fahnenflüchtig zu werden. Der junge Vertreter von Rundfunkgeräten war allerdings bereits der Meinung, daß er in ziemlich kurzer Zeit seine Position verlieren werde, daß man ihm ungeachtet seiner früheren Offizierslaufbahn und seines Verhaltens im Weltkrieg alsbald ungestraft ins Gesicht spucken werde, daß beide, wenn überhaupt, wie Aussätzige würden leben müssen.

Während nun die Gastgeber nach ihren ursprünglichen Planungen und weitgehenden Zukunftsprojekten alle Aspekte ihres voraussichtlichen Niederganges vortrugen, versuchte der Sohn seinerseits ihnen Trost vorzutäuschen, ihren Widerstandswillen zu blähen und ihnen überhaupt den Gedanken auszureden, daß nunmehr alles für sie zu Ende sei. Er hatte sehr bald das sichere Gefühl, daß ihm ebensowenig geglaubt wurde, wie er selbst das glaubte, was er sagte. Immerhin beschloß er, zu diesem Vetter nicht mehr wiederzukehren. Diesen Vorsatz konnte er um so leichter ausführen, als sich der hinfort zu Meidende, sobald ihm die Wohnung genommen, die Stelle gekündigt und er auf der Gasse zum ersten Male angespuckt worden war, selbst entleibte. Dabei berücksichtigte der Bespeichelte seine Frau nicht, die erst ein paar Jahre später in ein Konzentrationslager gebracht, daselbst, viel später allerdings, vergast und eingeäschert wurde, weil sie eben eine Jüdin war. Damals, das ist in der vorgeschilderten Zwischenzeit, durfte der Sohn noch von Lebendigen Abschied nehmen.

In der Tramway, die ihn zum Bahnhof brachte, war er ziemlich allein. Sowohl der Wagenführer als auch der Schaffner schienen über die Ereignisse nicht sonderlich begeistert. Ein Passagier, der unterwegs zu- und ausstieg, schaute sogar ausgesprochen mißmutig drein, wiewohl er anscheinend kein Jude war. Möglicherweise hatten auch private Unstimmigkeiten die Freude über die Heraufkunft des großen Führers vorübergehend überschattet.

Auch als der Sohn auf dem Bahnhof seine Rückfahrkarte vorwies und im Eisenbahnzuge ein leeres Abteil bezog, ereignete sich noch überhaupt nichts, das ihn mit seiner neuen Situation schon konfrontiert hätte. Immerhin machte er sich darauf gefaßt, sobald er den Boden seines Wohnortes betreten würde, daselbst trotz vorgerückter Stunde dem Abenteuer zu begegnen.

Die Zeit, in der der Sohn vom Wohnsitz des Cousins mit der Tramway zum Bahnhof fuhr, war zu knapp, um Bilder der Vergangenheit, der Gegenwart und der Zukunft miteinander zu verquicken. Auch mußte die Aussteigstation rechtzeitig ins Auge gefaßt werden. Dagegen schien der Zwischenraum vom Besteigen der Eisenbahn bis zum Einlangen an Ort und Stelle genügend lang bemessen, um sich solcher Versponnenheit hinzugeben. Das erste, was dem

Sohn einfiel, war eine Begegnung auf dem Eise vom Nachmittag, bevor er sich nach Wien zu seinem Cousin ohne ein Geschenk für die neue Wohnung und eine Aufmerksamkeit für dessen Gattin begeben hatte. Drei hübsche Töchter eines durch bedenklichen Ankauf alter Schienen der Südbahn reich gewordenen Huf- und Wagenschmiedes waren nacheinander in seinen Armen über die Tanzfläche geglitten. Die Jüngste hatte er zum ersten Male gesprochen, die Älteste war bis dahin die Geliebte verschiedener nationaler älterer Herren gewesen, die mittlere hatte er einmal vor Jahren in einem Zuge wie diesem unterwegs von Wien zu seinem Wohnort angeredet, aber kein Stelldichein ausgemacht. Sie war damals noch nicht vergeben, später verlobte sie sich mit einem jungen blonden Juristen, den der Sohn gut kannte und der auf Veranlassung eines sozialdemokratischen jüdischen Universitätsprofessors, und vielleicht auch mit dessen finanzieller Unterstützung, studiert hatte. In der Zeit nach dieser Verlobung kam sie häufig mit dem Bräutigam zum Sohn und legte sich dann auf dessen Diwan, sagte sogar einmal zu dem, der sie begleitet hatte, scherzhaft oder auch mit einem Körnchen Ernst, sie sehe nicht ein, warum sie den Sohn nicht auch allein aufsuchen solle, sie kenne ihn schon länger als ihren ständigen Freund, hätte sie ihn doch schon vor Jahren im Eisenbahnzug kennengelernt. Auf diese Unterredung kam sie übrigens wiederum zu sprechen, als sie mit dem Sohn auf dem Eise tanzte. Ihre ältere Schwester, dieselbe, welche von nationalen älteren Herren vorgezogen wurde, fand die Bemerkung unpassend, da die Schwester schon verlobt war. Derselben Meinung war auch die jüngere Gleichverwandte. Als das Tanzen zu Ende war und die Mädchen nach Hause, der Sohn zu seinem Vetter fahren sollte, stellte sich zufällig der goldzahnbleckende Zahnarzt auf der Zuschauerfläche ein, und weil er den Sohn mochte und junge hübsche Mädchen gern mitnahm, machte er sich erbötig, zunächst alle zusammen in seinem Kleinauto bis zum Heim der Mädchen und dann den Sohn zum Bahnhof zu fahren. Sein Angebot wurde angenommen, obwohl der Platz im Wagen nicht für fünf Personen bemessen war. Der Eistänzer war rechts und links in das feste anziehende Fleisch der mittleren und der älteren Schwester gebettet, die jüngste saß zwar neben dem Goldzahnblecker, doch so, daß sie dem Schoße des Sohnes mit ihrer mädchenhaften Wärme nahe blieb. Und als nun alle drei dem auf der Straße vermutlich zu anderem Zwecke wartenden Vater ausgefolgt wurden, fragte der Goldzahnblecker diesen scherzhaft, ob und welche von den dreien er dem Sohn überlassen würde. »Wenn er will, kann er alle drei haben«, meinte der freigebige Befragte. Das war heute, aber vor der Kanzlerabdankung gewesen. Es war fraglich, ob der Vater sein Angebot aufrechterhalten würde, fraglich auch, welche der Töchter noch Lust hätte, es zur Kenntnis zu nehmen.

Von diesem ihm heute begegneten Vater dreier Töchter gelangte der Sohn im Erinnern an einen, der nur eine Tochter sein eigen nannte und ihm zuletzt auch nicht leiblich, sondern nur in den Prozeßakten begegnet war. Derselbe, ein Fleischermeister, war beschuldigt worden, nach dem Tode der Mutter des Kindes beständig, das ist je nach Anwandlung, demselben beigewohnt zu haben. Der Sohn war mit der Anzeigeerstattung betraut gewesen, das beleidigte Bürgertum tat sich aber in Deckungsabsicht so dicht zusammen, daß die Sache vertuscht wurde und das Mädchen sich zum Widerruf bequemte, ja sogar weiter beim Vater belassen wurde. Hier hatte der Sohn gewiß einen Feind.

Einen zweiten fand er alsbald in seiner Erinnerung. Es war noch nicht einen Monat her, daß ein Motorradfahrer nationaler Gesinnung bei einer forschen Ausfahrt, die er allerdings allein und ohne mitgenommene Frauensperson absolvierte, an drei im gleichen Sprengel gelegenen Ortschaften je einen Fußgänger niedergefahren, dabei den ersten schwer, den nächsten unbestimmten Grades, den dritten nur leicht verletzt hatte. Durch Zufall wurde von jedem der drei Beschädigten der Sohn mit der Vertretung betraut, und es war gerade einen Tag her, daß sie alle drei ihren Schadenersatz erwirkt hatten. Wenngleich die Versicherungsanstalt für den Täter bezahlen mußte, schien diesem doch die erwirkte Summe zu hoch, und er äußerte gegenüber dem Sohn, heute müsse er bezahlen, morgen vielleicht ein anderer. Daß er nicht einen beliebigen mit diesem morgigen Zahler meinte, konnte aus der Äußerung herausgehört werden, im übrigen war dieses Morgen nunmehr heute und der Zug an des Sohnes Wohnort angelangt.

Wie nun das heimische Pflaster erreicht und der Weg über den Bahnhofsplatz zurückgelegt war, begegnete dem Sohne alsbald der besonders gut aufgelegte junge Motorradfahrer, diesmal zu Fuß, lachte ihm ins Gesicht und rief: »Heil Hitler, Herr Doktor!« Das war noch ein zarter Zuruf angesichts der so plötzlich veränderten Sachlage, der den Rufer alsbald schnell ganz nach oben, den Beschrieenen aber in die untersten Tiefen bringen sollte. Aber vielleicht war es auch bloß eine Andeutung dessen, was sich schnell ereignen würde, wobei das zuvor angekündigte Morgen jedenfalls andauerte.

Als der Sohn zu Hause einlangte, fand er die Mutter noch wach und in seinem großen Zimmer. Auch sie hatte den Rundfunkappell des scheidenden Kanzlers gehört und wollte nun mit dem Heimgekehrten die Lage besprechen. Sie wäre zu einer Reise bereit gewesen, wenn sie auch sehr an dem Hause hing, das ihnen gehörte, dessen Garten sie bis zu ihrer Erkrankung gepflegt hatte und das sie noch immer nach Kräften umsorgte. Aber vielleicht hatte ihr Siechtum oder auch ein gewisses inneres Sträuben gegen ihre neue Unterbringung ihr den klareren Blick gegeben, wahrscheinlich aber die Angst um den Sohn, für den sie noch weiter dasein wollte und welcher sie jetzt sogar die Verbundenheit mit dem Grabe des Vaters zu opfern bereit war. Der Sohn aber schien diesmal nicht aufgelegt, zu besprechen, was zu tun wäre, so dringend dies nachgerade geworden war. Vielleicht blieb er noch zu nichts entschlossen, vielleicht sollte sie in seine Entschlüsse nicht einbezogen oder zumindest nicht eingeweiht werden. Vielleicht fühlte er sich müde und hatte Lust zu schlafen, obwohl weder Müdigkeit noch Schlaf einer raschen, vernünftigen Entschließung hätten vorgehen dürfen.

Sowie er sich in der Frühe die Augen rieb und aus dem Fenster schaute, zeigte sich schräg gegenüber aus der hiefür in die Wand des jungen Markengauners eingelassenen Öffnung bereits die erste Hakenkreuzfahne. Die Hörprobe in bezug auf den Rundfunk ergab die akustische Wirklichkeit ungewohnter, gräßlicher Töne, an denen das Gräßliche, ja Gespenstische eben das schien, daß sie gar nicht neu waren, sondern frisch aus ältesten Gräbern geschaufelt, verfaulte Goldschnittreime gegen die Zeit, mobilisiert aus den letzten Jahrhunderten totaler Unkunst, dazu von den Staaten entwendete, auf das Judentum abgelenkte Negerhautriecherei derer, die des Geruchsinns entbehrten, all dies übergossen mit dem Parfum nicht gereinigter, aber gesprengter Pißanlagen, welches den natürlichen Duft für die Zukunft ausmachen würde.

Als der Sohn auf die Straße trat, um trotzdem zu versuchen, frische Luft zu schöpfen, grüßte man ihn noch allgemein, als ob er nicht über Nacht zu einem Tier degradiert worden wäre. Sowie er aber den großen Platz betrat und ihm die Walküre dort begegnete, die im übrigen schon ihr Hakenkreuz trug, umarmte sie ihn vor allen Anwesenden und küßte ihn auf die Stirn. Es war der erste Kuß, den er von ihr empfing, und er erwiderte ihn nicht.

Die Herausforderung der Öffentlichkeit, die mit der heldischen Geste einer Frau beabsichtigt war, blieb im übrigen aus. Die Vorübergehenden hatten sich vielleicht noch nicht gehörig umgestellt, zumindest nicht gegen die ortsansässigen Juden oder diesen einen, der für alle geküßt wurde. Allerdings blähte sich vom Rathause bereits die Hitlerflagge. Auch kündigte sich schon der neue Bürgermeister an, der aus dem Nichts hervorgezaubert, außen und innen ein Sinnbild nationaler Dumpfheit, immerhin ein Großneffe jenes Mannes sein sollte, von dem nunmehr verkündigt wurde, daß er den Wienerwald vor den Juden gerettet habe. Bevor aber dieser Großneffe noch seinen Amtssitz beziehen konnte, beeilte sich der Facharzt, zum alten Rathaus zu gelangen. Er hatte sich endlich nach jahrelangem Zaudern dazu aufgemacht, der Vaterländischen Front des inzwischen abgedankten Bundeskanzlers beizutreten. Man sagte ihm, er möge sich sehr beeilen, da man gerade dabei sei, das Büro für immer zu schließen. Daß es aber noch offen war und sein Beitrag sogar angenommen und aufgeschrieben wurde, wiewohl die Leistung nur aus offenbarer Unkenntnis äußeren Geschehens erfolgte, bezeugte, daß in Österreich die Vergangenheit nicht gleich aufhört, wenn die Gegenwart schon begonnen hat.

Der Facharzt wußte im übrigen noch, daß der Kanzler auf einer Volksabstimmung zwischen Österreich und Nichtösterreich bestanden hatte, er wußte nur nicht, daß er dann alsbald dieses Daraufbestehen mit dem völlig Davonabgehen und Aufgeben vertauscht hatte, eine österreichische Denkungsart, die schon in knappen Sätzen von dem Kritiker schlechter Grammatik und unlogischer Folgerungen angeprangert worden war, demselben, der auch dem Retter des Wienerwalds sein Blatt als einziges zur Verfügung gestellt, aber, wiewohl ihm auf Hitler angeblich nichts einfiel, dessen Sudelbolden, die über ihn schrieben, daß er nur die Sprache mit ihnen gemeinsam habe, zur Antwort gab: »Auch diese nicht, denn die meine ist deutsch.« Wie dem auch war, der Mitgliedsbeitrag, den der Facharzt einzuzahlen sich bemüßigt fand, kam offenbar nicht mehr dem von ihm vorgehabten Zweck zugute.

Die Verhandlungen, die der Sohn an diesem Tage am örtlichen Bezirksgericht führte, verliefen für ihn günstiger als sonst. Man beachtete sein Wort. Die Gegenvertreter schienen kaum feindselig, eher geistesabwesend zu sein. Vielleicht hielten sie es auch nicht für angebracht, ihm noch zu widersprechen, wo er bald wohl überhaupt würde schweigen müssen. Auch auf der Straße grüßten ihn die Kollegen noch alle, bis auf einen. Der aber war bisher höchst christlich gewesen und hatte alle Mühe, sich bei den neuen Machthabern beliebt zu machen; nun war er unterwegs, für sie Zettel mit Ankündigungen einer Versammlung zum Austragen zu übernehmen, Grund genug, den Sohn auf solchem Wege nicht mehr zu beachten.

Dessen Kanzlei war zu den Sprechstunden immerhin noch gewaltig bevölkert, man konnte bis zu dreißig Klienten zählen. Die Kanzlistin strahlte mit dem einen Auge, daß ihre Partei durchgedrungen und die Ostmark im Begriffe war, deutsch zu werden, mit dem andern schien sie noch stolz darauf, daß der Sohn trotzdem bestehen konnte. Nur dieses linke Auge, welches offenbar schlecht sah und sie daher zur Anlegung einer Brille nötigte, zeigte die Flecken getrübter Sicht und künftiger Tränen.

Unter den wartenden Rechtsuchenden hatten sich ein Gendarm in Uniform und ein mittlerer Staatsbeamter in Zivil eingefunden, ein Zeichen dafür, daß es sich noch nicht herumgesprochen hatte, man dürfe ganz allgemein nicht mehr zum Juden gehen. Es ist wohl auszuschließen, daß man es wußte und trotzdem kam, denn obgleich es in Österreich üblich ist, verbotene Wege zu gehen, unterbleibt solcher Gang bei nicht gewinnbringender, offener Gefahr. Mag sein, daß die öffentliche Meinung noch nicht ins richtige Fahrwasser gelenkt war, weil man zwar wußte, daß Italien schwieg, aber noch nicht, was Frankreich und England sagen würden.

Was nun den Staat anlangte, der dermalen bis an den Brenner reichte, so bemühte sich der Sohn, seiner Kanzlistin glaubhaft zu machen, daß die Bezahlung des Schweigens in der Preisgabe Südtirols bestand. Sie wollte das nicht für wahr halten, wurde aber bereits von den nächsten Tageszeitungen darüber unterrichtet, daß der Brenner eine natürliche und daher gottgewollte Grenze sei, nur die Juden hätten etwas dagegen gehabt, vermutlich um die Achse Berlin – Rom zu gefährden. Nun wußte der Sohn zwar, daß Südtirol nicht erst seit dem historischen Verrat an dem ganzen Land zu Andreas Hofers Zeiten ein allgemein österreichisches Anliegen war, er kannte aber keinen Juden, außer seinem Vater, der in dieser Frage sich vorzuwagen für gut befunden hätte, um solche Meinung an Ort und Stelle zum Ausdruck zu bringen.

Als er nach später Beendigung seiner Kanzleistunden noch einmal durch die Straßen ging, begegnete er den drei hübschen jungen Töchtern des auf undurchsichtige Art reich gewordenen Huf- und Wagenschmiedes, die am letzten Abend mit ihm auf dem Eise getanzt, Fleisch an Fleisch mit ihm vom Goldzahnblecker im Auto heimbefördert worden waren und bezüglich welcher deren Vater bei ihrer Nachhausebringung eine jede dem Sohn zur Wahl gegönnt hatte. Es fiel dem Sohn weiter nicht auf, daß die älteste, welche schon früher mit angejahrten nationalen Herren zu schlafen pflegte, an ihm vorbeisah, als ob sie seiner nicht ansichtig geworden wäre. Etwas mehr enttäuschte es ihn schon, daß ihn die jüngste frech und geringschätzig ansah.

Doch als die dritte, welche mit dem blonden jungen Juristen verlobt war, aus der Reihe trat und stehenblieb, um mit ihm zu sprechen, nahm er das als ein gewisses Zeichen dafür, daß sie ihn noch als ein menschliches Wesen betrachtete, wenngleich auch sie es nötig fand, alsbald ihre nationale Gesinnung zu zeigen, indem sie darauf hinwies, daß Gott sei Dank die Ostmark wieder deutsch sei, ihr Verlobter, nämlich der von einem jüdischen Universitätsprofessor Begünstigte, begrüße es wie sie, es werde ihr natürlich jetzt schwerfallen, den Sohn noch zu besuchen oder mit ihm auf dem Eise zu tanzen, er müsse das richtig verstehen, es handle sich dabei nicht um eine Mißachtung seiner Person, aber doch um eine gewisse Reaktion gegen das Judentum, dem er ja leider angehöre. Sie selber würde es am liebsten sehen, wäre diese Zugehörigkeit nur einem Irrtum zu danken. Damit verließ sie ihn, nicht ohne ihn am schwersten von den dreien enttäuscht zu haben.

Der Sohn brach nunmehr seinen Spaziergang ab. Sowie er aber heimgekehrt war, fand er im Briefkasten einen daselbst durch Boten offenbar eingeworfenen, nicht der Post anvertrauten Brief des pensionierten Steueramtsleiters vor, in welchem ihm dieser auseinandersetzte, daß er leider auf die Besuche des Sohnes nunmehr verzichten müsse, weil die geänderten Verhältnisse solche nicht mehr gestatteten.

Noch ließ die Treue des Hausmädchens nichts zu wünschen übrig. Es waren aber bereits Bestimmungen der Angleichung mit dem sogenannten Altreich im Gange, welche vorsahen, daß derlei Bindungen zur jüdischen Patronanz ehestens aufgelöst werden sollten.

Die üblichen Besucher blieben aus. Nur eine ältere Dame, frühere Schauspielerin, mit der ein vorverstorbener höherer Bahnbeamter eine Herablassungsehe (Mesalliance) eingegangen war, ließ Sohn und Mutter wissen, daß gelegentliche Kartenpartien der drei Interessenten zwar aufrechterhalten werden sollten, aber nunmehr knapp vor Sperrstunde des Hauses bei der Briefschreiberin stattfinden mögen; es seien sonst nur Büros im Gebäude, in denen niemand mehr anwesend sei; nach Sperrung des Tores könne sie die Gäste hinauslassen, die Hausbesorgerin sei übrigens fast blind und ohne Anhang.

Am folgenden Tage widerriefen der mittlere Staatsbeamte und der Gendarm die dem Sohne erteilte Vollmacht aus dienstlichen Gründen. Sonstige Widerrufe kamen vorläufig noch nicht.

Der Plattchinese und dessen Walküre luden den Sohn telephonisch ein. Die Unterredung ließ sich sehr herzlich an. Im Zuge derselben fragte der Hausherr allerdings den Sohn, wie lange nach dessen Meinung der ganze Zauber dauern würde. Der Befragte erwiderte, fünf Jahre bei Vernünftigkeit und sieben bei Blindheit der westlichen Mächte. Es wurde ihm hierauf bedeutet, so lange könne sein Freund nicht warten, er habe ja Familie, mit der er inzwischen leben müsse. Der Sohn drückte sein Verständnis dafür aus, daß der Fragesteller sein eigener Freund sei, welcher im übrigen behauptete, es bestehe zugunsten dessen, über den er gesprochen habe, die Möglichkeit, wirksam zu beweisen, daß er der nunmehr herrschenden Partei bereits während der Verbotszeit angehört habe. Im übrigen brauche der Sohn nicht zu befürchten, daß sich irgend etwas im Verkehr mit ihm verändert habe, man werde ihn demnächst wieder anrufen und zum Kommen auffordern.

Als der Sohn heimkehrte, fand er in seinem Hausflur den fetten Kollegen vor, der ihn bereits dort erwartet hatte. Der stellte ihm zwei Möglichkeiten zum Überdenken vor, die eine, sein Haus mit einem solchen in Prag zu vertauschen, was der Sohn sofort ausschlug, weil er annahm, wenn er das

Ende des Spukes erlebe, werde er dann gar nichts mehr haben. Die zweite Alternative war die, nach Argentinien zu gehen, wohin die Nazis wohl nicht kommen würden. Er selber sei bereit, mit seiner Frau den Sohn dorthin zu begleiten, weil er sich nicht vorstellen könne, gut in eine Uniform zu passen, die er früher oder später würde anziehen müssen. Auch diesen Vorschlag, der aus späterer Sicht ein richtiger gewesen wäre, wurde vom Sohn ausgeschlagen. Das Land lag ihm zu weit, er fürchtete, bei einer Ausreise dorthin nicht zurückzukehren, und hatte sich noch nicht einmal für einen Abgang entschieden.

Indessen wurde er von der Halbschwester, der Einfachheit halber Tochter genannt, mit der Mutter nach Wien beordert. Es stellte sich alsbald heraus, daß die Abreise der Familie ihres Gatten und die der ihrigen beschlossen und bereits für einen bestimmten Kalendertag angesetzt war. Es war an einen Umzug nach Osten gedacht, wiewohl sie selbst das Land, in das sie sollte, nicht liebte und die Übersiedlung kaum für vorteilhaft hielt. Immerhin schien diesmal ihre Widerstandskraft vermindert. Sie befand sich noch in benommenem Zustande nach einem mißglückten Selbstmordversuch durch Gift oder Gas. Der jüdische Assistenzarzt hatte sich nämlich mit einer andern verlobt und war mit dieser, noch am Tage vor der Nazi-Heraufkunft, rechtzeitig verwarnt, nach den Vereinigten Staaten abgereist. Er hatte sich ausgerechnet, daß die Tochter im Falle ihrer Scheidung so gut wie nichts besitzen würde, da ihr bisheriger Mann ihr kaum eine entsprechende Abfertigung gewähren müßte und sie auf ihr Vatererbe zugunsten des Sohnes verzichtet hatte. Außerdem brächten Scheidungen Schwierigkeiten und kosteten Zeit, die nicht zu verlieren sei. Seine jetzige Braut, welche auch um zehn Jahre jünger und daher widerstandsfähiger sei, erfreue sich noch der Mädchenschaft und Freiheit, im Ausland greifbarer Werte, sei außerdem Jüdin, sowohl der Abkunft von beiden Seiten als auch dem Glauben nach. Er müsse allerdings der Tochter zugute halten, daß sie etwas schöner sei, doch habe sich die andere begehrenswerter gemacht, weil sie sich ihm vor der Hochzeit verweigerte. Ob diese Mitteilung der Tochter mündlich oder schriftlich zukam, sagte sie nicht mehr. Im übrigen wäre die Wirkung in beiden Fällen wahrscheinlich dieselbe gewesen.

Außerdem war nach der Tochter auch die Enkelin des vorverstorbenen Vaters, somit Tochterstochter, durch die Ereignungen unmittelbar in Mitleidenschaft gezogen worden. Jener Sohn eines früheren Ministers, der sich für eine Heirat mit ihr interessiert hatte, war entweder anläßlich der von den Nazis erstrebten Festnahme seines Vaters von diesem samt der übrigen Familie oder auch seitens der zu Verhaftungszwecken Eingedrungenen durch Schüsse beseitigt worden, wobei der Minister sich entweder miterledigte oder miterledigt wurde.

Am wenigsten aufgeregt schien noch der Tochtersmann, denn er war zunächst nicht unmittelbar in seiner eigenen Haut betroffen. Für alle Fälle behielt er vorläufig noch die Wiener Mietwohnung, denn er glaubte noch immer, daß eine schnelle Änderung der Lage im Bereich der Wahrscheinlichkeit liege. Man packte daher nur das Notwendigste und gedachte zunächst, die bisher innegehabte Behausung noch möbliert zurückzulassen, wobei der Mietzins auf längere Zeit vorausbezahlt worden war.

Nach dem Abschied von der Tochter stellte die Mutter an den Sohn die Frage, ob er wirklich ernsthaft glaube, sich hier halten zu können. Aber sei es, daß sein Forschungsdrang geweckt war, daß er abwarten wollte, bis sich die Massen zur Entfernung anschickten oder ein Platzwechsel überhaupt gesperrt werde, er beharrte wider besseres Wissen auf der schlechten Stelle, an der er stand.

Noch einmal fand sich der Hinkende bei ihm ein, für den der Abschied leicht war, wo er doch schon in Paris sein Heim hatte. Nichtsdestoweniger unterrichtete er den Sohn davon, daß in gewissen Straßen der Innenstadt Wiens bereits Juden von SA-Leuten zu Reinigungsdiensten angehalten wurden. Er selbst sei nächst dem Graben dazu ausersehen worden, einen von der Vaterländischen Front gepinselten Reklamespruch vom Gehsteig mit entsprechender Lauge wegzuwaschen. Diese Mitteilung versetzte den Sohn in großen Zorn, sei es, weil die Maßnahme seinen Freund betroffen hatte, sei es, weil sie ihn auch selbst hätte treffen können. Er begab sich daher am Tage nach diesem Abschied nach Wien und suchte Straßen, in denen noch Aufschriften aus der vaterländischen Zeit verblieben waren, um im Anhaltungsfalle die Löschung zu verweigern.

Wie sehr er aber das Schicksal herausforderte, wurde er doch nirgends selbst zur Arbeit bestimmt. Allerdings mußte er mitansehen, wie ein alter und offenbar kranker Jude von einem grinsenden SA-Mann zu solcher Tätigkeit veranlaßt wurde. Doch versuchte er dies weder durch Widerspruch noch, und das schon gar nicht, durch Gewaltanwendung zu verhindern. Auch übernahm er nicht etwa freiwillig die Arbeit des andern, indem er sich gemeldet hätte, für denselben einzuspringen. So war seine diesmalige Wienfahrt völlig fruchtlos geblieben.

Nach solcher mißglückten Herausforderung begab sich der Sohn zu dem Schloßherrn nächst Prag, der in seiner Wiener Wohnung bereits zur Abreise rüstete. Er hatte aber nicht vor, in sein Schloß zu flüchten, sondern in ein überseeisches Land. Eine Frau, die immer dazwischentrat und die er offenbar in der Zwischenzeit geehlicht hatte, förderte die Unterredung unter Freunden nicht. Auch schrie ein Kind in der Wiege dazwischen. Der Vater des Freundes hatte seine fehlerhafte Abstammung mit einem raschen Alterstode gebüßt, was der Freund für ein günstiges Ereignis in Anbetracht der Zeitumstände hielt.

Im übrigen verlautete, daß ein bekannter Kulturgeschichtler und Schauspieler Selbstmord begangen hätte. Auch ein Theaterdirektor, welcher einmal die körperliche Beschaffenheit des im Hause anwesenden Agenten in dessen Hörweite benörgelt hatte, war, nachdem dieser an die Spitze der herrschenden Desparados aufgerückt war, seinerseits von dem höchsten Raum des Theaters in die Tiefe gesprungen. Es wurden Nachrichten von den ersten Ermordungen durchgegeben. Auf der Geheimen Staatspolizei war ein entfernter Anverwandter des Sohnes interniert, welcher als Legitimistenführer vom gegenwärtigen Kronprätendenten allzu offen zum Widerstand aufgefordert war, so daß die Hitlersleute die Nachricht abfingen, bevor sie den General, an den sie gerichtet war, erreichen konnte.

Während die besten deutschen Dichter außer einem bei dem Umsturz im sogenannten Altreich sich vom Regime abwandten und, ohne hierzu genötigt zu sein, das Land nach Möglichkeit verließen, hatte ein Gleiches freiwillig in Österreich nur ein einziger getan, dieweil die andern scharenweise den Führer umschwärmten. Ein klassizierender Lyriker, der aus dem Postdienst hervorgegangen war, schwenkte von der Linken, von der er hochgebracht worden, um noch höher zu kommen, gern und tönesprudelnd zur neuen Richtung um. Der Plattchinese hatte, als man für oder gegen Deutschland abstimmte, angeblich mit dreizehn Freunden Nein gestimmt, doch zählte man in seinem Wahllokal nur Jastimmen.

Noch hatte sich die Kanzlei des Sohnes gehalten. Der Zulauf war allerdings schütter geworden, der Abgang dagegen hielt an. Anläßlich einer Verhandlung im Justizpalast, die noch einen normalen Verlauf nahm, begegnete der Sohn auf dem Gang einem Senatspräsidenten, der früher Richter an seinem Wohnort gewesen war. Dieser nahm die Hand des Sohnes in die eigene und hielt sie lange wie zum Abschied. Allerdings hatte er sich bereits, wie später bekannt wurde, um Eintragung in die Partei beworben, doch war noch ziemlich ungewiß, ob er eingeschrieben werden würde. Auf dem Rückweg von dem Gebäude, dessen bombastischer Spätbarock nach dem von angeblichen Nazigegnern verursachten Brande ein architektonisches Steirerhütchen aufgesetzt bekam, erwies sich die Ringstraße als völlig leer, während der Sohn dort entlangging.

Bald aber zog eine uniformierte Horde junger Mädchen herauf, die offenbar aus der Provinz herbeordert war und von einer adretten, aber sehr entschlossenen Gleichaltrigen angeführt wurde. Diese wandte sich sofort an den Sohn und lud ihn ein, ihnen den Weg zur Oper zu zeigen. Da sich herausstellte, daß er denselben Weg hatte, wurde er veranlaßt, mit der Anführerin an der Spitze zu schreiten. Mit einem solchen Zusammentreffen hatte er freilich niemals rechnen können. Es war offenbar, daß eine wichtige Persönlichkeit, voraussichtlich der Führer, erwartet wurde und daß deshalb die Straßen für Zivilisten gesperrt und sohin leer waren. Nur österreichische Lässigkeit, welche die Degradierung des Landes zur Ostmark überlebt hatte, ermöglichte es gerade einem Menschen wie dem Sohn, als er durch Zufall verspätet aus dem Justizpalast kam, die Straße für sich frei zu finden, und so einer Abteilung des Bundes Deutscher Mädchen zu begegnen, die mit ihm zusammen aufmarschierte.

Es war freilich so, daß ihm die Anführerin körperlich zusagte, wie es außerdem bei einigen der von ihr Geführten der Fall gewesen wäre. Es würde ergötzlich, aber unwahrscheinlich gewesen sein, wenn sich aus diesem zufälligen Geleite eine private Beziehung hätte entwickeln können. Noch eher konnte ihm diese zufällige Führung der Gruppe ermöglichen, einen guten Platz beim Empfang des erwarteten Mannes zu erlangen, der wahrscheinlich Hitler selber war. Aber nichts anderes als ein Schaudern überkam den Sohn in dieser Situation, in der sich vielleicht gottgewollt eine Gelegenheit wie keine andere ergeben konnte, urplötzlich und völlig unvorbereitet, jene Personifikation zu beseitigen, welche austilgen zu wollen er seinerzeit, als jede Gelegenheit fern war, einer fremden Jugoslawin als seinen vermeintlichen Lebenszweck erstmalig genannt hatte. Nur freilich, wenn er den geeigneten Platz mit Hilfe dieser Mädchen erlangen würde, fehlte noch die Waffe, aber auch bei deren Vorhandensein die Sicherheit von deren Handhabung, um das Ziel zu erreichen.

Das somit sinnlos gewordene Zusammentreffen löste sich alsbald in nichts auf. Eine Weile mag der Sohn dies aus Gründen der Erotik, aber auch des möglichen Führermordes bedauert haben, doch blieb ihm nicht viel Zeit, sich mit seinem Bedauern zu beschäftigen. Sowie er wieder heimwärts und in die Nähe seines Hauses kam, stolzierte dortselbst im Ornat der NS-Frauenschaft die Enkelin des rotnasigen Sektionschefs, für den er den Rechtsstreit gegen die Stadtgemeindeoberen geführt und gewonnen hatte. Sie sprach ihn sogleich an, aber nicht, damit er mit ihr das städtische Bad besuche, denn dieses war bereits für Juden gesperrt. Immerhin erzählte sie ihm zweierlei, nämlich erstens, daß sie sich beeile, mit raschem Vehikel zum Führerempfang zurechtzukommen, und zweitens, daß sie nicht aufgehört habe, den Sohn trotzdem für einen Menschen zu halten. Sie hoffe auch, daß ihre Freundschaft bestehen bleibe, wenngleich sich gewisse Schwierigkeiten für beide Teile ergeben könnten.

Anders dachte hinwiederum die gewesene Jungfrau, die er trotz ihrer knochigen Beschaffenheit von diesem Zustand befreit hatte, um hiedurch mehr Mut für eine Vorsprache beim früheren Kanzler zu erlangen. Sie forderte ihn, wie dies ein zu Hause vorgefundener Brief erkennen ließ, dazu auf, ihr Bild postwendend an sie zurückzusenden. Die Rückführung in die Jungfernschaft, die untunlich gewesen wäre, forderte sie nicht. Obwohl er alsbald ihrem Wunsche nachkam, erhielt er in der Folge einige im gleichen Stil gehaltene anonyme Schmähbriefe, in denen durchweg davon die Rede war, daß es noch gut sei, daß er bei seinem Blutdurst nicht Staatsanwalt geworden sei. Im übrigen wurde in einzelnen dieser offenbar fremden Personen diktierten Handschreiben sein toter Vater belobigt, der hatte allerdings zu mehreren Malen das Mädchen väterlich auf die Stirne geküßt. Außerdem konnte er Vorverstorbenheit zu seinen Gunsten buchen.

Gleichzeitig mit der Rückforderung des Bildes der ehemaligen Knochenjungfrau langte die Verständigung von einer Disziplinaranzeige des burgenländischen Gerichtsvorstandes gegen den Sohn ein, in welcher ausführlich geschildert wurde, welch jüdischer Schädling in dem denunzierten Anwalt stecke; dieser nehme sich sogar der Familie mit Recht erschlagener Heimwehrmänner an und versuche die Justiz zu vernadern, das ist anzuzeigen, wenn sie den Kindern eines von vaterländischen Schweinen auf Veranlassung des Sohnes zum Tode verurteilten treudeutschen Mannes das ererbte Vermögen retten wolle. Auf diese Mitteilung reagierte der Sohn allerdings prompt und teilte seiner Standesbehörde mit, daß der anzeigende Richter zugunsten eines gemeinen Raubmörders das Recht gebeugt habe. Er habe ihn deshalb des Mißbrauchs der Amtsgewalt für verdächtig gehalten.

Als der Sohn am folgenden Tage im Landesgericht für Strafsachen eine Berufungsverhandlung verrichten sollte, die über einen Prozeß ging, den er in erster Instanz verloren hatte, war als Vorsitzender erstmals wieder ein Richter im Amte, der wegen Beleidigung der jüdischen Anwaltschaft unter dem früheren Regime entfernt worden war. Er hatte nämlich zum Ausdruck gebracht, daß die Anwälte solcher Rassezugehörigkeit ihre Klienten nur ausbeuteten, ohne irgend etwas zu tun, um ihrer Sache zum Erfolg zu verhelfen. Auch der Vertreter der Gegenseite war ausgewechselt worden; es war ein Parteianwalt eingesprungen, der das goldene Abzeichen hatte. Gleich bei Beginn der Verhandlung begrüßten Vorsitzender und gegnerischer Vertreter einander mit dem Hitlergruß. Der Sohn erhob sich bloß, wie es bisher beim Eintreffen der Richter üblich gewesen war. Sein Klient hatte ihm die Vertretung wohl nur nicht entzogen, weil er nicht die Absicht hatte, dafür etwas zu bezahlen. Es handelte sich um eine schwere Beleidigung der andern Partei, für die der Wahrheitsbeweis zu erbringen gewesen wäre, als da war Unterschleif, Betrug, Ablegung falschen Zeugnisses und dergleichen Dinge mehr, die man sich gegenseitig wohl zutrauen, aber schwierig beweisen konnte. In erster Instanz war der Beweis als völlig mißlungen angesehen worden, dabei hatten die Bezichtigten noch keinen nationalen Anwalt an ihrer Seite herzeigen können.

Mit dieser Verstärkung und der betonten Note des wiedereingesetzten vorsitzenden Richters schwanden die Aussichten der Beweisbarkeit, sofern solche früher vorhanden gewesen waren. Der Sohn legte daher die Verteidigung mehr darauf an, daß die Beschuldigung nicht öffentlich und nicht ohne Nötigung des Klienten erfolgt sei, in welchem Falle der gute Glaube des Beschuldigten genügt haben würde. Es war dies keine leichte Sache, da damals viele Personen versammelt gewesen; es mußte das inkriminierte Gespräch in einen Winkel verlegt werden, in dem man nicht hatte annehmen können, daß andere es hören würden, und es mußte ferner die Herausforderung an den Klienten gerichtet worden sein, durch die er zu seiner Abreaktion veranlaßt worden war.

Wie sehr sich der Sohn in dieser Richtung bemühte, die Argumente stellten sich nur schwierig ein und fanden den offenen Widerspruch des eigenen Auftraggebers, der noch immer der Meinung war, er habe alles als wahr bewiesen. Aber was der Sache an Inhalt gebrach, das suchte der Sohn durch Farbtöne und musikalische Nuancen auszugleichen, so daß er seine Darstellung aus einer trockenen Inhaltsangabe in das mosaikartige Gemälde vom ehrlichen, rechtschaffenen und arm gebliebenen Manne verwandelte, der jenen Emporkömmlingen gegenübergestellt wurde, die jede Situation benützten und auch aus früheren politischen Gegebenheiten einen zumindest verdächtigen Nutzen zogen. Am Schlusse drückte der Sohn seinen Zweifel aus, ob ihr jetziger Beistand sich all dessen bewußt sei, was seine Mandanten als Mittel auf ihrem Wege benutzt hätten, auch ihre nationale Gesinnung scheine ziemlich neu zu sein, denn sie hätten ihn erst jetzt eingesetzt, als sie mit einem Vertreter früherer Art nicht mehr das Auslangen zu finden glaubten. Damit hatte der Sohn ein Gebiet betreten, das höchst gefährlich für ihn war, denn er wußte in politischer Beziehung schlechterdings nichts über seine Gegner, ja mußte eher annehmen, daß sie zumindest derzeit über gute Beziehungen verfügten, nach der Art des Mannes zu schließen, den sie zu ihrem Schutze beibrachten. Da nun aber die Rede des Sohnes ganz gegen dessen sonstige Gewohnheit und alle forensische Gepflogenheit auf solche Weise ausgeartet war, beendete er, farbig und heiß, sein melodisch gewordenes Spiel wiederum mit sachlicher Kälte und einer Sicherheit, die nicht in der Sache lag. Abschließend meinte er, vielleicht stehe es ihm persönlich nicht zu, in deutschen Dingen ein Urteil abzugeben, denn er sehe nur mit den Augen eines völlig Außenstehenden, aber eben mit diesen könne er bei seinem Klienten nur Schlichtheit, Geradlinigkeit und Uneigennützigkeit erkennen, alles Eigenschaften, die dem Deutschen nachgerühmt würden und die ihm unter dem früheren Regime nicht das geringste genützt hätten, schon gar nicht in diesem Prozesse. Auf der Gegenseite bestünden jetzt wie von jeher die besten Beziehungen, und er könne gar nicht glauben, wiewohl er ein ganz Außenstehender sei, daß die gleichen Personen, die früher den Beistand höchster Stellen des alten Regimes gefunden hätten, dadurch im Rechte seien, daß sie nunmehr, wahrscheinlich zufolge eines Irrtums, auch einen hochgestellten Fürsprecher des neuen Regimes zum Schutz ihres Anspruchs aufbieten könnten.

Als nun die Reihe an den gegnerischen Vertreter kam, wußte dieser nicht recht, was er am besten erwidern sollte. Er war über die früheren Beziehungen seiner Mandantschaft nicht orientiert, der Sohn übrigens auch nicht, er hatte diese aber behauptet. Von der Frage der Öffentlichkeit, was bewiesen worden sei und was nicht und ob dafür guter Glaube genüge oder ein Wahrheitsbeweis notwendig sei, davon war überhaupt nicht mehr die Rede, obgleich dies eigentlich die Kernfrage gewesen wäre. Als der Richter den Verhandlungssaal verließ, nickte er dem Sohne zu, obwohl dieser ein Außenstehender und noch dazu ein Jude war, und als er den Mandanten des Sohnes freigesprochen hatte, ohne hiefür eine wesentliche Begründung zu geben, meinte er, der Herr Beschuldigte könne sich bei seinem Verteidiger bedanken, einen so mutigen und sachkundigen hätte er kaum anderswo finden können. Trotzdem war der Klient über den Ausgang der Sache so verdutzt, daß er den Dank vergaß. Und der Sohn verließ den Saal schnell, als ob er fürchtete, das Urteil könnte noch zurückgenommen werden.

Trotz diesem Glücksfall mit einem Richter, der wegen

gänzlich entgegengesetzter Reaktionen vorzeitig aus dem aktiven Richterdienst ausschied, ließen sich im übrigen die Dinge nicht so an, als ob der Sohn berechtigt sei, irgendwelche Hoffnung zu schöpfen. Die Juden hatten ihr Vermögen zu deklarieren, durften nur mit geringfügigen Beträgen außer Landes, weil sie angeblich nichts mitgebracht hätten, als sie gekommen seien, ein Umstand, der nach Jahrhunderten oder einem Jahrtausend ungeachtet zahlreicher zwischenzeitiger Vertreibungen und Enteignungen schwierig festzustellen war. Die Vereinigten Staaten nahmen nach umständlichen Schriftwechseln und der Beschaffung zahlreicher Dokumente Familien, für die garantiert wurde, auf. England stellte ähnliche Bedingungen, Frankreich war bescheidener, seine zum Generalkonsulat degradierte Botschaft blieb daher überlaufen. Die Schweiz hatte von Anfang an nur die Inhaber entsprechender Konten für einreisewürdig gehalten.

Nunmehr begann der Sohn sich mit dem Gedanken zu tragen, auch seinerseits außer Landes zu gehen. Er hielt das jüdische Land für das einzig erstrebenswerte Ziel, obwohl es ein solches gar nicht gab, sondern nur ein britisches Mandatsgebiet, in dem den Juden eine Heimstätte, den Arabern aber zugesichert worden war, daß man jene nicht hineinlassen werde, wobei man sich bemühte, beiden Parteien durch Ausspielung der einen gegen die andern gerecht zu werden.

Immerhin besuchte der Sohn jetzt ständig den Rabbi, um von ihm das Hebräische zu erlernen und in die jüdischen Bräuche eingeweiht zu werden, damit er im Falle der Übersiedlung in den künftigen Judenstaat wenigstens die Grundlagen für ein Sichhineinfinden vorweisen könnte. Der Rabbi rühmte den gelehrigen Schüler. Dieser hinwiederum fand in dem, was er gelernt hatte, immer mehr Momente für die Ausstattung seines jüdischen Hausierers mit penetranten Eigenschaften urtümlicher Gesinnung, aber auch tiefer Weisheit, die letztlich darauf hinauslief, daß er seine Ware vergessen hatte und einfach gekommen war, um dazusein.

Trotzdem langte beim Sohn ein Schreiben von dem jüngsten Anwalt aus der Wollzeile ein, in welchem dieser dem Sohn auseinandersetzte, derselbe habe zwar namens eines ziemlich verdächtigen und offenbar aus jüdischem Blute stammenden Facharztes eine als Kurpfuscherin verschrieene Naturheilerin verklagt und unter dem alten Regime in allen Instanzen gewonnen, nunmehr aber müsse er die Kosten sofort zurückbezahlen, da er sonst gemäß den geänderten Rechtsvorstellungen schleunigst zum Ersatz veranlaßt werden würde.

Zunächst begab sich der Sohn zu dem Facharzt, von dem er das stotternde Bekenntnis von dessen jüdischer Abstammung erhielt. Da er dasselbe aber nicht ausreichend fand, um dessen Gegnerin einen rechtskräftig zugesprochenen Kostenbetrag zurückzugeben, wandte er sich an den Disziplinarrat der Rechtsanwaltskammer, damit derselbe den jungen Einforderer über dessen rechtliche Möglichkeiten belehre.

Bereits am drittnächsten Nachmittag erschien bei ihm der Präsident des Disziplinarrates, welcher mit jenem Herrn identisch war, der ihn seinerzeit während der vaterländischen Zeiten gegen den Unsinnshofrat vertreten hatte. Der Erschienene bedauerte zunächst, daß der Sohn Jude sei, dadurch sei es ihm wesentlich erschwert, noch helfend einzugreifen. Er sei immer national eingestellt gewesen, habe sich aber die Entwicklung etwas anders vorgestellt. In Sachen des burgenländischen Gerichtsvorstehers sei zwar noch bewirkt worden, daß auf dessen Anzeige gegen den Sohn hin nichts unternommen werde. Was solle aber in dem Expensenfalle der Kurpfuscherin geschehen? Diese habe ja nicht mit dem Disziplinarrat, sondern mit dem Einschreiten nach den geänderten Rechtsvorstellungen gedroht. Da sei es besser, der Sohn zahle gleich zurück, was man von ihm verlange. Der Disziplinarrat könne ihn zwar vor mutwilligen Anzeigen schützen, sei aber außerstande, für eine Person, die als Jude betrachtet werde, solche Schutzmaßnahmen durchzuführen, daß er nicht etwa von zwei SA-Männern abgeholt werde und in einem Keller verschwinde, aus dem er nie mehr wieder zum Vorschein komme. Als der Sohn sich beharrlich weigerte, etwas herauszugeben, meinte der Präsident des Disziplinarrates, das habe ein besonders ehrenwerter jüdischer Anwalt auch getan, darum gebe es ihn nicht mehr. Viel klüger hätte ein anderer gehandelt, dem ein Klient eine vor dreißig Jahren gezahlte Schuld abgefordert habe. Der Geforderte sei sich seiner Lage bewußt gewesen, Verjährung wäre ja selbst bei unbegründeter Zahlung, in diesem Falle nach drei Jahren, eingetreten. Trotzdem habe er die Geldlade aufgemacht, die geforderte Summe herausgegeben, welcher der Klient einiges andere durch Selbstentnahme hinzufügte. Die goldene Uhr des Anwaltes entnahm er aus dessen Gilet und vom stählernen Behälter den seidenen Regenschirm, doch schickte er dafür die an der Türe wartenden SA-Männer wieder weg, so daß dieser dem neuen Recht aufgeschlossene Advokat bis dato am Leben sei.

Der Sohn gab der Warnung nicht nach, zahlte nichts und erteilte dem gegnerischen Vertreter auch keine Antwort. Trotzdem wurde er wenigstens vorläufig von niemandem abgeholt. Als er allerdings eines Morgens vor dem Kanzleibeginn einen Spaziergang machte und zu diesem Zwecke die Brücke über den Ortsbach passierte, stand dort ein Hausbesorger aus Tirol, den er wegen einiger kleinerer Diebstähle sowie mehrerer mittlerer Veruntreuungen aus dem Hause eines jüdischen Antiquitätenhändlers hatte delogieren lassen. Für diesen Räumungsprozeß war ihm bisher weder von seinem Auftraggeber noch von dem in Rede stehenden Gegner etwas bezahlt worden, doch schickte sich der letztere an, den Sohn mittels Faustschlages zu entschädigen. Der mit dieser Anzahlung Unzufriedene fing aber den gezielten Hieb auf und drängte mit einigem Geschick den stärkeren Angreifer von sich weg und stieß ihn schließlich gegen das Brückengeländer, so daß er ohne Festhalten im letzten Augenblick möglicherweise noch über die Böschung gestürzt wäre. Damit glaubte der Sohn die Angelegenheit erledigt. Sie war es aber nicht. Während er nämlich an dem jenseits der Brücke gelegenen Haus der Kurpfuscherin vorbeistrebte, traf ihn ein Boxhieb seitlich gegen den rechten Augapfel, und wie er sich nach dem Angreifer umkehrte, auch ein solcher wider den linken, so daß er zufolge Verdunkelung seiner Sicht nicht richtig reagieren konnte. Trotzdem entfernte sich der Augenboxer raschen Schrittes, als ein nationaler Arzt auftauchte, welcher trotz einschlägiger Gesinnung dem Sohn vor Jahren das Angebot gemacht hatte, ihn mit einer deutschen garantierten Jungfrau zu verheiraten, was dieser damals ausgeschlagen hatte, weil er sich auch nicht für vieles Geld verheiraten wollte. Nunmehr verwunderte sich derselbe Arzt über das entstellte Aussehen des Sohnes, erkundigte sich nach dem Vorfall, erklärte, ihm ein ärztliches Parere zuzusenden, und verlangte, daß der in die Augen Getroffene sofort Strafanzeige erstatte, damit derlei Nutznießer eines sonst gerechten Regimes gebührend zur Verantwortung gezogen würden.

Der Sohn versprach, was der Arzt von ihm forderte, und ging eilenden Schrittes zu einem in dieser Richtung wohnenden ruhigen und besonnenen Kollegen, den er noch zu einer Zeit jenseits des Bahndammes häufig besucht hatte, als derselbe ebenso wie sein internierter Vater vom früheren Regime verfolgt worden war. Dieser junge Kollege hatte erst kürzlich seine Praxis eröffnet und stand im Begriffe, nach Wien zu fahren, als der Sohn ihn aufsuchte und ihm den eigenen Fall schilderte. Sobald er mit der Schilderung zu Ende war, lehnte der Aufgesuchte jedoch die Übernahme der Sache ab, nicht etwa, weil er Juden oder insbesondere den Sohn nicht mehr vertreten zu können glaubte, sondern weil er es, wie er sagte, nicht auf sich nehmen wollte, ebenfalls unterwegs oder sogar vor Gericht vom Gegner ins Auge geboxt zu werden.

Den Sohn wunderte zwar die Besorgnis des jüngeren Kollegen, da dieser im Unterschied zu ihm selbst viel stärker als der fragliche Hausbesorger gewesen wäre, trotzdem erstattete er die Strafanzeige, als am Nachmittag das Parere des nationalen Arztes mit einer Forderung von acht Schilling für die Ordination auf der Straße einlangte. Diese Anzeige wurde zwar sogleich von dem Onkel der boxenden Frau des Facharztes übernommen, aber weil der Hausbesorger die Täterschaft leugnete und der Sohn mangels entsprechender Sicht nicht als verläßlicher Zeuge angesehen werden konnte, alsbald vom Funktionär als zur Verfolgung ungeeignet niedergelegt. Immerhin stand zu hoffen, daß damit der Fall der Kurpfuscherin vorläufig bereinigt sei, wie es den geänderten Rechtsvorstellungen entsprach.

Allerdings wurde Tags darauf, als der Sohn seiner Kanzlistin etwas in die Maschine diktierte, die Schreibmaschine auf Veranlassung der örtlichen Parteileitung von einem Polizeiorgan in Beschlag genommen und weggebracht. Der Sohn, der die Sicht schon wiedergewonnen hatte, begab sich in Begleitung des Goldzahnbleckers, für den gerade eine Information zu diktieren gewesen wäre, zu der zum Schutze der Bevölkerung aufgestellten Sicherheitsbehörde und verlangte energisch seine Maschine zurück, da er sonst nicht nur selbst die Arbeit einstellen müsse, sondern weiters auch keinen Stellvertreter mit der Wahrung der Interessen seiner Klienten betrauen könne, zumal man heutzutage nicht mehr handschriftlich arbeiten dürfe. Außerdem sei ihm bekannt, daß derartige Maßnahmen nur aufgrund von Verordnungen und Gesetzen erfolgen dürften und daß man höherenorts Übergriffe solcher Art nicht dulden werde, weshalb er sich, falls seiner Forderung nicht stattgegeben würde, sogleich an eine hohe Stelle wenden müsse. Darauf wurde innerhalb der Schutzgruppe getuschelt und einer oder auch zwei aus der Wachmannschaft begaben sich von Raum zu Raum. Weil man sich aber offenbar nicht klar war, ob der Sohn, der so rasch nach der Wegnahme seiner Maschine energisch aufgetreten war, nicht wirklich über gute Beziehungen verfügte, wurde ihm die Maschine wieder ausgefolgt, so daß sie der Goldzahnblecker, der draußen gewartet hatte, mit seinem Kraftwagen in die Kanzlei bringen durfte.

Als man allerdings beim Hause anlangte, war das Mitglied einer Klebeabteilung der hierfür zuständigen NS-Gliederung gerade dabei, im Auftrag der SS, wie er sagte, ein gelbes Plakat über dem Anwaltsschild des Sohnes anzubringen, um die Bezeichnung »Nichtarisches Büro« für etwaige Rechtssucher ersichtlich zu machen. Diesmal war der Goldzahnblecker nicht aufgelegt, den Sohn zu begleiten, als sich derselbe neuerdings zum Rathaus begab, in dem auch die Nazistelle untergebracht war, von welcher die Zettelanklebung angeordnet worden.

In noch kürzerer Zeit als in Sachen der Schreibmaschine hatte der Sohn das Büro der SS erreicht, in das er ohne anzuklopfen eintrat, sich sogleich unaufgefordert zwischen die anwesenden schwarzbekleideten Männer vor den Tisch des Chefs setzte und seine Angelegenheit vortrug. Er habe, wie er sagte, den Mut aufgebracht, zur Zeit der früheren Regierung sogenannte deutschblütige Männer um sich zu sammeln, um eine Vorsprache beim damaligen Kanzler zu erreichen, daß man eine Abgabe, die sowohl für Vermieter als auch für Mieter ruinös gewesen wäre, außer Kraft setzen solle. Dies sei sogar gelungen, und es wäre bei dieser Aufhebung wahrscheinlich geblieben, würde man dann nicht einen andern Mann statt seiner eingesetzt haben. Ihm hätte man es zu danken, wenn aufgrund äußerst riskanter Prozesse gegen frühere Rechtsinstitutionen aufrechte Männer ihre Forderungen erfolgreich hätten verfechten können, wie auch seine Familie sich vom einfachen Mann bis zum General im Kriege für das Land verdient gemacht habe. Ihm liege zwar nicht daran, seine Kanzlei noch lange zu führen, aber doch einer übernommenen Pflicht zu genügen, sofern das Gesetz ihn nicht daran hindere. Solange er sein Amt demgemäß zu verwalten habe, dürfe niemand ihn durch Zettelbekleben seiner vorgesehenen Tafeln daran hindern. Als nun die SS-Männer von der Rechtlosigkeit des Juden wegen dessen sittlicher Verkommenheit sprachen, erwiderte er ihnen, daß seiner Ansicht nach die Rechtlosigkeit einer diesbezüglichen öffentlichen Anordnung bedürfe, wie auch die Verkommenheit einer einwandfreien allgemeinen Feststellung. Da es aber an beiden fehle, verlange er, was den Gesetzen entspreche, und werde nicht eher von seiner Forderung abstehen, als bis er einen Bescheid erhalte, der eine Begründung im Sinne geltenden Rechtes enthalte.

Wiewohl nun doch der Sohn durch den Präsidenten des Disziplinarrates und die nachfolgende vorübergehende Verdunkelung seiner Sicht durch einen tirolerischen Augenboxer und Kurpfuscherinnenrächer mit diebischer und veruntreuerischer Vergangenheit hinreichend belehrt sein mußte, hatte er dennoch die versammelte SS, unter der er, ohne zugelassen zu sein, unberechtigt Platz genommen hatte, in solches Erstaunen gesetzt, daß im Augenblick kein Wort der Erwiderung vorrätig war, geschweige denn eine

Geste zu seiner Erledigung wirksam wurde. Aber schließlich besprachen sich die Männer untereinander, ohne daß der Sohn den Raum verlassen hätte, und kamen zu dem Ergebnis, daß es sich um einen ungewöhnlichen Fall handle, denn es sei bisher keinem Juden auch nur eingefallen, mit irgendeiner Bitte hieherzukommen. Gewiß lägen einzelne Gründe vor, dem Sohn eine gewisse Ausnahmestellung einzuräumen, ja man könne sogar von Verdienst sprechen, sofern ein solches einem Juden zukommen könne. Daher dürfe er ausnahmsweise den Zettel entfernen, vorausgesetzt, daß nicht andere Juden ein Gleiches täten. Und um dem Einschreiten des Sohnes nachträglich eine gewisse Legalität zu verleihen, wurde auf einer an der Außentüre befestigten, vom Sohne bei seinem Eintritt übersehenen und ihm nachträglich dem Inhalt nach nicht vorgehaltenen Tafel, daß Juden der Eintritt verboten sei, die Einschränkung angebracht: »außer NN«, und daselbst der Name des Sohnes angeführt.

Immerhin hätte derselbe sich in Gedanken damit beschäftigen sollen, daß er doch für sehr wenig, wenn nicht für gar nichts mit solchem Vorgehen sein Leben riskiert habe. Daß es übrigens ganz umsonst war, sollte sich alsbald herausstellen. Als nämlich der Sohn selber den Zettel von seiner Kanzleitafel beseitigte, kam ein jüdischer Kollege vorbei, fragte, wieso er dies täte, und erfuhr, daß er hiezu die Erlaubnis habe. Sowie sich nun jener andere gleichfalls für berechtigt hielt, den auf seiner Tafel befindlichen Zettel zu entfernen, und demgemäß handelte, wurden überall und auch bei dem Sohn wiederum gleichbeschriftete Zettel angebracht und nicht wieder von dort zu entfernen gestattet. Trotzdem nahm der diensthabende SS-Chef vor dem Sohn seine Kappe ab, als er diesem, von niemand sonst bemerkt, in einer Seitengasse begegnete. Salutiert hatte er vor ihm allerdings nicht, auch nicht den Hitlergruß geleistet.

Als nun der Sohn mit seiner Mutter den Abend bei der Schwester verbrachte, die ihre Abreise im letzten Augenblick unter Voraussendung ihrer Familie kurzfristig verschoben hatte, suchte ihn dort der Verlobte der mittleren Tochter des Huf- und Wagenschmiedes auf und riet ihm, wenn er nicht unbedingt nach Hause fahren müsse, den Abend bei der Schwester zu verbringen. Der Sohn tat dies um so lieber, als diese am nächsten Tage unter allen Umständen abreisen sollte und er so mit ihr zum letzten Mal für vermutlich längere Zeit noch ausgiebig beisammen sein konnte. Mit der Vorwarnung hatte es aber noch eine Bewandtnis, die sich erst am nächsten Tage herausstellte, als ein blondes jüdisches Mädchen in der Kanzlei des Sohnes erschien, um ihn zu bitten, weil er bei der Partei so gut angeschrieben sei, dort für sie zu intervenieren. Es hatte nämlich der nationale Motorradfahrer, für dessen drei zur Strecke gebrachte Fußgänger der Sohn erfolgreich eingeschritten war, für den Abend, den der Sohn bei der Tochter verbrachte, eine allgemeine Judenhatz angeordnet, bei der auf blutigen Fleischerkarren die ortsansässigen Semiten zum Wiener Bahnhof gebracht werden sollten, in erster Linie allerdings der Sohn, den man freilich zwar wiederholt, aber jedes Mal vergebens gesucht hatte. Mangels dessen Auffindung wurden die andern, soweit man sie hopnehmen konnte, auf die erwähnte Weise nach Wien transportiert, so daß sie annehmen mußten, man werde sie unterwegs umbringen, was aber zunächst noch nicht geschah, da man sie nur ins Konzentrationslager überstellen wollte, wofür aber weder ein Transportwagen auf dem Bahnhof bereitstand, noch eine Person, die sie übernommen hätte. Dafür ließ man auf dem durch die Verhältnisse erzwungenen Rückweg ein paar hübsche Mädchen in die des Vorfrühlings halber noch kühlen Teiche am Rand der Straße springen, wobei man ihnen nicht gestattete, sich ihrer Kleider vorher zu entledigen, es sei denn, daß sie sich auch der Wäsche entledigen wollten. Die meisten von ihnen kamen durchnäßt und fröstelnd ans Ufer und wurden unter dem Gelächter der NS-Leute, die sie dann an mit ihrem Frauentum in Zusammenhang stehenden Stellen anfaßten und zur weiteren Anfassung herumreichten, wieder in die bezüglichen Fahrgelegenheiten aufgenommen. Obwohl der Sohn von dieser Maßnahme, soweit es sein Geschlecht zuließ, auch, und zwar in erster Linie, hätte betroffen werden sollen, versprach er, Klage bei einer zuständigen Stelle zu führen.

Diese zuständige Stelle kam alsbald zu ihm. Es war die Führerin der NS-Frauenschaft, die ihm einen Besuch machte, um ihn einerseits über den Jubel beim Hitlerempfang zu informieren und ihm andererseits ihre Genugtuung auszudrücken, daß er sich durch seinen persönlichen Mut gewisse Freunde geschaffen sowie einen günstigen Eindruck hinterlassen habe. Dies sei bei den Zeitläufen schon ein halber Erfolg. Hierauf berichtete ihr der Sohn von der ihm soeben mitgeteilten Ereignung, der sie nachzugehen versprach, obwohl sie nicht unbedingt zuständig sei. Sie konnte im übrigen herausfinden, daß der fragliche Motorradfahrer unmittelbar vor einer Beförderung stehe, die mit einer Versetzung an einen ganz anderen Ort verbunden sein würde. Mithin könne man sich hier zwar nicht mehr wirksam über ihn beklagen, doch könne er hier auch nichts weiteres anstellen. Seine Mithelfer seien zu unbedeutend, um aus eigenem Antrieb an solchen Streichen mitgewirkt zu haben.

Kurz nach dieser Dame besuchte den Sohn ein aus Albanien heimgekehrter Nationaler, welcher erklärte, daß er von nun an das Haus des Sohnes und der Mutter verwalte, auch die Mietzinse eintreiben werde und dafür sorgen müsse, daß im Hause die NS-Gesetze Beachtung fänden. Zu diesem Zwecke befestigte er noch eine Tafel, daß Jüdinnen in Hinkunft beim Sohne keinen Zutritt haben sollten, was sich offenbar auf das Mädchen bezog, das sich bei ihm beklagt hatte, es aber der NS-Frauenführerin weiter ermöglichte, zum Sohne zu kommen. Dies schien allerdings ein Widerspruch zu den Nürnberger Gesetzen, die nach der Textierung durch einen früheren Klerikalen unter anderem die Verbindung zwischen Juden und Nichtjüdinnen hintanzuhalten bezweckten, noch nicht aber die zwischen Juden und Jüdinnen. Vielleicht allerdings wagte der skipetarische Deutsche nicht, die NS-Führerin, die im Range höher als er selber war, in ihrer Bewegungsfreiheit zu beeinträchtigen.

Vergebens suchte die Mutter den Sohn von seinem Vorhaben der Beschwerdeführung abzuhalten. Da er aber darauf bestand, und die Tochter erst am Abend abfahren sollte, begab sie sich mit ihm zu dieser, welche ihrerseits sofort einen NS-Anwalt ausfindig machte, der sich bereit erklärte, dem Sohn zu seinem Recht zu verhelfen. Überdies begab sich der Sohn in den Justizpalast, wo an diesem Tage angeblich seitens der Parteifunktionäre Beschwerden entgegengenommen wurden, und versuchte dort etlichen Herrn den Fall des Motorradfahrers sowie seinen eigenen mit dem albanischen Hausverwalter vorzutragen. Wiewohl alle diese Herrn ausgesucht höflich blieben, erklärten sie sich doch für gänzlich unzuständig und verwiesen den Sohn auf den örtlichen Instanzenweg. Da ihm aber schon die Sache mit dem Zettelbeseitigen von seiner Tafel nicht ganz geglückt war, beziehungsweise nur vorübergehenden Erfolg hatte, unterließ er die Inanspruchnahme der Ortsstelle überhaupt, und dies um so mehr, als sich der Herr aus Albanien auf den jungen Mann von gegenüber berief, welcher den Markenhändler um die sondergestempelten Stücke begaunert und zuletzt auch noch einen Meineid geleistet hatte, nun aber auf der Bezirksstelle eine hohe Position einnahm und nur noch darauf wartete, von dort aus an die Spitze des früheren Niederösterreichs und nunmehrigen Landes Niederdonau berufen zu werden.

Wie es schon bei dieser Angelegenheit nicht klappte, so war überdies, bevor Ostern sich näherte, ein Herr von der Geheimen Staatspolizei mit einem zweiten beim Sohne erschienen, um nach jenem Manuskript zu suchen, in dem der Besuchte zu Füßen einer schönen blonden Wirtin ein Stück über einen Wurstel, das ist Hanswurst, geschrieben hatte, der durch Aufsaugen von Gemeinplätzen zur Personifikation der öffentlichen Macht geworden war. Alsbald hielten die nachforschenden Herren das Manuskript, dessenthalben sie gekommen waren, zwar in der Hand, erkannten es aber nicht als solches. Statt dessen fanden sie frühe Verse des Sohnes, in denen Gott seinem Propheten alles erdenkliche Unheil für ihn und sein Volk verhieß, um auf diese Weise den Weg der Betroffenen zu ihm zu ebnen. Solche Verse erregten nach Titel und Inhalt den Verdacht staatsgefährlicher Umtriebe, doch mußte dieser durch die Lektüre zerstreut worden sein. Vielmehr zeigten sich die beiden Herren sichtlich beeindruckt, so daß der eine von ihnen, der einen Sack trug und offenbar Requisitionen überflüssiger Wertgegenstände vorhatte, gerührt aus dem hanfenen Überhang eine Biedermeieruhr zog, welche er bereits beim Sohne beschlagnahmt hatte, doch wußte er nicht mehr, an welcher Stelle von dessen Behausung, und bat den Durchsuchten, ihm anzugeben, wo er das irrtümlich zur Mitnahme vorgesehene Objekt wieder zur Aufstellung bringen sollte. Obgleich es sich in diesem Falle um den bisher größten literarischen Erfolg des Sohnes handelte, blieb es nicht bei demselben.

Zwar hatten ihn die Herren daraufhin unverrichteter Dinge verlassen, und es war von ihnen eine weitere Gefahr wenigstens vorläufig nicht zu befürchten, aber es beschäftigte ihn gegenwärtig die Frage, wie es zu einer solchen Anzeige gekommen sein konnte. Dabei schien ihm insbesondere die blonde schöne junge Wirtin nächst dem Gebirgssee verdächtig, die er, an deren Knie gelehnt, in seine Arbeit einbezogen hatte, die im übrigen schon manche Jahre vorher entstanden war. Aus Anlaß solchen Nachdenkens besann er sich auch darauf, daß ihm die von ihm Verdächtigte für diese Ostern einen Besuch angekündigt hatte, dessen Voranzeige er wahrscheinlich ansonsten vergessen haben würde. Diese Ankündigung war noch dazu besonders feierlich gewesen, da sie damals erklärt hatte, sie würde nur im Falle ihres Todes nicht erscheinen, aber auch für diese Gegebenheit durch entsprechende vorherige Verständigung die nötigen Formen einhalten.

Weil Ostern zu gewärtigen war, mußte das eine oder andere geschehen, wenn die Wirtin ihr Versprechen nicht gebrochen haben sollte. Da aber das andere geschah, war sie offensichtlich nicht wortbrüchig geworden. Sie hatte, von zwei SA-Männern begleitet, deren einer den Wagen chauffierte, den dunklen See umfahren, als das Vehikel aus Anlaß zu schneller Fahrt und Verlust der SA-Herrschaft über es an einen Baum sauste, was die blonde Schöne alsbald an den Rand des Todes brachte, wiewohl die SA vollzählig am Leben blieb. Noch sterbend hatte sie dem, der die Parten aussandte, also offenbar ihrem Ehemann, den Auftrag erteilt, den Sohn von ihrem Ableben zu benachrichtigen, und zwar so, daß er die Entschuldigung für ihren unterlassenen Besuch noch vor Ostern in Händen habe. So kam es, daß die Wirtin gleichzeitig von dem Verdachte einer Anzeige des Sohnes wie von der Versuchung, sich in die verbotenen Arme eines Juden zu legen, entlastet wurde.

War also die Affäre mit dem Wurstelstück und dessen teilweiser Inspirantin für den Sohn noch mit dem Rückgewinn einer Biedermeieruhr und einer ehrenvollen Todesnachricht beigelegt worden, so überstürzten sich nunmehr die Ereignisse für ihn in weniger höflichen Formen.

Man schrieb den 26. April, als der Sohn von einer Streitverhandlung im Justizpalast in seine Wohnung heimkehren wollte. Schon auf dem örtlichen Bahnhof mußte er durch ein Spalier von wartenden Leuten gehen, von denen einige ihre Privatanzüge trugen, andere hinwiederum Partei- und militärische Uniformen anhatten. Da er aber keinen von ihnen kannte, passierte er das Spalier ohne sonderliche Anteilnahme.

Sowie er aber vor seinem Hause eintraf, war daselbst eine größere Menschenmenge versammelt, von der er zwar gleichfalls zunächst niemand erkannte noch von jemand erkannt wurde und die er daher auf die gleiche Weise wie die vor dem Bahnhofe passieren zu dürfen glaubte.

Während er aber nunmehr daheim verspätet sein Mittagessen einnahm, hörte er nicht nur auf der Straße Zurufe, die offenbar ihm galten, sondern waren ebensolche Äußerungen vor der Wohnungstür vernehmbar, wo eine wachsende Anzahl von Personen nach Zulangen des Raumes Aufstellung nahm, von denen einer oder der andere auch laut die Glocke betätigte.

Als nun der Sohn sein Mittagessen ohne das Dessert absolvierte, konnten Mutter und Hausmädchen bei einem Blick auf die Straße feststellen, daß eine weitere Gruppe von Leuten vom Bahnhof heraufkam und sich mit den vor dem Hause Wartenden vereinigte und daß unter den bereitstehenden Personen, von denen einige im Begriffe waren, gesammelt das Haus zu betreten, auch die Frau des jungen Mannes zu finden war, der den Markenhändler begaunert und dann Bezirksstellenleiter geworden war, aber in Hinkunft der Kürze halber wegen einschlägiger Leistung Herr Meineid genannt werden soll. Es hatte sich übrigens später herausgestellt, daß er nicht allein wegen des bald niedergeschlagenen, derzeit aber gegen ihn noch anhängigen Strafprozesses auf den Sohn nicht gut zu sprechen war, sondern auch, weil dessen der Partei angehörige Kanzlistin privat eine Abschrift seines Aktes angefertigt und den zuständigen Stellen der herrschenden Gliederung überbracht hatte. Diesem Umstand sowie dem, daß er während der Zeit des Kanzlers und seiner kurzen Internierung sich geweigert hatte, Freßpakete mit den Kameraden zu teilen, wurde seiner Meinung nach die Verzögerung seiner Beförderung zum Landesobersten geschuldet. Außer ihm war aber auch noch der Schuldirektor eingelangt, der dadurch, daß er eine alte Dame beständig in Schrecken versetzte, die Zeit, während der er als Preis eines von ihr erstandenen Hauses an sie Leibrente bezahlen mußte, zu verkürzen bestrebt und dabei vom Sohne vorläufig behindert war, welcher sogar seine Verurteilung wegen Verletzung der körperlichen Unversehrtheit unter dem früheren Regime erwirkt hatte. Endlich kam selbst jener Fleischermeister hinzu, der an seiner vierzehnjährigen Tochter liebesergüßliche, doch erziehungswidrige Maßnahmen durchgeführt haben sollte und den der Sohn, wenn auch vergeblich, durch Veranlassung eines Verfahrens seiner weiteren einschlägigen Tätigkeit zu entheben versucht hatte.

Unter den mitgekommenen SA-Leuten erging sich noch der Bruder eines Greißlers, der auf Stanitzelpapier Stücke und Verse schrieb und die gewesene Jungfrau beanstandet hatte, weil sie sich zwar mit dem Sohn, nicht aber mit ihm eingelassen. Auch war es dem Greißler nicht recht, daß der Sohn im Rundfunk gesprochen hatte und in einem offiziösen Heft auf Staatskosten photographiert gewesen war.

Anderer Meinung als der Sohn war ferner ein Soldat, welcher in ziviler Zeit an ihn hatte Expensen bezahlen müssen, sowie ein Schlosser- und ein Schneidergeselle, diese aber nur, weil sie je einen jüdischen Konkurrenten hatten, welcher sich im Orte behauptete; sie waren mit Anführung des Haufens betraut.

Obwohl nun ein Teil der etwa einhundertfünfzig Wartenden erst vor dem Hause tobte, während ein anderer Teil bereits im Hofe und vor der Wohnungstüre Lärm machte, war nicht anzunehmen, daß diese Personen sich mit den bisherigen gelinden Äußerungen ihres Daseins und ihres Unmuts zufriedengeben, sondern daß zumindest einzelne von ihnen, nötigenfalls mit Gewalt, in die Wohnung eindringen würden. Daher hatte sich der Sohn zunächst in das fensterlose Badezimmer begeben, dessen Schnalle von außen verstellt worden war, so daß die Tapetentüre, die dahin führte, nicht sofort als solche erkennbar war. In diesem Schlupfwinkel glaubte er sich vorläufig vor der Menge in Sicherheit, wobei er seiner Mutter die Gelassenheit zutraute, beziehungsweise die Gefahr auflud, mit den voraussichtlichen Eindringlingen zu einem Verhandlungsergebnis, nämlich dem ihres Abzuges zu gelangen.

In ebendieses Badezimmer hatte der Sohn außerdem das Dessert aus dem Speiseraum mitgenommen, ein aus purer Schokolade von der Mutter liebevoll zubereitetes Festessen, das doch die Verdauung nicht sonderlich behindern sollte. Wiewohl es sich hier um eine Art Lieblingsspeise handelte, ist nicht anzunehmen, daß er angesichts des zu gewärtigenden Geschehens deren ganze Süße auskostete. Trotzdem verbrachte er eine ganze Stunde in seinem Verschlag, bis sich die Anführer entschlossen, mit ihren Gefolgsleuten gewaltsam in die Wohnung einzudringen. Zu diesem Zwecke brachen sie aber nicht die normale Wohnungstüre des Sohnes, auch nicht die der Kanzlei auf, die an dem genannten Tage ebenfalls versperrt blieb, sondern sie kamen über die Terrasse und die ehemalige, nun leerstehende Wohnung des Vaters herüber. Zwar war dies der weiteste Weg, den sie überhaupt nehmen konnten, aber einer, der ohne Sprengung eines Türrahmens oder tosischen Schlosses, lediglich durch Sichstemmen gegen eine normal gesperrte Glastüre zurückgelegt werden konnte, was ihrer Aktion den Rahmen der Legalität wahren sollte.

Der längere Anmarschweg, den sie sich auf diese Weise selbst bereitet hatten, der Gang durch die Leere, die sich wie das Grab des schon dahingegangenen Vaters und das künftige der Mutter ausnahm, dämpfte um ein weniges die Angriffslust der herzhaftesten fünfunddreißig, welche sich zu diesem Gange entschlossen hatten, allen voran als Anführer der Schneider- und der Schlossergeselle, rechts und links flankiert von dem SA-Mann, Bruder des Greißlerdichters, bereits damals achtundzwanzig Male vorbestraft, hauptsächlich allerdings wegen Diebstahls, nur zweimal wegen Gewaltverbrechens, und dem Klienten, der Soldat geworden und noch immer unbescholten war.

So mußten sie schließlich in die Räume gelangen, für deren Besuch sie sich entschieden hatten, zumal vom Hausmädchen verabsäumt worden war, die Verbindungstüre der leeren Wohnung des Vaters zu der nunmehrigen des Sohnes abzusperren.

Was nun geschah, war für den Sohn im Badezimmer phonetisch, das ist tonlich, vernehmbar, zumal sich die Geschehnisse unmittelbar vor der Tür zu seinem Versteck abspielten, das allerdings von keinem der in die Wohnung Gelangten entdeckt wurde. Zunächst hatte der Schneidergehilfe die Mutter für den Fall bedroht, daß sie ihm nicht die gegenwärtige Unterkunft des Sohnes verriete. Der Schlossergeselle, der wenig sprach, war durch das Schlüsselloch vom Sohne aus sichtbar; er hatte sich breitspurig vor der Mutter aufgepflanzt, um das Begehren des schmächtigen Schneidergehilfen durch Einsatz seiner ausgiebigeren Schultern zu unterstützen. Inzwischen war der SA-Mann und Greißlerdichterbruder in das unmittelbar an das Badezimmer anschließende und von diesem damals durch keine Tür erreichbare Zimmer des Dienstmädchens gelangt, das infolge seiner Schmalheit fast nur einem Bette Unterbringung gestattete, auf welches dessen nächtliche Inhaberin offensichtlich bereits gedrängt war. Soweit das Gespräch zu dem im Baderaum Verborgenen drang, forschte der SA-Mann weniger nach dem Verbleib des nicht aufgefundenen Sohnes als der Soforterlangung der Gunst der auf die Horizontale beschränkten Magd. Auf diese Weise wurde dem Sohne klar, daß sich die Eindringlinge wahrscheinlich mit Sachbeute und nur formaler Bedrohung der Mutter, aber vollständiger Inanspruchnahme des Dienstmädchens begnügen und auf seine Auffindung möglicherweise verzichten würden. Trotzdem hielt er sich als früherer Ehrenmann für verpflichtet, gerade in diesem Augenblick einzuspringen und die Blicke vorsätzlich wieder auf sich zu lenken.

Daher öffnete er alsbald die Badezimmertüre, obwohl er in diesem Raume gar nicht vermutet wurde und er der Form halber in den Schubladen der Kommode, in denen er schwerlich Unterkunft hätte finden können, gesucht worden war. Sein Erscheinen unterbrach notwendigerweise die weitere verbale Bedrohung der Mutter, aber auch die schon nicht mehr bloß verbale der Hausgehilfin, die sonst zwangsweise der Gefügigmachung anheimgefallen wäre. Ein wenig aus der Fassung gebracht, standen nun Schlossergeselle und Schneidergehilfe ihm gegenüber und fragten ihn zögernd, warum er sich bisher dem Zugriff entzogen und nicht gemeldet habe.

Der Sohn rechtfertigte seine Enthaltungshandlungen damit, daß er den Besuch seiner ungebetenen Gäste nicht entsprechend freundlich bewertet hätte. Über das verspätete Öffnen bestürmt, äußerte er sich in ähnlichem Sinne. Sein nunmehriges plötzliches Auftauchen aber begründete er mit der für ihn aus seinem Schlupfwinkel erkennbaren Gefahr für seine Mutter in brachialer Beziehung und für die Hausgehilfin in sittlichen Belangen.

Daraufhin hießen ihn die zwar in ihrem Gewerbe nicht Ausgelernten, ansonsten aber zur parteiamtlichen Führerschaft Berufenen, ihnen auf ihrem nunmehrigen Gange zu folgen, wobei sie in Aussicht stellten, ihn nicht nur zu Arbeiten anzuhalten, die er durch seine Verborgenheit abgewendet zu haben glaubte, sondern auch weiteren Strafmaßnahmen zu unterziehen, die er wegen Nichtöffnens seiner Wohnungstür und nicht rechtzeitigen Sichstellens verantworten müsse.

Als nun die Wegbringung des Sohnes vor sich gehen sollte, erklärte die Mutter mitzukommen, worauf sowohl Schlosser als auch Schneider ihr den Vortritt einräumten. Diese Höflichkeitsgeste, welche sie trotz ihrer unbeugsamen Haltung nicht erwartet hatte, rühmte sie, wenn auch ironisch, mit den Worten, sie habe mit dem Ausdruck solcher Formen angesichts der Formlosigkeit des Besuches nicht mehr gerechnet. Obwohl ihr diese Berühmung übelgenommen wurde, weil sie offenkundig nicht ernst gemeint war, puffte man sie doch nicht, blieb aber dem Sohn auf den Fersen, den man durch den großen Hof auf die Straße geleitete, woselbst eine aus wenigen Frauen und vielen Trägern männlicher Geschlechtsteile bestehende Menge ihn in Empfang nehmen sollte.

Das ursprüngliche Vorhaben, ihn zu veranlassen, seine ohnehin schon mit dem Zettel »nichtarische Kanzlei« verunzierte Tafel auch noch mit dem Worte »Jude« zu übermalen, konnte nicht ausgeführt werden, da solche Übermalung bereits von einem in der Zwischenzeit herbeigeholten andern Glaubensgenossen hatte verrichtet werden müssen. Als sich der Sohn nun, ohne auf das Tempo seiner Nachschreiter Rücksicht zu nehmen, durch die auf der Gasse angesammelten Menge einen Weg bahnen wollte, wurde ihm plötzlich eine Leiter aufgeladen, auf der er vom gegenüberliegenden Gehsteig zu dem darübergelegenen Geschäftsschild eines Israeliten emporsteigen und dort sodann vermittelst eines in einem Farbtiegel angesammelten Beschriftungsstoffes herabwürdigende Worte anbringen sollte, nämlich: »Nur ein Schwein kauft bei Juden ein!«

Wie nun der Sohn mühsam mit dem aufgeladenen Steigegerät vorwärts strebte, ließen sich einzelne Frauenstimmen, von denen er keine erkannte, vernehmen, deren Inhaberinnen mit seinem erzwungenen Gang nicht einverstanden schienen und behaupteten, daß er sich ähnlich fortbewege wie Christus, als man diesem das Kreuz aufgehalst habe.

Solchen weiblichen Äußerungen trat keine einzige männliche bei, ja aus rauhen Kehlen, insbesondere der des Schlossergesellen sowie auch des schnittigen Schneidergehilfen, erfolgten Drohungen, man werde jedem Fräulein oder jeder zur Frau Herangeblühten oder selbst zur Greisin Verwelkten ein gleiches Los wie dem Sohn bereiten, falls die Proteste gegen seine Leitertragung anhielten. Trotzdem ist kaum anzunehmen, daß angehender Schlosser oder vorübergehender Schneider aus Gründen der Bibelexegese oder sonst aus christlichen Bedenken den Stimmen weiblicher Kehlen entgegengetreten wären, vielmehr schienen beide Parteiangehörige nur nationalsozialistischen Erwägungen zugänglich.

Während nun der Sohn unter weiblichem, nicht aber männlichem Widerspruch, ja ohne den eigenen, leitertragend vor dem auf der anderen Straßenseite liegenden jüdischen Geschäfte für Lederwaren angelangt war, wurde ihm sowohl von dem Schlossergesellen als auch von dem Schneidergehilfen die Anweisung gegeben, nunmehr vor dem hochgelegenen Schilde das Sprossenholz anzulegen und auf der Ladenankündigungstafel eine Inschrift des Inhaltes anzubringen, daß nur ein Schwein bei Juden einkaufe. Aber schon die Aufstellung der Leiter war mit Schwierigkeiten verbunden, die teils von jenen verursacht wurden, die dort bereits standen, viel mehr aber von denen, die sich aus amtlichen oder außeramtlichen Gründen wie denen des Zuschauens noch hinzugesellten, am meisten aber von dem Sohne selbst, der sich bei seiner Tätigkeit noch ungeschickter verhielt, als er ohnehin von Natur aus gewesen wäre. So kam es, daß sowohl SA als auch Zivilisten ihm bei seiner Vorleistung behilflich sein, ja sie sogar an seiner Statt übernehmen mußten. Schließlich ergab sich eine Lage, bei der ein SA-Mann den Farbtiegel hochob, ein anderer den Pinsel eintauchte, während ein Zivilist die Leiter ansetzte, auf welcher der Sohn sodann gemächlich hinaufstieg. Aber auch oben angelangt, schrieb er von den Worten, die den Geschäftsinhaber in den Augen der Kundschaft herabsetzen sollten, zunächst bloß den Anfangsbuchstaben der Einleitungssilbe »Nur«. Weil nun aber bereits das erste »N« vom Sohne so groß ausgeführt wurde, daß zu besorgen stand, er werde nicht den ganzen Satz hinbringen, ordnete der Schneider eine kleinere Schreibweise an, worauf das »u« so winzig ausfiel, daß es mit bloßem Auge kaum mehr auszunehmen war. Als daraufhin der Schlosser auch diese Schriftart beanstandete, erklärte der Sohn, möglicherweise nicht ohne Beziehung im Tonfall auf den herrschenden Zeitgenossen, welcher derlei Metier aus früherer Ausübung beherrschte, daß er seinerseits eben kein gelernter Anstreicher sei, daher die einschlägigen Maßstäbe anzuwenden nicht in der Lage sei. Auf diesen Einwand hin begaben sich Schlosser und Schneider in das Lokal, vor dem geschrieben werden sollte, und telephonierten von dort aus nach der Parteibehörde um weitere Weisung, was man mit dem Sohne machen solle, der sich zuerst durch Unterlassung der

Wohnungsöffnung, sodann durch Mangel rechtzeitigen Hervortretens, schließlich auch noch durch Abwälzung und Herabwürdigung der ihm auferlegten Verpflichtung derselben entzogen habe, indem er NS-Männer in den Dienst der Leiter-, Farb- und Pinselhaltung gestellt und nun ein ebenso unzureichendes als ironisches Gemälde anzufertigen beginne, wobei er sich überdies noch in führerbeleidigender Art auf seine mangelnden Kenntnisse in der Kunst des Anstreichens berufe.

Nun hätte wohl unter sonstigen Umständen jedes einzelne der dem Sohne angelasteten Delikte für sich dessen amtliche Kaltmachung oder zumindest dessen Überstellung in das Gebäude der Geheimen Staatspolizei gerechtfertigt, wo man, nach damaligen Erklärungen jüdischer Kreise, die Häftlinge häufig für einen Tag lebenslänglich gefangensetzte. Doch war auf der Parteibehörde zufällig gerade in diesem Augenblick die Enkelin des Sektionschefs anwesend, die dort zusammen mit einem Ingenieur amtierte. Derselbe wiederum hatte während der Zeit seiner Arbeitslosigkeit gegen Entgelt zuweilen mit dem Sohn den Facharzt und dessen Gattin in seinem Privatwagen spazierengefahren und war im Augenblick keinem von ihnen schlecht gesinnt. Daher bedeutete er den Fragern, daß gegen den Sohn nichts unternommen werden möge, dieser vielmehr sofort freizulassen sei.

Wie nun die Herren, die telephoniert hatten, höchst widerwillig den Sohn von der Leiter herunterholten, arbeitete dieser besonders kunstvoll an dem »r« des »Nur«, welches in seiner Ausführung keinem bisher bekannten Buchstaben entsprach. Empört über diese neuerliche zwischenzeitliche Entgleisung wollten Schneider und Schlosser ihn auf die Parteistelle hinaufführen, begegneten aber bereits einem Trupp, welcher den Facharzt in seinem weißen Ärztekittel brachte, der sich schon durch Überschmierungsarbeiten an seinem eigenen Schild bewährt hatte und nun auch den Dienst für den Sohn übernahm, ohne daß man seinethalben überhaupt bei der Partei anfragte, wo ihn vielleicht der gleiche Ingenieur freigestellt hätte.

In Ermangelung solcher Anfragen wurde jetzt der Sohn, von dessen Seite die Mutter nicht gewichen war, seiner Tätigkeit vollends enthoben und auch nicht auf die zuständige Stelle geführt, vielmehr wurde der freiwillige Dritte in die ihm abgenommenen Verpflichtungen eingeführt. Bevor man ihn aber entließ, schärfte jener SA-Mann, der den Farbtiegel gehalten, vorher das Dienstmädchen hatte bearbeiten wollen und noch früher für den brüderlichen dichtenden Greißler aufgetreten war, dem Sohne eindringlich ein, es dürften nunmehr von diesem keine öffentlichen Vorträge mehr gehalten werden, insbesondere keine im Rundfunk, während die sonstigen Anwesenden versicherten, daß man ihn bald wieder holen würde. Bei dem ganzen Vorfall war überdies der Onkel der boxenden Facharztensgattin als Überwachungsorgan anwesend, damit kein Mißbrauch auftrete, was er durch Heben eines Notizbuches, in dem einer seiner Finger schmerzlos eingeklemmt war, manifestierte. Diese überwachende Tätigkeit setzte er nicht nur fort, als nach dem Sohne sein eigener angeheirateter Neffe ans Schreiben kam, sondern er wollte sich diese schützende Funktion ein Jahrzehnt später vom Sohne bestätigen lassen, als dieser gerade in den leeren Rest seiner Wohnung heimzukehren im Begriffe stand.

Im übrigen hatten an diesem Tag noch andere Anstreicharbeiten unter für die Beteiligten wesentlich peinlicheren Bedingungen stattgefunden. Ein jüdischer Internist, welcher selbst gerade an einer Influenza darniederlag, mußte, da er unglückseligerweise sein Schild an der Mauer des höchsten Stockwerkes hatte, am vierstöckigen Hause des Huf- und Wagenschmiedes auf einer von der Feuerwehr geholten Leiter seine akrobatischen Anstreichkünste vorzeigen, ohne daß ihm jemand die Leiter, geschweige denn Farbtiegel und Pinsel gehalten haben würde. Er mußte vielmehr alleintätig mit deutlicher Schrift zu Kenntnis bringen, daß er ein Saujude sei. Ein Pelzhändler, welcher bis dahin als geachteter Bürger gegolten und dessen jüdische Abstammung niemand vermutet hatte, war zwar nur genötigt worden, ähnliche Arbeiten in Kopfhöhe und ohne Leiterverwendung auszuführen, erhängte sich aber gleich danach wegen vermeintlicher Schande, und zwar etwas höher an einem Dachbodenbalken. Bei einem dritten Herrn, der nur Gemüsehändler war und dessen beide Töchter als BD-Mädchen gern von Parteigenossen zum Koitus herangezogen wurden, hieß man, auf dessen rein jüdische Abstammung aufmerksam gemacht, einen Anstrich sowohl auf der neben dem Haustor befindlichen Tafel, die sich auf die Kräuter bezog, als auch auf der kleinen, die den Butter- und Eierhandel betraf, durch den Händler vollziehen, wobei er seine jüdische Schweineschaft mit grobschlächtigen Buchstaben bestätigte, ehe er nach ihm gegenüber abgegebenen Einwendungen seiner Frau und Entfernung der Töchter aus dem BDM selbst ins Narrenhaus übersiedelte, wo er erst viel später der Vergasung zugeführt wurde, zumal er dann wegen Narren- und Judentums eine doppelte einschlägige Behandlung in Anspruch nehmen durfte.

Im übrigen war die Schandbemalung nicht das einzige, was an diesem Tage unter der Patronanz des Neffen eines wienerwaldrettenden Bürgermeisters und der Aufsicht des facharztverschwägerten Richters und nachmaligen Gerichtsvorstehers auszuführen war. Nach Bemalung aller jüdischen Geschäftstafeln wurden besonders häßliche Geschäftsinhaber semitischer Zugehörigkeit in die Auslagen gesetzt und daselbst von einem noch häßlicheren, nunmehr nationalsozialistischen Ladenschwengel photographiert, der später der angesehenste Mann im Orte wurde, nachdem er die reichste Geschäftsinhaberin geheiratet hatte. Unter den so ausgestellten israelitischen Personen befand sich unter anderem ein Handelsmann, der Waren unter den Gestehungskosten verschleuderte und sowohl einen dicken Wanst aufwies als auch von kleiner Statur war. Er hielt in der Auslage die bronzene Tapferkeitsmedaille vor sich hin, die er im Weltkrieg als gemeiner Soldat im Felde erworben hatte, als ob diese, die sich nunmehr wie eine Hundemarke ausnahm, ihn hätte schützen können. Eine an Elephantiasis erkrankte Kaufmannsfrau wurde vom Pudelhüpfer, das ist Geschäftsangestellten, wegen verzerrten Gesichts und Klavierbeins häufig im Schaufenster porträtiert, sie überlebte den Vorfall jedoch noch lange.

Damals aber kehrte der Sohn mit seiner Mutter heim, wobei sie wie eine Königin dahinschritt und er neben ihr ging wie ein Rebell, welcher sich vorübergehend ihren Anordnungen unterwarf, nachdem er die der Parteifunktionäre nur mangelhaft ausgeführt hatte. Immerhin ist anzunehmen, daß er an diesem Nachmittag zumindest während der Dauer der Heimkehr stolz auf sie sein durfte, weil sie sich noch viel besser als er selbst gehalten und aus freien Stücken nicht von seiner Seite gewichen war. Freilich mochte eine solche zeitweilige Bewunderung anstelle sonstiger langer Kritik, die immer irgendwie zum Ausdruck kam, nicht offen vorgebracht worden sein. Denn der Sohn schämte sich häufig, eine Person oder einen Gegenstand irgendwie rühmend hervorzuheben, ausgenommen vielleicht vereinzelte Mädchen, die ihm so fern waren, daß er ihnen niemals näherkommen würde. Im übrigen schien es, als liebe er seinen Nächsten ebensowenig wie sich selbst.

In seine Kanzlei zurückgekehrt, in welcher die schönbusige Kanzlistin wegen der Ansammlungen vor dem Hause ausnahmsweise etwas später zum Dienst angetreten war, diktierte der Sohn an den Ausschuß der Rechtsanwaltskammer eine Eingabe, mit der er auf die Ausübung der Rechtsanwaltschaft verzichtete und zugleich einen Anwalt streng katholischer Gesinnung, mit dem er bisher in gutem Einvernehmen gestanden, obgleich er ihn allerdings in letzter Zeit kaum zu Gesicht bekommen hatte, als seinen Kanzleiübernehmer in Vorschlag brachte. Wenn nun auch seine Angestellte ansonsten unbeteiligt zu schreiben pflegte und überdies der NS-Partei angehörte, traten ihr doch während des Diktats ins Stenogramm und der Übertragung in Maschinenschrift Tränen in die Augen. Sie bedauerte anscheinend ihr Ausscheiden aus seinem Dienst, vielleicht sogar die Niederlegung seiner Tätigkeit als solche und endlich, wie sie später zumindest erklärte, daß sie seine Mutter nun nicht mehr sehen sollte, zu der sie eine gewisse Zuneigung empfunden haben wollte.

Wenn nun der Sohn seinen Dienst auch noch bis zur Annahme seiner Kanzleirücklegung durch die Rechtsanwaltskammer auszuüben hatte, so fühlte er sich trotzdem verpflichtet, diese bevorstehende Beendigung den örtlichen Gerichtsorganen persönlich bekanntzumachen. Zu diesem Zwecke begab er sich zunächst in die Strafabteilung, in der zwei früher sozialdemokratisch, später vaterländisch gesinnte Kanzleibeamte tätig waren.

Diese beiden Herren befragten ihn teilnahmsvoll nach den Vorgängen vom gestrigen Mittag und erhielten die Auskunft, daß der Sohn, zu Anstreicherdiensten bemüßigt, sich nicht mehr in der Lage sehe, die Rechtsanwaltschaft auszuüben. Daß er überdies niemals mehr im Rundfunk würde sprechen können, zumindest während der Dauer der gegenwärtigen Umstände, wisse er ohnehin, auch wenn ihm dies der SA-Mann und Bruder eines dichtenden Krämers nicht verboten haben würde. Dagegen tue es ihm nicht leid, den Eindringlingen auf energisches Läuten nicht geöffnet zu haben. Würden sie seine Mutter weiter behelligt haben und wäre ihm eine Waffe zur Verfügung gestanden, hätte er sich dieser sogar bedienen müssen. Die beiden Gerichtskanzleibeamten billigten seine Mäßigung und fragten ihn noch, wie lange seiner Meinung nach die ganze NS-Sache dauern würde. Er erwiderte hierauf, als gerade ein Anwaltskollege eingetreten war, er schätze fünf Jahre, und als dieser sich lächelnd entfernt hatte, fuhr er fort, falls die Alliierten blöd seien, würde es aber sieben Jahre währen. Auch diese Schätzung, die er im übrigen bereits dem Plattchinesen gegeben hatte, wurde von den Mitteilungsempfängern scheinbar wohlwollend zur Kenntnis genommen.

Am dritten Tage aber, an dem Spinnerinnen, zu Mittag beobachtet, nach ortsüblichem Glauben Glück und Segen zu bringen pflegen, erhielt der Sohn eine Vorladung zur örtlichen Bezirkshauptmannschaft, wo ein junger Mann den durchaus nationalgesinnten Chef vertrat. Dieser zeitweilige Stellvertreter hatte amtlich viel mit dem Sohn zu tun gehabt, und es wurde ihm von diesem dabei wiederholt irgendein Verstoß vorgehalten, der mangelhafte Befassung des Empfängers solchen Einwands mit den Gesetzen zum Gegenstand hatte. Diesmal war aber er es, der dem Sohn etwas vorhielt. Es wurde dem Erschienenen nämlich zur amtlichen Kenntnis gebracht, daß dieser nicht nur einen nationalen Dichter dessen frühere Tätigkeit als Gemischtwarenhändler verächtlich habe anlasten, sondern auch parteizugehörige Männer mit der Waffe in der Hand habe bedrohen wollen, des ferneren das Anstreichen als eine erniedrigende Tätigkeit betrachtet habe, obwohl er wisse, daß der Führer sich trotz genialer Begabung in dieser Zunft zeitweilig habe betätigen müssen. Schließlich sei dem herrschenden Regime von ihm nur eine Lebensdauer von fünf Jahren, höchstens aber sieben, eingeräumt worden, obwohl dasselbe für mindestens ein Jahrtausend Daseinsrechte beanspruche.

Nach diesem Vortrag wußte der Sohn nicht recht, wie dergleichen zu öffentlicher Kenntnis gelangt war. Doch zeigte ihm der junge Mann die Schrift und Unterschrift der beiden wohlwollenden Gerichtsbeamten. Ja, der plötzliche Leiter der höchsten örtlichen Verwaltungsstelle nicht parteigebundener Art tat noch ein übriges. Mit Rücksicht darauf, daß der Sohn ihm in früherer Zeit sehr häufig dadurch lehrreich zur Seite gestanden sei, daß er ihm bei Erlernung solcher Tätigkeit durch angebrachte Einwürfe zum Aufkeimen von Wissen verholfen habe, wolle er ihm nunmehr auf eigenes Risiko gegen Ehrenwort der Rückgabe die Anzeige ausfolgen. Der Sohn müsse ihm diese aber spätestens in ungefähr vier Wochen mit seiner Antwort wieder zukommen lassen. Eine Ablieferung des Schriftstückes im Amte sei allerdings nicht empfehlenswert. Er wohne aber bei der Krämerin gegenüber, einer alten, ehrlichen, wenn auch schwerhörigen und daher schweigsamen Frau. Bei dieser solle die Originalanzeige samt der Antwort abgegeben werden, aber noch in diesem Monat, im nächsten beziehe er ein besseres Quartier und über die Verläßlichkeit der dortigen Bewohner sei er nicht informiert.

Der Sohn war über die mannhafte Haltung des jungen Menschen, den er kaum kannte und dem er nichts zuliebe getan hatte, viel mehr erstaunt als über die Anzeige der beiden freundlichen Gerichtsbrüder. Denn dieser setzte eine erst erlangte Position in einer Weise aufs Spiel, wie das ansonsten in Österreich gar nicht und anderswo selten genug vorkam.

Obwohl die Mutter trotzdem dieses Vorfalls wegen höchstes Entsetzen zeigte, wartete der Sohn die vierwöchige Frist nicht ab, die ihm gesetzt war, und holte noch dazu seine Kanzlistin, die zum vorletzten Male bei ihm erschienen war, zum Diktat, eine Handlungsweise, welche die Mutter ungeachtet bisherigen Vertrauens in das Mädchen um so mehr beunruhigte, als dieses am übernächsten Tage bei einer übergeordneten Parteistelle als Sekretärin eintreten sollte.

Am darauffolgenden Morgen langten mit der Post zwei Schriftstücke der Rechtsanwaltskammer ein, die in zwei getrennten Briefumschlägen untergebracht waren. Mit dem einen hatte man den Verzicht des Sohnes auf die Ausübung seiner Tätigkeit zur Kenntnis genommen und den von ihm genannten streng katholischen Kollegen zu seinem Rechtsnachfolger bestimmt. Aus dem andern, ergänzt durch telephonische Mitteilung der Kanzlei desselben Kollegen, ging hervor, daß dieser, obwohl nichtjüdischer Abstammung, von einer Verhandlung an der jugoslawischen Grenze nicht mehr wiedergekehrt war und seinerseits als Kanzleiübernehmer den Sohn bestimmt hatte, welcher auch demgemäß mit der Führung von dessen Kanzlei betraut wurde. So ergab sich, daß der Sohn nun zwar aus den von ihm bekanntgegebenen Gründen von der Führung seiner eigenen Agenden befreit werden sollte, dafür aber die eines andern zu übernehmen hatte, zu denen nun doch wohl noch die eignen hinzukamen, wenn sie auch als die des zweiten anzusehen waren.

Um diese Widersprüche in Einklang zu bringen, die durch das vorläufige Verschwinden des offenbar monarchistisch gesinnten Kollegen und die mechanische Reaktion einer Stelle, die in die Verzichtserklärung nur die vorgeschriebenen Namen einsetzte, zustande gekommen waren, entschloß sich die Kanzlistin, bis zur Ordnung dieser Angelegenheit noch beim Sohn im Dienst zu verbleiben und die zuständige Parteistelle zu vertrösten. Sie hinterlegte sogar für ihn die Anzeige der gerichtlichen Biedermänner sowie die Antwort des Sohnes bei der Greißlerin, von welcher sie deren hochgestellter Untermieter in Empfang nahm.

Wenn nun der Sohn in seiner erwähnten Stellungnahme die amtlich publizierte Ansicht übernahm, es handle sich bei Übergriffen von Personen in Parteiuniform durchwegs nur um verkleidete Kommunisten, der Vorfall vom 26. April sei daher in dieser Hinsicht aufzuklären und der Sohn somit berechtigt gewesen, eine allfällige Aggression gegen seine Mutter mit etwa vorhandenen, in Wirklichkeit aber nicht zur Verfügung gestandenen Waffen abzuwenden, so ließ dies der echte Ehrenmann auf der Bezirkshauptmannschaft lächelnd gelten und erhob keinen Einwand. Er nahm auch die Version des Sohnes den Greißlerdichter betreffend hin, daß nämlich der Angezeigte über dessen nationale Qualitäten keine rechtzeitigen Informationen erhalten habe, weil der von ihm Unterschätzte seines Wissens bisher nur in Moskau aufgeführt worden sei. Daß Anstreicherei ein edles Gewerbe sei, aber nicht zur Rechtsanwendung gehöre, daher kaum eine gleichzeitige Ausübung zulasse, diesbezüglich verwies der Sohn glaubhaft auf die einschlägigen Kammerrichtlinien. Nur im Hinblick auf die fünfjährige Dauer des Regimes war eine Rechtfertigung ausgeblieben.

Das Fehlen zureichender Auskunft in dieser Hinsicht wurde dem Sohne vorgehalten. Seine Deutung, er habe nicht die Dauer des Regimes an sich, sondern nur die Nichtverhinderung von Vorgängen der geschilderten Art zeitlich begrenzen wollen, fand wenig Glauben. Aufklärung wurde zwar nicht gerade gefordert, aber doch deren Nacherstattung dem Angezeigten nahegelegt. Dieser aber erhoffte sich weniger von einem einschlägigen Einfall, sondern mehr davon, daß der Akt vergessen werde oder in Verstoß gerate.

Bevor noch die freiwillige Rückkehr des monarchistischen Kollegen, der zugleich sein Kanzleinachfolger und sein Kanzleivorgänger geworden war, erfolgte, weil dieser es schließlich doch nicht wagte, mit unzureichenden Mitteln nach Jugoslawien zu übersiedeln, wurde die Kanzlistin des Sohnes von der Partei in Anspruch genommen und mußte die Mutter ihre Agenden übernehmen, während der Sohn im Garten abwartete, ob er für einen Fall dringend gebraucht werde. Es hatten sich seine Klienten inzwischen auf nur ganz wenige verringert, und auch in der Kanzlei des noch abwesenden Kollegen war kein großer Mandantenstab zu versorgen.

Im Garten wurden vom Sohn wiederum die Meisen samt den Buchfinken und Grünlingen versorgt, wie dies zu Vaters Zeiten der Fall gewesen war und später von ihm noch hie und da in seiner eigenen Zwischenzeit ausgeübt wurde. Auch die Kleiber kamen mitunter, wenn auch seltener, auf Futtertisch und Hand. Zuweilen fand sich auf ersterem auch der Kirschkernbeißer ein, in respektabler Entfernung nur der mittlere Buntspecht und an einzelnen Tagen außerdem Wendehals und Pirol. Wenn aber die Vögel sich, gefüttert, verflogen hatten, schoß der Sohn mit einem Luftdruckgewehr auf eine Scheibe, wobei er immer sicherer traf. Ein jüdischer Kollege, der nach Palästina gehen wollte, gesellte sich ihm ab und zu bei, denn er glaubte das Umgehen mit dieser Waffe als Anfangsgrund dessen, was ihn dort erwartete, nicht entbehren zu können. Eines Tages, als der Sohn ohne Fütterung und Schuß und Gast in seiner Badehose die Hängematte besetzt hielt, kam SA, konfiszierte das Gewehr und jagte ihn aus seinem Garten, so wie er war, da er die Vögel daselbst durch Gewehr und vergiftetes Futter gefährde.

Am Abend war der Sohn nichtsdestoweniger beim Plattchinesen eingeladen. Er traf dort in der Schaukel, die, für den kleinen Sohn der Gastgeber bestimmt, in den Türrahmen eingelassen war, einen SA-Funktionär, in vollem Ornat sich durch die Lüfte schwingend. Dieser begrüßte den Sohn besonders herzlich und erklärte ihm, er habe bereits auf Umwegen erfahren, daß SA-Leute widerrechtlich in dessen Garten eingedrungen seien und ihm ein Flobertgewehr entwendet hätten. Da das Gewehr aber von einem Mann an sich genommen worden sei, der es nicht auch abgeliefert habe, und die Person desselben noch nicht feststehe, sei es ihm leider derzeit nicht möglich, dem Sohn das Requisit wieder ausfolgen zu lassen. Dagegen sei er selbst genötigt, an den Sohn eine Bitte zu stellen. Er fühle sich zwar gegenwärtig in seiner Uniform sehr wohl, glaube auch an den Führer, halte aber einen Krieg für unausbleiblich. Seine friedfertige Gesinnung verbiete ihm jedoch, sein Leben für eine Sache aufs Spiel zu setzen, die er ansonsten für eine gute halten würde. Da der Sohn zweifellos ins Ausland strebe, hätte er nichts dagegen, mit von der Partie zu sein. Bis zur Grenze könne er dem Sohn eine wertvolle Hilfe sein, ab dieser erhoffe er dasselbe vom Sohne. Als Beweis seiner lauteren Gesinnung wolle er ihm nicht nur das Gewehr wieder verschaffen, sondern außerdem den albanischen Hausverwalter aus dem Hause des Sohnes entfernen lassen, so daß dieser freier atmen könne.

Der Sohn machte seinerseits kein Versprechen, da er überhaupt nicht entschlossen war, außer Landes zu gehen, und wenn ja, gewiß nicht bereit war, einen SA-Funktionär ins Ausland mitzunehmen. Darauf stellte der Plattchinese die deutschen Nachrichten im Radio Moskau an. Alle Teile horchten interessiert, aber am wohlgefälligsten nahm die Meldungen der uniformierte Parteigenosse auf.

Wenn nun ein paar Tage später der albanische Verwalter tatsächlich seines Amtes enthoben wurde, nachdem er noch schnell den Zins kassiert hatte, so war dies wahrscheinlich nicht der Intervention des SA-Jungen zuzuschreiben, sondern eher anwaltlichem Einschreiten, das die Tochter vor ihrer Abreise noch einzuleiten bestrebt gewesen war. Auch blieb das Gewehr verschwunden und wurde nie zurückerstattet. Im übrigen bestand zwischen Gewehrabnahme und Hausverwalterenthebung offenbar ein ursächlicher Zusammenhang, der das erste Ereignis vor das letztere legte. In einer nach dem Krieg im Braunen Hause vorgefundenen stampiglierten Anzeige des Deutschskipetaren war nämlich die Rede davon, daß der Sohn, der sogar anwaltliche Hilfe zur Behinderung der Partei in Anspruch nehme, Kommunisten und Juden in seinem Garten Schießunterricht erteile, was selbst der Hausbesorger bezeugen könne. Man würde am besten daran tun, den Sohn sofort unschädlich zu machen. Als nun der Sohn aufgrund dieses aufgefundenen Schriftstückes in der zweiten Republik den dort noch vorgefundenen Zeugen der Anzeige, nämlich den Hausbesorger, durch vorzeitige Entlassung aus dem Gebäude entfernen wollte und eine Verhandlung beim Arbeitsgericht für den nächsten Kalendertag ausgeschrieben war, sich bei Erscheinen des Sohnes vor Gericht aber herausstellte, daß mit dem Ladungstermin zwar dieser Tag gemeint gewesen, der Sohn aber um ein volles Jahr zu früh erschienen war, gelangte auch die Anzeige zur Kenntnis der Behörde. Ganz gegen alle Gepflogenheit, daß nämlich solche Verfahren in Österreich nach wenigen Wochen eingestellt werden, dauerten die Erhebungen gegen den Portier volle vier Jahre, bis ihm geglaubt wurde, daß er es wohl kaum gewesen sei, es müsse sich um einen anderen Hausbesorger gehandelt haben. Der albanische Verwalter, der sich dann nur mehr als ein frommer Mann betätigte, war gar nicht erst in die Sache einbezogen worden.

Sowie nun der Sohn nach der Enthebung des Verwalters sich aufzuatmen für berechtigt hielt, wurde er von dem kleinen Juden aus dem Geschäft an der Straßenecke aufgesucht, der am 26. April in seiner Auslage wegen seines Fettwanstes, seiner kurzen Beine und seiner winzigen Statur zu Belustigungszwecken ausgestellt gewesen war und der gehofft hatte, sich bei dieser Gelegenheit durch Vorweisung der im Krieg an der Front erworbenen bronzenen Tapferkeitsmedaille verteidigen zu können. Dieser nicht sehr empfehlenswerte Zeitgenosse, der auch schon zwei- bis dreimal das gerichtliche Ausgleichsverfahren über sich hatte ergehen lassen müssen, aus dem er jedes Mal wie ein Phönix als wohlsituierter Warenverschleuderer hervorgegangen war, hatte sich bisher niemals dem Schutze des Sohnes anvertraut, der ihn auch kaum als Klienten angenommen haben würde. Nunmehr erschien er hilfesuchend bei diesem, wahrscheinlich weil er gehört hatte, daß auf der Partei zwar keine sonstigen Israeliten, wohl aber der Sohn empfangen würde. Es handelte sich bei ihm aber nicht einmal um einen Kampf mit der SA und SS oder einer anderen NS-Stelle, wo jedes Verfahren für ihn schon aussichtslos begonnen hätte, sondern vielmehr um Nachforschungen der Steuerbehörde, die bei ihm, vielleicht nicht ganz zu Unrecht, eine Hinterziehung öffentlicher Abgaben vermutete.

Nun war das Einschreiten für einen straffälligen Steuerpflichtigen schon in normalen Zeiten gefährlich, wenn sich der Einschreitende bewußt sein konnte, daß ein Delikt gegen den Staat vorliege. Im gegebenen Fall aber war es das NS-Reich, das Geld von einem Juden forderte, und der für ihn einschreiten sollte, war ebenfalls ein solcher, noch dazu ein Anwalt, der die Ausübung der Praxis bereits niedergelegt hatte, welche Niederlegung zur Kenntnis genommen war, wenn er auch, was offenbar erstmalig geschah, mit einem gleichzeitig eingelangten Beschlusse zum Nachfolger eines verschwundenen nichtjüdischen Anwaltes bestimmt wurde. Das Flehen des kleinen Mannes rührte den Sohn wenig, auch nicht die Berufung auf jüdische Solidarität, von der er selber im Guten wenig, viel aber im Bösen gefühlt hatte. Selbst das Zahlungsversprechen des feisten Zwerges beeindruckte ihn nicht. Er sammelte keine Gelder mehr und wußte außerdem, daß der andere nicht zahlen würde. Als aber die Tochter des kleinen Mannes erschien, die er bisher nicht gesehen hatte und die aus dessen erster Ehe mit einer offenbar gutaussehenden Frau stammte, die den Gesponsen vielleicht bereits zur Zeit der Empfängnis betrogen hatte, sah er ein hübsches und frisches Gesicht, das sich zwar nicht den Beteuerungen des Vaters anschloß, wohl aber den Mund zu der Bitte auftat, ihnen allen zu helfen, da sonst die Familie zugrunde gehe. Ihnen allen, das war offenbar auch sie, und sie war wert, gerettet zu werden, zumindest für eine Nacht, in der sie dem Sohn Dank abstatten konnte. Aber er wagte nicht, eine Andeutung auszusprechen, und glaubte auch kaum, daß sie wirklich kommen werde, um ihm zu danken. Trotzdem rief er den Anwalt an, für den er zum Stellvertreter bestimmt war, und dieser meldete sich bereits am Telephon; er war mehr als einen Monat herumgeirrt, aber soeben zurückgekehrt. Nun sagte ihm der Sohn die Übergabe der Agenden zu, meinte aber, daß er vorerst noch einen Fall für ihn erledigen wolle, der das Steueramt angehe, und der andere stimmte dem Vorschlag mit schwacher Stimme zu, ohne zu fragen, wer der Klient sei. Darauf begab sich der Sohn zum Steueramt, bemerkte dort, daß er ein letztes Mal einschreite, und dies im Namen eines andern, und wurde sogar ruhig empfangen und angehört. Als er aber den Namen seines Auftraggebers nannte, da war es mit der Ruhe aus, und der Beamte schrie, bis er ganz heiser war. Mit dem Eintritt von dessen Heiserkeit aber glaubte der Sohn wieder das Wort erlangen zu können, und er schilderte den Fall des feisten kleinen Juden so ergreifend, als stehe dessen Tochter dahinter und höre zu. Als er geendet hatte, meinte der Herr von der Steuer, er wisse ganz genau, daß der kleine Mann der perfideste Gauner wäre, der ihm jemals untergekommen sei. Dem Sohn zuliebe und weil dieser zum letzten Male komme, wolle er aber den Gauner diesmal laufenlassen. Er sei jedoch vollkommen davon überzeugt, daß der Kleine, sobald man beginne, die Juden zu erschlagen, der erste sein werde. Der Sohn entfernte sich mit Dank, die Tochter des Kleinen kam nicht. Auch ging die Weissagung des Steuerbeamten, der später nach reichsdeutschem Sprachgebrauch Finanzbeamter hieß, nicht ganz in Erfüllung. Der kleine Mann wurde erst nach Jahren als Dreizehnter erschlagen, seine Tochter war damals lange über alle Berge und gerettet. Außerdem waren die zwölf anderen, die man vor ihm beseitigt hatte, durchwegs Ehrenmänner und -frauen, gegen die moralisch nichts vorlag.

Als aber der Sohn nach Erledigung der Steuersache dem zurückgekehrten Monarchisten seine Fälle übergeben wollte, erklärte dieser, die Akten nur dann übernehmen zu wollen, wenn er ihm auch den zu ihrer bisherigen Unterbringung dienlichen Schrank mit ausfolge. Obwohl der Sohn dieses Möbel keineswegs mehr benötigte und es wahrscheinlich ohnehin dem ersten oder zweiten Beutezug von Parteiorganen oder nicht parteiamtlich gebundener Bevölkerung zum Opfer fallen würde, weigerte er sich standhaft, anderes auszufolgen als das Material, welches der andere zur Weiterführung der Causen brauche. Darum blieb sowohl dieses als auch der Kasten bei ihm. Zwar setzte sich die Mutter nach seiner Rückkehr bei ihm eifrigst dafür ein, dem andern den gewünschten Schrank zu überlassen und sich nicht mehr in Gefahr zu begeben. Es sei schon genug, daß er den Warenverschleuderer von schräg gegenüber bei dem Steueramt herausbekommen habe. Der Sohn versprach der Mutter nichts in Angelegenheit Aktenbehälter, wohl aber in puncto Gefahr, doch langte gleich darauf mit einem Mietauto heißwangig und außer Atem der Schönling ein.

Der Mann, mit dem die Walküre des Plattchinesen einmal hatte schlafen wollen, der sich aber damit begnügt hatte, ihr die Arme und Beine zu verrenken und sie dann im Stich zu lassen, der ferner mit einer schmächtigen Gefährtin zum Sohne vorzeitig angerückt war, diese aber an den blonden musikerkopftragenden Burschen verlor, der weiter mit dem schwitzenden, fetttriefenden Rechtsanwaltsanwärter wegen Aufsuchung sogenannter arischer Ahnen in Streit geraten war, kam nun selbst mit einem Hakenkreuz geschmückt an, drängte aber nichtsdestoweniger den Sohn, ihn auf der Fahrt nach dem Semmering zu begleiten, wo er für eine reiche Jüdin einen Vertrag aufsetzen solle, was er im Augenblick selbst nicht könne, da er sich gesundheitlich nicht wohl und überhaupt nicht in der Verfassung zur Arbeit befinde. Die Mutter versuchte vergebens, den Sohn von der Begleitung des Freundes abzuhalten, doch machte es jenem Spaß, von dem bisherigen Verbleib des hakenkreuzgeschmückten Schönlings zu erfahren. Er wußte, daß derselbe trotz sonstiger Einsilbigkeit auf der Fahrt mit dem Erzählen loslegen werde. Daher entwand er sich der Mutter, als sei es jetzt schon für immer.

Sobald sie das Taxi bestiegen hatten, begann der Schönling tatsächlich mit seiner Beichte, obgleich der Chauffeur auf dem Vordersitz, nur durch schwaches Glas getrennt, die Ohren spitzte und vielleicht hellhörig war. Danach hatte der Schönling, der bis zum Beginn der sogenannten Machtergreifung seine Tage in der Horizontale verbrachte, um das Telephonat seines einzigen Klienten, eines großen Brauunternehmens, auf solche Art meist schlafend abzuwarten, während er seine Nächte jüdelnd und bridgespielend mit den Kaibewohnern verbrachte, nun auch seine früheren Kartenpartner als Klienten erhalten, wohingegen er mit ihnen nicht mehr Bridge spielen konnte. Die reiche Jüdin aber, zu der er strebte, war identisch mit der Mutter des Hinkenden, der zwischenzeitlich nach Paris zurückgekehrt war, nachdem ihm ein Wahrsager das lange Leben der Mutter geweissagt und die SA ihn zum Wegwaschen der Krukenkreuze des vorigen Regimes auf den Straßen genötigt hatte. Im übrigen schloß der Schönling seine Beichte noch damit, daß er leider einen ganz enorm begüterten Israeliten von steueramtlicher Verfolgung losgeeist habe, nun aber selber eine Anklage wegen Betruges riskiere. Aus diesem Grunde sei von ihm ein Militärurlaubsschein gelöst worden, mit dem er demnächst nach Jugoslawien verreisen wolle. Dort werde ihn der reiche Jude bezahlen, worauf er mit dem erwarteten Betrage in die Staaten zu kommen hoffe. Heute hole er sich das Reisegeld von des Hinkenden Mutter, und dafür habe er ihr einen Vertrag versprochen, den der Sohn für ihn anfertigen solle. Als die Erzählung des Schönlings beendet war, langte man beim Südbahnhotel an; der Chauffeur hatte durch das Glas nichts gehört, es war doch zu dick, und seine Miene schien unbefriedigt.

Als die aufgeschminkte Vertragsschließerin in die schöne Landschaft trat, wurde zunächst für die beiden Ankömmlinge eine ergiebige Jause aufgetragen. Dann wurde dem Sohn der gewünschte Vertragsinhalt auseinandergesetzt. Der Mutter des Hinkenden schien es ziemlich gleich, wer die Punkte eines Abkommens festlegte, von dem zwar ihre nächste Zukunft abhing, aber nicht mehr ihre übernächste, welche zu erleben sie durchaus gesonnen war. Dann begann der Sohn dem Schönling Satz für Satz in die Feder zu diktieren, und dieser schrieb mit der Langsamkeit einer ungeübten Stenotypistin. Trotzdem wurde man fertig, solange es noch hell war. Die Unterschrift der Jüdin konnte auf dem Postwege eingeholt werden, sobald man die Reinschrift veranstaltet hatte. Auf der Heimfahrt beklagte sich der Schönling über einen ihm fehlenden Großvater, sein Stammbaum war daher nicht, wie der des schwitzenden früheren Anwärters und nunmehrigen Anwalts, gänzlich in

Ordnung gekommen. Immerhin hatte er das Geld der Jüdin für den Vertrag kassiert und dem Sohn nichts davon gegeben. Er ließ sich auch nicht mehr blicken und war binnen drei Tagen verreist. Am vierten Tage suchte die Geheime Staatspolizei seinen Vater wegen verheimlichter jüdischer Abstammung und in diesem Zusammenhang aufgetauchter anderer Täuschungsumstände auf. Der ältere Herr, der die vornehme Art und das Aussehen eines im Dienste ergrauten österreichischen Beamten aufwies, rettete seine Ehre durch einen Sprung aus dem Fenster in den Tod. Der Bruder des Schönlings, der Croupier im Badener Kasino war, mußte dieses als Judenstämmling verlassen. Erst bei beginnendem Krieg bestieg er ein Schiff nach Tanger, kam aber nie an, weil dieses Vehikel, von England torpediert, unterwegs mit Mann und Maus versank. Inzwischen hatte der Schönling vergebens auf das Geld des vom Steueramt Losgeeisten gewartet und war daraufhin von dem vereitelten Treffpunkt nach Frankreich gezogen, wo er seinen Gläubiger nach Erkundigung stellig zu machen gedachte. Er hatte auf dem Weg dahin die kürzlich vom Hinkenden geehelichte Frau kennengelernt, derselben schöne Augen gemacht und war dann mit dieser zu deren Ehegatten gereist, der sich ebenfalls auf französischem Hoheitsgebiet aufhielt.

Währenddem erhielt der Sohn den Besuch eines kleinen, wohlangezogenen Mannes, der nicht sagte, woher er den Sohn kenne, diesen aber seiner Freundschaft sowie der ihm nahestehender Kreise versicherte. Der Sohn solle auf keinen Fall außer Landes gehen, es gebe für ihn die Möglichkeit, Konsul eines südamerikanischen Staates zu werden, etwa von Ecuador, das Exequatur werde man ihm nicht gut verweigern können, und er bleibe dann ungeschoren. Da der kleine Mann Bibliothekar der Nationalbibliothek war und auch sonst nicht über geeignete Beziehungen verfügte, konnte nur ein Treffpunkt in einem Wiener Café mit anderen Gleichgesinnten vereinbart werden. Da läutete es an der Türe des Sohnes, und der Winziggeratene kroch unter das Klavier des Sohnes, um nicht von einem etwaigen Fremden beim Sohne angetroffen zu werden.

Der Ankömmling war aber jener junge Kollege, den der Sohn nach dem Boxen gegen sein Auge durch einen tirolerischen Hausbesorger vergeblich dazu hatte bewegen wollen, seine Vertretung zu übernehmen. Dieser warnte zunächst den Sohn vor dem Kleinen, von dem man nicht wissen könne, ob er kein Nazi sei, und ließ sich schließlich dazu überreden, die Akten an sich zu nehmen, die der Monarchist ohne dazugehörigen Schrank nicht hatte verwahren wollen. Im übrigen riet er dem Sohn dringendst an, außer Landes zu gehen, es stünden die unangenehmsten Dinge bevor, und man könne nicht einmal ahnen, wann sie auf einen zukämen.

Ein drittes Läuten veranlaßte den scheuen jungen Kollegen, sich seinerseits hinter dem Vorhang zu verbergen. Der Neuankömmling war aber ein Hündchen, das dem Sohn und der Mutter von dem nichtgleichrangigen ehemaligen Weib des höheren Bahnfunktionärs, die beide Geächtete nach Anbruch der Dunkelheit zu Kartenpartien zugelassen hatte, geschenkt worden war, weil sie das Tier selber unentgeltlich erhalten hatte und dafür keine Verwendung fand. Zufolge Schnüffelsinnes des eingetretenen Jungwesens waren aber sowohl der Kleine unter dem Klavier als auch der Lange hinter dem Vorhang aufgestöbert worden. Sie schüttelten einander herzlich die Hände, bevor sie, jeder für sich, so rasch wie möglich das Weite suchten. Abgehend wispelte noch der Bibliothekar dem Sohne ins Ohr, daß der scheue Kollege hinter dem Vorhang ein gefährlicher Parteigänger sei und er selber nunmehr wegen Auffindung beim Sohne für sein eigenes Leben fürchten müsse.

Ein nächster Besucher war der israelitische Neffe eines ungarischen Ministers des früheren sozialistischen Regimes, nun allgemein als verwandt mit dem hingerichteten kommunistischen Regierungsorgan ähnlichen Namens verdächtigt. Dieser Gast, seines Zeichens Arzt, aber hierorts nicht zugelassen, war ein Klient des Sohnes gewesen, fürchtete sich nicht vor dem Hund und brachte seine ungewöhnlich schöne fünfzehnjährige Tochter mit. Während der Sohn dem jungen Mädchen die Hutsche im Garten anbot und sie durch das Schwingen und die Belagerung seitens des Hundes den Zugang zu ihren Reizen zu lüften genötigt war, setzte der Medizinmann dem Sohn auseinander, daß er nach Shanghai wolle, ihm aber hiezu noch Geld und Papiere fehlten. Für einen zufälligen Blick unter die Röcke der Tochter entschied sich der Sohn, ihm das Geld zu verschaffen. Es ging dies sogar sehr schnell, denn der Schloßbesitzer war noch nicht abgereist und begegnete dem Sohn, als dieser nach Wien fuhr, nächst seinem Hause. Er gab ihm das Geld für den Ungarn, obgleich er sonst geizig war und hier mit Rückerstattung nicht rechnen konnte.

Schwieriger war es indes, dem Ungarn die Papiere zu verschaffen, zumal der Sohn nicht mehr als Anwalt tätig war. Er ließ sich aber von der hübschen Ungarin auf die Bezirkshauptmannschaft begleiten, wo er dem jungen Leiter auf dem Gang begegnete, der ihn aber diesmal nicht beachtete, vielleicht sogar aus einer Regung zu seinen Gunsten. Der auf das Regime eingeschworene zuständige Beamte, der eine Hand, sei es zufolge Verkümmerung oder aus Gründen einer früheren venerischen Erkrankung, in einem Handschuh trug, empfing die beiden in einer Pose zwischen Bedauern und Geringschätzung. Zunächst erklärte er, daß es gut sei, wenn die Juden so bald als möglich aus dem Lande verschwänden, dann aber fand er es höchst beklagenswert, daß ein so vollendet schönes Mädchen dem Judentum zuzuzählen sei. Es sollte in einem solchen Falle doch wohl eine Ausnahme der Belassung unter gewissen Bedingnissen vorgesehen sein. Da dieses Bleiben aber nicht beabsichtigt war, stellte er schweren Herzens die Papiere zur Ausreise her und tat dies sogar mit tunlichster Beschleunigung. In viel späterer Zeit, nämlich nach mehr als einem Jahrzehnt, behielt der Mann mit der ledernen Hand seinen Judenhaß unverändert bei, was er durch herausfordernde Blicke an die wenigen Überlebenden kundtat. Der Bezirkshauptmannschaftsleiter wußte zu dieser Zeit bei Danksagung des Sohnes nichts mehr von einer Anzeige gegen denselben, ja nicht einmal von seinen eigenen Funktionen im Amt, er hatte zwischenzeitlich in der zweiten Republik eine viel höhere Position erlangt. Und auch die beiden Gerichtskanzleibeamten hatten zu dieser späteren Zeit ihre Anzeige gänzlich vergessen. Der eine umarmte den Sohn wegen dessen glücklicher Wiederkehr, über die er sich ganz besonders freue, der zweite hinwiederum, der verspätet aus Kriegsgefangenschaft zurückkehrte, grinste dem Angezeigten komplizenhaft ins Gesicht, als ob sie ein Ding gemeinsam gedreht hätten.

Im übrigen blieb der Dank der Ungarn aus, dem zufälligen Blick auf der Schaukel in Schenkeltiefen einer zum Pflücken reifen Jungfrau gesellten sich keine weiteren privaten Amtshandlungen bei. Doch lud ein Baron den um weiteres Schauen Verkürzten in sein privates Schwimmbad ein, weil der Eingeladene nicht mehr öffentlich schwimmen durfte. Auf einem hügeligen Abhang konnte nun der Beigezogene zwei Bassins in einiger Entfernung übereinander feststellen. Das untere war von den Mädchen des BDM besetzt, denen es der Aristokrat freiwillig überlassen hatte. Im oberen aber konnten sich Juden getaufter und ungetaufter Art ergehen. Ein Maler saß dort nackt, beschnitten und mit

Kreuz. Ein Witzbold hatte ihm nahegelegt, entweder die Hose hinauf- oder das Kreuz »herunter«zugeben, doch war er dieser Wohlmeinung nicht nachgekommen. Der blonde Komponist und Sohn eines österreichischen Dichters, der später als Einzelgänger die ganze österreichische Widerstandsbewegung in sich vereinigen und für diese büßen sollte, war mit seiner vierzehn Jahre älteren jüdischen Gattin erschienen, die sich als einzige nicht auszog. Dagegen lagen in der noch nicht starken Sonne zur offenbaren Augenweide des Blonden, aber auch zu der nichtausgesprochenen, aber trotzdem unbehinderten des Sohnes, zwei großgewachsene jüdische Mädchen mit Proportionen für begabte klassische Bildhauer, insbesondere aber wohlausgebildeten Brüsten und Schenkeln, fast zu schön, sich für den Beischlaf aufzutun. Während der Anwesenheit des Sohnes blieben die Bäder der deutschen und der jüdischen Mädchen voneinander zwar getrennt, aber sonst in ihrem Eigenleben ungetrübt. Auch konnten die meisten der Anwesenden, sogar alle bis auf einen, das angebrochene Reich überleben, dieser eine war der Baron, den man später erschoß, bevor man sein Gut einbezog.

Da der Sohn außer dem Anschaun weiblicher Eigenheiten doch noch eine eingehendere Befassung mit Frauenkörpern anstrebte, trachtete er durch den neuen Radioapparat samt eingebautem Plattenspieler Wesen dieses Geschlechts anzuziehen. Das gelang ihm auch in ein paar nicht weiter bemerkenswerten Fällen, die nur deshalb locker in seiner Erinnerung hafteten, weil er jedes Mal das bereits todeswürdige Verbrechen der Rassenschande beging. Ein Fall, der letzte in dieser Reihe, ist aber frisch in seinem Gedächtnis geblieben. Es war wiederum eine Anmutige gutgepolsterter Beschaffenheit, aber sogenannter rein turanischer Abstammung, die auf Wunsch des Sohnes, um ihm als Beute zuzufallen, die schlechte Musik des Rundfunks und die bessere des Plattenspielers mit ihm genoß und sich dann auch nach vollständiger Entkleidung in sein Bett begab. Aber obwohl sie ihm freigebig beide »Pustas«, die jedes Mädchen habe, nämlich vorne und hinten, zum Anblick gönnte, verwehrte sie ihm die ganze Nacht hindurch den Eintritt in jedes der beiden natürlichen Paradiese, obwohl er in ununterbrochenem schwitzendem Kriege seine Waffe niemals streckte und mit dieser viermal in unmittelbarer Nähe und zweimal in ganz oberflächlichen Kontakt mit ihren entsprechend angeordneten äußeren Organen gelangte. Während sie ihn ursprünglich nur damit höhnte, daß er ohne ihren Willen nichts bei ihr erreichen könne, gab sie schließlich als Erklärung an, daß sie sich einem einzigen, aber andern Manne reserviert halte, der übrigens anderthalb Jahre später mit ihr zusammen als Spion für eine auswärtige Macht gehenkt wurde.

Sie war indessen am frühen Morgen kaum gegangen, als der hitlerfliegentragende Polizist erschien, derselbe, der sich seinerzeit mit dem Sohne in den Besitz des als unmündig verdächtigen Mädchens geteilt hatte. Er kam aber, wie sich bald herausstellte, nicht, um beim Teilhaber an solchen Genüssen Reklamationen vorzubringen, sondern lediglich, um den Radioapparat in polizeilichen Beschlag zu nehmen, der bei den gegenwärtigen Zeitläufen nicht in der Benützung des Sohnes belassen werden dürfe. Den Plattenspieler nahm er nicht in Anspruch, sei es, weil derselbe ohne das Rundfunkgerät ohnehin nicht verwendbar war, sei es, weil er schon einen hatte. Als zehn Jahre später der Sohn Remedur verlangte, wußte man auf der Polizei nichts mehr von der Amtshandlung und bezeichnete sie als eine private Eingebung des Schnurrbärtlers, der sich hinwiederum auf das Kommando bereits aufgelöster und nicht mehr eruierbarer Dienststellen erfolgreich berief. Jedenfalls hörte seinerzeit infolge dieses, sei es privaten, sei es öffentlich-rechtlichen Eingriffes die musikalische Verführung von Frauen durch den Sohn mit sofortiger Wirkung auf.

Am Nachmittag des nämlichen Tages stand eine Zusammenkunft mit dem Bibliothekar und einigen von dessen Freunden auf dem Programm, die wegen Gefährlichkeit der Besuche beim Sohne in ein Wiener Kaffeehaus auf der Kärntnerstraße verlegt werden mußte. Es ward dort beschlossen, daß man den Sohn unbedingt im Inland haben wolle und daß er zu diesem Zwecke den Minister von Ecuador in Berlin aufsuchen solle. Der Sohn fügte sich zwar diesem Beschluß, war aber schon nicht mehr ganz sicher, ob er überhaupt noch zu bleiben wünschte. Vielleicht könnte er sich in Berlin auf der französischen Botschaft erkundigen, ob die Mutter Aussicht habe, in Gallien die Witwenrente des Vaters zu beziehen, der Angehöriger einer später französisch gewordenen Bank gewesen war. Im übrigen dachte er bereits daran, für sich eine Fahrt in jenes Land zu bekommen, das nach dem Wunsche eines großen Engländers den Juden als Heimstätte dienen und nach Ansicht vieler kleiner Briten den Arabern zu weiterer Vernachlässigung überlassen werden sollte. Trotz all dieser meist innerlichen Vorbehalte des in Rede Stehenden schloß er sich rein äußerlich der Meinung der übrigen Anwesenden an, daß er im Lande verbleiben und das Konsulat für Ecuador anstreben sollte. Ehe noch die Debatte geschlossen war, die ohnehin keine war, weil Gegenstimmen nicht vorgebracht und Mittel und Wege zur Ausführung nicht besprochen, geschweige denn überprüft wurden, betrat ein kleiner SA-Mann das Kaffeehaus, der an die Tafelrunde einschließlich des Sohnes um fünfzig Pfennig das Stück Bände eines großen lebenden protestantischen Franzosen verkaufte. Auf den Sohn entfiel der schmalste Band, der von einem blinden Mädchen handelte, das einen Pastor liebte, der sie wieder sehend machte, worauf sie sich statt zugunsten des Alten für dessen Sohn entschied.

Im übrigen rührten diese Bücher, wie sich erst nachträglich herausstellte, aber vorweg hätte geargwöhnt werden können, aus der nahe gelegenen Buchhandlung eines langen Juden her, welcher zu dem SA-Mann, der wohl kaum als einziger Plünderer aufgetreten war, in auffallendem Größenmißverhältnis stand und angeblich der direkte Abkomme einer Sängerin sowie jenes gewaltigen Kritikers war, den die Zeitungen zu dessen Lebzeiten totgeschwiegen hatten, weil er deren erbärmliche Sprache an den sittlichen Pranger zu stellen pflegte. Nach dieser Teilhabe am Raube entfernten sich die Mitglieder der Tafelrunde, ein jedes nach einer anderen Richtung, der Sohn zur Besorgung des Billetts samt Schlafwagenmiete für Berlin, weil er beides zur glücklichen Zurücklegung seiner Fahrt, die auf den 13. Juni festgesetzt wurde, für nötig hielt.

Allerdings hätten Umstände, die inzwischen daheim eingetreten waren, ihn durchaus zur Aufschiebung der Durchführung seines Projektes veranlassen können. Wiederum hatten sich SA-Leute gesammelt in die Wohnung begeben und diesmal zwei Drittel derselben für sich beschlagnahmt. Die Mutter wurde genötigt, noch am selben Nachmittage sämtliche Möbelstücke und sonstigen Sachen in die restlichen Räume zu überführen, damit der soeben freigewordene Hauptteil der Behausung der SA bereits am nächsten Tage leer übergeben werden könne. Während der Sohn und die Mutter nun, auf ein geringes Ausmaß an Platz beschränkt, zwischen Möbeln und Nippesfiguren und sonstigen Gegenständen bei Tage hausen und wandeln und bei Nacht schlafen sollten, nisteten sich am nächsten Morgen in dem freigemachten Teil der Wohnung grölende und brüllende Gesellen ein, die Deckel aneinanderschlugen oder durch Trommeln und Werfen von Eisenteilen auf den harten Bretterboden einerseits die auf knappem Raum Zusammengedrängten bei Tag und Nacht störten und das Haus durch Erzeugung von Erschütterungen in seinem Bestande gefährdeten, andererseits auf solche Art, indem sie sich wechselseitig zu gleichem Gehaben häufig ablösten, die Unentbehrlichkeit ihrer Existenz vor Augen führten. Diese Szenen, die sich von da ab ständig wiederholten und den einzigen Zweck der Requisition der Räume darstellten, mußten auf die Dauer den Erfolg haben, Sohn und Mutter aus der Wohnung hinauszuekeln, wenn dies auf andere Weise nicht zu bewerkstelligen wäre.

Während der Sohn ratlos war, aber doch seine Reise nicht hinausschieben wollte, erwartete er doch außer den eingestandenen Zielen die Zusammenkunft mit einem brünetten Mädchen, mit dem er vor Zeiten, als er sich noch nicht der Rechtsanwaltschaft verschrieben, zur vergeblichen Anbringung seiner Kunstprodukte durch Berlin gezogen war, hatte die Mutter den Gedanken gefaßt, einer Heeresdienststelle, welche auf der Suche nach einem Büro war, die ehemals von ihr und ihrem Gatten bewohnten Räume zu vermieten und auf diese Weise die Deckelzusammenschläger, Bläser und Gröler wieder loszuwerden. Der zur Leitung der Militärstelle ausersehene Major fand sich alsbald ein, und da er in seinen politischen Ansichten mit denen der Mutter übereinstimmte und, selbst nobler Gesinnung, die gleichartige Beschaffenheit der Mutter unschwer erkannte, beschloß er, alles daranzusetzen, um sich die Ermächtigung zu verschaffen, die Räume zu beziehen, welche sowohl seinen Zwecken und Erfordernissen als auch seinem Geschmack durchaus entsprachen. Der allfällige Vertrag konnte nach Rückkehr des Sohnes in der Kanzlei des schmächtigen und hochgewachsenen jungen Kollegen geschlossen werden, der sich zwar den Einwirkungen des Augenboxers nicht aussetzen wollte, sich auch vor dem Bibliothekar versteckte, im übrigen aber dafür gewonnen wurde, einen Kontrakt für die Militärdienststelle zu verfassen.

So fuhr der Sohn zunächst ein paar Tage in die Fremde, während er die Mutter neben den grölenden, brüllenden und deckelzusammenschlagenden SA-Leuten zurückließ. Sie hatte ihm noch, damit er etwas anstecken konnte, was kein Hakenkreuz war, aber doch unter Umständen Eindruck machen würde, aus Gold das Emblem des Schützen besorgt, das er nun an seinem Revers trug. Er war außerdem von der Mutter zum Bahnhof begleitet worden und hatte ihr zum Abschied gewinkt. Ansonsten beschäftigte er sich bereits mit dem dreifachen Zweck seiner Reise, Bleiben für Ecuador, Reise nach Paris für sie und für ihn, ins Gelobte Land für sich allein, wozu auch noch viertens die Begegnung mit dem brünetten Berliner Mädchen kam, das ihn nicht nur auf Kunstanbringungsgänge begleitet, sondern sich auch außerhalb derselben in Gegenwart des Bräutigams auf seinen Schoß gesetzt hatte und dort mindestens so lange verblieben war, bis es dem Untersitzenden wohl, dem Nebensitzenden ungut zumute war. Aber je weiter er sich vom Wiener Westbahnhof entfernte, desto mehr wurde seine Ausfahrt überhaupt zum Selbstzweck, und sobald er das obere Bett bestiegen hatte, schlief er alsbald ein, als ob von nirgendwoher mehr eine Gefahr kommen könne, ob nun Leute unterwegs zustiegen oder nicht. Jedenfalls war das Geratter der Wagenräder symphonische Labsal gegen das Getöse der Gröler und Bläser und Deckelschwinger, die er nächst Wien, und seiner Mutter noch näher, zurückgelassen hatte.

Im übrigen ging seine Rechnung auf, daß niemand zusteigen würde. Sein Schlaf dauerte demnach fast so lange Zeit an, als zur Überwindung der Wegstrecke nötig war. Die noch verbleibende Zeit verbrachte er mit dem Suchen seines goldenen Schützenzeichens, welches ihm beim abendlichen Abstreifen des Rockes von diesem gefallen war und infolge Unansehnlichkeit und bescheidenen Ausmaßes nicht leicht gefunden werden konnte. Quartier an Ort und Stelle war ihm in einem Luxusbetrieb gleich am Bahnhof und von eben dem jungen Mädchen beschafft worden, das er seinerzeit gekannt hatte und das nun allerdings mit ihrem damaligen Bräutigam verheiratet war.

Demgemäß konnte sein Gepäck auf kürzestem Wege, sozusagen unter Tag und direkt dahin überstellt werden. Bei seiner Ankunft äußerte man überdies keine Fragen unangenehmer Natur bezüglich seiner Personaldaten. Da er es außerdem unterwegs vermieden hatte, mit irgend jemand ins Gespräch zu kommen, war zumindest vorläufig keine erkennbare Gefahr gegeben.

Zunächst zeigte er somit seiner Mutter brieflich die stattgehabte Ankunft an; ein Telegramm wäre seines Erachtens zu auffällig gewesen. Danach begab er sich an die letzte ihm bekannte Anschrift seiner Quartierbeschafferin, fand aber daselbst nur deren seinerzeitigen Bräutigam und nunmehrigen Ehemann vor, der ihm jedoch anscheinend nicht mehr nachtrug, daß während der Brautzeit die ihm Versprochene öffentlich und in seiner Gegenwart auf dem Schoße seines nunmehrigen Gastes gesessen war. Außerdem hatte er andere Gäste und anscheinend auch andere Widerwärtigkeiten zu ertragen. Was die sonstigen Besucher anlangte, so machten dieselben, rein äußerlich gesehen, den Eindruck, als ob sie kraft ihres germanischen Aussehens dazu beitragen wollten, die ganze Welt deutsch zu machen. Doch ergab sich aus ihren nunmehr vor dem Sohn geführten Gesprächen, daß sie einer wie der andere an dem Besitz gewisser jüdischer Ahnen krankten und daher vorhatten, schleunigst außer Reichs in das sogenannte Gelobte Land zu gehen. Ein athletisch gebauter Riese, den der Sohn zunächst für einen zur Sonderpropaganda geeigneten mächtigen Parteiführer gehalten hätte, erwies sich sogar als Rabbiner, tat sich aber ansonsten nicht mehr als die andern hervor. Alle aber hielten ein weiteres Verbleiben in ihrem bisherigen Vaterland für unzumutbar.

Wie nun der Sohn nach Entlarvung dieses jungen Mannes als Seelsorger sich seinerseits anschickte, den Wunsch zum Ausdruck zu bringen, ebenfalls nach dem Heiligen Lande, und zwar nicht in Wallfahrtsabsicht, auszuziehen, wurde er von allen Anwesenden einem peinlichen Verhör unterzogen, was er denn glaube, dort ausrichten zu können, und auf welchem Wege er dorthin zu gelangen hoffe. Und wie man ihm nun mit Fragen zusetzte, daß er vermeinte, bei der Geheimen Staatspolizei vorzusprechen, und immer wieder forschte, in welcher Funktion er sich im Zielstaate zu etablieren im Sinne habe, antwortete er schließlich: »Als König.« Darauf fragte man ihn nichts mehr und entließ ihn ungnädig.

Am nächsten Tag aber, welcher der 15. Junius war, suchte er den Minister von Ecuador auf, indem er dreimal vor dessen Gesandtschaft vorfuhr, davon zweimal vergeblich, wenn auch nicht umsonst. Beim dritten Male aber empfing ihn Seine Exzellenz bereits, ja hörte sich sogar die Gründe an, die ihn zur Offertstellung bezüglich der Erlangung des Konsulates der kleinen Republik in Wien veranlaßten. Da der Minister noch immer nichts erwiderte, hielt der Sohn es für angebracht, das über den von ihm als exotisch empfundenen Staat aus Büchern Zusammengelesene vorzubringen. Die Unterredung, die aus der Ansprache des Sohnes und der Stille seines offenbar halbindianischen Gesprächspartners bestand, dauerte bereits eine Stunde, als der Sohn eine kurze Pause einschaltete, um die Entgegnung des anderen zur Kenntnis zu nehmen. Diese bestand nicht etwa in der Mitteilung, man habe schon einen anderen geeigneteren Anwärter für den in Betracht kommenden Posten, auch nicht in dem Zweifel, ob die zuständige deutsche Stelle einem sogenannten Nichtarier das Exequatur erteilen würde, sondern vielmehr in der völlig unerwarteten Mitteilung, man werde dem Sohn angesichts seines großen Interesses für Ecuador die Möglichkeit geben, auf zwei Jahre dorthin zu verreisen. Sollte er sodann ein Buch über den Staat geschrieben haben und dieses das Gefallen der gerade an der Macht befindlichen Junta, das ist Regierungsstelle, finden, sehe man kein derzeitiges Hindernis, ihn als Generalkonsul für Wien in Betracht zu ziehen, vorausgesetzt, daß er, der gegenwärtige Minister des Staates in Berlin, dann noch im Amte sein werde. Während der Sohn diese Antwort für nicht ganz befriedigend hielt, umarmte ihn der andere und gab dabei der Hoffnung Ausdruck, den so Ausgezeichneten nach erhaltenem Visum frühestens in drei Jahren im Inneren seiner Gesandtschaft wiederzusehen.

Mit Rücksicht auf das erwähnte, nicht ganz gelungene Abenteuer widmete der Sohn den darauffolgenden Tag einer Reihe von Vorsprachen bei anderen lateinamerikanischen Botschaften oder Gesandtschaften, wurde aber nirgends mehr von einem Minister empfangen, sondern nur zu Ausreisezwecken auf die Konsulate geschickt, wo er einige Geneigtheit für seine Aufnahme in dem betreffenden Lande fand, wenn auch für ihn nicht die Berliner, sondern die Wiener Stelle zuständig gewesen wäre. Aber sobald man ihm Formulare in die Hand drückte, füllte er solche nicht aus, da er sich erinnerte, daß er eigentlich gar nicht in eines dieser Länder fahren wollte. Er wandte sich daher an Stellen, von denen er vermutete, sie würden ihm die Einreise nach Palästina vermitteln können. Doch ob es nun ein britisches oder ein jüdisches Büro war, man schien ihn nirgends haben zu wollen, und er kam schließlich zu dem Ergebnis, daß es wesentlich leichter für ihn sein würde, in ein Land zu kommen, das auf die Aufnahme von Juden gar nicht eingestellt war, als in dieses, welches, zumindest seiner Meinung nach, zu derselben verpflichtet gewesen wäre. Und als er zuletzt in jenem jüdischen Büro, von dem letztlich eine Empfehlung abgehangen hätte, bei einer sehr häßlichen Frau mit überheblichen Inquisitionen über seine Verdienste für das Judentum belästigt wurde, erklärte er schließlich, in seinem bloßem Dasein den vollen Beweis eines solchen Verdienstes zu erblicken.

Dieses Dasein, das einem jüdischen Hausierer zu einem Besuch beim Sohn, der ihn später nachdenklich stimmte, genügt hatte, war offenbar unzureichend, die fehlende Zugehörigkeit zu Organisationen, Verbänden, Vereinen zu ersetzen oder für einen Zweck zu gelten, der dem Gelobten Lande dienen würde. Daher wurde der Sohn nicht angenommen, wie bereits vorher sein privater Anspruch auf die Königswürde die Empfänger dieser Äußerung nicht zu seinen Gefolgsleuten gemacht hatte. Dessenungeachtet blieb noch der Besuch beim französischen Botschafter übrig, um seine Fahrt nach Berlin nicht völlig nutzlos erscheinen zu lassen.

Am 17. Juni des Jahres 1938 erschien er also nachmittags in der Botschaft der brüderlichen Republik und verlangte den Minister zu sprechen, den er infolge mangelhaften Studiums der Nachrichten in den Zeitungen nicht einmal dem Namen nach hätte nennen können. Er verschwieg auch den Zweck seines Kommens und behielt denselben der angekündigten Unterredung vor. Das hinderte zwar den Botschafter nicht, ihn persönlich zu empfangen, doch hatte derselbe, wie sich bald herausstellte, bereits für zehn Minuten später die Verständigung seiner Kanzleiabteilung bestellt, daß er zu einer dringenden Sitzung müsse. Befragt nach dem Grund seines Kommens, erzählte der Sohn nun seine bisherigen Mißverständnisse mit dem herrschenden Regime, wobei er den Überfall auf der Brücke seitens des Augenboxers, den Transport der statt seiner Geholten im blutigen Schlächterwagen, die Anstreicherarbeiten samt vorgängiger Belagerung, die Vernaderung, das ist Anzeigeerstattung, Anschwärzung durch die Gerichtskanzleibeamten und schließlich die Räumung seiner Wohnung zum Zwecke der Deckelschwingerei, Bläserei, Grölerei und ähnliche Dinge mehr zur Sprache brachte. Als er geendet hatte, waren die zehn Minuten bereits zu Ende, die ihm der Minister ursprünglich hatte einräumen wollen. Dieser verschob aber die dringende Sitzung um weitere fünfzehn Minuten und legte mit seiner Antwort los, die belehrender Natur war und länger dauerte als der harmlose Bericht des Sohnes. Es kamen darin wirkliche Leichen vor, Verschleppungen, Notzuchtakte, so daß die vom Sohne geschilderten Umstände nur als übertriebener Ausdruck Wiener Gemütlichkeit angesehen werden konnten. Und weil der Minister gerade im Zuge und aufgelegt war, seinerseits einem ihm völlig Unbekannten einen Teil seiner geheimen Kenntnisse verborgener Dinge anzuvertrauen, verschob er die Sitzung um eine Stunde, schließlich um eine zweite und sagte sie endlich überhaupt ab, damit er nicht weiter in seiner Unterredung, die in Wahrheit eine Verkündigung war, gestört würde.

Das, was er verkündigte, brachte er in akzentfreiem, fehlerlosem Deutsch vor, wobei der Sohn allerdings nicht wußte, daß der Berichterstatter in seiner vorministeriellen Zeit Professor für Germanistik an der Sorbonne gewesen war. Diese Kenntnis und vollendete Ausbildung gab seinem Vortrag auch den gehörigen Schwung, mit dem er nunmehr einem einzigen Hörer statt Einblick in diesem schon bekannte Bildungsbereiche solchen in diskretere Fälle heimlichen Geschehens und schließlich mit der Steigerung der dramatischen Darstellung auch in Gebiete der Außenpolitik gönnte.

Es hatte mit Monumentalaufnahmen planmäßiger Schlachtungen, Niederknallungen, Massenvergewaltigungen begonnen, die nicht nur Juden, sondern auch sonstige Andersgeartete betrafen. Sodann konnte aus Notizen und verarbeiteten Aufzeichnungen zu Sonderfällen übergegangen werden, die keine damalige oder spätere filmische Verarbeitung je an Grauen erreicht haben würde. Daraus erhellte, daß sein Land vieles wußte und noch mehr zuließ, aber auch, daß der Minister in dem Sohn ein durch nichts gerechtfertigtes Vertrauen haben mußte oder zumindest in der Annahme späterer Rechtfertigung ein solches in ihn setzte.

Als der Sohn in einer knappen Redepause nun im Namen der Mutter die Bitte vorbrachte, Mittel und Wege zu finden, dieser die Einreise nach Frankreich zu ermöglichen und ihr dort die Witwenpension von seinem Vater zu verschaffen, schrieb der Minister auf seine Visitenkarte eine Empfehlung für den Sohn, die ihn ermächtigen sollte, jederzeit im französischen Generalkonsulat in Wien zu erscheinen und dort das Visum für sich und seine Mutter zu erlangen. Er schärfte ihm aber gleichzeitig ein, sofort entsprechend Französisch zu lernen, da er mit dem Generalkonsul selber sprechen müsse, der kein Deutsch verstehe, und ihm dringend abgeraten werden müsse, mit dem deutschsprechenden Vizekonsul in Kontakt zu treten. Pensionsangelegenheiten aber gehörten nicht in die Sphäre von Botschaften, sondern in die der Privatbank, bei der sein Vater angestellt gewesen. In Geldsachen stehe es dem Minister auch nicht zu, eine Empfehlung zu geben.

Wie nun der Sohn mangels einer Empfehlung in Geldsachen die durchaus unbescheidene Frage stellte, ob er überhaupt verreisen oder noch in Österreich bleiben sollte, war der Minister zu weiterer Auskunft unvorhergesehenermaßen bereit, obgleich seine Antwort über die Frage weit hinausging. Er teilte nämlich dem Sohn mit, daß der Führer und Reichskanzler spätestens im September oder Oktober die Sudeten verlangen werde, um seinem Volk ein weiteres greifbares Ereignis seines Könnens zu zeigen und zu den Werten Österreichs noch die der Tschechoslowakei zu bekommen. Sein Land aber sei nicht im mindesten daran interessiert, den Mann an der Macht zu halten. Und da es auch informiert sei, daß Hitler bis dahin nicht gerüstet haben werde, würde dieser alsbald gestürzt werden, sobald Frankreich ein klares Nein sage. Wenn der Sohn so lange warten könne, möge er daher in seiner Heimat bleiben, ansonsten aber von der Karte des Ministers Gebrauch machen.

Da der Abend inzwischen bereits fortgeschritten war und das Botschaftspersonal schon das Gebäude verlassen hatte, schien dem Sohn die Stunde des Abschieds angezeigt, weshalb er dem Minister dankte und sich von ebendiesem empfahl. Sowie er nun die Straße betreten hatte, kam ihm zunächst im Schrittempo das Auto nach, von dem er hieher gefahren worden, und der Chauffeur befragte ihn, ob er ihn nicht morgen zu einer anderen Botschaft oder Gesandtschaft führen solle. Dem entnahm der Sohn, daß der andere entweder in seine besonderen Verhältnisse eingeweiht war oder diese erst erkunden wollte. Der Gedanke, daß es sich um denselben Kraftfahrer gehandelt haben könnte, der ihn vielleicht bereits am Vortage und am Vorvortage gefahren hatte, kam ihm aber nicht. Und wie derselbe Wagenlenker ihm auch noch das Angebot machte, ihn zu seinem Hotel zurückzubringen, wollte der Sohn schon fluchtartig die breite Friedrichstraße überqueren.

Bei dieser Gelegenheit aber wurde er von einem andern Manne am Arme erfaßt, und er vermutete bereits, daß es die Gestapo sei oder zumindestens die vereinigte SS, vermehrt um die SA. Es war aber nur der Botschafter Frankreichs, der sein allzu offenes Wesen und großes Vertrauen in den Sohn offenbar bereits bedauerte und barhäuptig aus seinem Gebäude auf die Straße getreten und dem Sohne nachgeeilt war. »Doktor«, sagte der frühere Professor und jetzige Politiker, »wenn Sie ein Wort von dem hinausbringen, was ich Ihnen gesagt habe, dann habe ich nichts gesagt und Sie kommen ins Konzentrationslager.« Der Sohn erwiderte kurz, daß er alles für sich behalten wolle, und der Minister entfernte sich unauffällig und ohne weitere Erklärungen in der Dämmerung.

Als der Sohn in sein Hotel zurückkehrte, verzichtete er auf das Nachtmahl, nicht nur, weil es eine Ersparnis war, sondern weil er einiges zu verdauen hatte, von dem er noch nicht wußte, ob es ihm auch bekommen werde. Jedenfalls würde der nächste Tag vermutlich sein letzter in Berlin werden und er wieder bei Nacht und Nebel mit Schlafwagen abreisen. Er ging daher sogleich zu Bett, denn er wußte ja nichts darüber, wie sich sein Schlaf im Fahren gestalten würde.

Dafür hatte er am Morgen vor, den Tagesbeginn noch zu genießen und dabei eine Rückkehr in seine Erinnerung durchzuführen. Zu diesem Zwecke beschloß er, eine Dame nächst dem Grunewald aufzusuchen, deren Anschrift er fürsorglich mitgenommen hatte. Für die Fahrt zu ihr benützte er angesichts der Informationsfreudigkeit des Taxifahrers vom 17. Juni 1938 lieber ein öffentliches Verkehrsmittel.

Die fragliche Dame war eine junge Malerin und zumindest seinerzeit mit einem emigrierten russischen Professor verheiratet gewesen. Er hatte sie im Jahre 1933 auf der Insel Capri kennengelernt, auf welche er sich vor Beginn seiner Anwaltschaft in Gemeinschaft mit jenem Kollegen begeben hatte, der zwar die Faust des Augenboxers sowie den Verrat des vor ihm unter das Klavier gekrochenen Bibliothekars fürchtete, sich aber doch ohne weiteres bereit erklärte, für die Mutter einen Vertrag mit einer militärischen Dienststelle aufzusetzen. Damals wurden diesem Freunde die Mittel zur Reise von dessen Vater bewilligt, der sich, obgleich selbst ein hoher sozialistischer Funktionär, mit einer kaiserlichen Prinzessin zusammengetan und auf diese Weise vielleicht den vorweg bestandenen Hang der damaligen eigenen Gattin zum Ausbruch des Wahnsinns beschleunigt hatte, war diese es doch gewesen, welche ihren Mann veranlaßt hatte, die erlauchte Frau, die sie selbst bei einer spiritistischen Séance kennengelernt und deren totale Plünderung durch rote Banden sie befürchtete, unter seinen besonderen Schutz zu nehmen. Da Wohltun entgegen dem Sprichwort nicht notwendigerweise Zinsen bringt, war aus solchem Schutz die Bekehrung der hohen Dame zur roten Partei und später zu einem von deren Führern, nämlich demselben erfolgt, der nun auch ausnahmsweise die Fahrt des eigenen Sprößlings nach Capri finanzierte, für die der hier Sohn Genannte seinerseits von seinem damaligen Chef wegen sonstiger geringfügiger Bezüge die gesamten eingelaufenen Kosten aus einem diesem zugeführten Prozeß als Honorar erhielt, damit er sich an diesem abgelegenen Ort für die Anwaltsprüfung entsprechend vorbereite.

Es kam allerdings auf der Insel zu nicht viel Studium, dagegen zu manchem Abenteuer, was zumeist der Sohn verschuldete, der wohlaussehende Andere aber nur widerwillig in Kauf nahm. Sie waren beide in einem alten gutbürgerlichen Hotel bestens untergebracht und hatten ein Zimmer inne, in dessen menschlichem Preis die weite Fernsicht aufs offene Meer von den Sirenenfelsen an inbegriffen war, so daß man viele dankbare Photographien direkt vom Fenster aus machen konnte. Allein schon am ersten Tage verursachte der Sohn die Bekanntschaft einer jungen Dame, welche die Sekretärin eines erfolgreichen

Autors war, der Bücher über Bienen und Indienfahrten geschrieben hatte, und die dem Sohn die leihweise Überlassung eines der ersten Exemplare von Hitlers »Mein Kampf« aus dem Besitz und auf Veranlassung des erwähnten Romanschriftstellers vermittelte, das der Führer mit eigenhändiger Widmung versehen hatte.

So konnte der Sohn im noch nicht von verständigen Händen umredigierten, geradebrechten Führerdeutsch, in Ablenkung von seinem Jusstudium und von der aus dem Zimmer ersichtlichen Landschaft, die Thesen der NSDAP aus deren Entstehungsgründen ableiten. Vorlesend genoß er noch die Passagen des nachmaligen Reichskanzlers über die Veranlassung des Antisemitismus in ihm. Da stand zu lesen, wie er auf der Straße zwei Ostjuden im langen Kaftan begegnete und sie nach längerem Besinnen als Nichtdeutsche erkannte, wie er demzufolge den Anteil der Juden an den deutschen Machtstellungen überprüfte und zu dem Ergebnis kommen mußte, daß sie überall in zu großen Verhältnisziffern vorhanden waren und daher nicht nur das deutsche Ansehen schädigten, sondern auch den deutschen Kern wurmstichig machten. Es fanden sich aber weiters in der Hitlerbibel Stellen darüber, wie zur Zeit des Kaisers Franz Josef I. die Arbeitslosen scharenweise vor den Palästen lungerten. Nur weil der Führer und Reichskanzler bald darauf seine vorhergehenden Schilderungen vergaß, stellte er hinwiederum in andern Zeilen fest, daß er sehr bald eine Arbeit habe bekommen können, weil er ja kein gelernter Arbeiter gewesen. Der nachmals scheue und furchtsame Freund hinderte damals den Sohn daran, den »Blödsinn« weiterzulesen, vor dem sich bereits Millionen verkrochen, wie auch Millionen die ungelesenen Zeilen dieser Bibel zu ihrer heiligen und unwandelbaren Überzeugung machten.

Andern Tages schwammen die beiden Freunde unweit

der Sirenenfelsen, deren einem der Sohn dabei zu nahe kam, so daß ihn die Strömung um denselben herumtrieb und der Begleiter all seine Kraft aufwandte, um ihn mit der hilfreich ausgestreckten Hand am Beine wegzuziehen, wozu es des Mutes, der Anstrengung und des Anwendens von Gewalt bedurfte. Diese vom Sohne durch ungeschicktes Verhalten herbeigeführte Gelegenheit brachte ihm die Episode in Erinnerung, in welcher der Mann, der sich im Bauche des hölzernen Pferdes siegreich in Troja eingeschlichen, zwischen diesen Felsen fast gescheitert wäre, hätte ihn nicht in die Ohren gestecktes Wachs vor der Lockung der seither zu Felsen erstarrten Sirenen bewahrt.

Kaum aber hatte der Sohn den Lockungen der heiligen NS-Schrift erfolgreich widerstanden und war er dem Wirbel um die Riffe entgangen, als sich auf dem Steinhügel vor dem Abstieg eine Mädchengestalt im Strohhut zeigte, welche anscheinend zum Wasser herunterstrebte. Der Freund meinte, daß es sich um eine Einheimische handle, der Sohn witterte aus Gang und Gehaben eine Fremde von jenseits des großen Teiches, und zwar eine solche hispanisierter Gegenden. Während nun der Freund die Meinung ablehnte, daß sie zu ihnen beiden herunterwollte, hielt der Sohn seine diesbezügliche These aufrecht. Im Zuge dieser Auseinandersetzung war der Dame im Strohhut bereits der Abstieg gelungen. Sie machte im übrigen einen zwar jungen, aber etwas verbrauchten Eindruck. Wie nun der Freund daher die Version bevorzugte, daß sie allein den Weg ins Meer finden werde, vertrat der Sohn vielmehr die Ansicht, daß sie hiezu Hilfe beider beanspruchen könne. Das Verhalten des Mädchens gab dem Sohne alsbald recht. Es verlangte nicht nur zweimal Unterstützung beim Einstieg ins Wasser, sondern auch noch weitere Begleitung, welche der Freund widerwillig, der Sohn über dessen Widerwillen belustigt leistete, doch gelang es sodann den Freunden, durch die sogenannte grüne Grotte schwimmend zu entkommen, wohin ihnen das Mädchen nicht mehr zu folgen wagte, sei es, daß es Ersäufung oder Ertrinken aus eigenem Antrieb befürchtete.

Während nun der Freund den Sohn für die Erfüllung von dessen Prophezeiung verantwortlich machte, wartete die Schöne am nächsten Tage schon beim Abstieg auf beide und versprach, auch eine Freundin mitzubringen, so daß bei normaler Aufteilung auf jeden Burschen ein Mädchen komme. Mit diesem Vorschlag waren dessen Empfänger jedoch nicht einverstanden, weil man sich die zweite nicht besser als die erste vorstellte. Man ging daher andern Tages zum gegenüberliegenden Strand, begegnete allerdings dort beiden in Aussicht gestellten Mädchen, die diesen Wechsel des Strandes vorausgeahnt und gleich mitgemacht hatten. Als nun am dritten Morgen auf Veranlassung des bereits scheu gewordenen Freundes jeder der beiden Freunde an einem andern Strande zu schwimmen trachtete, erwartete den einen, nämlich den Inhaber dieses Teilungs- und Einzelabfallgedankens, die mit dem Strohhut, den andern aber, nämlich den Sohn, die blonde Freundin, die ihr ungefälliges Haupt mit einer Haube bedeckte. Während nun der Sohn auf der gutbesuchten Strandfläche nur oberflächliche Annäherungen auf sich nehmen mußte, wäre der Freund mehr im Nachteil gewesen, denn seine Diana konnte sich ihrer Schwimmhülle entledigen und einen Angriff auf ihn wagen, dem er sich nur mühsam zu entziehen verstand.

Schreiend und vorwurfsvoll fiel nun das Strohhutopfer beim Mittagessen über den Sohn her, als ob dieser das Komplott der Verfolgerinnen männlicher Unschuld begünstigt hätte. Und wie nun der Sohn mit einer Dame am Nebentisch kokettierte, neben der ein älterer Herr saß, erklärte der Freund mit drohender Gabel, daß er hier nicht mitmache, der Herr sei vermutlich der Gatte, es werde noch zu einem Duell kommen. Der Sohn hinwiederum versicherte, daß es sich um den Großvater des Mädchens handeln müsse, von dem widrige Folgen nicht zu besorgen wären, weil er es mit seinen schwachen Augen gar nicht ausnehmen würde, wenn man das Weib von ihm fortzöge und sich unterlegte.

Als nun am nächsten Tage die Freunde einen dritten Strand ausfindig machten, auf welchem sie weder die mit dem Strohhut noch die behaubte Blondine antrafen, trieb eine Welle dem schwimmenden Sohn daselbst einen alten Herrn in die Arme, der ebenjener war, welcher an der Seite des jungen hübschen Dämchens gesessen und nun, ans Land gebracht, seinen Retter der Frau vorstellte, die in der Tat seine wesentlich jüngere Gattin war. Aber obgleich der scheue Freund mit deren Identität recht gehabt hatte, war es an ihm, gewisse Komplikationen auf sich zu nehmen, als ihn nämlich der alte Professor aus persönlichem Wohlgefallen mit sicherem Beschlag belegte; denn schon warteten unweit die beiden südamerikanischen Amazonen diesmal ungeteilt auf ihn, als hätten sich Skylla und Charybdis gesammelt gegen ihn verschworen, welche die Caprioten entgegen offiziellen Historien ebenfalls in diese Gegend verlegten. Währenddem durfte der Sohn ungetrübte Stunden der Erbauung mit der wohlgeformten Gattin des Professors genießen, welche zudem eine Malerin war, was dem Erleben der Natur die Ungezwungenheit der Kunst beisteuerte. Es war ein schöner Hintergrund des Geschehens, wenn man sich auf dem Vogelberge niederließ oder einen jener Haine aufsuchte, in denen ein finsterer Kaiser mit seinen Lustknaben angenehme Zeiten verbracht hatte, ja selbst in dessen verfallenem Schloß fanden sich Minuten bezauberter Kunstbetrachtung. Wenn nun nach Jahren der Sohn die junge Malerin aus Capri in deren Heimatorte Berlin an der anvertrauten Anschrift stellig zu machen gedachte, so hoffte er trotz späterer Zeit, geänderter Daseinsbedingungen und einer wesentlich verwandelten Kulisse doch Nachernte früheren Glückes halten zu dürfen.

Der Sohn fand die Gesuchte wesentlich gealtert und verändert vor. Sie war allerdings gerade Witwe geworden, doch ließ sich nicht feststellen, ob der Gatte einem zeitgemäßen Unfall oder natürlichen Umständen zum Opfer gefallen war. Die Gesuchte gestand auch alsbald, ihre seinerzeitige Jugend einer erfolgreichen Kur verdankt zu haben, war auf einen Gast nicht vorbereitet und demgemäß für einen solchen nicht hergerichtet, erinnerte sich selbst nur schwach des Sohnes, offenbar infolge anderer gleichartiger einschlägiger Begebenheiten in ihrem künstlerischen Leben. Wenngleich sie für seinen Besuch auch nicht dankbar war, weil sie durch ihn entweder Gefahr oder Verruf befürchtete, letzteren vielleicht in Ansehung einer schon bevorstehenden Liquidierung ihrer Witwenschaft, war sie doch bereit, ihn irgendwo zu treffen, wo sie niemandem begegnen konnten. Der Sohn machte also mit ihr ein Stelldichein für den nächsten Vormittag aus, an dem er bereits zu Hause zu sein hoffte, und verließ die Schöne seiner Vorstellung ohne Aussicht auf eine Fortsetzung von ihm irrtümlich vorgehabter Anknüpfungswiederbelebungen.

Nach längerer Fahrt wieder in sein Luxushotel heimgekehrt, erfuhr er dort, man habe eine Dame weggeschickt, die mit einem Kinde gekommen sei. Der Sohn vermutete, daß die Besucherin mit jener einheimischen Frauensperson identisch sei, die als Mädchen auf seinem Schoß gesessen, nun verheiratet und mit einem Kinde versehen, von ihm vergeblich aufgesucht worden war. Auf Befragen, warum man den Gast nicht habe in der Halle auf ihn warten lassen, klärte man ihn darüber auf, daß Frauen mit Kindern nach internationalen Gepflogenheiten als Ehefrauen der ohne diese angekommenen männlichen Gäste angesehen werden müßten und man daher argwöhne, daß sie ihrem flüchtig gewordenen Gatten nachspürten, und sie aus Rücksicht für die Hotelabsteiger davon abhalten müsse. Der Sohn freute sich, daß wenigstens auf einem Gebiet, das ihn noch nicht anlangte, das Dritte Reich feinfühlig war, wiewohl dieselbe junge Andersgeschlechtige, die nunmehr von ihm abgehalten werden sollte, zuvor für ihn das Zimmer bestellt hatte. Nichtsdestoweniger rief er sie telephonisch an, worauf sie alsbald, offenbar durch früheres Mißgeschick gewitzigt oder auch zwecks Neuinangriffnahme eines alten Abenteuers, diesmal ohne Kind erschien und daraufhin anstandslos sogleich in das Zimmer des Sohnes gelassen wurde.

Als sie sich so vielleicht nicht ganz im Sinne der herrschenden Gesetzgebung nach Jahren zum anderen Male, diesmal nach den Gepflogenheiten vornehmer Beherbergungsbetriebe, im Zustand verfänglichen Naheseins befanden, geschah freilich nichts, was sie aneinander näher gebracht hätte. Dem standen offenbar außer der unmittelbar vorangegangenen Enttäuschung des Sohnes noch die auf der Gasse wirksam und sichtbar gewordenen Zeitumstände sowie ein Leben der Erniedrigung der erschienenen jungen Frau entgegen. Sie blieb aber trotzdem auf seinem Zimmer und half ihm schließlich packen, bis alles für seine Abreise bereit war und er durch den Korridor hinter dem Gepäckträger nach bezahlter Rechnung das Hotel unterirdisch verließ. Auf diese Weise wurde der Sohn sicher in seinen Schlafwagen gebracht, wo er an sein Revers das Zeichen des Schützen in Gold heftete, nicht nur aus astrologischen Gründen, sondern außerdem, um einen möglichen Reisegefährten zu beeindrucken, der sich alsbald in der Person eines Trägers des goldenen Parteiabzeichens einfand. Zunächst richtete sich der Neue ein, während der Sohn, der bereits am Fenster saß, unausgesetzt durch dieses hinaussah, selbst als nichts mehr draußen zu sehen war.

Sobald er sich schließlich doch einmal abwenden mußte, wurde der andere des goldenen Zeichens des Schützen gewahr, das er offenbar nicht kannte, jedenfalls nicht hatte und möglicherweise für die Attrappe einer noch höheren Ehrung als der ihm zuteil gewordenen hielt. Er wagte daher nicht, den andern über den Sinn von dessen Emblem zu befragen und begnügte sich mit Auskünften über den Gau, aus dem jener stamme, zeigte sich über die Ostmark, nach der er strebte, besonders interessiert sowie über die dort herrschende Jubelstimmung für den Führer. Da aber der Sohn mit ihm von oben herab verfuhr, außerdem Müdigkeit zu erkennen gab, räumte er ihm ehrerbietig das untere Bett ein, während er sich selbst trotz gewaltiger und langer Gestalt auf das obere zusammendrängte. Von hier erhob er sich morgens zeitig und wich auf den Gang aus, um den Untenliegenden nicht in dessen Ruhe zu stören. Erst als der Schaffner die bevorstehende Ankunft in Wien angekündigt hatte, flüsterte er dem Sohne ins Ohr, daß sich dieser bereitmachen möge, was derselbe alsbald tat, wobei er seine Ankleidung sowie seine Reinigung, welchen Vorstadien des Aussteigens der andere nicht beiwohnte, bis zur Ankunft ausdehnte. Trotzdem ließ sich der Herr mit dem goldenen Parteiabzeichen die Gelegenheit nicht entgehen, den Koffer des Sohnes vom Fenster aus der Mutter zu überreichen, die bereits auf den so schwierig Geweckten wartete.

Während die Mutter nun wissen wollte, was der Sohn in der Reichshauptstadt ausgerichtet, hatte derselbe allerdings wenig zu berichten. Die Sache mit Ecuador und mit Palästina war offenbar gescheitert. Der Besuch beim französischen Botschafter brachte der Mutter nicht die Möglichkeit, im vermeintlich sicheren Ausland von Witwengenüssen leben zu können, aber vielleicht doch die, außer Landes gebracht zu werden, wenn nämlich der Sohn das vorgehabt haben sollte. Auch mit dem Herrn mit goldenem Parteiabzeichen war vom Sohn vorsichtshalber nicht gesprochen worden, wiewohl solches nach Ansicht der Mutter vielleicht nützlich gewesen wäre.

Was sie nun freilich selbst betraf, so konnte der Sohn unschwer feststellen, daß sie, obgleich auf ein Drittel ihres vor der Krankheit innegehabten Ausmaßes reduziert, doch voller Energien war und ihre Zwischenzeit gut angewendet hatte. Sie war um sofortigen Abschluß des Vertrages mit der Wehrkreisdienststelle bemüht gewesen, den der frühere Retter vom Riff und spätere scheue Kollege und Freund hinter dem Vorhang für sie aufsetzte, und der Einzug des Amtes stand unmittelbar bevor. Demgemäß würden sich auch die Deckelschwinger, Bläser und Gröler nur mehr in bestimmten Abständen tagsüber und in gewissen Nachtschichten einfinden, und man könne damit rechnen, sobald das Militär erst einziehe, sie gänzlich loszuwerden.

Und wie sie nun, nur mit Hoffnungen ausgestattet, deren Grundlage erst einer Überprüfung bedurfte, dorthin zurückkehrten, wo sie sich noch beheimatet glaubten, ging der Sohn neben der Mutter her, als gehöre er nirgends hin, nicht einmal zu ihr, die ihm doch zumindest das Leben vermittelt hatte, ja, als ob er ihr gar nichts, nicht einmal dieses schulde, oder als ob solche Schuld nicht der Erwähnung wert wäre, zumindest nicht in der gegebenen Zwischenzeit.

Denn wie sie zu Hause ankamen, waren die lärmenden Herren von nebenan schon vor ihnen eingelangt, hatten bereits ihren Posten bezogen. Nur die Lautwirkungen hatten sie bis zum Eintreffen von Sohn und Mutter aufgeschoben und konnten nun hiemit beginnen. Dabei war die Militärdienststelle schon im Kommen begriffen, hatte die Reinigungsarbeiten bereits notdürftig vollendet und Tische, Schreibtische, Schränke, Bänke und Stühle über die gewundene Stiege hinaufschaffen lassen.

Am Nachmittage aber rückte ein weiterer Besuch heran, nämlich der des Facharztes und dessen Gattin. Obwohl die letztere eindeutig sogenannter »arischer« Abstammung war, auch einen Onkel aufweisen konnte, der die Schilderbemalungen mit richterlicher Miene zu überwachen und zu begutachten pflegte, mußte sie dennoch mit ihrem Ehemann ihr Heim in einem Gemeindegebäude ohne Kündigungsfrist sofort räumen, wobei sie wenigstens das Glück hatte, daß ihre Anverwandten legitimiert und bereit waren, die abtransportierten Möbel aufzunehmen. Nun waren sie allerdings beide ohne Quartier, bis sie die Einreise nach Jugoslawien bekämen, die dortselbst für den glatzköpfigen Facharzt als Judenstämmling, aber nicht jüdischen Glaubens, erleichtert und mit einer gewissen Summe Reisegeldes begünstigt war.

Mutter und Sohn erklärten sich trotz Reduzierung im Raume auch noch zur Einquartierung der vorläufig Obdachlosen bereit, der Sohn allerdings mit dem von der Mutter geargwöhnten Gedanken, bei dieser Gelegenheit einen mit sogenannter Rassenschande verbundenen Ehebruch zu begehen. Aus diesem Grunde teilte die Mutter selbstherrlich die Zimmer so auf, daß der Sohn keine Gelegenheit hatte, von der ihm verbliebenen Ubikation in jene zu gelangen, in welcher der Glatzkopf mit seiner Boxerin einquartiert wurde. Dafür durfte er in dem gleichen Gelasse mit der von ihm sehr vernachlässigten, ja vermutlich bereits vergessenen jungen Airedaleterrierin schlafen, neben den Bläsern, Grölern und Deckelschwingern, die allerdings bald nach der Ankunft der Facharztensfamilie ihr Konzert einstellten, wiewohl man daraus noch nicht schließen konnte, daß sie nicht bereits Ärgeres im Sinne hatten, und wenn ja, was.

Trotzdem verlief die Nacht verhältnismäßig ruhig, wenn nicht das Gejammer des Hundes gewesen wäre, das allerdings bei Vorhandensein des Lärmes nebenan in ein Gejaule oder Gebelle auszuarten pflegte. Der Sohn mußte das Tier nun häufig beruhigen, ließ es aber nicht in sein Bett, das er der Gattin des Facharztes reserviert hielt. Diese konnte jedoch nicht kommen, hatte solches außerdem wahrscheinlich nicht im Sinn. Als aber der Sohn zu zeitiger Morgenstunde entgegen seinerzeitiger SA-Verwarnung den Garten betrat, stieß er dort alsbald auf die für das Bett Ersehnte, und so kam es in Ermangelung einer Matratze auf der feuchten Wiese zu einem ersten Ineinandergehen, das allerdings dadurch ein wenig behindert war, daß sie eine eingebaute Vorrichtung zur Empfängnisverhütung trug, welche ihr offenbar ein fürsorglicher Gatte, allerdings nicht zum Umgang mit dem Sohn, auferlegt hatte und derer zu entledigen sie sich nicht die Mühe oder Zeit nahm.

Immerhin handelte es sich bei dem Geschehen, so wenig lustbetont es für beide gewesen sein mochte, zumindest um einen symbolischen Vorgang, mit dem eine lange Wartezeit mit allerhand Unterbrechungen und Abweichungen endlich gekrönt war. Diese Krönung mußte im übrigen ohne sofortige Wiederholung bleiben, denn schon kam die Mutter in Begleitung des Facharztes ebenfalls in den Garten, so daß die beiden gerade noch Zeit hatten, ihre Wäsche und Kleider wieder anzulegen, beziehungsweise nach Tunlichkeit in Ordnung zu bringen. Um ein weniges später erging sich auch noch der Major der Dienststelle ein erstes Mal in den Anlagen, die er sich von der Mutter zeigen ließ, wobei jedes von ihnen das Mißfallen mit dem gegenwärtigen Regime nachdrücklich erklärte.

Der glatzköpfige Facharzt hatte inzwischen seine Frau für diesen Tag weggeführt und nach Wien gebracht, um das jugoslawische Visum zu erlangen. Er hatte nicht vor, mehrere Nächte im Gegenstandshause zu verbringen, auch schien ihm der Einzug des Militärs peinlich, die Deckelschwinger gefährlich, der Sohn vielleicht nicht harmlos.

Inzwischen war von der Mutter herausgefunden worden, daß die Herren von der Lärmbude nicht ohne Veranlassung eines mit ihnen in ständigem Kontakt befindlichen Baumeisters in Aktion getreten waren, der die Ubikationen von Mutter und Sohn auf diese Weise für sich frei bekommen wollte und auch auf jene Räume zu Wohnzwecken spekulierte, in denen dermalen die Militärdienststelle logierte. Da seine derzeitigen, im Hause gemieteten Büroräume gerade unter denen des Heeresamtes lagen, entschloß sich die Mutter, den Major im Falle einer Erweiterung seines Amtes auf die Räumlichkeiten des Baumeisters zu verweisen, bis tatsächlich großes militärisches Interesse für das Projekt gezeigt wurde. Allein das Ergebnis war nicht das gewünschte. Zwar ließen sich nunmehr die Deckelschwinger, Gröler und Bläser eine Zeitlang kaum mehr vernehmen, ohne freilich die von ihnen beschlagnahmten Räume zurückzuerstatten. Doch erreichte der Baumeister seinerseits, daß die Heeresdienststelle ausziehen mußte, da es nicht anginge, daß sie in einem von Juden innegehabten Hause verbliebe.

Dazu erschien er alsbald, begleitet von dem Vizebürgermeister, bei Mutter und Sohn und erhob Anspruch auf einzelne der ihnen belassenen Räume für seine Baukanzlei, wohingegen man ihnen anbot, die Deckelschwinger dafür zu entfernen. Der Vizebürgermeister setzte sich auf das Sofa, den einzigen neu aufgestellten Gegenstand in der ehemaligen Kanzlei des Sohnes, der deshalb zugänglich blieb, das heißt nicht von Möbelanhäufungen verstellt war, weil das Zimmer nunmehr der Unterbringung des Facharztpaares diente, welches sich an diesem Tag in Wien aufhielt, um seine Abreise vorzubereiten. Der kleine Hund war ihm dahin gefolgt, hatte ihn mißmutig beschnuppert, und wollte sich nun anschicken, ihn zu beißen, doch wurde er von der Mutter mit Mühe beruhigt. Er wollte aber auch dann noch nicht dulden, daß der Vizebürgermeister ihn kraulte, wobei er offenbar nicht vorausroch, daß der eingetretene hohe Herr nicht nur das gegenwärtige Regime vertrat, sondern in gleicher Eigenschaft ein Vierteljahrhundert später auch der wiedererstandenen Republik Österreich dienen würde.

Während des dennoch durchgeführten Kraulens des Airedaleterriers durch den beständigen Vizebürgermeister, der seiner bürgerlichen Natur nach wohl mit Pflanzen, nicht aber mit Hunden zu tun hatte, erklärte er Mutter und Sohn in pathetischen Worten, welche beinahe die Blumenpracht seiner gärtnerischen Schöpfungen aufwiesen, daß er beiden mit ausgestreckter Hand das Ehrenwort gebe, sie würden diesen Wohnungsrest immer behalten, wenn sie völlig freiwillig das große Zimmer, in dem der Sohn jetzt schlief, sowie das kleinere, in dem er früher geschlafen hatte, samt allen Nebenräumen dem Baumeister, seinem Freunde, als Büroräume überließen, wozu er nach dem Ausziehen der Militärdienststelle noch deren Zimmer zu Wohnzwecken übernehmen werde. Es handle sich hier also nicht nur um ein wirklich gutes Geschäft, sondern um eine Sicherung für immer, wobei auch nicht zu unterschätzen sei, daß die Gröler, Bläser und Deckelschwinger von da ab entfernt werden würden. Der Baumeister nickte nur beifällig mit dem Kopf, überließ aber im übrigen die Debatte dem Vizebürgermeister und der Mutter. Vielleicht ahnte er bereits voraus, daß er in der nächsten Republik, nach Abkehr von seinen jetzigen Sympathien, der Hauptsachverständige in jüdischen Wiedergutmachungsprozessen sein würde, sobald er erst einmal in die wiedererstandene Hauptstadt mit dem goldenen Herzen übersiedelt sein würde. Die Mutter mißtraute dem gegebenen Ehrenwort, das der Sohn viel zuversichtlicher entgegennahm. Denn auch er hegte möglicherweise einen Gedanken für die Zukunft, nämlich den, ohne die Mutter außer Landes zu gehen, um auf diese Weise, das ist durch solches Opfer, das Haus für sich zu erhalten. Und er schien daher geneigt, auf das vizebürgermeisterliche Ehrenwort einzugehen, um auf dieser schwanken Grundlage sein Gewissen zu beruhigen, wenn er die Mutter bei seiner Abreise allein zurücklassen würde.

Das beständige Kraulen des Hundes durch den Vizebürgermeister gegen den abweisenden Willen der unschuldigen Kreatur hatte zwar schließlich zur Folge, daß das umschmeichelte Wesen den Schoß des Stadtgewaltigen erstieg, jedoch nur, um dortselbst seine Notdurft zu verrichten. Sei es, daß die Mutter diese Ablehnung ihres Hundes als eine sie selbst betreffende Weisung verstand, sei es, daß sie dem Baumeister die Wohnung selbst dann nicht gönnte, wenn sie selber dem Sohn ins Ausland folgen würde, jedenfalls stimmte sie als Fruchtnießerin dem Vorschlag des Vize nicht zu, während der Sohn sein Einverständnis in Aussicht stellte. Wahrscheinlich hatte er den Gedanken gefaßt, ohne die Mutter zu fahren und sie ihrem Schicksal zu überlassen. Nachdem ihr aber der Vizebürgermeister eingeschärft hatte, sich die Sache wohl zu überlegen, es gehe auf Biegen und Brechen, und bevor er tatsächlich ging, willigte sie schließlich ein, in der Meinung, ihre vorläufige Ruhe erkauft zu haben.

In Wirklichkeit aber hoffte sie noch immer, die Heeresdienststelle, deren Abzug schon vorbereitet wurde, werde am Ende nicht weichen, denn der Major besichtigte noch einmal die Baukanzlei, um sie für Wehrmachtsräume freizubekommen, und führte mit der Mutter lange regierungsfeindliche Gespräche im Garten, manchmal sogar im Bureau, wenn sein Feldwebel nicht da war, welcher der Nazipartei angehörte. Der Sohn hinwiederum, der der

Mutter zu Anfang nicht widersprochen hatte, als sie die baumeisterlichen Ubikationen freibekommen wollte, erklärte ihr nun mehr, ihre Bestrebungen seien zwecklos, es bleibe nur mehr die Möglichkeit, auf das vizebürgermeisterliche Wort zu bauen.

Indessen versuchte er, zunächst für sich selbst beim französischen Generalkonsulat vorzusprechen, nicht ohne die Mutter vorher einzuweihen, was ihm der Minister in Berlin gesagt hatte, und daß er ein Empfehlungsschreiben desselben vorweisen könne, welches allerdings nur für den Generalkonsul bestimmt sei, der lediglich Französisch spreche, welches der Sohn noch immer nicht beherrsche und zu lernen unterlassen habe. Er werde sich aber an den Vizekonsul wenden. Die Mutter beschwor den Sohn, von der Karte den richtigen Gebrauch zu machen, dann könne er auch ihre Sache vertreten, was ansonsten vielleicht nicht möglich sei. Nun äußerte der Sohn zum ersten Male, daß er es vorziehe, wenn die Mutter an Ort und Stelle verbleibe. So werde das Haus vielleicht der Familie erhalten und die vom Vizebürgermeister zugesicherte Wohnung der Mutter zufallen. Damit wurde die Mutter zum Schweigen gebracht. Der Sohn aber fand kraft der Karte des Ministers vor Hunderten von Einlaßbegehrenden Zutritt in die ehemalige Botschaft. Als er aber vor dem deutschsprechenden Vizekonsul stand, nahm dieser zwar das beiläufige Ansuchen des Sohnes auf, erklärte ihm aber, er möge erst nach vier Wochen wiederkommen, vorher sei das angestrebte Visum nicht zu erlangen.

Dieser Bescheid genügte dem Sohn, denn er war noch keineswegs entschlossen zu fahren. Zudem wohnten Facharzt samt Gattin im Hause, wenngleich sie sich nur mehr selten zeigten, und es war ja weder September noch Oktober gekommen, in welchen Monaten der Führer die Sudeten verlangen und nicht erhalten und daraufhin abgesetzt werden würde, wie dies der französische Minister ihm heimlich anvertraut hatte.

Aber wiewohl der Sohn und auch die Facharztensgattin vermutlich vorhatten, das zwischen ihnen stattgehabte Unrecht noch öfter zu wiederholen, und sich dabei vor sich selbst vielleicht sogar mit dem Gedanken entschuldigten, das erwachte Mißtrauen des Ehegatten habe zu dieser mehr oder minder symbolischen und dazu sehr kurzfristigen Vereinigung geführt, so konnten die beiden im schwach lustbetonten Rechtsbruch befangen Gewesenen sich doch nur noch einmal, und zwar in der Weise verständigen, daß sie abmachten, sich bei dem menschenfreundlichen goldzahnbleckenden Arzte zu treffen, wohin der Gatte sie zwar begleiten, von wo sie aber vorzeitig aufbrechen würde. Wie nun der Sohn an diesem Orte eintraf, war das Ankunftszeremoniell gegenüber den sonstigen Gästen kaum vorüber. An demselben runden Tische aber saßen gleich einem vierblättrigen Kleeblatt neben der Braut des Goldzahnbleckers, die er noch nicht gehabt, aber nunmehr in bezug auf ein späteres Habenkönnen ansah, und des Glatzköpfigen Ehegemahl, die ihm nur unvollständig gehört hatte, zwei andere Weibsbilder, die er schon längst für abgereist hielt, die aber nun, ganz begehrsam hergerichtet, beieinander saßen, nämlich die mit dem Lockenkopf, welche er in deren fünfzehntem Jahre unter Tränen geliebt, aber erst in ihrem neunzehnten ohne solche geschlechtlich genossen und mit der Einbuße von achthundert Schillingen oder schon R-Mark bezahlt hatte. Ferner die blonde üppige Frau, die schöne Schenkel, aber keinen guten Oberkörper aufwies und die er nur unter Inanspruchnahme der ersteren und Nichtentblößung des letzteren etliche Male an sich gebracht, wofür sie ihn mit einer Schwangerschaft und der Abtreibung von deren Folgen nachträglich belastet hatte, da sie angeblich in der Zwischenzeit nicht mehr mit ihrem

Manne verkehrt und daher diesem nicht das Ergebnis ihrer außerehelichen Bindungen habe zuschreiben können. Während ihn die drei schon Genossenen so ansahen, als ob sie niemals mit ihm beisammen gewesen wären, war die vierte, noch Ungenossene, mit einem liebesdurstigen Augenaufschlag ihm zugekehrt, so daß er sich die Frage stellte, ob er nicht in Ablehnung von Wiederholungen vermittelst Anbahnung frischer Landnahmen seine einschlägigen Erinnerungen durch auf die Zukunft gerichtetes Tätigwerden ergänzen sollte. Und so ließ er sich neben der Hausfrau häuslich nieder.

Aber alle Erotik, die ihn übermannte, als er an einem Tisch neben drei ihm schon zugehörig gewesenen Frauenspersonen noch eine vierte antraf, die er noch nicht besessen hatte, schwand bald in den politischen Gesprächen, welche die versammelten Herren, die sich derzeit im ungeteilten Besitz ihrer Damen glaubten, vom Zaune brachen und in welche sie den Sohn unbedingt einbeziehen wollten, der gänzlich anderes im Sinne behielt. Und wie nun die Männer in ihre Geschichte von Einzelereignungen an Ort und Stelle auch einen jüdischen Hausierer einbezogen, welcher ohne Ware hopgenommen, ins Gestapobüro im Hotel Continental zu Wien und von dort nach Buchenwald gebracht worden war, wo man ihn zu Tode gepeitscht hatte, bloß weil er auf die Frage nach seinem Daseinszweck erklärte, er sei gekommen, um dazusein, da hatte der Sohn den Eindruck, es müsse sich um den Mann gehandelt haben, dem er glaubte in seiner Kanzlei einmal begegnet zu sein und den er jetzt wie damals noch für etwas anderes hielt als bloß für die Verkörperung eines Hauszuhaushändlers. So blieb auch der Führer, dessen Erledigung er jetzt mit lauter Stimme verlangte, des Entgegengesetzten Verkörperung für ihn, die nicht der Teufel war, sondern ein Kasper, der aus dem Blut und den Phrasen seiner Zeitgenossen sein einziges Leben bezog, selber eine Anhäufung und Verlebendigung von Gemeinplätzen und als das Dumme, welches auch das Böse ist, Gott entgegengesetzt. Und er erinnerte sich, wie er zu Füßen der von SS in der Kurve erledigten Wirtin sein Spiel über den Kasper geschrieben hatte. Er würde, sobald er die Gelegenheit hätte, ein großes Protokoll gegen den gepeinigten Ostjuden anlegen, der in erniedrigter Gestalt nicht nur der Jude an sich, sondern Gott selbst gewesen sein könnte.

Damit verließ er die Gehörnten samt dem noch zu hörnenden Gatten und den dazugehörigen Weibern und wartete weder ab, auch die vierte zu erringen, noch bereitete er sich darauf vor, mit der dritten eine Wiederholung bei günstigerer und daher ausgiebigerer Gelegenheit anzubahnen.

Wie er aber daheim war, begab er sich nicht zu seiner Mutter, die ihn immer bei sich zu haben wünschte und offenbar ins Ausland begleiten wollte. Vielmehr hatte er vor, einen Baum auszusuchen, nach dem er den Hausierer benennen könnte, wenn er einmal über ihn schreiben sollte. Und da er an das Losungswort gerade nicht dachte, unter dem er ohnehin einen Teil seines Geldes angelegt hatte und das bereits die Bezeichnung solchen Baumes war, wandte er sich an den Feigenstrauch, dessen überwinterte Früchte kürzlich reif geworden waren. Aber wie er vor diesem Strauche stand, war die Facharztensgattin neben ihm. Daher händigte er ihr sogleich eine der Früchte aus, die sie alsbald zum Munde führte. Sie hatte diesen aber noch nicht erreicht, geschweige denn die Frucht verkostet, als der Sohn die Frau an sich preßte und nach Hebung ihrer Röcke, unter denen sie diesmal kein Höschen trug, nach dem der dargereichten Fruchtgleichlautenden Teile ihres Körpers trachtete, in dessen Besitz er sich ohne viel Vorbereitung setzte. Es mußte sich aber um einen verfluchten Baum gehandelt haben und auf keinen Fall um die Gattung, nach der er seinen Helden benennen konnte. Denn auch diese zweite mißbräuchliche Ausnützung einer gegebenen Situation war für beide Partner wenig genußreich. Zum einen erfolgte die Befruchtungshandlung zu früh, zum anderen war diese erfühlbarermaßen von vornherein zwecklos, weil die so schnell in Anspruch genommene Frau schon wieder jenes Gerät eingebaut hatte, welches außer der Empfängnis bei ihr offenbar auch die Lustempfindung ausschloß und diese bei dem Angreifer noch wesentlicher herabminderte, als es bereits bei der ersten Besitzergreifungshandlung der Fall gewesen war. Dazu kam diesmal zwar nicht der Gatte mit der Mutter, wohl aber diese allein um so schneller herbei. Sie hatte alles wahrgenommen und war mit dem Gesehenen sichtlich unzufrieden, weil sie darin eine eklatante Verletzung des Gastrechts, zumindest gegenüber dem in die Begebenheit nicht einbezogenen Gatten erblickte. Sie tat aber so, als ob sie das Weibsstück gar nicht beachte, welches mangels Höschens ihre Toilette sofort vollenden konnte und mit kurzem Gruß davonhüpfte, als ob nichts geschehen wäre.

Ehe nun der zurückgebliebene Sohn die Störungshandlung der Mutter entsprechend zu rügen in der Lage gewesen wäre, erklärte diese ihm kurz, so sehr sie auch an ihrer Heimat hänge, habe sie es bisher doch für selbstverständlich und natürlich gehalten, daß er nicht ohne sie gehen würde. Nun aber wisse sie wohl, daß er nur das im Sinne habe. Daher vernachlässige er wahrscheinlich auch die Fahrtmöglichkeit nach Frankreich und ziehe eine solche nach Jugoslawien vor. Er möge aber wissen, sobald er zum andern Male mit dieser Frau das ausführe, was er soeben getan habe, werde sie sterben. Damit beschloß sie ihre Ansprache und kam nicht mehr auf die Sache zurück. Es war offenbar eine Übertreibung der Mutter, denn er hatte schon zu mehreren Malen verheirateten Frauen ihre Wünsche der

Ergänzung ihres Ehelebens erfüllt, ohne daß die Mutter daran gestorben wäre. So hoch konnte man außerdem das Gastrecht nicht veranschlagen. Ganz abgesehen davon, daß der Facharzt an diesem Tage sehr lange ausblieb, hatte er doch zu gleicher Zeit seinen Heimweg unterbrochen und dabei trotz sonstigem Mangel an Heldenmut eine Dame in mittleren Jahren, die in ihn vernarrt war, ausgiebig und erfolgreich zwecks Ehebruchsbegehung aufgesucht. Diese Tatsache, die sich erst später herausstellte, war für dessen damalige Partnerin insofern durchaus unrentabel, als sie sich in der darauffolgenden Nacht, in welcher der Facharzt mit seinem untreuen Weibe nach Jugoslawien verreiste, das Leben nahm. Die Mutter aber hatte somit keinen Anlaß, ihr eigenes Dasein mit der Treue oder Untreue der blonden Boxerin in Zusammenhang zu bringen, ganz abgesehen davon, daß es unklar blieb, ob sie sich überhaupt bewußt war, daß diese Begegnung des Sohnes mit der Frau des Facharztes nicht die erste war.

Der Abreise des Facharztes folgte alsbald der Auszug der Militärdienststelle und dieser hinwiederum die Übersiedlung des Büros des Baumeisters in die abgetretenen Räume des Sohnes und die der Wohnung desselben Herren in die Räumlichkeiten des Heeres. Die Mutter hinwiederum hatte in die von den Deckelschwingern und Grölern sowie Bläsern freigemachten Räume zu übersiedeln, da der Vizebürgermeister in diesem Punkte Wort hielt. Als aber der Sohn erklärte, dieser würde auch ansonsten Wort halten, sobald er selbst ins Ausland gelangt sei, antwortete die Mutter nichts, als ob sie dies überhört hätte. Wahrscheinlich hatte sie den Gedanken nicht aufgegeben, der Sohn solle mit ihr nach Frankreich gehen. Aber sie sprach es nicht mehr aus. Was sie aber zwischenzeitig erfahren hatte, durfte sie dem Sohn doch nicht vorenthalten. Der junge Mann, der eine Zeitlang den Bezirkshauptmann vertreten hatte, war durch diesen wieder abgelöst worden. Wenn also die Anzeige der Gerichtskanzleibeamten und die Erwiderung des Sohnes in die Hände der neuerlichen Wachtablöse gelangen sollten, müßte der Sohn mit dem Allerschlimmsten rechnen. Der Bezirkshauptmann war schon immer national gesinnt, seine zeitweilige Ersetzung durch den jungen Vertreter mußte rein personelle Ursachen gehabt haben, die offenbar behoben waren. Die Mutter drängte daher nunmehr den Sohn, den Besuch bei dem französischen Generalkonsul schleunigst nachzuholen und zu diesem Zwecke dringend französische Lehrstunden zu nehmen. Der Gedrängte wollte beides nicht, hatte auch keine Furcht, da er sich nachgerade an die Ereignungen gewöhnte und ferner bis September und Oktober zuwarten zu sollen glaubte. Vielleicht war er überdies bereits gesinnt, vorerst nach Jugoslawien zu gehen, wo er sein Abenteuer mit der Facharztensgattin fortsetzen konnte, von der er nicht einmal richtig Abschied genommen hatte.

Die Aufgabe des großen Raumes, in welchem seine Bibliothek gestanden und in dem er knapp vor der Machtergreifung einen schönen weißen Kamin hatte setzen lassen, den er nun dem Baumeister überlassen sollte, fiel dem Sohn vielleicht fast so schwer wie der Mutter die Aufgabe der Ubikationen, in denen sie mit ihrem Manne gelebt und die sie doch vorübergehend einer Heeresdienststelle zum Gebrauch überlassen hatte. Nunmehr sollte sie wieder in die vom Sohn aufgezwungenen Zimmer zurück, in denen zudem seine Bibliothek aufgestellt wurde. Sie fühlte sich nachgerade im eigenen Hause nicht sicher, aus dem ihr Sohn bereits einmal von einer aufgebrachten Menge fortgeführt und von einer Horde zwecks Verladung auf einen blutigen Fleischerkarren gesucht worden war, in einem Gebäude, von dem ein Deutschalbaner sodann den Zins kassiert und in das ein Lump von einem Baumeister erst Dekkelschwinger, Gröler und Bläser gebracht hatte und nun zum Dank ihre Ehewohnung samt dem ältesten Teil der Zimmer des Sohnes für sich beanspruchen durfte. Da noch weiteres Unheil offensichtlich vor der Türe stand und sie ihrem Sohn weder die Kraft noch die Entschlossenheit zutraute, mit diesem fertig zu werden, vielmehr seine Wünsche in Bahnen gelenkt sah, die sie weder für zeitgemäß noch für sittlich vertretbar hielt, schrieb sie an ihre Stieftochter die dringende Bitte, ins Land zurückzukommen, da man sie hier benötige. Es kann wohl angenommen werden, daß ihr dieser Brief nicht leichtfiel, weil sie einerseits die Genannte mindestens bis zum Tode des Vaters derselben und des eigenen Gatten für sich nicht immer wohlgesinnt hielt und weil sie diese sozusagen nicht nur als Helferin des Sohnes, sondern vielleicht sogar als solche gegen ihn mobilisierte.

Die brieflich um Hilfe Gebetene hatte allerdings die eigene Wohnung noch möbliert zurückgelassen, konnte aber an eine ihr wohlgesinnte Spediteurin jederzeit Order erteilen, den Abtransport ihrer Fahrnisse zu bewirken, soweit sie kleinere und wertvollere nicht bereits mitgenommen oder in Kisten wohlverpackt bei der besagten Dame belassen hatte. Als aber nun die Mutter sie ins Land zurückberief, um den Sohn zu unterstützten, den sie für gefährdet, aber auch für rettungswürdig hielt, obgleich er selbst sie in Gefahr zurücklassen wollte, besann sich die Tochter keinen Augenblick, sondern beschloß, dem Sohn sofort zur Hilfe zu eilen, und setzte ihren Willen auch ohne besondere Vorbereitung in die Tat um. Sie hatte allerdings kraft ihrer Heirat den Schutz einer auswärtigen Macht für sich, war außerdem zufolge derselben nicht einmal als Halbjüdin, richtiger jüdischer Mischling ersten Grades, sondern als Arierin anzusehen, doch hatte sie in Anbetracht der überstürzten Abfahrt vergessen, in ihren Paß einen Stempel eindrucken zu lassen, der sie zur Rückreise befugte. Zudem stellte ihr Land einen ziemlich schwachen Schutz gegen die Hitleriden dar, deren zweitnächstes Opfer es denn auch werden sollte, und es war nicht vorauszusehen, inwieweit sich in ihrer ursprünglichen Heimat ansässige, im übrigen gesetzesunkundige Zeitgenossen an verbriefte Rechte ausländischer Personen mit jüdischer Blutbeimischung halten würden und inwieweit rechtseingeweihte und satzunggebende Gestalten sich ihrer eigenen Kenntnisse erinnern oder sich an ihre offiziellen Ordern zu halten bestrebt wären.

Als nun die Tochter ankam, umarmte die Mutter sie so herzlich, wie sie am liebsten ihren Sohn umarmt haben würde, der dies niemals angestrebt noch positiv gewertet hätte. Es schien ihr allerdings hoch an der Zeit, jemand in der Nähe zu haben, der dem Sohn und ihr im Ernstfalle beistehen könne. Denn dieser und jener ging außer Landes, und manche wurden aus ihren Wohnungen geholt und kehrten in ebendieselben niemals oder bloß in Aschenkrüge zusammengedrängt zurück. Es war daher eine Ausreise unaufschiebbar geworden, für deren Bewirkung der Sohn zwar die Empfehlungskarte eines zuständigen Ministers in Händen hatte, welche er aber zu nichts als zu einer unfruchtbaren Vorsprache benützte, bei der er sie vor vierzehn Tagen bei dem Vizekonsul vorgezeigt hatte und sodann auf vier Wochen hinaus vertröstet worden war. Es gelte aber, Französisch zu lernen und den Generalkonsul aufzusuchen, wie dies der Minister bei Übergabe der Empfehlung vorgesehen hatte.

Die Tochter fand das Verhalten des Sohnes unerhört, meinte aber, zum Französischlernen reiche nunmehr die Zeit nicht mehr aus, der Sohn möge die ihm gestellte vierwöchige Frist nicht abwarten, sondern sich sofort mit seiner Karte beim Vizekonsul melden, um sein verbrieftes

Recht in Anspruch zu nehmen. Die Karte half dem Sohn, der sich sehr widerwillig fügte, zwar noch an nunmehr tausend angesammelten Juden vorbei zum Einlaß in das Generalkonsulat, nicht aber zum weiteren Aufenthalt in demselben. Sie wurde ihm nämlich seitens des um die Hoheitsrechte Frankreichs besorgten Vizekonsuls alsbald aus der Hand gerissen und landete im Papierkorb, so daß der Sohn das Visum am Sankt Niemandstage erhalten würde, sollte er es auf geradem Wege anstreben. Dabei tröstete es den endgültig Abgewiesenen und seines Empfehlungsschreiben Beraubten wenig, daß sein monarchisch gesinnter Vetter, der Generalmajor, aus politischer Haft entlassen, soeben den Sichtvermerk für seinen Sohn behob, wohl nicht mit der Empfehlung eines französischen Ministers, aber vielleicht mit der seines Herrn und Meisters, des Erzherzogs und verhinderten Anwärter auf den Thron Österreichs.

Nach diesem nicht ganz geglückten Rettungsversuch der Tochter überhäufte diese den Sohn mit Vorwürfen, daß er sich habe die Karte entwinden lassen, ohne sich vorher mit dem Generalkonsul in Verbindung zu setzen, mit dem er allerdings nicht hätte sprechen können, weil derselbe nicht das Deutsche und er nicht Französisch verstand. Immerhin wußte der Schwiegersohn des Friseurs der Tochter sofort einen Ausweg. Er erschien bei dieser und erklärte sich bereit, als Mitglied der Gestapo mit dem Vizekonsul zu verhandeln, der um fünfzehnhundert Mark das Stück und nicht erst in vier Wochen Visa an Juden vergebe. Es sei dieser Mann ein verkrachter Baron, dessen Schulden ihn auf solche Einnahmequelle verwiesen, die im übrigen auch seiner Gesinnung entspreche. Ansonsten kämen alsbald deutsche Pässe in Verwendung, in die man für Juden ein »J« eindrücken werde, weil solches helvetischerseits verlangt werde. Er sei aber jederzeit bereit, gegen entsprechende Bezahlung dem Sohn ausnahmsweise einen Arierpaß zu verschaffen, in den sich dieser allerdings bei nicht zeitgerechter Abreise vorerst das »J« werde eindrucken lassen müssen. Der Sohn hielt sich die Möglichkeit, einen solchen Paß zu beanspruchen, offen, lehnte aber jede Verbindung mit dem Vizekonsul ab, weil er nicht für das zahlen wolle, worauf er umsonst Anspruch habe. Allerdings war ihm nun klargeworden, warum ihm der Minister geraten hatte, sich nicht bei dem Vizekonsul, sondern beim Generalkonsul einzufinden.

In der Folge stieß die Tochter bei dem Sohn auf beharrliche Weigerung, überhaupt außer Landes zu gehen. Er hatte sich plötzlich wieder in den Kopf gesetzt, abzuwarten, ob Hitler im September oder Oktober die Sudeten verlangen und dann gestürzt werden würde, wie es der Minister vorausgesagt hatte, der doch mit seiner Einschätzung des Vizekonsuls offenbar das Richtige getroffen hatte. Als aber der Herbst kam und mit ihm Hitlers Forderung nach den erwähnten Gebieten und sowohl der französische als auch der britische Regierungsleiter dem Führer alles bewilligten, was er wollte, während sie doch angeblich wußten, daß er gar nicht gerüstet sei, um Krieg zu führen, und sich ungeachtet dessen mit ihm auch noch als Friedensretter photographieren ließen, da wurde es dem Sohn allmählich klar, daß auch der Botschafter Frankreichs, der übrigens ausgewechselt wurde, nur einen Teil der Wahrheit wußte und daß man vielleicht in Britannien und dem in dessen Schlepptau segelnden Gallien sogar wollte, daß der Führer sich rüste, allerdings aus der hohlen Hoffnung in ihren geistigen Veranschlagungen Beschränkter, daß sich seine Macht nur auf die ihnen gerecht erscheinenden Ziele beschränken ließe.

Inzwischen waren von den Juden Bogen auszufüllen gewesen, die offenbar eine spätere Abgabe vorbereiten halfen, für die der Anlaß vielleicht erst zu suchen oder zu bewirken war, die aber wahrscheinlich bald bevorstand. Die Zahl der Ausreisebewilligungen erhöhte sich von Tag zu Tag, und mit diesen stiegen auch die Kosten, die für die Visa verlangt wurden, wenn man von den üblichen Förmlichkeiten absah. Der Sohn ließ sich schließlich doch von der Tochter bewegen, mit ihr den Gang durch die Konsulate anzutreten. Dabei stellte sich heraus, daß es noch am preisgünstigsten war, den mexikanischen Sichtvermerk zu ergattern, der für neunhundert Reichsmark zu haben war, die Möglichkeit, von dort aus nach den Vereinigten Staaten zu gelangen, inbegriffen. Bevor sich der Sohn aber die Sache überlegt, war nur mehr das Visum für die Negerrepublik Liberia billig zu bekommen. Das kostete sogar bloß zweihundertfünfzig Mark und wurde in den neuen Paß, welchen der Friseurschwiegersohn und Gestapovertrauensmann dem Sohn verschafft hatte, eingedruckt. Allerdings saß zu dieser Zeit, wie sich freilich erst später herausstellte, der jüdische Honorarkonsul des Negerstaates in Haft, während den Sichtvermerk ein Mann mit Hakenkreuzbinde anbrachte, der sich des Büros und der Stampiglien des abgesetzten und eingekerkerten Juden bemächtigt hatte.

Der Versuch, mit solchem Sichtvermerk nach Frankreich zu gelangen, scheiterte alsbald, zumal sich der Sohn als Drängler und Nichtzahler beim französischen Vizekonsulat schon hinreichend verdächtig gemacht hatte. Man verweigerte ihm auch das Durchreisevisum, obwohl der Abgangshafen in Frankreich lag. Wahrscheinlich nahm man an, daß er, mit diesem Sichtvermerk versehen, im Hafenlande verbleiben würde.

Nur Jugoslawien versprach dem Sohn auf seinen Paß hin einen Sichtvermerk für drei Monate. Als derselbe sich aber von furchtsamen Emigranten selber in Angst versetzen ließ und den seitens der biederen Eidgenossenschaft veranlaßten Judenstempel freiwillig in seinen sogenannten Arierpaß eintragen ließ, erklärte das jugoslawische Amt, es könne ihm nur ein kurzes Durchreisevisum von dort nach dem französischen Hafen Boulogne geben, er möge weitersehen, wie er in Jugoslawien sodann zu dem französischen Sichtvermerk komme, wenn er ihn nicht schon hier erhalte.

Den Entschluß des Sohnes, nach Jugoslawien zu gehen, nahm die Mutter schweigend auf. Daß sie dessen Wahl vorausgesehen hatte, sagte sie nicht mehr, ja es schien, als finde sie sich mit dem Gedanken ab, daß der Sohn ohne sie reise, und vertraue auf das ehrenwörtliche Versprechen, das der nazistische Vizebürgermeister gegeben hatte.

Da aber noch das Geld für die Schiffskarte benötigt wurde und ohne diese die Jugoslawen nicht einmal geneigt waren, die Durchreise zu genehmigen, des ferneren der Albanerdeutsche wieder das Haus beschlich, als erwarte er, neuerdings dessen Verwaltung an sich zu reißen, da weiters ein Kellner sich um die Restwohnung von Sohn und Mutter bewarb, der kürzlich eine Glasertochter geheiratet hatte, und beide Bewerber auf gute Parteizugehörigkeit verweisen konnten, glaubte die Tochter neuerdings, sich der Hilfe eines nazistischen Rechtswahrers versichern zu sollen, der sich gerade gegenüber der Oper in den früheren Büroräumen eines jüdischen Kollegen installiert hatte. Dieser Mann versprach sowohl die Verjagung des Albaners als auch die Zurückstellung der Nazibrautleute zugunsten der Mutter und wollte überdies die Honorarforderungen des Sohnes zur Geltendmachung übernehmen, nachdem er sich all das gehörig bevorschussen ließ. Wie sich daraufhin aber ergab, hatte der Albaner ohnehin keine Aussichten mehr, die Verwaltung des Hauses zu bekommen, um dessen künftigen Besitz eine gewisse Uneinigkeit zwischen dem Baumeister, der schon im Hause wohnte, und dem meineidigen

Markengauner, der bloß gegenüber logierte, bestand. Von den Forderungen des Sohnes machte der NS-Rechtsverwahrer nur jene gegen den jüdischen Antiquitätenhändler geltend, der dem Sohne zwar nichts bezahlt, dessen auf seinen Auftrag delogierter Hausbesorger ihm aber durch seitliches Augenboxen entfertigt zu haben glaubte. Den von ihm eingetriebenen Betrag behielt der Rechtswahrer auf Expensen. Des NS-Kellners und der NS-Glasertochter nahm sich der NS-Bürgermeister an, so daß der Wohnungswerber bei seiner weiteren Vorsprache im Hause gegenüber Mutter und Sohn einen Einweisungsschein des Stadtobersten vorzeigen konnte, welcher gleichzeitig die sofortige Räumung der Restwohnung durch Mutter und Sohn anordnete.

Sohn und Mutter nahmen den Befehl zunächst nicht zur Kenntnis, der Sohn erklärte vielmehr, daß er selber die Sache mit dem Bürgermeister besprechen wolle. Die Tochter, welche alsbald herbeigerufen und eingeweiht wurde, schloß sich ihrem zornigen Bruder sofort an, nicht weil sie es sich zutraute, seine Erregung zu dämpfen, wohl aber weil sie hoffte, das Stadtoberhaupt durch ihr gutes Aussehen von spontanen Reaktionen abzuhalten, die das Auftreten des Bruders vielleicht zur Folge haben könnte. Dieser betrat das Amt und verlangte sofort den Bürgermeister zu sprechen, und als ihn derselbe tatsächlich empfing, trug er ihm auch gleich seine Forderungen vor, die er mit erstens, zweitens und drittens bezifferte, und zwar verlangte er die Abnahme des Einweisungsscheines, die Verhinderung der Räumung und die Bestätigung der dauernden Zusicherung der Wohnung, die der Stellvertreter des nunmehr Aufgesuchten ehrenwörtlich abgegeben hatte.

Den Bürgermeister machte das Erstens, Zweitens und Drittens ziemlich erregt, auch daß sich der Sohn gesetzt hatte, obwohl nur der Tochter ein Sitz angeboten worden war. Er konnte aber deren strahlende Schönheit nicht übersehen, während er nach Kräften den Ärger über den Sohn dämpfte, dem es überhaupt nicht zustehe, noch als Fordernder bei einem Amte zu erscheinen. Weil ihm aber das Ehrenwort des Vizebürgermeisters vorgehalten worden war, fühlte er sich doch veranlaßt, den Sohn zu fragen, in welcher Eigenschaft ihm dieses Ehrenwort nach seiner Ansicht gegeben wurde. Der Sohn meinte antworten zu müssen: »... als von Ihrem Stellvertreter.« »Stellvertreter worin?« versetzte der durchaus nicht in Verlegenheit gebrachte Amtsgewaltige. »Als Bürgermeister«, erklärte der Sohn. »Und als Parteimann kann er es natürlich nicht halten«, versetzte der Stadtführer und hoffte, die Angelegenheit damit erledigt zu haben. Aber der Sohn hielt noch den Zusatz für angebracht: »Ich wußte nicht, daß ein nationalsozialistisches Ehrenwort zwei verschiedene Seiten hat.« Nun aber war es an der Tochter einzugreifen, und sie zog den Sohn mit sich fort und übersiedelte ihn schnell samt der Mutter und den in aller Eile in Koffern verstauten nötigen Sachen in ihre Wohnung. Sie war nämlich der Meinung, daß der Mitteilungsempfänger in spätestens einer halben Stunde die Worte des Sohnes begreifen und wenige Minuten darauf dessen Festnahme veranlassen würde, wenn dieser sich dann noch in seinem Machtbereich befände. Wien aber lag vorläufig außerhalb desselben.

Am Morgen des nächsten Tages nahm ein Zeitungsverkäufer vor dem Hause Aufstellung, in dem die Tochter mitten im Botschafterviertel hauste, obwohl dort niemals Personen auf der Straße Journale zu kaufen pflegten und die nächste Trafik, die Zeitungen führte, gerade an der Ecke gegenüber lag. Dieser Mann verschwand übrigens am Tage der Abreise des Sohnes.

Am dritten Tage aber begegneten Sohn und Tochter bei ihrem Ausgange dem Justizminister, der, von zwei Herren flankiert, gerade über die Straße kam. Schon der Erzeuger dieses, allerdings nationalen Mannes war mit dem Vater des Sohnes befreundet gewesen, der auch den später zum Staatsmann entwickelten Knaben des öfteren auf seinen Knien geschaukelt hatte. Der Sohn hinwiederum kannte denselben ebenfalls seit dessen Aufstieg von mittleren Posten, soweit dieser sich in seiner Sichtweite ereignete. Der Zeitungsverkäufer mußte den Minister in der in dessen Titel enthaltener Eigenschaft wahrgenommen haben, denn er stand sofort stramm. Der hohe Herr blickte den Zeitungsverkäufer nicht an, sah aber dem Sohn gerade ins Gesicht und zog sogar vor ihm den Hut, so daß die beiden andern Herren mitgrüßten. Erst jetzt grüßte der Sohn zurück. Der Zeitungsverkäufer erblickte dies mit Befremden. An eine Festnahme des Sohnes in Wien und noch dazu in der Wohnung einer als Nichtjüdin geltenden Ausländerin, nämlich der Tochter, auf Veranlassung des Parteivorstehers und Bürgermeisters eines Vororts war daher im Augenblick nicht zu denken.

Während sich nun der Sohn in vorübergehender Sicherheit wiegte, stand es mit den Angelegenheiten der Mutter wesentlich anders. Diese hatte ihre Fahrnisse, sobald der Sohn fort war, aus der ihr ehrenwörtlich verbürgten Restwohnung in die feuchte ehemalige Kanzlei des Baumeisters zu transportieren, um dem zu Herrenmenschen aufgestiegenen Glaser- und Kellnerpaar das zu übergeben, was der unwürdige Großneffe eines noch würdig gewesenen Großonkels in seiner Eigenschaft als Parteimann, wenn schon nicht Bürgermeister, den von ihm Begünstigten auf Kosten einer Judenmutter einzuräumen beschlossen hatte. Für diese Aufgabe stand ihr auch das Dienstmädchen nicht mehr als Helferin zur Verfügung, welches nach den Ergebnissen der Rückkehr des Sohnes Knall auf Fall hatte gekündigt werden müssen und die vorläufige Aufnahme von Mutter und

Sohn in die Tochterwohnung nicht mehr mitgemacht hatte. Ihr Scheiden war allerdings unter Tränen geschehen. Diese dankbaren Zähren, welche die Zeit übrigens rasch trocknen würde, halfen der Mutter, die bereits wie ein Schatten aussah, bei ihrer dritten Übersiedlung, mit der ihr Abstieg beginnen sollte, nicht im mindesten. Wenn auch der Räumungstermin diesmal nicht unmittelbar bevorstand, war doch mit dessen Vorverlegung jederzeit zu rechnen, nicht aber damit, daß der Sohn, falls er dann noch hier wäre, seine Mutter bei dessen Wahrnehmung würde hilfreich unterstützen können.

Die Gefahr einer Anpöbelung auf den Straßen Wiens lag für Sohn und Mutter derzeit noch nicht in der Luft. Sie stammten zwar beide aus dieser Stadt, waren aber hier in Vergessenheit geraten, als sie sich in einen Vorort zurückgezogen hatten. Der Sohn blieb den Behörden zwar noch bekannt, doch diese amtierten untertags, überwachten zwar bereits Ausschreitungen, nahmen aber an solchen ansonsten noch nicht persönlich teil. Das bedeutete für die Familie eine Spanne des Atemholens. Dazu wies der Sohn nicht unbedingt solche Züge auf, die ihn gleich beim ersten Blick einwandfrei als Juden kennzeichneten und die Mutter stellte ihrerseits das Schattenbild einer königlichen Leidtragenden dar. Die Tochter schließlich überstrahlte die an den Litfaßsäulen befestigten Frauenbilder, deren eines im übrigen ihren Körper zeigte, den bei ihrem einzigen Besuch in einem Freibade ein unbefugter Reklamemaler ohne die gesetzlich erforderliche Einwilligung abgebildet hatte. Er wagte nicht, auch ihr Gesicht darzustellen, welches in Galerien durch Konterfei seitens modernster bis liniengetreuer Farbenkünstler ausgestellt zu sehen war. War nun schon die Gefahr der Anrempelung in der Stadt der Lieder für Sohn und Mutter gering, für die Tochter überhaupt auszuschließen, so war es doch nicht ratsam, sich in Parkanlagen,

Theatern, Kinos selbdritt blicken zu lassen, man konnte, wenn schon nicht aufgrund der Mienen, so doch auf Basis der gewechselten Worte Anstände haben. Auch die Gaststätten begannen sich bereits weitgehend dem neuen Regime anzupassen, was sie in Berlin offensichtlich noch nicht überall getan hatten. Aber der echte Wiener hat eine gewisse Neigung zum Kriechtier niemals ganz verleugnen können. Während nun der Pseudonobelbetrieb eines wohlhabenden, windgerecht reagierenden Wirtes auf die Außentüre seines Lokales die Worte schrieb: »Für Hunde und Juden verboten«, bestand in der Innenstadt noch immer ein anderes vornehm-ruhiges Haus, das außen einen grünen Anker zeigte und die Judenhatz nicht mitmachte. Hier konnte die Familie die letzte gemeinsame Mahlzeit einnehmen, bevor der Sohn den Weg in eine vorläufig noch unsichere und ihm von einigen an seinem sofortigen Untergang Interessierten auch mißgönnte Verbannung mit einem staatlich zugelassenen Reisegeld von dreißig Reichsmark antrat.

An diesem Abend war die Mutter sehr schweigsam, und der Sohn war es auch. Die Tochter dagegen plauderte gegen sonstige Gepflogenheit, indem sie noch dazu Versprechungen abgab, die sie niemals würde halten können. So sagte sie unter anderem, sie würde die Mutter in das Land bringen, in dem ihr Gatte seine Heimat hatte und in das sie daher selbst zurückzureisen gedachte. Aber abgesehen davon, daß sie schon für sich einen Stempel in ihrem Paß vermißte, dessen Erlangung mit größeren Schwierigkeiten verbunden sein würde, so daß sie sich keine zusätzliche Verbindlichkeit für eine dritte Person aufladen konnte, war das Verbleiben der Mutter mit dem Behalten des Hauses wenigstens nach den öffentlichen Büchern identisch. Nun hätte die zwangsweise Verankerte wohl gern ihre Anker gelichtet, um dem Sohn zu folgen. Für eine Reise mit der Stieftochter in ein Land, das ihre Sympathien nicht hatte und nach allgemeiner Erwartung, wenn auch nicht der weichhirniger alliierter Politiker, spätestens das übernächste Opfer Hitlers in seinem Kampf gegen den Friedenswillen eines verdienten früheren britischen Postbeamten und dessen französischen Rockschoßhalters werden mußte, konnte sie sich hingegen weniger erwärmen. Der Sohn aber hatte sich selbst vorläufig die Möglichkeit genommen, die Mutter mitkommen zu lassen. Besaß er doch nur ein fragwürdiges Visum für einen fragwürdigen Staat am afrikanischen Äquator und mit diesem den Durchreisesichtvermerk durch Jugoslawien. Jugoslawien aber war ein Land, in das die Mutter wohl kaum gehen gewollt oder gekonnt hätte. Denn dort befürchtete sie auch, daß der Sohn ehebrecherische Beziehungen fortsetzte, die sie selbst für den Eintritt des Falles mit ihrem vorzeitigen Ableben in Verbindung setzte.

Auf dem Bahnhof, von dem die Abreise stattfinden würde, stand wiederum ein Schlafwagen für den Sohn bereit, wie sich ein solcher gelegentlich der Fahrt nach und von Berlin bestens bewährt hatte. Im übrigen hatte die Tochter diesmal den Schlafwagenkontrolleur bestochen, daß er die Paß- und Zollkontrolle entsprechend mäßigend beeinflusse, ging es doch jetzt außerhalb des Reichsgebietes. Nun war auf dem Bahnhof als einziger fremder Abschiednehmer der junge und sonst scheue Berufskollege eingelangt, der den Augenboxer gefürchtet, den Vertrag mit der Militärbehörde aber verfaßt und den Sohn schon einmal beim Treiben um die Felsen hatte retten können. Ansonsten wurden die üblichen Schweigeminuten eingehalten, wie sie bei einem Trauergedenken hiezulande vorgesehen sind. Der Freund und Berufskollege, der wenig gesprächig war, suchte immerhin der allgemeinen Niedergeschlagenheit einige heitere Momente beizumengen, als ob es sich nicht um ein Begräbnis handle oder doch selbst bei Endgültigkeit die

Trauergäste, wie auf dem Lande üblich, entsprechend zu laben und zu bezechen seien. Dies begünstigte allerdings bloß die vollständige Zurückhaltung der Mutter, während die Tochter ohnehin für gewöhnlich eine fröhlichere Veranlagung zeigte, der Sohn schließlich vollständig schwieg, sei es aus Schuldbewußtsein oder auch, weil er schon mit der Überwindung dieser Zwischenzeit beschäftigt war. Der wahrhaft gute Freund trug noch auf seinem Rücken den schwersten, mit Büchern angefüllten Koffer des Sohnes zum Gepäckwagen, als sich kein Träger fand, der dies besorgt haben würde. Das leichtere Gepäck nahm der Kontrolleur in Empfang. Während die mit der aufgegebenen und mitgenommenen Bagage Beschäftigten abwesend waren, umarmte die Mutter, einer plötzlichen Eingebung folgend, kurzfristig den Sohn, während die Tochter wegsah. Dabei erklärte ihm erstere ungeachtet bisheriger Beherrschung, daß sie ihn kaum je wiedersehen werde. Der Sohn ahnte zwar, daß sie die Wahrheit sprach, widersetzte sich aber dem ungewohnten Kuß, als wäre er durch diesen in seiner Männlichkeit verletzt. Daß er an dem Schicksal der von ihm Zurückgelassenen irgendeinen Anteil nehme, dafür fand sich kein Zeichen in seinen Gebärden und Mienen, geschweige denn, daß er ein solches Mitgefühl selbst durch Worte geoffenbart oder auch nur vorgetäuscht hätte. Selbst das Passieren der Staatsgrenze verhalf ihm nicht aus seinem friedlichen Schlaf, sei es, daß er wirklich in diesen verfallen war oder ein solches Verfallensein nur heuchelte. Jedenfalls hielt der durch reichliche Geldgeschenke verläßlich gewordene Kontrolleur die Gepäckdurchsucher von ihm ab und wies den ihm überlassenen Reisepaß auch nur ein wenig geöffnet vor, indem er mit dem Kopf auf den absichtslos oder entschlossen Schlafenden deutete. Dieses Deuten genügte offenbar, denn man schrieb erst den 26. Oktober 1938, und es war der Slogan »Juda verrecke«

noch für wenige Tage von niederen Amtsträgern als »Juda verreise« mißverstanden worden, obwohl die Obrigkeit mit äußerster Deutlichkeit erklärte, daß diese Unterstellung nicht gemeint sei, und außerdem durch Zubilligung von nur dreißig Mark Reisegeld die Bestimmungsländer wissentlich und willentlich abschreckte, Juden in Empfang zu nehmen. Auch der Sohn hatte sich streng an diese Regel gehalten, doch hatte die Tochter auf dem Wege über eine Jugoslawin jenen Betrag, allerdings bei doppelter Überzahlung, an den von ihm angestrebten Aufenthaltsort geschafft, der einem Paßinhaber ohne eingedrucktes »J« (welcher der Sohn zwar ursprünglich war, durch eigene Schuld aber zu sein aufgehört hatte) auf alle Fälle zugestanden werden müßte. Allerdings schien es unsicher, daß er seinen Bestimmungshafen überhaupt erreichen würde. Denn sobald der Zug in Zagreb ankam, weckte ihn der gütige Schlafwagenkontrolleur doch, denn es mußte der Wagen gewechselt werden und es stand eine jugoslawische Kontrolle bevor, auf welche einzuwirken dem Wecker entweder nicht möglich oder durch das Trinkgeld nicht mehr abgedeckt war.

Alsbald erschien ein rot angelaufener uniformierter Wicht, nahm den Paß des Sohnes in Beschlag und erklärte dem nunmehr Paßlosen, daß Männer, Frauen und Kinder mit im Papiere gedruckten »J« in Agram, das ist Zagreb, konfiniert seien, wo über ihr weiteres Schicksal befunden würde. Der Sohn aber sträubte sich mit ungewöhnlicher Heftigkeit gegen jeden weiteren Eingriff in sein künftiges Dasein, sei es, daß er über sich selbst von nun an nur aus eigener Machtvollkommenheit zu entscheiden gedachte, sei es, daß er unter allen Umständen das von ihm avisierte Reiseziel erreichen wollte. Er herrschte deshalb den Uniformierten barsch an, und wie dieser sich nicht beeindrucken ließ, sei es, weil er nichts von dem Gesagten verstand, oder weil er blind seiner Order gehorchte, wurde der Paß nicht zurückgegeben, doch lief der Sohn auch ohne denselben dem bereits in Richtung Split ausfahrenden Zuge mit seinem Handgepäck nach, bis er es einem freundlichen Helfer im Zuge zuwerfen konnte und dann selbst in den Wagen sprang, der noch ein mäßiges Tempo vorlegte. So wurde er von dem polizeilichen Eiferer nicht erreicht, wiewohl dieser trotz Eigenfett zuletzt zu rennen begann, als ob es um sein Leben ginge und nicht bloß um das des Sohnes, dessen Paß er als Sinnbild des Entwichenen in Verhaft behielt.

Immerhin mußte es dem rotköpfigen Schergen nicht dafürgestanden haben oder vielleicht nicht möglich gewesen sein, letzteres vielleicht aufgrund von Kompetenzbegrenzungen, den Sohn an seiner Weiterfahrt zu hindern, indem er den Zug irgendwo stoppen oder auch an einer schon vorgesehenen Station nach dem Sohne durchsuchen ließ. Dieser blieb jedenfalls unbehelligt, seine Fahrt verlief plangemäß. Und als der Wagen mit ihm in der Endstation einlief, warteten dort bereits der glatzköpfige Facharzt und die blonde Ringerin herzlich auf den Flüchtigen. Sodann wurde er durch ein Gewirr von Stufen und dunklen Hohlwegen innerhalb von Diokletians verbliebenen Ummauerungen zu seiner künftigen Behausung geführt, in welcher er während seiner Duldung im Lande verbleiben sollte. Der große Koffer, der seine hundert Kilo wog, aber trotzdem von seinem scheuen Freunde allein auf dessen Rücken zum Waggon getragen worden war, befand sich noch unbeanstandet im Zug und wurde ohne Paßvorzeigung zwei behäbigen Männern ausgefolgt, welche ihn mühsam weiterschafften. Aber wie verwunderlich es auch war, daß das große Gepäck trotz Anhaltung des Sohnes in Zagreb überhaupt mitgekommen war und ihm nun ohne Formalitäten übergeben werden konnte, so war es doch noch erstaunlicher, wieviel die beiden Männer von ihm für den Gepäcktransport einzunehmen gedachten, wo er doch nur mit dreißig Mark ausgestattet war, zu welchem Betrag bei richtiger Überweisung später noch höchstens deren dreihundert hinzukommen konnten. Doch hier sprang der Facharzt vorläufig in die Bresche, der die örtlichen Taxen bereits kannte, während sie der Sohn trotz früheren Reisen ins Land nicht mehr im Gedächtnis hatte.

So langte man in dem altertümlichen Hause ein, das noch aus frührömischer Kaiser Zeiten hätte stammen können und wo der Sohn in einem stattlichen Zimmer mit anschließendem Gepäckdepot und großem Bett inmitten des Hauptraumes untergebracht war. Da sich beim Auspacken ein Instrument, nämlich ein elektrischer Thermophor als im Kissen beschädigt erwies, erklärte der Facharzt nach Besichtigung des molligen, etwa sechzehnjährigen Stubenmädchens das Verdorbene der Heizanlage sogleich richten zu wollen, und entfernte sich zu diesem Zwecke in die Küche, nachdem er festgestellt hatte, daß dort niemand war, nicht ohne sich des Mitkommens der bei der Reparatur offenbar benötigten Hausmagd versichert zu haben. Inzwischen waren seine Frau und der Sohn mit Auspacken beschäftigt, wobei sich gelegentlich die Haare der beiden Tätigen berührten, aber kein weiterer Schaden durch intimere Annäherung entstand. Als aber die langwierige Arbeit der Kofferentnahme und des Einräumens der dem Sohn kurzfristig geretteten Siebensachen beendet war, standen er und die Facharztensgattin einander gegenüber, nur das offene Bett zwischen sich. Nunmehr setzte die Wartende dem Zögernden auseinander, daß sie einen älteren Gatten unter anderem deshalb genommen habe, weil sie geglaubt habe, gegebenenfalls besser auf dessen Treue bauen zu können. Dieser aber habe sie in solchen Belangen bereits in Österreich gröblich und mehrmals enttäuscht, hier aber halte er es mit jeder Magd. Sie ihrerseits sei zur Treue so lange verpflichtet gewesen, bis sie gewußt hätte, wie es um ihn bestellt sei. Nun sei es wiederum so wie schon damals. Der Sohn nahm diese Eröffnung mit Beunruhigung statt mit Genugtuung zur Kenntnis. Denn wirklich mußte der Thermophor längst gerichtet sein oder sich zum mindesten als irreparabel erwiesen haben. Auch war zwischen ihm und der von ihm begehrten Frau kein anderes Hindernis als ein offenes Bett, und ein solches wird gemeinhin bei Vorliegen beiderseitigen Einverständnisses nicht als hemmend empfunden. Dazu kam, daß, wie der Sohn gleich bei der Ankunft festgestellt hatte, das Herannahen eines derzeit nicht beteiligten Dritten durch Knarren des dürren Holzbodens schon lange vorher wahrzunehmen gewesen wäre und auch das im Vorraum aufgeschichtete Gepäck eine etwaige Störung hinauszögerte und die Sicht auf das Bett bei verfrühter Überraschung vorweg ausschloß.

Aber wiewohl der Sohn sich schon längst in jenem Zustand befand, der es ermöglichte, sich einer Frau auf natürliche Art zu bemächtigen, und obgleich auch die blonde Ringerin in Worten, Gesten, ja geradezu mit dem Ausdruck ihres Körpers und ihrer Mienen äußerste Bereitschaft unzweideutig zum Ausdruck brachte, kam es zwischen beiden nicht zum sogenannten Sündenfalle. Anscheinend fürchtete der Sohn aus Aberglauben um die Rettung seiner Mutter, welche er doch, ohne auf irgendeine Weise für ihre Erhaltung vorzusorgen und ohne einschlägige Reue dem Zugriff seiner Feinde sowie dem sonstiger blut- und beutegieriger Parteistellen überlassen hatte. Es war also offenbar nicht die Wirklichkeit, mit der er rechnete, sondern lediglich das Wunder, auf das er durch symbolische Entsagung ein Recht behaupten wollte, obwohl er es durch tatsächliche Unterlassung und wissentliche Preisgabe längst verwirkt hatte, es sei denn, er würde durch nachträgliche, noch rechtzeitige und erfolgreiche Bemühungen sein Verbrechen um dessen für die Mutter tödliche Folgen mildern, wenn auch nicht vollends sühnen können. Indessen kamen ihm weitere Gedanken als die des notwendigen Verzichts aus mystischen Gründen damals nicht, und dieser Verzicht bezog sich nur auf etwas, was von ihm erwartet wurde und was er selber zu tun ansonsten geneigt und wohl imstande gewesen wäre. So stieg auf dem leeren Bett zwischen den Liebenden eine gespenstische Kälte auf, die sich immer mehr verstärkte, je länger der Zustand der Begierde beiderseits unbefriedigt andauerte und je ausgiebiger die Reparatur des Wärmekissens in Gegenwart der drallen, aber bloß sechzehnjährigen Hausgehilfin durch den Gatten und Facharzt vonstatten ging.

Als nun nach anscheinend sehr langer Zeit, jedenfalls nach einem ausreichenden Zwischenraum, um den außen Verbliebenen ein hier innen nicht vollzogenes Vergnügen mehrmals ermöglicht zu haben, der Facharzt und das Mädchen mit den üblichen Augenumrandungen wieder zum Vorschein kamen, war allerdings der Thermophor durchaus in Ordnung. Über die Art, wie die Verbesserung erfolgt und ob eine solche überhaupt durchzuführen war, weil dem Wärmekissen möglicherweise nur eine Umstellung auf die herrschende Voltstärke fehlte, wurde Aufklärung nicht gegeben. Dagegen erkundigte sich der Arzt wohlwollend und belustigt vor dem unberührten Bett, ob sich Frau und Freund inzwischen gut unterhalten hätten. Diese Frage wurde allerdings von dem tadellos verbliebenen Leintuch und den nicht zerdrückten Decken beantwortet.

Wie nun Gatte und Blondine gingen, ersterer befriedigt, letztere enttäuscht, hielt es den Sohn auch nicht mehr in seinem vorübergehenden Heim. Und obwohl er kein vorgeschriebenes Ausweispapier besaß, rannte er auffällig auf den kleinen Platz hinaus, als ob er von diesem aus irgendwohin zu gelangen hoffte, sei es zu jener Person, bei der er die dreihundert Mark beheben konnte, sei es zu einem der Honoratioren der Stadt, an die ihn seine Schwester empfohlen hatte, falls er bei den Behörden etwas brauche. Und er benötigte sowohl Geld als Paß, denn jemand ohne beides kann im Ausland kaum auf behördliches Entgegenkommen rechnen. Trotzdem ist es auch denkbar, daß er sich damals weder Geld noch Paß ernstlich verschaffen, sondern nur dem Gedanken an Facharzt und Gattin entgehen wollte, vielleicht auch dem an seine Mutter und überhaupt an alles, was ihn noch an sein Zuhause erinnerte.

Auf dieser Suche nach dem rettenden Halm oder dem Nichts traf er am äußersten Rand des nicht sehr tiefen Hafens, in den Überseeschiffe gar nicht einfahren konnten, eine junge bebrillte Frau, die in das Wasser starrte, als ob es zu ihr oder sie zu ihm gehöre. Sowie sie aber eine unvermutete Wendung machte, vielleicht um festzustellen, ob jemand sie beobachte, blickte er in ein so häßliches Gesicht, daß noch die Brille für dieses eine Verschönerung bedeutete. Da auch der Körper und die Beine nichts zu einer ästhetischen Versöhnung beitrugen, sah er vor sich den in diesem Lande seltenen Fall vollendeter medusenhafter Häßlichkeit. Dabei trug das an sich abstoßende Gesicht auch noch den Ausdruck komischer Verzweiflung. Augenscheinlich hatte dieses Geschöpf kein Glück in der Liebe oder auch sonst keines, und es teilte dieses Pech mit dem Antlitz alles das an ihr, was zu dessen Unterbauung aufgewendet wurde und wenigstens durch Kontrast von demselben hätte ablenken können.

Aber wie dem auch war, sobald der Sohn zunächst seine paar Worte Französisch sprach, die er, als sie noch nützlich gewesen wären, für den Generalkonsul nicht aufbrachte, jetzt aber auszusprechen verstand, erhielt er in ebendieser Sprache eine hocherfreute Antwort. Ja, das Mädchen, wenn es eines war, was er vermutete, wandte sich von dem interessanten Meere ab und ihm zu, und es wußte auch gleich, wo die Dame wohnte, bei der er dreihundert Reichsmark zu holen vorhatte. Also begleitete es ihn ebendorthin, und das war nicht sehr weit, deshalb machte er dem Unding auf französisch einige Komplimente über dessen Sprachkenntnisse. Daraufhin begannen die Augen des mißbildeten Geschöpfs zu leuchten, aber es sagte nur so viel, daß man eben in seiner Familie kultiviert sei und viel Französisch spreche. Dann war man bereits bei der Dreihundertmarkdame angelangt. Diese, welche schon wesentlich besser aussah, empfing den Sohn besonders freundlich, entschuldigte sich allerdings, noch im Negligé zu sein und händigte ihm überdies den Gegenwert von vierhundert Reichsmark aus, das sei der Betrag, der ihm wirklich zukomme, und soviel sei auch erlaubt. Danach bot sie ihm, nachdem sie ihn zum Niedersetzen veranlaßt hatte, ein paar selbstgemachte Bäkkereien an. In weiterer Folge führte sie eine richtige deutsche Unterhaltung, die sogar über das Konventionelle hinausging und ihn überdies phonetisch, das ist nach dem Stimmenklang, an Gespräche mit der Facharztensgattin erinnerte. Danach hatte er genug, und obwohl er aufgefordert wurde, wiederzukommen, beschloß er, dies nicht zu tun, und verabschiedete sich, so rasch es ging, doch war nach seiner Uhr bereits eine halbe Stunde vergangen.

Auf der Straße aber, wenn die armselige Gasse diese Bezeichnung verdiente, wartete noch immer das häßliche Mädchen, und dessen Augenaufschlag, als es den Sohn, wie es sagte, so schnell wiedertraf, hatte einen gewissen spukartigen Zauber, so daß er ein Gespräch auf englisch einleitete, das er besser als Französisch sprach und das seine nunmehrige Begleiterin gleichfalls verstand, was ihn noch mehr verwunderte. Dieselbe aber meinte einfach, in gebildeten Familien hierzulande spreche man eben auch diese Sprache.

Es hätte nun vielleicht nahegelegen herauszufinden, ob das Ding auch Deutsch verstand, aber gerade das wollte der Sohn angeblich durchaus nicht, weil er eben seine Erinnerungen weitgehend auszuschalten gedachte, wahrscheinlich die an zu Hause, außerdem aber die an die Blondine und den Facharzt.

Immerhin setzte er dem Mädchen auseinander, daß sie noch einen längeren Weg hätten, nämlich den zu den Honoratioren, deren Protektion er in Anspruch nehmen wollte. Freilich verschwieg er seiner Begleiterin den besonderen Zweck des Besuches und begnügte sich damit, den Namen zu nennen. Da wurde das um seine Hilfe angesprochene Häuflein Elend besonders vergnügt, meinte, daß es sich um eine der allerangesehensten Familien handle, ihr Palast stehe allerdings ziemlich weit von hier in gänzlich anderer Gegend, doch würde sie ihm nichtsdestoweniger auch dorthin das Geleite geben.

Man stieg über Stufen, überquerte Gäßchen, die ihrerseits von anderen, höhergelegenen überbrückt wurden, ging an neumodischen Zubauten und der hageren Statue eines kroatischen Bischofs, gebildet von einem heimischen Künstler, vorbei, kam schließlich wieder auf den Kai, den man in entgegengesetzter Richtung durchmaß, bis man vor dem in venetianischem Stil erbauten Prachtgebäude anlangte, wo die aufzusuchenden Honoratioren hausen sollten.

Der Sohn verabschiedete sich dankschuldig von dem Mädchen, welches aber stehenblieb, wie wenn es beobachten wollte, ob man den Sohn hier ernstlich vorlassen werde. Dieser trat völlig formlos ein, überlegte aber doch wohl, bevor er die Marmorstufen erstieg, was er an Floskeln oben anbringen könnte.

Es empfing ihn ein äußerst würdiger Handelsherr von hohem Format und dessen ebenso stattliche, sichtlich ehrbare Gattin. Beide nahmen sich wie Renaissancefiguren aus, so daß sie vollends in das Haus paßten, aber auch zu den Bildern, die ihre eigenen Ahnen oder Vorbilder darstellen konnten, wenn sie nicht mit dem Palaste erstanden worden waren. Jedenfalls hatte zu der Zeit, aus der der Palast und möglicherweise auch die Originale dieser Bilder – falls diese selbst keine waren – stammten, die Handelschaft noch keinen üblen Beigeschmack. Und es schien, als sei diese Art von Kaufmannstätigkeit bei den Bewohnern des Hauses noch immer gegeben. Dazu machte man, wie zweifellos auch in Renaissancezeiten, im Palaste Politik. Gegenwärtig galt diese im wesentlichen der Bekämpfung des herrschenden Ministerpräsidenten Stojadinovic, der nicht nur ein Lakai Hitlers, sondern obendrein ein Feind der Kroaten sei. Einen Führer des erwähnten Volkes, den man morgen beerdige, habe allerdings bloß Krankheit, nicht Ermordung beseitigt. Nichtsdestoweniger werde der große Tote ein würdiges Begräbnis bekommen. Der Sohn, den man sofort als alten Freund betrachtete, wurde schon jetzt aufgefordert, auf der Ehrentribüne teilzunehmen. Danach wurde ein Imbiß aufgetragen, den er zuerst ablehnen wollte, dann aber im Hinblick darauf annahm, daß er bisher nicht einmal ein Frühstück, sondern nur etwas Gebäck zu sich genommen hatte.

Nach soviel Wohlwollen mußte sich zum Danke alsbald Unverschämtheit einstellen. Daher brachte der Sohn bereits seine Paßsache vor, die er wohl besser für später hätte aufheben sollen. Der alte Herr und die gleichaltrige Dame hörten ihn zwar ruhig an, antworteten aber zunächst nicht. Dann meinte der ehrenwerte Herr, sein Sohn könne vielleicht die Sache bei der Polizei in Ordnung bringen, dieser kenne dort verschiedene Leute, es seien allerdings Serben, und die habe er nicht gern, seine Schwiegertochter aber, welche aus Montenegro stamme, wo auch die serbische

Schrift geschrieben werde, man aber gänzlich anders denke, und die wirklich ein Prachtstück sei, gebe der Familie selbst bei der Behörde das auch sonst geschuldete Ansehen.

Sowie die als Prachtstück bezeichnete Schwiegertochter zum Erstaunen des Sohnes durch rühmendes Wort in der Vorstellung zu entstehen begann, wurde solche Verwunderung durch deren rasch nachfolgendes Erscheinen noch um einiges vermehrt. Zwar war dem Sohne von Kindheit an Czernagora als Zauberland geläufig, durch spätere Reisen dahin die Schönheit der Frauen aus eigener Anschauung bestätigt und somit von ihm verstanden worden, warum ein kleiner König eines großen Landes sich von ebendort die Gemahlin geholt hatte, doch übertraf die durch Lob Erhobene alle Vorstellung und jeden persönlichen Eindruck anderer Exemplare der von dem männlichen Bergvolk zu härtester Arbeit erniedrigten Frauenschaft. Die soeben in morgendlichem Faltengewand Erschienene hatte das Gesicht und die Haltung einer griechischen Göttin aus der vollendeten Form einer antiken Statue ergänzt und durch ihre Fleischwerdung nichts von ihrer Divinität eingebüßt. Selbst die durch das Kleid zugelassene Preisgabe eines beträchtlichen Teils ihres Aufbaus wirkte immer noch natürlich und von Hoheit getragen sowie von jener keinem Sittengesetz unterworfenen Ursprünglichkeit, mit der Beherrscherinnen des Himmels allein sich geben können, die den Menschen nur einmal erscheinen, um sie zu zerschmettern oder zu erhöhen.

So zumindest glaubte der Sohn diese Begegnung schildern oder bekennen zu sollen. Aber allein der Umstand, daß er seit eh und je für alles, was aus dem Land der Schwarzen Berge kam, eine an Begeisterung grenzende Liebe zeigte, die vielleicht auch auf die Verrufenheit und Tapferkeit seiner Bewohner und die bizarre Landschaft selbst zurückzuführen war, mag seinen Eindruck von der soeben erblickten Dame so übertrieben gestaltet haben. Dazu kam wahrscheinlich auch die Tatsache, daß ihn zu dem Hause, in dem er sie vorfand, ein Mädchen begleitet hatte, welches jedem Schönheitsideal diametral widersprach. Jedenfalls entfernte sich der Sohn erst nach Stunden unmittelbarer Anschauung, in denen er sich aufspielen wollte, aber nicht einmal etwas zur Entschuldigung seines Daseins hervorzubringen vermochte und doch eine Einladung zum Tee für den übernächsten Tag und eine solche zu einem Theaterbesuch für einen späteren Termin mitnahm, wobei er fast vergaß, daß er in der Zwischenzeit auf Veranlassung der älteren Herrschaften auch noch das Leichenbegängnis des großen kroatischen Führers mitmachen sollte.

Wie er aber, seiner nachträglichen Behauptung zufolge »beflügelt und von einem Lächeln getragen«, den Vorhimmel verließ, in dem er allerdings statt zu Nektar und Ambrosia nur zu Tee und Theater eingeladen war, und sich im übrigen bereits, allerdings verfrüht, allen Paß- und sonstigen Schwierigkeiten entzogen fühlte, fand er sich plötzlich dem häßlichen Mädchen gegenüber, das stundenlang auf ihn gewartet hatte, um das Glück seiner freundlichen Aufnahme im Palaste nach seinem Bericht mit ihm zu teilen oder gegebenenfalls bei kürzerer Wartezeit auch seinen Mißerfolg mitzutragen, oder ihm wenigstens den Heimweg zu zeigen, den er vielleicht aus eigenen Stücken nicht mehr wiedergefunden haben würde. Vor soviel Zuneigung eines Wesens, das er aus tiefstem Ärger angesprochen und das ihn aus unaufgeklärtem Mißverständnis oder auch nur aus dem Willen zu helfen bis hieher gebracht und auf ihn gewartet hatte, glaubte er insofern kapitulieren zu müssen, als er in einer unübersichtlichen Gasse nach dessen Brüsten griff, welche sich zwar nicht erschaubar, aber doch mit hinlänglicher Sicherheit unter der alptraumhaften Kleidung vermuten ließen. Und weil die Weibsperson dergleichen nicht übelzunehmen schien, ihn zumindest nicht abwehrte, suchte er ihr auch sonst noch, nämlich die unteren Regionen betreffend, nahe zu kommen.

Nunmehr aber erklärte die Angegangene in blendendem Englisch, daß sie mit einem Professor verheiratet sei und daher die Straße kein geeigneter Ort zu einer solchen Beleidigung ihres Ehegatten wäre, zumal man aus allen Fenstern vieles sehen könne, ohne selbst bemerkt zu werden. Nun wisse sie wohl in der Nähe eine junge Emigrantenfrau, die von ihrem Mann enttäuscht sei und gerade heute auch mit ihrem Liebhaber Ärger gehabt hätte. Mit dieser Frau stehe sie sehr gut. So könne immerhin die Möglichkeit eintreten, daß jetzt, bei offenbarer Abwesenheit des Gemahls der andern Dame, die viel hübscher als sie selber aussehe, ein intimes Treffen zu Dritt bei derselben zustande käme, bei welchem keiner von ihnen zu kurz kommen müsse. Ein solches Angebot war dem Sohn bisher noch nie gemacht worden. Trotzdem schien es ihm im Augenblick annehmbar, wenn auch nur als eine Art Vorspeise zu späteren Genüssen bei einer Göttin, die ihm doch wohl zuteil werden könnte. Die Emigrantenfrau könnte aber wohl nicht gut unhübscher sein als die, welche ihm großzügig in offenbarer Selbsterkenntnis der eigenen Häßlichkeit den Teilungsvorschlag gemacht hatte.

In einer ziemlich dunklen Gasse waren beide schließlich vor dem Hause angelangt, in welchem die Emigranten angeblich wohnten. Die Begleiterin ging diesmal voraus, um zu sehen, ob der Mann der Freundin ausgegangen sei. Dies stellte sie anscheinend sofort fest. Denn bevor sie ihren Plan noch mit der Aufzusuchenden besprochen haben konnte, winkte sie dem Sohn bereits, ihr zu folgen. Sobald derselbe eintrat, fand er nächst dem Türrahmen die Gattin des Facharztes vor. An ein Zurückweichen durfte er nicht mehr denken, aber wohl auch nicht an die Ausführung des

Planes, den die Professorenfrau ihm kundgetan hatte. Es blieb ihm lediglich übrig, zu bekennen, daß ihn die Facharztensfrau und der legitime Anwärter auf diese heute vor anbrechendem Morgen vom Bahnhof geholt hätten, daß er sich freue, nun deren Wohnsitz zu kennen, aber ein anderes Mal wiederkommen wolle, wenn er auch den sogenannten männlichen Teil der Familie antreffen werde. Bedauerlicherweise für ihn, wie auch vielleicht für die anderen, kam dieser andre alsbald, so daß die Begegnung sofort ganz konventionell wurde. Dabei zeigte sich, daß die Professorsfrau auch Deutsch sprach und verstand, denn die nachfolgende, wenn auch kurze Unterredung wurde nur mehr in dieser Sprache geführt. In gebildeten Kreisen wie denen ihrer Familie beherrsche man eben auch dieses Idiom, hatte die Häßliche breit grinsend konstatiert. Unter ihrer Zurücklassung beschloß der Sohn den Heimweg nunmehr allein anzutreten. Er langte in seinem vorübergehenden Zuhause allerdings erst in den Abendstunden ein. Dazu trugen sowohl Irrtümer in der Wegfindung bei, da sich die Gäßchen wie zu einem gordischen Knoten verschlungen hatten, als auch der Umstand, daß er gar nicht sogleich heimwollte und unterwegs in abgelegenen Beiseln sowohl Mittagessen als auch Jause einnahm.

Als er zu Hause ankam, machte ihm das sechzehnjährige Hausmädchen gleich das Bett und ließ hiebei seine Schenkel fast bis zu dem durch keine Unterwäsche verdeckten Hinterteil sehen. Sie erschien überdies, nachdem sie ihn verlassen hatte, noch ein zweites Mal und wiederholte ihre Pose. Wiewohl der Sohn mit sich selber wettete, daß das halbwüchsige Ding, das er abermals unverrichteter Dinge gehen ließ, noch ein drittes Mal erscheinen würde, huldigte er in der Zwischenzeit der Selbstbefriedigung. Nachher tat es ihm allerdings leid, und er suchte nach dem Mädchen, das aber indessen bereits aus ihm unbekannten Gründen entlassen worden oder freiwillig aus dem Dienst des Hauses geschieden war. Er suchte es sogar in einem obskuren Restaurant auf, in welchem es jetzt Dienst machte. Es ließ ihn lange warten, dann kam es allerdings, doch lachte es ihm bloß ins Gesicht. Das war auch eine Antwort und wahrscheinlich die passende.

In die Zwischenzeit fiel zunächst die Totenfeier für den kroatischen Politiker, welche mit großem Pomp abgehalten wurde. Es fehlte auch nicht an stolzer Trauerhaltung und an Herausforderung gegen das herrschende serbische Element. Obwohl der edle Tote dem Schlagfluß, der Altersschwäche oder einem Leiden erlegen war, vielleicht auch nur der ärztlichen Behandlung eines solchen, wurde die Überführung in die Unterwelt nicht anders begangen und gefeiert, als ob er ein Opfer des herrschenden Regimes, das ist der Domination der Serben über die kroatischen Dalmatiner, gewesen wäre. Der flüchtige und paßlose Sohn bekam als geladener Gast seinen Platz auf der Ehrentribüne angewiesen, wo er neben dem vornehmen Greis, der ihm die Offenbarung vermittelt hatte, zu sitzen kam. Seine Aufgabe war es immerhin, stumme Trauer zu zeigen und an Starrheit und Stolz seinem Gastgeber in nichts nachzustehen. Die unter der Versammlung aufgeteilten Spitzel fielen durch gedrungene und untersetzte, daher nicht ortsübliche Gestalt auf. Man wies höchstens mit einer nachlässigen Kopfbewegung nach ihnen, beachtete sie sonst aber nicht.

Dann fand auf dem Platz eine Heerschau der vorhandenen Kräfte statt, wobei die, die solchen hatten, entsprechenden Ornat aufwiesen und viele Bänder mit kroatischen Farben, Emblemen und Sprüchen gezeigt wurden. Es folgten Reden über die Größe und Bedeutung des Dahingegangenen, wobei mehrfach von Kroatien und einzelne Male von Dalmatien gesprochen wurde. Dieser Teil der Feier mußte dem Sohn gleichzeitig flüsternd übersetzt werden, das heißt, man hielt eine solche laufende Übertragung für durchaus erforderlich, er selber wäre ohne eine solche ausgekommen. Dann erschien die Priesterschaft, und da der Katholizismus betont werden sollte, zumal ja die Serben der orientalischen Irrlehre angehörten, waren im Unterschied zu sonstigen Leichenfeiern gleich mehrere geistliche Herren aufgeboten, welche Gebete murmelten und mit mitgebrachten Requisiten die entsprechenden Bewegungen ausführten. Von dem Sarge sah man so gut wie nichts. Er war entweder noch nicht anwesend oder von dem Heerhaufen verstellt. Zum Ende wurden Lieder offenbar nationaler Art intoniert, ein Text aber nicht mitgesungen. Wahrscheinlich wäre ein solcher nicht erlaubt oder dem stummen Protest nicht förderlich gewesen, den nur monotone Reden, priesterliches Gemurmel und rein musikalische Äußerungen unterbrechen oder richtiger untermalen durften.

Erst viel später, sobald man sich in Richtung des Friedhofes bewegte, wurde etwas sichtbar, was ein Sarg sein konnte. Demselben folgten die stolz trauernden Angehörigen, danach der Inhalt der Ehrentribüne, einschließlich dem Sohn, sowie zwei Spitzel, die den Vorgang verfolgen und festhalten sollten. Als der Tote schließlich beerdigt wurde, kam der Sohn gleich hinter der Witwe zu stehen. Nur wußte er nicht, wie er sich verhalten sollte, daher wahrte er entsprechende Distanz. Die nachfolgenden Herren hielten jeder die gleiche Entfernung von ihm und voneinander, die er von der Witwe weg einnahm, als ob der Sohn mit seiner unentschlossenen Haltung der Zeremonie ein neues, von den andern nachzuahmendes Detail hinzugefügt habe.

Inzwischen hatte seine Mutter eine Vorladung zur Kreisparteileitung erhalten, die offenbar den Verbleib des Sohnes betraf. Die Tochter, welche sich um sie wenig kümmern konnte, weil gerade eine Anzahl zur Verhaftung ausgeschriebener Juden aus dem Bekanntenkreis ihres Gatten von ihr versteckt werden sollten, begleitete die Mutter nicht, riet ihr aber, der Vorladung keine Folge zu leisten. Die an Ordnung gewohnte Mutter glaubte jedoch, nicht fernbleiben zu dürfen. Vielleicht kam es ihr auch gelegen, ihre vermeintliche Pflicht noch zu einer Zeit zu erfüllen, in der die Stieftochter, welche die Abreise nur bis zur Erlangung ihres Stempels hinausschob, im Lande und so in Reichweite blieb.

Als die Mutter das kalte Lokal betrat, in das sie vorgeladen worden war, schrie ihr aus dem Hintergrund eine schneidende Stimme entgegen, deren schartige Halstöne daran zweifeln lassen konnten, ob ihr Hervorbringer der Menschheit zuzurechnen sei, und die an den im Organ und Sprechstil kopierten Führer gemahnen sollte. Der nun wirklich sprach, war bloß der Markengauner, an dessen Verfolgung der Sohn trotz offenbarer Zwecklosigkeit bis zu seiner Abreise festgehalten hatte, welcher aber durch die Aktenabschrift der ehemaligen Kanzlistin des Sohnes und nunmehrigen Parteisekretärin daran gehindert worden war, Gauleiter von Niederdonau, vormals Niederösterreich, zu werden. Das schartige Organ verlangte von der Mutter zu wissen, wo sich der Sohn aufhalte, man werde ihn ansonsten auch ohne sie bekommen, der lange Arm des Führers reiche weit, im Bedarfsfalle selbst über Meere. Obwohl der Mutter die Lächerlichkeit der behaupteten Gliederausmaße des Benannten hätte auffallen müssen, nahm sie die Drohung sehr ernst, was sich durch die Röte anzeigte, die in ihre Wangen aufstieg und die eine von ihr vernachlässigte Schwäche des Herzens bestätigen konnte. Ihr Erröten ließ außerdem darauf schließen, daß sie bereits für den Sohn, der ihr Alles war, das Schlimmste befürchtete. Sie leugnete daher nicht nur, dessen Anschrift zu kennen, sondern behauptete mit Nachdruck, es liege kein Grund zu seiner Verfolgung vor, wenn nicht Rachegelüste persönlicher Natur, die nichts mit der Sache des Führers und Reichskanzlers zu tun hätten.

Der blondbürstige Gauner hatte kaum den Vorwurf verstanden, als er in eine Art ohnmächtiger Wut geriet und dabei noch bleicher wurde, obwohl dies die bereits grottenolmhafte Blässe seines bei Menschen Antlitz genannten oberen Körperauswuchses kaum noch zuließ. Da ihm jedoch eine Entgegnung nicht einfiel, schrillte er nur Schimpfworte hervor, wobei sein Speichel die trockene Heiserkeit zu überstürzten Verschluckungen überfeuchtete. Als er dann hervorsprudelte, was sich in seiner Kehle angesammelt hatte, waren es Äußerungen wie »lausige Judenhure«, die Ankündigung, man werde ihren Sohn um seine Männlichkeit verkürzen, denselben als Hundekommunisten, Exkrementsemiten und Diebesadvokaten am Hintern spießen, sie aber an der Öffnung zwischen den Beinen aufhängen, lauter Bilder, die nicht zur Gänze vorstellbar waren und welche die Frau, der sie entgegengeschleudert wurden, auch noch nicht erreichten, denn erst, als sie den Raum bereits verlassen hatte, glaubte sie sich an der Wand festhalten zu müssen.

Trotzdem hielt sie sich für verpflichtet, weiter Haltung zu bewahren. Dann suchte sie ihre Bleibe auf, die sie ehestens für den Kellner und die Glaserin zu räumen hatte, und packte ihre Siebensachen, als das Telephon läutete, das sich noch immer in einem Raum der aufzugebenden Wohnung befand. Es mußte jemand angerufen haben, der wußte, daß sie sich gerade hier aufhielt, zumal sie bereits seit längerer Zeit vorübergehend in der Wohnung ihrer Stieftochter hauste. Diese hinwiederum konnte die Mutter kaum an Ort und Stelle vermuten, zumal sie einen Aufenthalt hier in keiner Weise angedeutet hatte. Trotzdem hob die Mutter den Hörer ab, aber wohl kaum in der Absicht, die folgenden Äußerungen des Herrn Meineid alias Briefmarkenschwindler alias Kreisleiterstellvertreter über sich ergehen zu lassen: »Dreckhure, Hundsfott, Judensau. Wir hängen dich neben deinen Sohn. Wir haben ihn schon.« Zwar hatte sie ähnliche und noch ärgere Äußerungen ihr gegenüber bereits vor kurzem sozusagen von Angesicht zu Angesicht zu hören bekommen und konnte wissen, daß es nicht wahrscheinlich war, daß man den Sohn schon jetzt in seinem vorläufigen Bestimmungsland hopgenommen habe. Trotzdem fiel sie mit dem Hörer in der Hand nieder, als gelte es eine Ohnmacht zu erleiden, in die sie diesfalls zum ersten Mal in ihrem Leben verfallen wäre. Da sie sich aber anscheinend ihrer Schwäche schämte, holte sie sich offenbar selbst aus dem Koma zurück, verschloß ihre Türe und nahm sich ein Taxi nach Wien, das erste und einzige in ihrem Leben, das sie sich selbst auf so weite Strecke vergönnte. Der Fahrer kannte sie daher auch nicht, hätte sie aber vielleicht selbst im Falle des Kennens gefahren. Er stellte ein menschliches Gesicht zur Schau. Das war zwar in jener Welt der Gemütlichkeit ansonsten eine mögliche Verstellung, in seinem Fall aber keine.

Die Mutter kam gerade noch zurecht, um von der freudestrahlenden Tochter zu erfahren, daß diese den fehlenden Stempel in ihren Paß erhalten habe und übermorgen zu fahren gedenke. Sie fragte nicht, was die Mutter erlebt hatte, wiewohl sie fand, daß dieselbe leidend aussehe. Die Mutter sagte nichts, schrieb jedoch an ihren Sohn. Den Brief gab sie allerdings nicht auf, versteckte ihn aber in einem Kästchen. Als der Sohn dieses Stück samt Inhalt als einziges Möbelstück nach Jahren wiederfand, erreichte ihn auch der Bericht.

Zu der Zeit aber, als die Mutter ihr wenig bekömmliches Erlebnis hatte, machte der Sohn gerade seine Antrittsvisite bei der schönen Montenegrinerin. Wie sehr er sich aber auch auf diesen Besuch insbesondere auf den Gegenstand desselben gefreut hatte, so wenig vermochte er aus der bald herbeigeführten Gelegenheit irgendeinen Nutzen zu ziehen. Es war nämlich so, daß die alte Dame und Schwiegermutter der Schönen zur Zeit der Ankunft des Fremden noch zugegen blieb, sich später aber entfernte und diesen mit der Gattin ihres Sohnes allein ließ, sei es, daß das Vertrauen in den Gast oder in die zurückgelassene junge Dame ein so großes war, oder sei es, daß der Gast zu seinen Gunsten annehmen durfte, die Besucherfreundschaft hierzulande schließe auch einen Flirt ein und lasse noch viel mehr zu. Aber obwohl er diese Möglichkeit bis zum äußersten Mißbrauch auszubeuten gewillt war und kein Anzeichen dafür bestand, daß das Objekt seiner Versuchung, das vordem für ihn eine Göttin gewesen, nicht auf Bestrebungen, welche eine bloße Anbetung ausschlossen, eingehen würde, reichten seine Fähigkeiten nicht einmal zur Anbringung überall zugelassener Galanterien. Vielleicht war sie zu schön, als daß er den gemeinen Weg gehen durfte, vielleicht aber äußerte sich hier auch seine Nichteignung, das, was er zutiefst begehrte, zu erreichen. Es könnte überdies sein, daß ihn der Schrei aus dem Schweigen seiner Mutter über Fernen und Berge erreichte, um ihn an seine Pflicht zu erinnern, wenn auch die Pflichterinnerung unterwegs verlorengegangen war und nur der Schrei an sich, ohne Vermerk des Aufgebers, ankam.

Kurz darauf suchte der Gatte der schönen Montenegrinerin den Sohn an dessen Wohnsitz auf, setzte ihn davon in Kenntnis, wann der Theaterabend stattfinden werde, entschuldigte sich, daß er bei früheren Besuchen des Fremden wegen jeweiliger geschäftlicher Behinderung nicht anwesend habe sein können, und benachrichtigte den von ihm Aufgesuchten schließlich davon, daß man diesen auf der Polizei erwarte, um dessen Paßangelegenheiten zu regeln.

Da der Sohn nicht Besseres zu tun wußte, begab er sich alsbald tatsächlich auf die Polizei, wo ihn ein Mann mit hängendem Schnurrbart erwartete, der aber trotzdem weder dem gleich ausgestatteten deutsch-polnischen Dichterphilosophen noch dem in verwandter Weise beschaffenen Garten einer vorderasiatischen Königin glich. Dieser Mann versuchte in regierungstreuer Weise den Sohn anzuschnauzen, stieß aber gleich auf Widerstand, weil im Sohne das Selbstbewußtsein erwachte oder er sich des Schutzes eines hochgestellten Dalmatiners bewußt war oder er noch immer montenegrinische Gnade hinter sich zu fühlen glaubte. Diese Gnade war zumindest in seiner verspäteten Einbildung von zureichender Kraft, denn es wurde ihm freundlich ein Sitzplatz angewiesen.

Dafür suchte der Polizist nunmehr auf andere Weise in den Sohn zu dringen. Er wollte nämlich herausbekommen, warum der von ihm Vorgeladene gerade in dieser Stadt Quartier genommen und wer ihm seine Unterbringung in seiner jetzigen Bleibe, die kein Hotel war, ermöglicht oder beschafft habe. Und weil der Sohn zu schwatzen begann, suchte man den Akt des Facharztes heraus, der es versäumt hatte, seine Aufenthaltsbewilligung zeitgerecht zu verlängern. Erfreut über seinen raschen Erfolg, händigte der Hängeschnurrbärtige dem Sohn dessen Paß mit Wohnsitzgestattung bis zum Zeitpunkt des Ablaufs des Sichtvermerkes aus. Doch wurde dieser stolze Erfolg dadurch beeinträchtigt, daß der Paßwiederempfänger zwar noch ein paar Tage ordnungsgemäß polizeilich zugelassen war, wohingegen der, welcher ihm zu seinem Aufenthalt verholfen, nunmehr seinerseits auf der Abschußliste stand.

Tatsächlich erhielt der zweifelhaft Erfolgreiche alsbald fachärztlichen Besuch. Der dringliche Gast bemerkte, man habe auf der Polizei herausgefunden, daß ihm bei der Aufenthaltsverlängerung ein Versehen unterlaufen war. Er solle nun innerhalb dreier Tage samt Frau das Staatsgebiet verlassen, verfüge aber über nur unzureichende Mittel und kein Visum zur Weiterfahrt. Außerdem denke er nicht daran, eine Tätigkeit zu entfalten, um aus diesen Schwierigkeiten herauszukommen. Es müsse jemand die Polizei, die selber nachlässig sei, auf sein Versäumnis geradezu gestoßen haben. Der solle sich nun auch darum kümmern, ihm aus dem angerichteten Unglück herauszuhelfen. Er selber lege sich ins Bett, und sei es auch nur für einen beginnenden Winterschlaf. Der schuldbewußte Sohn bemerkte erst jetzt, daß sein Gast die Gattin mitgebracht hatte, die aber schweigend im Hintergrund verblieben war. Sie äußerte sich erst jetzt, daß sowohl der Sohn als auch sie mit der Gattin eines hiesigen Professors bekannt wären. Gemeinsam würden sie die Dame bitten, deren Ehemann für den Fall zu interessieren. Es handle sich um eine kultivierte Familie, an deren Hilfsbereitschaft nicht zu zweifeln sei. Erst nach und nach wurde dem Facharzt der Besuch der häßlichen Frau und des Sohnes erinnerlich. Im übrigen erklärte er sich an den zu unternehmenden Schritten völlig desinteressiert. Ihm sei nur wichtig, daß man entweder seinen Aufenthalt regulär verlängere oder ihm ein Visum verschaffe sowie seine Mittel ergänze, daß er wirklich außer Landes könne. Bei dieser Gelegenheit wurde auch die Höhe der fachärztlichen Barschaft eingehend erörtert. Dieser hatte zwar wesentlich mehr als der Sohn, sei es, weil sie zu zweit waren und weniger verbraucht hatten oder weil es ihnen doch gelungen war, auf irgendeinem Wege Geld ins Ausland zu bekommen, zumal sie sich ja auf drei Monate, nicht wie der Sohn nur auf einen hatten einrichten dürfen. Als Bestimmungsland sollte aber für sie nur mehr ein überseeisches in Betracht kommen. Es war fraglich, ob ein Professor hier helfen konnte, selbst wenn er wollte. Die vornehmen Dalmatiner und die Montenegrinerin für den Fall zu interessieren, daran dachte der Sohn nicht.

Es dürfte in der Kristallnacht, auch Nacht der langen

Messer genannt, gewesen sein, in der sich die zu jeder Gemeinheit aufgelegten Massen zu Volksbelustigungen wie Tempelanzünden und Judenhatz bereit fanden, als der Sohn und die Montenegrinerin ein ins Kroatische übersetztes Stück eines italienischen Dichters vorgeführt bekamen. Sie waren in der besten Loge des Theaters untergebracht. Allerdings saß die Schwiegermutter der Frau zur anderen Seite des Sohnes. Der Gatte selbst hatte einen Sitz im ersten Rang, der keinen Blick auf die Loge gewährte. Die Stühle in der Loge waren so angeordnet, daß der Sohn zu Füßen der Schönen saß, wenn auch bequem, aber so günstig gelagert, daß er von dort bei dunkler Szene manches Liebesspiel beginnen konnte, wie er solches des öfteren geübt und wie es ihm vermutlich auch nicht von einer früheren Göttin verübelt worden wäre.

Es ist durchaus nicht anzunehmen, daß die Tempelbrände über die dazwischenliegenden Landschaften bis ins Theater von Split drangen, auch nicht die Schreie der in Mitleidenschaft Gezogenen. Aber es ist nicht ausgeschlossen, daß die Last der Verantwortung für den Hinauswurf des Facharztes samt Gattin sich beim Sohn nun verspätet einstellte, vermehrt um die Opferung seiner Mutter, die sich vielleicht als unbewußter Stein bereits in seiner sogenannten Seele befand, der dort seine Kanten und rauhen Flächen sowie auch das Gewicht offenbarte. Es kann aber auch sein, daß er bloß noch immer der war, der meistens dann versagte, wenn er sich seinem Ziele nahe glaubte, und als ein schlechter Schütze nur das traf, wonach er nicht gezielt hatte. So ging ihm auch diese Gelegenheit einer Annäherung an für göttlich Gehaltenes vermittelst beischlafanbahnender Handlungen zum anderen Geschlecht für immer verloren. Von dem Stück selbst verstand er nur soviel, daß die Lösung des Rätsels offenblieb.

Danach war der Sohn sich selbst überlassen, um mit der

Frau des Facharztes und deren häßlicher Freundin einen Gang anzutreten, ein ausgestoßenes Ehepaar ohne Mittel in ein Land zu bringen, das es aufnehmen würde, und gleichzeitig für Kredit betreffend die Überfahrt des Paares zu sorgen, all das entweder zugleich oder nacheinander, aber jedenfalls in der Frist von drei Tagen.

Es war ein Treppauf- und Treppabsteigen in den finsteren Gassen der Altstadt von Konsulat zu Konsulat. Die am Ort befindlichen Funktionäre waren zumeist nicht Angehörige des Staates, für den ein Sichtvermerk beschafft werden sollte, mußten anfragen oder ihre Befugnisse überschreiten. So wurde es ein mechanisches, ziemlich trostloses Auf und Ab, unterbrochen von den vergeblichen Versuchen, bei der Polizei wenigstens eine Verlängerung der Abgangsfrist zu erlangen.

Obgleich die Herren auf den Konsulaten wenig oder gar kein Deutsch konnten, verständigten sie sich doch besser mit der Facharztensgattin, wenn diese allein kam, als mit der häßlichen Freundin, die sowohl hier ansässig war als auch so kultiviert, daß sie alle in Betracht kommenden Fremdsprachen beherrschte. So wurde schließlich ein südamerikanischer Staat gefunden, dessen Generalkonsul sich bereit erklärte, ein Durchreisevisum zu geben, wenn der Repräsentant eines andern nahe gelegenen Landes die Einreise gestattete. Bis dieses Land gefunden wurde, war allerdings bereits der dritte Tag angebrochen.

Von der Polizei eine Fristverlängerung zu erreichen konnte jedoch nur dann erhofft werden, wenn auch das Aufnahmeland endgültig zugesagt hätte. Zu dem letzten noch verfügbaren Generalkonsul hatte der Sohn die Frau des Facharztes begleitet. Sie mußte aber den Gang hinein ohne ihn antreten. Da er vor der Türe wartete, hörte er, daß drinnen eine lange Unterredung stattfand. Da das Büro wahrscheinlich einen Vorraum besaß, war der Inhalt der

Unterredung nicht genau auszunehmen. Wichtig für den Sohn schien nur, daß im Sprechen keine Pause eintrat. So glaubte er wenigstens, daß das Letzte nicht geschehen würde, bei dem man wenig oder nichts zu sprechen pflegt. Und als die Frau den Generalkonsul verließ, da hatte sie ein strahlendes und er ein unzufriedenes Gesicht. Das eine mochte damit zusammenhängen, daß das Visum besorgt war, das andere aber bezog sich offenbar auf die Anwesenheit des Sohnes vor der Türe, die eine Ergänzung der offiziellen Aussprache durch private Initiative wesentlich erschwerte.

Den Kuß, den sich der Visumbewilliger als Minimum einer Anzahlung doch wohl erhoffte, bekam noch vor der Türe der Sohn, vielleicht weil er so lange gewartet hatte. Sodann traf man die Freundin und den Professor, die sich erbötig machten, die Polizei zu besänftigen und die Fahrkarte für das Schiff zu besorgen, das in fünf Tagen abgehen sollte, wozu noch das Darlehen des fehlenden Geldbetrages gehörte, der für die Schiffskarte sofort benötigt wurde. Diesen Betrag mußten sie entweder auftreiben oder selbst vorstrecken. Auch hierin wollte der Sohn seine Dalmatiner Honoratioren nicht in Anspruch nehmen, geschweige denn die schon hinreichend enttäuschte Montenegrinerin. Und da es ein guter Tag war, machte sich die Professorsgattin gleich auf den Weg und brachte sowohl die Fahrkarte als auch die Aufenthaltsverlängerung mit sowie das zusätzliche Versprechen, sie würde sogar noch etwas Reisegeld aufbringen können, damit die Eheleute nicht mittellos ausreisten, wenn sie auch nach überstandener Fahrt unbemittelt ankommen würden.

Sobald nun der Facharzt den vollen Erfolg des Unternehmens betreffend Visum und Überfahrt erfuhr, stieg er aus seinem Bett, in dem er sich bisher angeblich winterschlafshalber, in Wirklichkeit aber offenbar zufolge passiver Neigung aufgehalten hatte. Sodann vollzog er an sich in dem an das Schlafzimmer angrenzenden Badezimmer eine vollständige Reinigung mit anschließender Rasur. Der Sohn faßte nun den blitzartigen Gedanken, diese kurze Frist, die letzte vielleicht, die ihm noch geblieben war, dazu zu benützen, die blonde frühere Ringerin trotz Nähe des Gatten und nicht verschlossener Tür noch einmal und diesmal zu vollständigem Genusse an sich zu bringen, zumal sie beide allein im Zimmer waren. Sie hatte tatsächlich die Gelegenheit ergriffen, sich des bereits erwähnten Schutzes zu entledigen, und da sie keine Hose anhatte, konnte man auf Vorbereitungshandlungen verzichten. Allerdings war von dem Bette aus, in das sich beide sogleich begaben, mit einem Fuß die Türe zuzuhalten, bis auf einen Spalt, durch den man mit dem Facharzt während der Hingabe und Hinnahme, das heißt seiner durch keine sonstige Enthaltungsmaßnahme beschränkten Hörnung, Konversation pflegen konnte, damit er glaubte, daß das Letzte nicht geschehe, bei dem man wenig oder nichts zu sprechen pflegt. Beide hatten sicher niemals unter so ungünstigen Bedingungen einen vollkommenen Genuß erlebt, den sie sich mit Leichtigkeit schon früher und viel bequemer hätten verschaffen können.

Auf dem Wege nach Hause begegnete der Sohn der Montenegrinerin, die sich erbötig machte, ihm beim Generalkonsul für Frankreich im Bedarfsfalle ein Visum zu verschaffen, das nur sie und niemand sonst erlangen könne, denn der Generalkonsul sei ein geschworener Feind aller Emigranten. Der Sohn nahm ihren Vorschlag an, auch die Einladung für einen der nächsten Tage.

Dann erhielt er einen Brief seiner Mutter, in dem das Leid und Unglück zwischen den Zeilen stand. Die letzten Worte des Briefes waren aber die, daß er nicht vergessen möge, was sie ihm seinerzeit eingeschärft habe.

Möglicherweise war in diesem Vermerk eine Verschlüsselung oder Anspielung des Inhalts zu finden, daß er daran denken solle, sie so schnell wie möglich außer Landes zu bringen, was er bisher unterlassen hatte und gegenwärtig gar nicht konnte. Das Visum, das ihm die Montenegrinerin nur für ihn selbst verschaffen würde, war überdies lediglich ein Durchreisevisum. Daran dachte er aber nicht, sondern nur an sein verwegenes und von der Mutter verbotenes Glück mit der Facharztensgattin, den einzigen Erfolg auf dem Gebiete Frau, den er bisher hier aufweisen konnte und der zudem nur eine aufgeschobene Fortsetzung war.

Da wußte er plötzlich, daß er seine Mutter ermordet hatte, wenngleich er im Zeitpunkt geirrt haben konnte.

ANHANG

NACHWORT

1

Ein drastischer Abschied von den Eltern: Am Anfang steht der Tod des Vaters, am Ende ein Schuldbekenntnis des Sohnes: »Da wußte er plötzlich, daß er seine Mutter ermordet hatte, wenngleich er im Zeitpunkt geirrt haben konnte.« (Z.Z. 382) Dazwischen liegen etwas mehr als drei Jahre: Die Handlung setzt am 19. Mai 1935 ein, unmittelbar nach dem Tod des Vaters, und endet im November 1938 in Split in Dalmatien mit dem Entschluß des Sohnes, mithilfe eines Durchreisevisums zu fliehen.

Auch wer nur oberflächlich mit der Biographie Albert Drachs vertraut ist, wird ohne Umstände die autobiographische Substanz von »›Z.Z.‹ das ist die Zwischenzeit« erkennen können, obwohl in diesem Text kein Ich zu Wort kommt, ja durchgehend nur vom »Sohn« und von dessen Leben und Beobachtungen, von dessen Tun und Lassen die Rede ist. Auch die anderen Figuren erhalten keine Namen: Da gibt es die »Kernfamilie«, den Vater, die Mutter, die Tochter oder Stiefschwester, deren Mann und Tochter, da gibt es viele Bekannte und Persönlichkeiten des öffentlichen Lebens, die nie namentlich genannt werden, und die Ausnahme von dieser konsequent beibehaltenen Praxis ist gerade der Name, der es am ehesten verdienen würde, mit dem Fluch der Unnennbarkeit gebannt zu werden: Adolf Hitler. (vgl. Z.Z. 136, 138) Nicht einmal Benito Mussolini wird diese Auszeichnung zuteil; für ihn reicht das Epitheton eines »Faschistenführers« (Z.Z. 78) aus. Hitler steht im diabolischen Zentrum des Werkes, und jede Handlung des Sohnes scheint durch dessen Wirken entweder relativiert oder gar bestimmt zu werden. Nach dem Ableben des Vaters, nach dem Zeitpunkt, da dessen Autorität für immer außer Kraft gesetzt ist, könnte die Verwirklichung eines autonomen Daseins dem Sohn möglich sein, doch wird ihm zunehmend bewußt, wie wenig dies, vor allem aufgrund der Zeitläufte, tatsächlich möglich ist. Was sich als Geschichte einer Entwicklung anläßt, verkehrt sich in deren Gegenteil: Der Handlungsspielraum des Subjekts wird von Episode zu Episode eingeschränkt, und zuletzt bleibt nur die Flucht in eine ungewisse Zukunft.

Durch die Art der Darstellung ist der Autor zu den üblichen autobiographischen Praktiken auf Distanz gegangen. Durch den Verzicht auf die Namengebung und die geradezu archaisierend wirkenden Bezeichnungen wie Vater, Mutter, Sohn und Tochter scheint den Vorgängen Allgemeingültigkeit zuzuwachsen, so als ob es sich nicht um das sehr individuelle Schicksal eines jungen Rechtsanwaltes in Mödling bei Wien handelte, der dem wenig geliebten Brotberuf leidenschaftslos nachgeht. Zudem verspricht der Untertitel »Ein Protokoll« ja auch alles andere als eine Erzählung, in der der Subjektivität zu ihrem Recht und einer ausschmückenden Darstellung der Ereignisse zu ausreichendem Platz verholfen würde. Es ist das Protokoll eines Scheiterns, und nahezu alle Episoden kommen zu einem Ende, das nicht im Sinne des sehr zielstrebig und vor allem auf sexuellem Gebiet mit einem penetranten und geradezu beklemmenden Willen zur Durchsetzung der Triebe handelnden Sohnes liegt. Doch auch diese Expeditionen enden zusehends in der Desillusion, und je betrüblicher die politischen Verhältnisse werden, um so weniger Erfolg ist dem Sohn in seinen zwanghaften donjuanesken Ambitionen beschieden.

Die zahlreichen Umschreibungen verlangen nach der Auflösung durch einen Kommentar. Vieles, was den Zeitgenossen und vor allem dem Autor selbstverständlich war, ist es heute nicht einmal mehr den kundigen Zeitgenossen, ganz abgesehen von den kleineren und größeren Irrtümern Drachs, deren Korrektur einige Schwierigkeiten mit sich bringt. Doch bedingen die Umschreibungen einen ästhetischen Mehrgewinn: Sie drängen das Memoirenhafte an den Rand und geben dem Anekdotischen, in dem Drach auch in der mündlichen Rede exzellierte, eine Dignität, die es der Sphäre des Tratsches oder der Beiläufigkeit entrückt. Zudem unterbindet diese extreme, ja geradezu manierierte Stilisierung jedes Aufkommen von Intimität, sie legt sich jedem Versuch, sich mit dem Sohn zu identifizieren, in den Weg. Nicht ohne Grund hat Anne Fuchs von einem »anaesthetising style« gesprochen, der jede emotionale Beteiligung an den sexuellen Eroberungen des Sohnes ausschließt.[1] Der Sohn über sich selbst: »Die Frage, ob Sexus allein das Leben rechtfertige, konnte sich einem immer wieder stellen, der sonst nichts hatte, dem seine Hantierung, sein Alltag zuwider waren und den familiale Verpflichtungen weder mit Genugtuung noch mit Interesse speisten.« (Z.Z. 124)

Es wird für und gegen den Sohn ermittelt, gegen sein rücksichtsloses Verhalten seiner Umwelt gegenüber, allerdings wird die Parteinahme für ihn dort evident, wo es gegen die nationalsozialistischen Umtriebe geht. Man muß vielleicht nicht so weit gehen wie Anne Fuchs, die den Sohn als einen »metaphorical Jack the Ripper« bezeichnet, der vor oder nach dem Geschlechtsakt seine Frauen lustvoll mithilfe der Sprache seziert.[2] Auch der Verdacht der Pornographie wurde laut, wäre da nicht die Monotonie, mit der eine schmutzige Affäre nach der anderen einem Punkt zustrebt: zu zeigen, wie eine ganze Gesellschaft durch Promiskuität und Mangel an Engagement zur Gänze zynisch geworden ist. In jedem Falle bezieht der Text – und das erschwert die Lektüre doch für nahezu alle Memoirenleser – seine Energien aus der Intensität, mit der dieser antiidentifikatorische

Impetus forciert wird. Hier verweigert sich einer nicht nur der Familiengründung, sondern der Familie an sich, er spricht ohne Zäsur über seine Wunschvorstellungen.[3]

2

Daß durch diese Kritik an den einzelnen Individuen im allgemeinen und am Protagonisten im besonderen eine ganze Gesellschaft getroffen werden soll, ist ein durchaus brauchbarer Lektürevorschlag, durch den das Ganze – wie schon durch den Stil – dem Verdacht, der Lebensbericht eines fragwürdigen Egomanen zu sein, entzogen wird. Es ist eine Zwischenzeit, zwischen dem Tod des Vaters und dem drohenden Tod der Mutter. Aber Drach hat eine andere Zwischenzeit im Sinn, nämlich den österreichischen Ständestaat, eine in der Forschung kritisch bewertete Epoche, die vielen als die Vorbereitung der Ära der Naziherrschaft in Österreich galt, obwohl Bundeskanzler Dollfuß am 25. Juli 1934 von den Nationalsozialisten ermordet worden war und von nicht wenigen als der Märtyrer Österreichs angesehen wurde. Es geht in »Z.Z.« nicht um eine Analyse der historischen Ereignisse während des Ständestaates. Die Leistung des Textes besteht vielmehr in der Engführung der privaten und der politischen Geschichte Österreichs in der Zeit von 1935 bis 1938, wobei hinter der individuellen Geschichte die wichtigsten historischen Ereignisse in der Umschreibung erkennbar werden: So erfährt man vom Kanzlermord (Z.Z. 11), von der Rolle der Vaterländischen Front und den patriotischen Aktionen der Regierung Schuschnigg (Z.Z. 11, 39, 45, 108), den Nürnberger Gesetzen (Z.Z. 54), vom Schutz, den das faschistische Italien für das austrofaschistische Österreich hätte bedeuten können (Z.Z. 78, 150), von nationalsozialistischen Gewalttaten in den zwanziger Jahren (Z.Z. 108f.), der sogenannten Tausendmarksperre (Z.Z. 138), dem Juliabkommen von 1936 (Z.Z. 150), dem Druck Hitlers zu Beginn 1937 und dem Druck, der die Einsetzung von Seyß-Inquart in Wien als Staatsrat zur Folge hatte (Z.Z. 224), vom Treffen Schuschniggs mit Hitler auf dem Berghof bei Berchtesgaden (Z.Z. 228), vom Einmarsch Hitlers am 12./13. März 1938 (Z.Z. 246). Bezeichnend für den Stellenwert, den Drach diesem Ereignis beimißt, ist hier seine Umschreibung »Iden des März« (Z.Z. 243), womit eigentlich der 15. März gemeint ist. Das letzte Drittel ist den Vorgängen in Österreich nach dem »Anschluß« gewidmet; immerhin finden auch Ereignisse wie die bevorstehende Annexion der Tschechoslowakei Eingang in den Text (Z.Z. 321). Zeitgleich mit der sogenannten Kristallnacht (9. November 1938), so meint der Sohn sich erinnern zu können, sei auch ein Theaterbesuch in Split gewesen (Z.Z. 377f.), wodurch das Ende der Erzählzeit des Werkes markiert sein dürfte.

Der Sohn gehört zu den unmittelbar Betroffenen, der sich teils durch List, teils durch raffinierte Provokation – ganz nach dem Muster des Pikaro – der Verfolgung zu entziehen weiß. Gegen ihn wird vorgegangen, und er muß sich mit Geschick aus der Schlinge ziehen, was schließlich durch die Ausreise nach Jugoslawien gelingt. Nach einer abenteuerlichen Flucht über Zagreb entweicht er nach Split, wo erotische Aktionen mit unfreiwilliger Komik und zweifelhaftem Erfolg enden, die geplante Ausreise – allerdings nur mittels eines Durchreisevisums – zumindest erhofft werden kann.

Der Sohn hat auch einiges an interessanten persönlichen Begegnungen zu vermelden, jedoch ist es nicht angebracht, daraus wesentliche Rückschlüsse auf das kulturelle Leben in der Ära des Ständestaates zu ziehen. Er hat unter anderem Umgang mit dem Komponisten Joseph Marx und dem Dichter Franz Theodor Csokor, allerdings dürfte ihm diese Gesellschaft wenig Anregung geboten haben (vgl. Z.Z. 61 und den dazugehörigen Kommentar); mit dem Staatssekretär und späteren Justizminister Hans Hammerstein-Equord hat er eine Unterredung; die Beschreibung dieses Politikers fällt so aus, daß kundige Interpreten dahinter nicht Hammerstein-Equord, sondern den ebenfalls literarisch ambitionierten Staatssekretär Guido Zernatto vermuten konnten.[4]

3

Offenkundig kommt es dem Autor nicht so sehr auf die Identifizierbarkeit der einzelnen Figuren und Ereignisse an. Entscheidend ist die Art, mit der das Unerhörte, das sich in der »Zwischenzeit« zutrug, dargestellt wird: Denn die Alltagssprache versagt, es versagt auch die Beschreibung, daher greift Drach in fast jedem Satz zum Mittel der Umschreibung, der Periphrase. Was den Eindruck der Umständlichkeit vermittelt, ist nicht unnötiger Zierat, sondern notwendig, um Distanz herzustellen. Der Tod des Vaters, ein Vorgang, für dessen makabre Unappetitlichkeit Vergleichbares schwer zu finden sein dürfte, markiert den Einsatz der Erzählung: Selbst der Tod, der allenthalben euphemistischen Umgang in der Rede fordert, provoziert taktlosen Sprachgebrauch; und wenn die Leiche des Vaters gleich im ersten Absatz als der »einschlägige Tote« (Z. Z. 7) bezeichnet wird, dann ist die Aura familiären Umgangs in der Familie im vorhinein gründlich zerstört: »Albert Drach ist ein Meister der ersten Sätze. Auf unnachahmliche Weise artikulieren sie den Zweifel an den Prämissen bürgerlicher Identität und Weltsicht. Woher man kommt und wohin die Reise geht, kann niemals bündig beantwortet werden«, meint Bernhard Fetz und hat mit diesen Worten, die mit Blick auf »Untersuchung an Mädeln« geschrieben sind, auch die Kurve beschrieben, die den Erzählverlauf von »›Z. Z.‹ das ist die Zwischenzeit« bestimmt.[5]

Drachs Prosa hat die Gelassenheit gegenüber den Dingen verloren. Sie instrumentalisiert diese aggressiv, entbindet sie ihrer Rolle als oft überflüssige Requisiten, die allenfalls der Herstellung von Atmosphäre dienlich sein können. Atmosphärisches wird aus dieser Prosa verbannt oder sofort als Schein entlarvt. Mit jedem Satz wird ein Zwist, sei es mit anderen Figuren, sei es mit der Dingwelt gesetzt: Wo immer sich Einverständnis, ja Sympathie mit einer der Figuren aufbauen könnte, wird dies durch kompromißlose Skepsis schon im Ansatz zerstört. Damit soll auch jeder falsche Schein, jeder Verdacht von Behaglichkeit kompromißlos gemieden werden. Diese unerhörte Sequenz der Dissonanzen bringt die historische Wahrheit viel schonungsloser und deutlicher zur Evidenz als etwa der Akt der Dokumentation, die von Satz zu Satz ihre Redlichkeit und Verläßlichkeit zur Schau stellen möchte. Was bei der Lektüre dieses Textes durch den Gestus der Übertreibung oder durch das lustvolle Verweilen im Degoutanten immer aufs neue schockiert, ist die konsequente Antwort auf die schockierenden Erfahrungen der Zwischenzeit, die jede Rede von Versöhnung als verdächtigen Euphemismus entlarven. Das Handeln der einzelnen Figuren ist mit der Signatur der Vergeblichkeit und des Todes bezeichnet, eines Todes, dessen oft verharmlosend unterstellte Natürlichkeit durch die Unnatur der Menschen für immer aufgehoben ist. Mag sein, daß manches noch ironisch anmutet, doch dieser Ironie fehlt jedes Ferment, das ein Einvernehmen mit den Dingen herstellte oder gar gelassene Souveränität bei der Hauptfigur zuließe. Deren obsessiv betriebene sexuelle Ambitionen verfallen dem Verdikt der Lächerlichkeit, und es scheint nicht ganz angebracht, dies als »innocuos pastime« zu verstehen.[6] Die in vielen Mythologien mit so einprägsamen und aussagekräftigen Geschichten und Bildern gestützte heimlich-unheimliche Verbindung von Eros und Thanatos wird in dieser Prosa zuschanden.

Doch wäre es verfehlt, die Leistung Drachs nur in einer

Demontage der Harmonie und der Vertrauen herstellenden Kraft des Erzählens zu sehen: Der Bruch mit der im Epischen enthaltenen Konvention zur Harmonisierung macht den Blick frei just für das, was durch diese Konvention verdeckt werden konnte. Ruckartig löst sich Drach von den Einverständnissen, durch die der Pakt mit den Lesenden heraufbeschworen wird. Daß sich durch diese Form des Schreibens die Lesenden vor den Kopf gestoßen fühlen, darf nicht verwundern. Die Tatsache, daß gerade dieses Werk Drachs in der Kritik auf Schwierigkeiten stieß und die Kritik mit ihm ihre liebe Not hatte, sollte dazu führen zu fragen, wie sich das Verstörende und auch Neue an Drachs Text in jenen Stimmen artikulierte, die darauf zu antworten suchten.

4

Die Kritiken waren – und das braucht nach dem oben Gesagten nicht weiter zu verwundern – zurückhaltend, und nicht selten auch unfreundlich, zugleich finden sich in ihnen aufschlußreiche Versuche, die Sonderstellung Drachs durch mannigfache Umschreibungen in den Griff zu bekommen. Nach der Erstveröffentlichung im ominösen Jahre 1968 gab es kaum ein vernehmbares Echo, wofür vor allem die Zeitumstände verantwortlich sind: Ein Buch wie dieses mußte damals als unzeitgemäß gelten, denn zum einen paßte es nicht zu dem politischen Engagement, das damals von der Literatur eingefordert wurde, zum anderen schien es kaum jenen avantgardistischen Innovationen verpflichtet, die selbst in diesem oder gerade in diesem Jahr der Unruhe bei einem großen Teil des Publikums auch als im politischen Sinne revolutionäres Zeichen gewertet wurden. Immerhin schloß K. H. Kramberg seine Rezension mit einem recht pikanten und provokanten Vergleich: »Wer die Pathologie des Produktiven in unserer Zeit nicht beiseitelegt oder leugnet, kommt auch an diesem – zugegeben – häßlichen Buch nicht vorüber. In einer Gruppe von Erfolgsromanciers nähme sich Albert Drach wie ein Kannibale unter Vegetariern aus.«[7] – Eine Formulierung, die bis zum heutigen Tage noch immer zutrifft. Kurzen Prozeß mit dem Anwalt Drach machte der *Spiegel*, der in seiner harschen und schnodderigen Kritik etwas trifft, das für manche die Qualität dieser Texte ausmacht: »In Drachs mühsam zum Schlawiner Kanzleistil aufgeblasener Sprache füllen seine Erinnerungen ein ganzes Buch: auf deutsch wäre höchstens ein Broschürchen daraus geworden: ›Z.Z.‹ – das sind ziemlich zerdehnte Zeiten.«[8] Der so prononcierte Individualstil wird des öfteren zum Ziel der Attacke, da er der historischen Relevanz der Thematik nicht gerecht würde.[9] Daß das Buch vom Lektorat des Langen-Müller Verlags als unfertig und »entsetzlich antisemitisch« empfunden wurde, ist ein weiteres Indiz für die Schwierigkeiten, die damals nicht nur die Kritik damit hatte.[10]

In dasselbe Horn stieß auch Joachim Schondorff, der als Defizit die mangelnde Gestaltung der historischen Problematik einklagte und den Überhang der individuellen über die allgemeine Geschichte betonte: »Hier in ›Z. Z.‹ ist, soweit man überhaupt von Gestaltung sprechen kann, nicht die Zwischenzeit Österreichs gestaltet, sondern die Zwischenzeit des Albert Drach.«[11] Derselbe Rezensent bezeichnete noch 1977 das Buch aus denselben Gründen als Drachs »fragwürdigstes Werk«, nicht zuletzt, weil darin die Epoche nicht angemessen behandelt würde und der »Protokollstil« dem Verfasser zur »Selbstparodie« entglitte. [12]

Auch für »Z.Z.« schuf der Georg Büchner-Preis von 1988 bessere Rezeptionsbedingungen. Die Germanistik wurde sich allmählich ihres Versäumnisses bewußt. In seiner Laudatio anläßlich der Preisverleihung ortete Wolfgang Preisendanz bei Drach als »Darstellungsprinzip« »den Doppelaspekt von Komischem und Skandalösem, der Tragik ausschließt, weil dieser Anspruch auf einen positiven Sinn der Negativität erhebt«.[13] Damit war – von »Z.Z« und der »Unsentimentalen Reise« ausgehend – der Drach-Deutung ein poetologischer Maßstab vorgegeben und auch dem Rang des Werkes eine literaturtheoretisch angemessene Zuschreibung zuteil geworden.

Die Neuausgabe von 1990 stieß in der Literaturkritik auf viel mehr Verständnis. Vor allem wurde erkannt, wie sich der Text auch gegen den Sohn selbst richtet. Jürgen Manthey hebt die »geradezu jenseitige Distanz zu seinem Sujet hervor« und meint, daß damit die Sprache im Bemühen »um besondere Sachgerechtigkeit [...] fast von selbst zur Sprache der Satire« werde.[14] Auch Hannah Arendts Formel von der »Banalität des Bösen« wird zitiert, denn ihr würde – und nun schlägt auch die Einsicht in die Funktion dieser kalkulierten Sprachgebung durch – »eine Form« entgegengesetzt, »die irritiert und der Unsicherheit, in der sich der Antiheld des Buches gefangen sieht, Rechnung trägt«.[15] Immer deutlichere Umrisse erhält der Kunstcharakter der Drachschen Prosa: »Keine Persönlichkeiten treten dem Leser entgegen, nur Schemen von Personen; kein Wort direkter Rede findet sich, nur lakonischer Bericht.«[16] Das Urteil, hier käme nicht die Zeit zwischen den Weltkriegen zur Sprache, sondern nur die Zeit des Albert Drach, findet sich bei einem Rezensenten geradezu ins Gegenteil verkehrt: »Noch der Schlußsatz dieses literarisch durchgeführten Verfahrens über und gegen eine total verfahrene Zeit enthält ein schwerwiegendes Urteil, das aber nie vollstreckt wurde. Ungesagt deutet der rechthaberische Autor an: Die infame Zwischenzeit ist nicht zu Ende; denn jede Zeit ist auf ihre Art Zwischenzeit.«[17] Zusehends verabschieden sich die Rezensenten von eindeutigen Werturteilen und erkennen die Ambivalenz, in der sich der Protagonist dauernd bewegt und die Leser denn auch verstört. Drachs Buch würde sich »in die philosophische

Analyse einer grenzenlosen Sehnsucht nach bindungsloser Individualität zur Unzeit« verwandeln, und dies sei »so kunstvoll, zwingend und schonungslos, daß wir tragisches Mitleid mit einem empfinden, von dem wir nicht wissen, ob er, ein Opfer, aber auch schuldig, es überhaupt verdient«.[18] Michael Rohrwasser hat die Qualitäten dieses Textes bündig auf eine Formel gebracht, die sich für Drachs Gesamtwerk mit Gewinn anwenden läßt: »Was diese Prosa faszinierend macht, ist das von ihr produzierte Medium der Mißverständlichkeit.«[19]

Folgerichtig schließt sich daran Wolfgang Preisendanz' Versuch an, gerade der Negativität von »Z.Z.« positive Energien abzugewinnen: »Albert Drachs Schreibweise ist Komplement eines aporetischen Bewußtseins, dem sich keine Erfahrung in einen Sinnzusammenhang fügt. Darum muß man seinen Zynismus als gleichsam homöopathisches Gegenmittel gegen den Zynismus einer Vernunft verstehen, welche unbeirrbar die letztliche Vernünftigkeit und Sinnhaftigkeit privater wie kollektiver Geschichte behaupten möchte. Von Swift oder Voltaire bis zu Gadda oder Drach zieht sich die Linie eines ironischen oder humoristischen Zynismus als Provokation oder Korrektur des Vertrauens in einen alle Kontingenz aufhebenden Lebens- und Geschichtssinn.«[20] Damit ist nicht nur die Tradition umrissen, in die Drachs Werk zu stellen wäre, sondern auch der Rang angedeutet, den es einnimmt.

Anmerkungen

1 Anne Fuchs, A space of Anxiety, S. 143. (Die Auflösung der Kurzzitate findet sich in der Bibliographie.)

2 Ebda, S. 145.

3 Ernestine Schlant, An Introduction, S. 75.

4 Vgl. Peter Demetz in: Frankfurter Allgemeine Zeitung.

[5] Bernhard Fetz, Erste Sätze, S. 135.
[6] Ernestine Schlant, An Introduction, S. 77.
[7] K. H. Kramberg in: Süddeutsche Zeitung.
[8] N. N. in: Der Spiegel.
[9] Ernst Gehmacher in: Literatur und Kritik.
[10] Elisabeth Pablé in: Die Wochenpresse.
[11] Joachim Schondorff in: Die Welt.
[12] Joachim Schondorff in: Der Morgen.
[13] Wolfgang Preisendanz, Komik als Komplement der Erfassung von Kontingenzen, S. 397.
[14] Jürgen Manthey in: Die Zeit.
[15] Anton Thuswaldner in: Salzburger Nachrichten.
[16] Frank Hartmann in: Der Standard.
[17] E[dwin] H[artl] in: Die Presse.
[18] Peter Demetz in: Frankfurter Allgemeine Zeitung.
[19] Michael Rohrwasser in: Frankfurter Rundschau.
[20] Wolfgang Preisendanz, Komik als Komplement der Erfassung von Kontingenzen, S. 397.

KOMMENTAR

Die im Kommentar genannten Quellen werden im Siglenverzeichnis auf S. 421 aufgelöst.

7 *der einschlägige Tote*: Wilhelm Drach (1859 bis 1935) stammte aus der Ehe von Alba Drach und dessen zweiter Frau, der Rabbinerstochter Lea Sperling, und ist väterlicherseits sephardischer Abkunft. Alba Drach besaß ein großes landwirtschaftliches Gut und soll sich wenig aus jüdischen Riten gemacht haben (siehe Z.Z. S. 231). Wilhelm studierte an der Universität von Czernowitz Mathematik und Philosophie, beendete sein Studium in Wien und war Mathematik- und Physiklehrer an einer Oberrealschule in Wien, bevor er als Beamter in die Länderbank eintrat, wo er Vorstandsmitglied wurde (siehe BK/1 S.48f.). In den Jahren 1929/30 war er Kultuspräsident der Synagoge in Mödling, obwohl er der Familientradition gemäß kein religiöses Leben führte.

jener Hans: Figur aus dem Grimmschen Märchen »Von einem der auszog das Fürchten zu lernen«.

8 *Mutter des Sohnes*: Jenny Pater (1875 bis 1939), verehelichte Drach, Albert Drachs Mutter, zweite Frau von Wilhelm Drach, gestorben im Spital der Israelitischen Kultusgemeinde. Die Vorfahren der Mutter stammten aus Mähren und waren aschkenasische Juden, die seit Generationen in Wien ansässig waren und in Meidling einen gut gehenden Kaufmannsladen betrieben. 1902 heiratete sie den um 16 Jahre älteren Wilhelm Drach, der eine Tochter aus erster Ehe mitbrachte. Am 17.12.1902 wird ihr einziges Kind, Albert, geboren.

Tochter aus erster Ehe: Alma Gartenberg (1895 bis 1961). Ihre Mutter, Amalie Pyrker, starb am 24.12.1895 an Kindbettfieber.

teilnahmsloser Gatte: Alexander Gartenberg (1894 bis 1965).

fünfzehnjähriges dralles Mädchen: Eleonore Gartenberg, geboren 1919, Tochter aus der Ehe von Alma und Alexander Gartenberg.

10 *das väterliche Haus*: 1917 erwirbt Drachs Vater den ehemaligen »Marienhof« in der Hauptstraße 44 in Mödling. 1938 wird das Haus arisiert, 1945 geht es aus deutschem Eigentum in das der russischen Besatzungsmacht über. Mit Bescheid vom 19.6.1948 erhält Albert Drach sein Eigentumsrecht zurück, erst ab 1955 kann er wieder vollständig über seine Räumlichkeiten verfügen. Mitte der sechziger Jahre nennt er sein Haus »Drach-Hof«. Seit 15.11.1976 ist der Drach-Hof denkmalgeschützt. Nach Drachs Tod, 1995, eröffnet seine Frau die Drach-Gedenkstätte.

11 *unter dem anderen Kanzler*: Der christlichsoziale Bundeskanzler Engelbert Dollfuß entmachtete am 4.3.1933 das Parlament und verbot in den nächsten Monaten zuerst die Kommunistische, bald darauf auch die Nationalsozialistische Partei Österreichs. Nach dem Bürgerkrieg im Februar 1934 folgte das Verbot der Sozialdemokratischen Arbeiterpartei Österreichs. Am 1. Mai 1934 verkündete Dollfuß eine neue Verfassung, die von ihm gegründete Vaterländische Front wurde Staatspartei, was den Beginn des austrofaschistischen Ständestaates markiert. Am 25.7.1934 wurde Dollfuß bei einem Putschversuch österreichischer Nationalsozialisten erschossen. Justizminister Kurt Schuschnigg schlug den Aufstand nieder und wurde am 29.7. zum österreichischen Bundeskanzler berufen; er setzte den autoritären Kurs seines Vorgängers fort.

12 *dreißigjährigen Sohn und die noch um drei Jahre ältere Tochter*: Hier weicht der Roman von Drachs Biographie ab. Drach war im Mai 1935 in seinem dreiunddreißigsten Lebensjahr. Seine Schwester Alma war sieben Jahre älter als er.

14 *Eine Statue der verstorbenen Frau (...) von Tilgner*: Drachs Vater war mit Viktor Tilgner (1844 bis 1896) befreundet, der als Bildhauer die Marmorbüste von Kaiserin Elisabeth im Volksgarten geschaffen hatte. Die Statue von Amalie Pyrker wurde den Kindern Albert und Alma gegenüber als Modell der Kaiserin Sisi ausgegeben.

18 *farbentragender Couleurstudent*: Albert Drach hat seinen Vater immer wieder als »Duellanten« charakterisiert, wohl auch um auf die Akzeptanz der jüdischen Familie im deutschnationalen Milieu hinzuweisen (siehe auch Kommentar zu S. 232).

19 *ruthenischer Arzt*: im Text auch der »Goldzahnblecker«. Drachs Freund Dr. Trybus, der den Sohn zum Gestapohauptquartier begleitet, um dessen konfiszierte Schreibmaschine zurückzubekommen (Z.Z. S. 271f., BK/2 S. XII, GM S. 88).

29 *Witwengewinst*: Gewinst, veraltetes Wort für Gewinn.

37 *ein Facharzt mit angehender Glatze*: Der Augenarzt Dr. Richard Thieberger, dem Drach gemeinsam mit seiner Frau (im Text die »Facharztgattin«) auch auf dem Weg ins französische Exil begegnet. Nach Drachs Rückkehr nach Österreich ist er ein Freund der Familie.

39 *jetzt noch herrschenden Partei*: Nach der Ermordung von Dollfuß wurde die Vaterländische Front zur einzig zugelassenen Einheitspartei, in der auch die Christlichsoziale Partei aufging.

53 *Der Schönling*: Drachs Studienkollege und philosophisch gebildeter Freund Ernst Gross, ein angehender Rechtsanwalt (siehe BK/1 S. 131, S. 148, S. 194).

54 *Nürnberger Gesetze*: Auf dem »Reichsparteitag der Freiheit« wurde am 15.9.1935 das »Reichsbürgergesetz« und das »Gesetz zum Schutze des deutschen Blutes und der deutschen Ehre« verabschiedet. Beide »Nürnberger Gesetze« degradieren die jüdischen Mitbürger zu »Staatsangehörigen« ohne politische Rechte. Als »Volljude« galt, wer von mindestens drei jüdischen Großeltern abstammte. Als Bürger minderen Rechts wurden auch »Mischlinge« eingestuft, die einen oder zwei jüdische Großeltern hatten, der jüdischen Religionsgemeinschaft angehörten oder mit einem »Volljuden« verheiratet waren. Das »Blutschutzgesetz« untersagte Eheschließungen zwischen Nichtjuden und Juden, der sexuelle Kontakt wurde unter Strafe gestellt. Die einzige Möglichkeit, sich vor der Diskriminierung durch die »Nürnberger Gesetze« zu schützen, war die Erbringung eines Ariernachweises.

57 *hochgewachsene blonde Frau (...) ihr düsterer Gatte*: Berta Riemerschmid (im Text meistens »Walküre«) und ihr Mann Werner Riemerschmid (im Text »der Plattchinese«). Werner Riemerschmid (1895 bis 1967) war Schriftsteller und von 1928 bis 1945 Dramaturg beim Wiener Rundfunk. Er war ein enger Freund Drachs und wichtiger literarischer Ansprechpartner (siehe auch Kommentar zu S. 212 und S. 256).

61 *seiner Schwester angesetzten Jause*: Alma Gartenberg, Drachs Halbschwester, führte in ihrer Wiener Wohnung in der Salesianergasse 33 einen Salon. Gäste waren unter anderen der Komponist Joseph Marx, die Schriftsteller Anton Wildgans und Franz Theodor Csokor, der Maler Bram Van Velde, dem Drach auch im Exil begegnet, der Komponist Wilhelm Kienzl und die Sängerin und Chemikerin Helene Viertaler. Die Art des gesellschaftlichen Umgangs, der hier miteinander gepflegt wurde, hat Drach zu seinem Protokoll »Apotheose der Langeweile« (entstanden 1929) inspiriert.

64 *Unterschleif*: veraltetes Wort für Unterschlagung.

68 *Gerüfte*: bezeichnet den »Gerichtsschrei« aus der Strafgerichtsbarkeit des Mittelalters. Ein Verbrecher sollte durch das »Gerüfte« seiner Entdecker, die laut hinausschrieen, daß er ein Dieb oder Mörder sei, an der Flucht gehindert werden. Unter ständigem »Gerüfte« wurde er zum Richter gebracht.

71 *Stadtstellwagen:* Straßenbahn oder Stadtbahn.

der zuständige Staatssekretär: Hans Hammerstein-Equord, 1934/35 Staatssekretär für Sicherheitswesen, 14.5.1936 bis 3.11.1936 Justizminister, 1935 bis 1938 Präsident des österreichischen PEN-Clubs, Schriftsteller (siehe auch GM S. 66f.).

77 *eiserner Kanzler*: Otto Fürst von Bismarck (1815 bis 1898), Gründer und erster Kanzler des Deutschen Reichs von 1871 bis 1890. Die Behauptung, wonach Bismarck jüdische Vorfahren hatte, hat sich nie bestätigt.

78 *Sabbatistentum*: Nach ihrem Gründer Sabbatai Zwi (1626 bis 1676) benannte messianische Bewegung im Judentum. Hauptcharakteristikum der Bewegung ist die Übertretung jüdischer Gebote (Antinomismus).

Herbst 1935: Noch unter Dollfuß hatte Österreich 1934 gemeinsam mit Italien und Ungarn die »Römischen Protokolle« unterzeichnet, die Österreichs Eigenstaatlichkeit sichern sollten. Dem war eine Drei-Mächte-Garantie (Großbritannien, Italien, Frankreich) vorangegangen. Im Februar 1936 nimmt Hitler die Ratifizierung des Beistandspakts zwischen der Sowjetunion und Frankreich durch das französische Parlament zum Anlaß, das entmilitarisierte Rheinland zu besetzen. Obwohl das deutsche Heer damals noch nicht kriegstauglich war, unternehmen Frankreich und Großbritannien, aber auch die Sowjetunion nichts. Im März 1936 reist Bundeskanzler Schuschnigg nach Rom, um sich weitere Unterstützung zu sichern, Mussolini rät bereits zur Verständigung mit Hitler. Am 1.11.1936 spricht Mussolini in einer Rede von der »Achse Berlin-Rom«.

83 *Braut des unglücklichen Dritten*: Frau des Augenarztes Thieberger (siehe Kommentar zu S. 37). Nichte des Gerichtsvorstehers Withofner, der am 26.4.1938 nicht einschreitet, als Albert Drach und der Mann seiner Nichte von Nationalsozialisten gezwungen werden, auf eine Leiter zu steigen und das Geschäftsschild eines Juden zu beschmieren (Z.Z. S. 290, GM S. 92). Nach dem Krieg wollte derselbe Mann von Drach entnazifiziert werden (BK/1 S. 1f.).

Genoveva: Die in mehreren Handschriften in verschiedenen lateinischen Fassungen erhaltene Legende von Genoveva, die von einem Laacher Mönch oder Geistlichen um 1400 verfaßt wurde, ist eine ins legendäre transportierte Redaktion des alten französischen Romanstoffes »Die Königin von Frankreich und der ungetreue Marschall«. Die populäre Sage erzählt von der standhaften Gräfin Genoveva, die ihrem Mann Siegfried treu bleibt, während er einen Kreuzzug ins Heilige Land unternimmt. Sein bester Freund, den sie nicht erhört hat, bezichtigt sie des Ehebruchs. Auf Befehl ihres davon verständigten Gatten soll sie den wilden Tieren im Wald vorgeworfen werden, überlebt aber mit Hilfe eines Jägers und einer Hirschkuh. Nach der Rückkehr bereut Siegfried seine Tat und geht zur Ablenkung auf Jagd in den Wald. Er ist froh, dort seine Frau wohlbehalten wiederzufinden. Friedrich Hebbel hat den Sagenstoff in der Tragödie »Genoveva« (1843) dramatisch bearbeitet.

87 *Reise nach östlichen Gegenden*: Ostpolen (damals Ostgalizien), wo die Familie Gartenberg Güter in den Karpaten und Ölquellen bei Drohobycz besitzt.

94 *Schlosse im Tschechischen*: In »Meine Gesammelten Mißerfolge« schreibt Drach von dem Schloß, das einem Onkel Ferry seines Freundes Robert gehörte und das vier Jahre nach seinem Besuch von »Hitlers Heydrich« übernommen wurde (GM

S. 68f.). Bei Robert handelt es sich um Robert Bloch-Bauer, der nach Amerika emigrierte, dort unter dem Namen Bentley lebte und nach 1945 mit Drach Kontakt hielt. Bei Ferry handelt es sich um den Zuckerindustriellen Ferdinand Bloch-Bauer, der in Wien und auf Schloß Brezan bei Prag lebte. Er war mit der Bankierstochter Adele Bauer verheiratet, die vor ihrem frühen Tod 1925 zweimal von Gustav Klimt porträtiert wurde. Reinhard Heydrich, der 1939 die Führung des SS-Hauptamtes Sicherheitspolizei in Berlin übernahm und 1941 mit der Durchführung der sogenannten »Endlösung der Judenfrage« betraut wurde, war ab September 1941 auf persönlichen Wunsch Hitlers Stellvertretender Reichsprotektor für Böhmen und Mähren. Er besetzte Schloß Brezan und starb am 4.6.1942 an den Folgen eines Anschlags.

99 *Enkelin eines dem Vater angefreundeten Sektionschefs*: Erika Schloßbauer, verehelichte Knopp, im Text auch als »Führerin der NS-Frauenschaft« bezeichnet. Ungeachtet ihrer nationalsozialistischen Einstellung hält sie auch nach dem Einmarsch Hitlers Kontakt zu Drach und hilft ihm gegen ihre Parteigenossen (Z.Z. S. 288). Für ihren Großvater, den Sektionschef Kundrath, führt Drach einen Prozeß, in dem der Mödlinger Gemeinde »Vergeudung öffentlicher Mittel« vorgeworfen wird (Z.Z. S. 108, siehe auch GM S. 70). Im französischen Exil wird Drach deswegen beschuldigt, Prozesse in nationaler Sache geführt zu haben. Nach Drachs Darstellung verhindert dies seine Anerkennung als politischer Flüchtling (UR S. 24, BK/2 S. XXIV, GM S. 73f.).

102 *tuberkulösen Krämers*: Lenz Grabner (im Text auch »der Greißlerdichter«), mit dem Drach vorübergehend in der Mödlinger Autorengruppe »Die Insel« verkehrt. Zu dieser Dichtergruppe gehörte auch Hanns Schopper, dessen Roman »Fritz kämpft um die Jugend« zu Hitlers Zeiten groß herauskommt. Drach will sich von der »Insel«-Gruppe zurückgezogen haben, als in der Zeitung stand, daß er ihr angehört (BK/1 S. 215f.).

108 *Zeit nach dem Kanzlermord (...) Bombe nicht einen Juden zerfetzen oder ein Schuß einen linken Politiker zu erledigen hatte*: Bei dem ermordeten Juden meint Drach den Juwelier Norbert

Futterweit, der am 12.6.1933 einem Anschlag österreichischer Nationalsozialisten zum Opfer fiel. In Futterweits Geschäft wurde vom arbeitslosen Kellner Josef Kreil ein Päckchen geschleudert. Als Futterweit es auf die Straße bringen wollte, explodierte es in seinen Händen, er und der Rentner Josef Hodik wurden getötet. Organisiert wurde das Attentat von Max Grillmayer. Außer Kreil waren drei weitere SA-Männer beteiligt. Das Attentat ereignete sich in der Meidlinger Hauptstraße 19, also in unmittelbarer Nähe des Lebensmittelgeschäfts von Drachs mütterlichen Verwandten auf Hausnummer 16-18. Der Anschlag auf Futterweit war neben einem Handgranatenanschlag auf eine Gruppe Hilfspolizisten in Krems am 19.6.1933 der Hauptgrund für das Verbot der NSDAP. Ein »linker Politiker«, der in der Zeit nach (oder etwas vor) dem Kanzlermord erschossen wurde, ist in der Literatur nicht auszumachen. Nach dem gescheiterten Putschversuch von 1934 änderte Hitler seine Strategie, es wurde nicht mehr auf eine Revolution, sondern auf diplomatischen und ökonomischen Druck gesetzt, der offene Terror ging zurück. Die überlieferten Opfer auf sozialistischer Seite, die bei gewaltsamen Zusammenstößen zwischen 1932 und 1938 ums Leben kamen, wurden nicht erschossen.

120 *philosophischen Exponenten des Positivismus*: Im ersten Entwurf zu Z.Z. nennt Drach Ernst Mach (1838 bis 1916) und Richard Avenarius (1843 bis 1896), auf dessen Empiriokritizismus sich Mach berufen hatte.

großen Ostpreußen: Immanuel Kant (1724 bis 1804). Drach hat den »Kategorischen Imperativ« für eine exemplarische Maxime gehalten und Kants praktischen Pragmatismus Schillers Idealismus vorgezogen (BK/1 S. 20, S. 131f., S. 150).

129 *einen früheren sozialistischen Parteiführer kaltmachte*: Ein ermordeter sozialistischer Parteiführer konnte im Österreich von 1934 bis 1938 nicht ausgemacht werden (siehe Kommentar zu S. 108f.).

130 *Ein Mädchen (...) wohlhabenden Liebhaber (...) bestatten und beerben durfte*: spektakulärer Kriminalfall aus den dreißiger Jahren. Martha Marek wurde 1938 hingerichtet (Z.Z. S. 136).

138 *weil Hitler dieses Reiseziel mit hohen Auflagen belegte*: Am

27.5.1933 verhängte die deutsche Regierung die sogenannte Tausendmarksperre. Reichsangehörige durften nur mehr nach Österreich fahren, wenn sie 1000 Mark entrichteten. Der Beschluß war gegen den österreichischen Fremdenverkehr gerichtet und ist eine Antwort auf die am 15.5. verfügte Ausweisung des Reichsjustizkommissars Hans Frank aus Österreich. Bundeskanzler Engelbert Dollfuß reagierte darauf am 19.6. mit dem Verbot der NSDAP, das allerdings auch mit nationalsozialistischen Terroranschlägen begründet war (siehe Kommentar zu S. 108f.). Am 11.7.1936 wurde diese Maßnahme wieder aufgehoben.

141 *Er selber aber wolle Hitler umbringen*: Zum angekündigten Tyrannenmord, den Drach immer für sinnvoll hielt, da nicht anzunehmen sei, »daß bei Zusammenbruch des einen schon vorhandenen Exemplars der Personifikation so rasch ein anderes an dessen Stelle treten könnte«, kommt es nicht (Z.Z. S. 228). Literarische Ersatzhandlung ist Drachs »Kasperlspiel vom Meister Siebentot«, in dem er Hitler zu einem »Wurstel«, einer leb- und wesenlosen Strohpuppe stilisiert, die kraft der Wort- und Blutspenden der Umgebung nach und nach das alles beherrschende Böse verkörpert (siehe auch Z.Z. S. 161, S. 222, S. 227, S. 262). Drachs These von der die Dummheit und Bosheit des Volkes potenzierenden »Personifikation Hitler« gründet ursprünglich in der Lektüre der noch unredigierten Originalfassung von »Mein Kampf« (1925), aus der Rudolf Hess noch nicht die ärgsten Ungereimtheiten beseitigt hatte. Drach hatte anläßlich einer Capri-Reise 1933 ein Widmungsexemplar aus der Bibliothek des Biene-Maja-Autors Waldemar Bonsels (1880 bis 1952), in die Hände bekommen (Z.Z. S. 323f., BK/1 S. 6f., GM S. 73).

144 *Vaterleihmanscher*: populäres Kinderspiel (auch »Bäumchen wechsle dich«), bei dem die Kinder einen rettenden Baum erreichen müssen, den sie in der nächsten Spielrunde aber wieder wechseln müssen, immer in Gefahr, vom jeweiligen Verfolger erwischt zu werden.

145 *Trotzdem lehnte der Sohn den Richter ab*: Es muß sich im gegenständlichen Fall um einen Richter bei einem Sondergericht gehandelt haben, wofür die hohe Anzahl der Todesurteile spricht.

147 *Ladnerin*: veraltet für Verkäuferin.

150 *Italiens Faschistenführer*: Ende August 1935 hatte Mussolini die Schutzfunktion Italiens für Österreich durch einen persönlichen Besuch am Brenner unterstrichen. Auf der Konferenz der Staaten der »Römischen Protokolle« (Italien, Ungarn, Österreich) im März 1936 wurden Zusatzprotokolle über gegenseitige Absicherungen geschlossen (siehe auch Kommentar S. 78). Am 11.7.1936 wird das sogenannte »Verständigungsabkommen« zwischen Österreich und dem Deutschen Reich unterzeichnet. Österreich bekennt sich als ein deutscher Staat, Hitler garantiert diesem Staat die volle Souveränität. Während Hitlers Garantie einer jederzeit widerrufbaren Willenserklärung gleichkommt, werden Österreich konkrete Gegenleistungen abverlangt. Dazu gehört die Zusage, den nationalsozialistischen Vertrauensmann Edmund Glaise-Horstenau und den Kabinettsvizedirektor Guido Schmidt in die Regierung aufzunehmen. Am 12.8.1936 warnt der Duce den österreichischen Militärattaché Emil Liebitzki vor Adolf Hitlers Aggressionsplänen. Vom 21. bis 23.4.1937 verlaufen Gespräche des Bundeskanzlers in Italien ohne greifbares Ergebnis. Bereits am 26.4. beraten der Deutsche Reichsminister Hermann Göring und Mussolini bei politischen Gesprächen in Rom auch über Österreich.

151 *typischen Züge eines Ostjuden*: Die Begegnung des Sohnes mit einem ostjüdischen Hausierer ist eine Schlüsselstelle in »Z. Z.« Der Besuch veranlaßt den Sohn zu der Frage, ob es sich um die Erscheinung einer Gottheit gehandelt haben könnte und inspirierte Drach zu seinem ersten Roman »Das große Protokoll gegen Zwetschkenbaum«, der 1939 in Nizza entstand (siehe Z. Z. S. 150ff., S. 211, S. 223f., S. 267, S. 318, S. 339f.).

154 *die Verteidigung der Heiligkeit des Papstes Alexander VI. durch einen Jesuiten*: Alexander VI. (1492 bis 1503) gehört zu den berüchtigtsten Päpsten der Kirchengeschichte. In seine Zeit fällt die Hinrichtung des Reformers Girolamo Savonarola (1452 bis 1498). Im 16. Jahrhundert wurde Alexander VI. zum zentralen Objekt der Auseinandersetzung mit den protestantischen Kritikern des Papsttums. Bei dem genialen Verteidiger könnte es sich um Petrus Canisius (1521 bis 1597) handeln.

156 *christlicher Messias (...) Abschrift der Bergpredigt*: Drach hat sich unter anderem in seinem Essay »Zur Lösung der Antisemitenfrage« ausführlich mit der Entstehung des Antisemitismus aus christlichem Geiste auseinandergesetzt. Ein Disput zur fehlerhaften Abschrift der Bergpredigt und zum Gebot der Nächstenliebe findet sich in UR S. 216f.

Gottesmord: Der Vorwurf des Gottesmordes an das jüdische Volk, der die Kirchengeschichte über Jahrhunderte bestimmte und erst durch das »Zweite Vatikanische Konzil« widerrufen wurde, ist eine der wichtigsten Grundlagen des Antisemitismus.

Auch Luther blies ins selbe Horn: Luther veröffentlichte 1523 die Schrift »Dass Jesus Christus ein geborener Jude sei« und empfahl den Christen, die Juden nicht zu verachten; als die Juden nicht zum Protestantismus konvertierten, änderte er seine Haltung. 1543 erschien »Von den Juden und ihren Lügen«, worin er die Juden zu öffentlichen Feinden erklärt. Er wirft ihnen Rachsucht und Mordlust vor und empfiehlt, ihre Häuser zu zerstören, ihre Synagogen und Schulen in Brand zu setzen und sie wie »tolle Hunde hinauszujagen«.

157 *antisemitische Ideologe (...) schwarzen Liste*: ein »antisemitischer Ideologe«, der mit seinem Vater eine Ausnahme gemacht haben soll, ist Georg Richard von Schönerer (1842 bis 1921) einer der Vordenker Hitlers.

158 *Josephus Flavius*: Der römische Geschichtsschreiber schrieb nach dem Fall Jerusalems im Jahr 70 in Rom »Die Geschichte des Jüdischen Krieges«. Sein Werk gilt neben den Annalen von Tacitus als die einzige außerbiblische Quelle für die Existenz Jesu. Allerdings fällt die betreffende Stelle völlig aus dem Kontext des Buches und wurde möglicherweise erst im christlichen Rom Kaiser Konstantins eingefügt.

159 *Drews' Behauptung*: Der Philosoph Arthur Drews (1865 bis 1935) hat in »Die Christusmythe« (1909 bis 1911) die historische Existenz von Jesus in Abrede gestellt. Drach hält die Leugnung des realen Jesus für die christlichen Kirchen offenbar für verkraftbarer als die Darstellung eines jüdischen Jesus in Wort (»Der Jesus aus dem altslawischen Text einer bulgarischen Kirche«) und Bild (»Zeichnungen Rembrandts von Jesus unter den Jüngern zu Emmaus«).

Welt nicht an seinem Finger laufen (...) größte deutsche Dichter (...) größten jüdischen Philosophen: Goethes Verse aus dem Gedicht »Prooemium« »Was wär ein Gott, der nur von außen stieße / Im Kreis das All am Finger laufen ließe« beziehen sich direkt auf Giordano Brunos Auffassung, daß keine außerhalb der Welt angesiedelte Intelligenz existiere. Der »größte jüdische Philosoph«, mit dem sich Goethe einig weiß, ist Spinoza. Seine Aufhebung des Dualismus durch ein monistisch-pantheistisches System, sein Gott-Natur-Gedanke, hat außer Goethe auch Lessing, Herder und nicht zuletzt Drach beeinflußt.

bärtigen kleinen Chefredakteur: Hans Liebstöckl (1872 bis 1934), Theater- und Musikkritiker, zeitweiliger Chefredakteur des *Neuen Wiener Extrablatt*. Albert Drach wurde durch seinen Mentor Anton Wildgans mit Hans Liebstöckl bekanntgemacht. Der soll seinem »Satansspiel vom göttlichen Marquis«, das Drach 1928 für den Kleistpreis eingereicht hatte, einiges abgewonnen haben. Er empfahl ihm aber, »sich von diesem Scheusal ab- und anderen Stoffgebieten zuzuwenden« (BK/1 S. 205).

161 *Ein sehr geschwätziger Literat*: Friedrich Schreyvogl (1899 bis 1976), Schriftsteller, Dramaturg, 1954 bis 1961 stellvertretender Direktor des Wiener Burgtheaters.

163 *Staatspreis für Musik (...) für die Moderne*: Hans Erich Apostel (1901 bis 1972), Schüler Arnold Schönbergs und Alban Bergs, Vertreter der zweiten Generation der Wiener Schule. 1956 erhielt er gemeinsam mit Otto Siegl den »Großen Österreichischen Staatspreis für Musik«. Apostel war nach dem Krieg mit Drach befreundet.

gewaltigen Musikers: Joseph Marx (1882 bis 1964), österreichischer Komponist. Bis zu Drachs Umzug nach Mödling (1919/20) bewohnten sie im dritten Wiener Bezirk in der Traungasse gegenüberliegende Häuser, Drach auf Nummer 1, Marx auf Nummer 6 (siehe BK/1 S. 120 und S. 211). Vor 1938 verkehrte Marx auch häufig im Salon von Alma Gartenberg (siehe Kommentar zu S. 61f.). Nach Drachs erster Rückkehr aus der Emigration im Oktober 1947 führte ihn einer seiner ersten Besuche zu Joseph Marx (siehe B S. 93).

167 *ein Anwaltskollege*: Dr. Klimesch, den Drach im Roman »Das

große Protokoll gegen Zwetschkenbaum« unter dem Namen Schimaschek verewigt hat (siehe BK/1 S. 236).

174 *nationalen Kurpfuscherin*: Drach gewinnt den im Namen seines Klienten Dr. Thieberger geführten Prozeß gegen Frau Sukowaty. Nach dem »Anschluß« Österreichs fordert sie durch ihren Anwalt die Prozeßkosten zurück. Als er sich weigert zu zahlen, wird Drach zusammengeschlagen (siehe Z. Z. S. 268 und S. 313 sowie BK/1 S. 33).

177 *Ein Herr, der Onkel zu nennen war*: Rodolphe Lebel, pensionierter Friedensrichter, dessen Gast Drach zu Beginn seiner Emigration in Frankreich war (siehe Aus S. 14 und S. 136f., BK/2 S. 56 und S. 58, UR S. 41).

179 *der von einem österreichischen Dichter poetisch verklärten Treppe der Orangerie*: Rainer Maria Rilke »Die Treppe der Orangerie« (Paris 1906).

180 *Triumphbogen (...) unbekannter Soldat*: Der Grundstein zum berühmtesten Triumphbogen der Welt wurde ein Jahr nach Napoleons Sieg bei Austerlitz gelegt (1806). Das Grab eines unbekannten Soldaten aus dem Ersten Weltkrieg ist das erste seiner Art.

Minister aufrecht beerdigt stand: Hier dürfte es sich um eine Verwechslung handeln. Das Gerücht, stehend beerdigt worden zu sein, bezieht sich auf Georges Clemenceau (1841 bis 1929), zweimaliger französischer Ministerpräsident, der nach dem Ersten Weltkrieg für harte Friedensbedingungen gegen Deutschland eintrat. Begraben ist er in dem kleinen Ort Colombier neben seinem Vater und nicht beim Arc de Triomphe.

Friedrich Rotbart: Friedrich I. Barbarossa (1122/25 bis 1190), aus dem Geschlecht der Staufer, 1152 bis 1190 König der Deutschen, 1155 bis 1190 Römischer Kaiser. Das »Volksbuch von Friedrich Barbarossa« (1519) übertrug die an mehrere Herrscher (unter anderem an Karl den Großen sowie an Friedrich II.) anknüpfende Kaisersage zum ersten Mal auf Barbarossa: In einen hohlen Berg entrückt, als Bewohner des »Kyffhäuser«, wartet er auf seine Wiederkunft.

Stückes eines nordischen Dichters: August Strindberg (1849 bis 1912): Gemeint ist das Schauspiel »Rausch« (1899), vierter Akt, erste Szene (vgl. LoN S. 103).

180 *Paris des großen Karl (...) Sachsentaufe*: Karl der Große (768 bis 814) verstand sich sowohl als Schutzherr Roms wie auch Jerusalems. Seinen längsten und grausamsten Krieg, der 30 Jahre dauerte, führte er gegen die Sachsen, die er nach ihrer endgültigen Niederlage um 776 zwangstaufen ließ. Damit wurde er zum Begründer der abendländisch-christlichen Epoche.

181 *kitschigen Glöckners (...) fruchtbarster und oberflächlichster Routinier*: Victor Hugo (1802 bis 1885) »Der Glöckner von Notre-Dame« (1831/32).

eines gleichgesinnten Autors: möglicherweise Eugène Sue (1804 bis 1857) mit seinem Roman »Die Geheimnisse von Paris« (1843), der in den dreißiger Jahren sehr populär war. In Drachs Bibliothek findet sich die Originalausgabe »Mystères de Paris« von 1843.

183 *zweitgrößten deutschen Dichter (...) französischen Autor des Pornographen:* Friedrich Schiller (1759 bis 1805) hatte einige der sogenannten Sittenromane des Schriftstellers Rétif de la Bretonne (1734 bis 1806) gelesen, der unter anderem durch »Der Pornograph« und »Anti-Justine« bekannt wurde. Seine Begeisterung für den »fürchterlichen Rétif de la Bretonne« befremdete Charlotte von Kalb (vgl. Schillers Gespräche in: Schillers Werke, Nationalausgabe, 42. Band, hrsg. von Norbert Oellers und Fritjof Stock, Weimar 1967, S. 254). Albert Drach beschuldigt den Autor der »Anti-Justine« allerdings der Diffamierung des Marquis de Sade, dem dieser unterstellt habe, die in seinen Werken beschriebenen Vergehen tatsächlich begangen zu haben. Zur »Anti-Justine« schreibt Drach: »Durch diese Arbeit sollte der Marquis einerseits an Obszönität überboten und anderseits wegen derselben bloßgestellt werden.« (In Sachen de Sade, S. 11f.)

weibergeringschätzender Schwede: August Strindberg.

187 *Dichter mit großer Nase*: Cyrano de Bergerac (1619 bis 1655).

197 *Der nationale Diagnostiker war vom Chefarzt*: ersterer wahrscheinlich Dr. Gorhan, von Drach als gutartiger, nationaler Arzt charakterisiert (BK/1 S. 233 und S. 261), letzterer Dr. Stöhr (BK/1 S. 233f., S. 259, S. 261, siehe auch Z.Z. S. 209).

209 *ältere Schwester (...) Denunziation durch einen Assistenzarzt*: Helene Kafka (Schwester Maria Restituta, 1894 bis 1943), Ordensfrau und Operationsschwester am Städtischen Krankenhaus in Mödling. Wegen »Feindbegünstigung und Vorbereitung zum Hochverrat« von den Nationalsozialisten hingerichtet, 1998 seliggesprochen. Als Assistenzarzt nennt Drach Dr. Stummvoll (eigentlich Lambert Stumfohl), als Primar Dr. Stöhr (BK/1 S. 259).

210 *der erste französische Lexikograph*: wahrscheinlich Pierre Larousse (1817 bis 1875).

213 *Vortrag im Rundfunk*: Werner Riemerschmid vermittelt Drach im November 1937 einen Auftritt im Rundfunk, bei dem er seinen Gedichtzyklus »Entblößungen beim Zähneblecken« vorträgt (BK/1 S. 216, siehe auch Z. Z. S. 215).

215 *Einführer (...) jüngst verstorbenen Einzelgänger*: Leopold Liegler (1882 bis 1949) veröffentlichte 1920 die Biographie »Karl Kraus und sein Werk«.

feuerfarbenen Heften: Karl Kraus (1874 bis 1936) veröffentlichte 1911 in der *Fackel* das Pamphlet »Die Schere im Kopf oder Heine und die Folgen«. Albert Drach wendet sich in seinem Essay »Karl Kraus und die Folgen« dezidiert gegen Kraus (siehe auch GM S. 75f.).

220 *die junge Wirtin (...) ein Wurstel*: In seinem »Kasperlspiel vom Meister Siebentot« stellt Drach Hitler als Kasperl dar (siehe auch Kommentar zu S. 141). Drach hat die Entstehung des »Kasperlspiels« später mit 1935 angesetzt und nicht mit 1937. Die Geschichte mit der Wirtin, die ihn im »Kasperlspiel« zur Figur der lieblichen »Amanda« inspirierte, erzählt Drach auch in dem autobiographischen Text »Lunz« (entstanden 1982).

224 *der ständig stärker werdende Druck Hitlers*: Am 24.6.1937 erläßt der deutsche Reichskriegsminister Blomberg eine Weisung, die auch den »Fall Otto«, die militärische Intervention in Österreich, behandelt. Am 5.11.1937 erläutert Hitler seine Expansionspläne. Am Anfang müsse die Angliederung Österreichs und der Tschechoslowakei stehen.

höherer Postbeamter: Arthur Neville Chamberlain (1869 bis 1940), britischer Politiker, 1922/23 Generalpostmeister, 1937 bis 1940 Premierminister, glaubte durch eine Politik des Appeasement einen Krieg mit Hitler verhindern zu können.

deutscher Herr: wahrscheinlich der Nationalsozialist Arthur Seyß-Inquart, der am 17.6.1937 zum Staatsrat ernannt wurde. Drach meint hier wohl seine Funktion für das Deutsche Reich und nicht die Herkunft; Seyß-Inquart war Österreicher und Rechtsanwalt in Wien.

225 *Rabbiner*: der Mödlinger Rabbiner Schweiger. Er wird nach Einmarsch der Nationalsozialisten 1938 nach Minsk deportiert, wo er ermordet wird.

226 *jüdischer Redakteur oder Bücherschreiber*: Hugo Bettauer, geboren 1877, ermordet 1925 von Otto Rothstock. Bettauer war Herausgeber der Wochenschrift für Lebenskultur und Erotik *Er und Sie*, später in *Bettauers Wochenschrift* umbenannt. Der 21jährige Attentäter war Mitglied der NSDAP und trat vor seinem Mordanschlag aus der Partei aus, um diese nicht zu belasten. Trotz der Vorsätzlichkeit des Mordes wurde er freigesprochen, die Gerichtsmediziner attestierten ihm »Jugendirresein«.

228 *Fleisch des Juden aus Zypern (...) ein florentinischer Autor (...) große Brite*: Eine der Quellen für Shakespeares Drama »Der Kaufmann von Venedig« (1596/97) war eine Novelle von Giovanni Fiorentino, die in der Sammlung »Pecorone« (1558) veröffentlicht wurde. Fiorentino hatte seinerseits auf die römischen Rittergeschichten »Gesta Romanorum« (1340) zurückgegriffen. Während bei Fiorentino und Shakespeare die Kontrahenten ein Kaufmann und ein Jude sind, handelt es sich in dem ursprünglichen Stoff um einen Kaufmann und einen Ritter. Drach behauptet allerdings, daß es einen historischen Fall aus der Zeit Shakespeares gegeben habe, bei dem das Fleisch des Juden verwettet wurde. Papst Sixtus V. soll das mit einem Todesurteil geahndet haben, das über den Juden und den Kaufmann verhängt wurde, milderte dieses Urteil dann aber zum Wohle der Kirche in Vermögensentzug für beide Kontrahenten (BK/1 S. 14). Drach hat in seinem Stück »Wessen Fleisch« eine Revision der Shakespeareschen Version vorgenommen.

Kanzler nach Berchtesgaden: Am 12.2.1938 kommt es im

Berghof auf dem Obersalzberg zu einer Begegnung zwischen Schuschnigg und Hitler. Am 15.2.1938 bildet Schuschnigg seine fünfte Regierung mit Arthur Seyß-Inquart als Innenminister.

229 *jüdischen Holzhändler (...) den Wald gerettet habe*: Als »Retter des Wienerwaldes« gilt Josef Schöffel (1832 bis 1919), der von 1873 bis 1882 Mödlinger Bürgermeister war. Karl Kraus hob dessen Leistungen in der *Fackel* hervor (Nr. 78, Mai 1901, S. 1-5).

231 *Großvater von Vaterseite*: Alba Drach, Dorna Watra, Bukowina (siehe Kommentar zu S. 7).

232 *mit einem Prinzen*: Drach erzählte, daß sein Vater dem Prinzen von Thurn und Taxis nach dem fast letalen Zweikampf zur Wiedergutmachung eine goldene Uhr geschenkt haben soll. Als der Ritter von Schönerer von der Causa erfuhr, soll er Wilhelm Drach einen Brief geschrieben haben, des Inhalts, daß er diese Uhr hätte behalten können, denn ihm wäre es eine Ehre gewesen, Wilhelm Drach aus der Misere zu helfen. Drach will diesen Brief in die Emigration mitgenommen haben, wo er allerdings verloren ging (siehe auch Kommentar zu S. 157).

233 *Bericht der alten Dame*: Bei der »alten Dame« handelt es sich offenbar um die Mutter von Drachs außerehelicher Halbschwester Valerie Stehlik. Bei Valerie hat Drach nach seiner Rückkunft aus Frankreich vorübergehend Unterkunft gefunden (siehe B S. 94f.).

234 *Gerichtsvorsteher*: in BK/1 S. 208 spricht Drach von Dr. Triebenbacher.

235 *besonders begabten jüdischen Schulfreund*: Paul Serwischer (im Text auch »Der Hinkende«), den Drach als den intelligentesten Menschen bezeichnete, den er je gekannt habe.

240 *ein damals berühmter Autor*: Anton Wildgans (1881 bis 1932).

244 *Vetter*: Sohn von Gisela, der ältesten Schwester von Drachs Mutter. Drach nennt ihn nicht beim Namen, erzählt seine Geschichte aber in diversen Versionen (siehe BK/1 S. 74f., BK/2 S. I, GM S. 78).

246 *die Stimme des langen Bundeskanzlers*: Bundeskanzler Schuschnigg hatte am 9.3.1938 die Abhaltung einer Volks-

befragung über die Selbständigkeit Österreichs für den 13.3. bekanntgegeben. Am 10.3. gibt Hitler dem Generalstabschef General Ludwig Beck den Befehl zum Einmarsch in Österreich. Am 11.3. tritt Schuschnigg zurück, Bundespräsident Miklas akzeptiert eine nationalsozialistische Regierung unter Seyß-Inquart. Am 12.3. beginnt der Einmarsch deutscher Truppen in Österreich.

249 *Motorradfahrer*: siehe auch BK/2 S. I.

251 *Markengauner*: Konrad Hawel (im Text auch »Herr Meineid«), in Drachs Schreibweise »Havel«, soll sich Hoffnung auf die Gauleiterstelle von Niederdonau gemacht haben, was durch eine Intervention von Drachs Sekretärin, die seinen Prozeßakt weiterleitete, vereitelt wurde (Z. Z. S. 281). Nach Drachs Flucht lud er in seiner Funktion als »stellvertretender Kreisleiter des Kreises Wien V«, zu dem Mödling gehörte, wiederholt Drachs Mutter vor, um die Adresse des Sohnes in Frankreich ausfindig zu machen. 1934 war Hawel als Illegaler in Anhaltehaft, später Träger des Goldenen Ehrenzeichens der NSDAP. Am 5.3.1949 wurde er vom Volksgerichtshof in Wien zu zwei Jahren schweren Kerkers und Vermögensentzug verurteilt. Am 13.7.1949 wurde er von Bundespräsident Renner begnadigt (siehe Kommentar zu S. 252, siehe auch Z. Z. S. 280f., BK/1 S. 32, BK/2 S. II).

252 *der neue Bürgermeister*: Gustav Hartmann, Bürgermeister von Mödling (12.3. bis 14.10.1938), vom 15.10. 1938 bis 31.8.1954 war Mödling der 24. Bezirk Wiens. In einem Brief an Lilly Wildgans aus Nizza von 27.9.1946 (Handschriften-, Autographen- und Nachlaß-Sammlung der ÖNB, NL Anton Wildgans), schreibt Drach in bezug auf Berta Riemerschmid, die ihm geholfen hatte: »Wenngleich ich mein Leben längst nicht mehr hoch veranschlage, so danke ich es ihr doch, da sie mir das seitens der Parteibonzen Konrad Havel und des bürgermeisterlichen Lumpenhundes Hartmann gegen mich ergangene private Todesurteil rechtzeitig zur Kenntnis brachte« (siehe auch Kommentar zu S. 251 und S. 334).

253 *Hitler angeblich nichts einfiel*: Albert Drach hat diesen so berühmten wie mißverständlichen Satz von Karl Kraus aus

»Die dritte Walpurgisnacht« (entstanden 1933, erste vollständige Veröffentlichung erst 1952) immer wortwörtlich genommen.

256 *Der Plattchinese und dessen Walküre*: Werner und Berta Riemerschmid hielten auch nach dem Einmarsch Hitlers Kontakt zu Albert Drach, rechneten aber mit Verständnis für ihren opportunistischen Weg. Riemerschmid war ein frühes Mitglied des Bundes der deutschen Schriftsteller Österreichs (siehe Drachs Denazifizierungsbrief an W. R. vom 17. 8. 1948, Österreichisches Literaturarchiv der ÖNB, NL Albert Drach).

259 *Schloßherrn nächst Prag*: Ferdinand Bloch-Bauer (siehe Kommentar zu S. 94).

260 *bekannter Kulturgeschichtler*: Egon Friedell (1878 bis 1938), der am 16. 3. 1938 Selbstmord beging.

ein Theaterdirektor: Rudolf Beer (1885 bis 1938) nahm sich nach dem Einmarsch Hitlers das Leben. 1924 bis 1932 war er Leiter des Deutschen Volkstheaters in Wien, 1932/33, als Nachfolger von Max Reinhardt, Direktor des Deutschen Theaters in Berlin, 1933 bis 1938 Direktor der Scala in Wien.

Legitimistenführer: Generalmajor Emil Sommer, im Ersten Weltkrieg vielfach ausgezeichnet, hatte 1932 den »Bund jüdischer Frontsoldaten« gegründet. Sommer wurde vorübergehend wieder aus der Haft entlassen, schließlich mit seiner Frau Anna nach Theresienstadt deportiert, wo er als privilegierter Häftling überlebte (siehe auch Z. Z. S. 346).

Kronprätendenten: Otto von Habsburg (geb. 1912).

die besten deutschen Dichter außer einem: Gerhart Hauptmann (1862 bis 1946) blieb nach 1933 in Deutschland, seine Werke wurden weiterhin aufgeführt und verfilmt.

ein Gleiches freiwillig in Österreich nur ein einziger getan: Franz Theodor Csokor (1885 bis 1969), Schriftsteller, Emigration 1938. 1947 bis 1969 war er Präsident des österreichischen PEN-Clubs. Drach, der mit Csokor schon vor dem Krieg bekannt war, schloß nach seiner Rückkehr mit ihm Freundschaft.

267 *Die Juden hatten ihr Vermögen zu deklarieren, durften nur mit geringfügigen Beträgen außer Landes*: Im Beiblatt zur

Vermögensanmeldung (Österreichisches Staatsarchiv, Nr. 16181, Stand 27.4.1938) merkte Drach an, daß von einem eigentlichen Betriebsvermögen nicht mehr die Rede sein könne, da bereits am 28.4.1938 auf die Ausübung der Rechtsanwaltschaft verzichtet wurde. Bezüglich seiner Außenstände listet Drach uneinbringliche und nur im Prinzip einbringliche auf, bei letzteren handelt es sich um Forderungen an Klienten, die zahlungsfähig wären, aber ihre Zahlungen nicht leisten, und unter den gegebenen Verhältnissen auch nicht gerichtlich belangt werden können. Die Summe, die ausreisewilligen Juden zur Mitnahme zugestanden wurde, belief sich auf 30 Reichsmark.

Rabbi: siehe Kommentar zu S. 225.

270 *Faustschlages*: Drach beschreibt diese Attacke auch in BK/1 S. 32f. und BK/2 S. IV. Er führt seine Sehschwierigkeiten im Alter unter anderem auf diese frühe Verletzung zurück.

junge Kollege: Dr. Otto Peznek (siehe Kommentar zu S. 276).

271 *Goldzahnblecker*: siehe Kommentar zu S. 19.

276 *aus Albanien heimgekehrter Nationaler*: Der Parteigenosse Rumboldt, der 1938 die kommissarische Verwaltung von Drachs Haus übernahm. Es handelt sich um jenen Parteigenossen, der im Denunziationsschreiben des Ortsgruppenleiters an die »Kreisleitung Wienerwald« vom 19.10.1938 erwähnt wird. Dieses Schreiben wurde nach 1945 beim Sturm auf das Gestapogebäude in Mödling gefunden und Albert Drach von seinem Freund Otto Peznek übergeben (siehe B S. 99), es ist im Nachlaß erhalten.

277 *Meineid*: siehe Kommentar zu S. 251.

278 *Gott seinem Propheten*: Das Gedicht gehört zum Zyklus »Entblößungen« und ist in zwei Versionen in dem Band »Gottes Tod ein Unfall. Dramen und Gedichte«, Hamburg und Düsseldorf 1972, abgedruckt.

280 *26. April*: Die hier beschriebene Szene hat Albert Drach in vielen seiner autobiographischen Schriften und unzähligen Gesprächen immer wieder rekapituliert (BK/1 S. 3f., BK/2 S. V, GM S. 90ff.). Historisch nachweisbar ist sie nicht, da sie von keinen Zeitzeugen mehr bestätigt werden kann. Nicht zu bezweifeln ist, daß Drach wie seine anderen jüdischen Mit-

bürger Opfer des nationalsozialistischen Mobs in Mödling wurde. Er selbst hat immer auf der exakten Faktizität der von ihm beschriebenen Ereignisse bestanden. (Zur Verfolgung der Juden in Mödling siehe: Roland Burger und Franz Rinner: Ausgelöscht. Vom Leben der Juden in Mödling. Mödling/Wien 1988.)

Bezirksstellenleiter (...) Herr Meineid: siehe Kommentar zu S. 251.

281 *Bruder eines Greißlers*: siehe Kommentar zu S. 278.

288 *Enkelin des Sektionschefs*: Erika Schloßbauer (siehe Kommentar zu S. 99).

289 *dichtenden Greißler*: Lenz Grabner (siehe Kommentar zu S. 102 und S. 278).

290 *wienerwaldrettenden Bürgermeisters*: Josef Schöffel (siehe Kommentar zu S. 229).

facharztverschwägerten Richters: Dr. Withofner (siehe Kommentar zu S. 83).

Ladenschwengel: abwertendes Wort für jungen Verkäufer.

292 *Ausübung der Rechtsanwaltschaft*: Am 28.4.1938 schließt Drach seine Anwaltskanzlei. Die *Österreichische Volkszeitung* hatte schon am 13.3.1938 von einer Verfügung des Justizministers berichtet, derzufolge alle jüdischen und halbjüdischen Richter und Staatsanwälte ihres Amtes zu entheben, Anwälte und Notare mit einer Berufssperre zu belegen seien.

Anwalt streng katholischer Gesinnung: Dr. Kamenitzy (siehe BK/2 S. XIII).

Kanzleibeamte: siehe BK/1 S. 5f. und BK/2 S. V.

296 *26. April*: siehe Kommentar zu S. 280ff.

299 *im Braunen Hause vorgefundenen stampiglierten Anzeige des Deutschskipetaren*: siehe Kommentar zu S. 276.

Hausbesorger: Herr Polzer (siehe Denunziationsschreiben, Kommentar zu S. 209).

306 *junge Kollege*: Dr. Otto Peznek (siehe Kommentar zu S. 276).

307 *Schloßbesitzer*: siehe Kommentar zu S. 94.

309 *Der blonde Komponist und Sohn eines österreichischen Dichters*: Friedrich Wildgans (1913 bis 1965), Sohn von Anton Wildgans. Verbreitet als »Berghofbauer« Schriften gegen den Nationalsozialismus, von 1940 bis 1945 inhaftiert. Ab 1948

Präsident der »Internationalen Gesellschaft für Musik«. Ab 1957 Professor an der Wiener Musikakademie. Freund Albert Drachs; er vertont Drachs »Kasperlspiel vom Meister Siebentot« (die Vertonung ging in der Emigration verloren) und »Das Aneinandervorbeispiel für eine Verstorbene« (Hörspiel, Ö1, 17.12.1977).

turanischer Abstammung: Turan, Tiefland in Mittelasien.

310 *Remedur*: Abhilfe, Abstellung eines Mißbrauchs.

313 *Heeresdienststelle*: Zum Versuch, durch das Militär die Enteignung des Hauses zu stoppen, siehe auch BK/2 S. XIII. Die Maßnahme erwies sich als Bumerang. In dem Schreiben des Ortsgruppenleiters an die Kreisleitung vom 19.10.1938 wird die Unterbringung einer Wehrdienststelle im Hause Drach als einer der Gründe für die Notwendigkeit der kommissarischen Verwaltung durch den Parteigenossen Rumboldt angeführt (siehe Kommentar zu S. 276).

Augenboxer: siehe Kommentar zu S. 270.

316 *Als König*: Diese Aussage ist in Zusammenhang mit Albert Drachs frühem Stück »Atlantis« zu sehen, in dem er sich zum unsterblichen König des untergegangenen Eilands stilisiert.

318 *Botschafter der brüderlichen Republik*: André François-Poncet, der damalige französische Botschafter in Berlin, stand vor seiner Versetzung nach Rom. Sein Rat, abzuwarten, bis Hitler das Sudetenland verlangen, aber nicht bekommen würde, verführte Drach dazu, seine Ausreiseangelegenheiten äußerst nachlässig zu behandeln.

323 *erfolgreichen Autors*: Waldemar Bonsels (siehe Kommentar zu S. 141).

327 *ein finsterer Kaiser*: Tiberius (42 v. bis 37 n. Chr.), römischer Kaiser von 14 bis 37, zog sich für viele Jahre aus Rom nach Capri zurück und soll dort ein ausschweifendes Leben geführt haben.

332 *Onkel*: Richter Withofner (siehe Kommentar zu S. 83).

334 *Baumeisters*: Walter Klech (siehe auch BK/2 S. XVIf.) hatte im Drach-Hof seine Büroräume, wollte aber die Gunst der Stunde nutzen, um sich das gesamte Haus anzueignen, was durch Arisierungsanträge, die im »Österreichischen Staatsarchiv« aufliegen, belegt ist (Lg. 5016). Am 1. Jänner 1939, also gerade

drei Monate nach Drachs Flucht, teilt die Kreisleitung V »Wienerwald« der Vermögensverkehrsstelle in Wien mit, daß sie »gegen die Übertragung des Hauses Mödling Hauptstraße 44, Verkäufer Albert und Jenny Drach, Käufer Pg. Ing. Klech« keine Einwände hat. Im handschriftlichen Kommentar des Kreisleiters Leopold Tavs heißt es: »Pg. Ing. Klech ist Blockleiter und politisch einwandfrei.« Aus den Akten der Gebäudeverwaltung Manhardt, die im Grundbuchamt der Gemeinde Mödling aufliegen, geht hervor, daß Ingenieur Klech im zweiten Viertel des Jahres 1945 keinen Zins mehr bezahlt hat, da er vor der Roten Armee geflüchtet ist. In der Rubrik »Zinsentgang durch geflüchtete Nazi« sind außerdem die Namen von Johanna Conte, Erwin Stadler und Agnes Kierner aufgelistet.
Vizebürgermeister: Rudolf Schwarzrock, Landwirt und Gärtner, war zwar nicht Vizebürgermeister, aber stellvertretender Leiter der Ortsgruppe »Alt-Mödling« der NSDAP. Nach der Einberufung des Ortsgruppenleiters Gustav Hartmann (siehe auch Kommentar zu S. 252) übernahm er dessen Geschäfte. Er galt als »belasteter Nationalsozialist« und erhielt nach 1945 vorübergehend Berufsverbot. Als Vertreter der Österreichischen Volkspartei war er von Februar 1972 bis März 1975 Bürgermeister von Mödling.

335 *Hauptsachverständige in jüdischen Wiedergutmachungsprozessen*: Daß Ing. Klech nach dem Krieg als Sachverständiger mit Wiedergutmachungsfragen betraut wurde, konnte nicht verifiziert werden und ist angesichts der Tatsache, daß er geflüchtet ist, unwahrscheinlich (siehe Kommentar zu S. 334).

337 *deutschsprechenden Vizekonsul*: Baron Henri Hulot. In BK/2 schreibt Drach, daß ein Sohn Victor Adlers die Kollaboration des Barons mit der Gestapo aufgedeckt habe. Der Baron habe sich durch die Vermittlung von Visa, von denen Drach eines um 2500 Reichsmark angeboten wurde, bereichert, die Einkünfte soll er sich mit der Gestapo geteilt haben. In »Z.Z.« ist von 1500 Reichsmark die Rede (siehe BK/2 S. XVII und S. 19, Z.Z. S. 345ff.).

339 *jüdischen Hausierer (...) zu Tode gepeitscht*: siehe Kommentar zu S. 151.
Kasper: siehe Kommentar zu S. 141.

340 *großes Protokoll gegen den gepeinigten Ostjuden*: siehe Kommentar zu S. 151.

341 *werde sie sterben*: Drach hat seine Schuldgefühle der Mutter gegenüber doppelt begründet. Der real nachvollziehbare Grund besteht in ihrer Zurücklassung und der Tatsache, daß er im Exil u. a. mit den Dokumenten seiner Halbschwester und denen ihrer katholischen Mutter überlebt hat, was in »Unsentimentale Reise« dargestellt wird. Er spricht von der »amtlichen Ermordung seiner Mutter«. Zum anderen verlagert er das Problem auf das mütterliche Verbot, mit einer verheirateten Frau Beziehungen zu pflegen (siehe Z.Z. S. 382).

343 *Anzeige der Gerichtskanzleibeamten*: siehe Kommentar zu S. 292.

344 *nicht einmal als Halbjüdin*: Alma Gartenberg hatte wie ihr Mann die polnische Staatsbügerschaft. Daß sie deshalb als »Arierin« angesehen wurde, ist nicht zutreffend. Da sie als »Mischling« ersten Grades mit einem Juden verheiratet war, galt sie nach den Nürnberger Gesetzen als Volljüdin.

345 *zweitnächstes Opfer*: Am 1.9.1939 beginnt der Einmarsch deutscher Truppen in Polen und damit der Zweite Weltkrieg.

346 *Vizekonsuls*: siehe Kommentar zu S. 337.
monarchisch gesinnter Vetter: Emil Sommer (siehe Kommentar zu S. 260).

347 *die Sudeten verlangen*: siehe Kommentar zu S. 318.
Bogen auszufüllen: Vermögenserklärung (siehe Kommentar zu S. 267).

355 *weichhirniger alliierter Politiker (...) britischen Postbeamten und dessen französischen Rockschoßhalters*: der englische Premierminister Chamberlain, der früher das Postministerium geleitet hatte, und der französische Außenminister Daladier (siehe Kommentar zu S. 224).
der junge und sonst scheue Berufskollege: Otto Peznek (siehe Kommentar zu S. 276).

364 *Statue eines kroatischen Bischofs*: die 1929 vom Bildhauer Ivan Mestrovic geschaffene Statue des Bischofs Gregor von Nin.

365 *Ministerpräsident Stojadinovic*: Milan Stojadinovic (1888 bis 1961) war von 1935 bis 1939 kroatischer Ministerpräsident. Er verfolgte eine Politik der Annäherung an das Deutsche Reich.

Führer des erwähnten Volkes: Ante Trumbic (1864 bis 1938) war kroatischer Nationalist und ab 1915 Präsident des sogenannten »Jugoslawien Komitees«, das gegen die Bestrebungen für ein Großserbien arbeitete. Trumbic starb 1938 in Zagreb, wurde aber in seiner Heimatstadt Split begraben.

366 *Czernagora*: landesübliche Bezeichnung für Montenegro. Reisen des Autors nach Montenegro sind nicht überliefert.

377 *Kristallnacht*: auch »Reichskristallnacht«. Euphemistische Bezeichnung der NS-Propaganda für das großangelegte Pogrom gegen jüdische Mitbürger in der Nacht vom 9. auf den 10. November 1938.

382 *Mutter ermordet (...) im Zeitpunkt geirrt*: siehe Kommentar zu S. 341.

Für wichtige Hinweise bei der Erstellung des Kommentars danken wir Gerty, Jenny und Wilhelm Drach, Herbert Exenberger, Wolfgang Form, Adolf Holl, Georg Kastner, Walter Manoschek, Heinz Miklas, Jan Rybar, Franziska Schlögelhofer, Hubert Steiner, Andreas Wiedemann und ganz besonders Rudolf Jerabek und Herbert Zgubic.

Siglenverzeichnis Kommentar

Aus	*Aus*. Eine Übersicht (keine Datierung, um 1982). Umfaßt den Zeitraum von 1938 bis 1942.
B	*Das Beileid. Nach Teilen eines Tagebuchs.* Mit einem Nachwort von Primus Heinz Kucher. Graz/Wien: Droschl 1993.
BK/1	*Blinde Kuh. Versuch einer Zusammenfassung.* Typoskript (keine Datierung, um 1983/84). 286 Seiten. Umfaßt den Zeitraum von 1902 bis 1935.
BK/2	Typoskript. Kein Titel. Fortsetzung von BK/1 (keine Datierung, um 1984/85). 371 Seiten. Umfaßt den Zeitraum von 10. März 1938 bis Ende 1985.
GM	*Meine gesammelten Mißerfolge. Als Versager unter Schweinehunden. Eine epische Darstellung mehrstimmig geführt.* Typoskript (um 1987). 219 Seiten.
LoN	*Literaturgeschichte ohne Namen.* Typoskript. Nach Angaben auf Drachs letzter Werkliste, die bis 1984 reicht, im Zeitraum von 1961 bis 1980 entstanden. 129 Seiten.
SS	*In Sachen de Sade. Nach dessen urschriftlichen Texten und denen seiner Kontaktpersonen.* Düsseldorf: Claassen 1974.
UR	*Unsentimentale Reise. Ein Bericht.* München/Wien: Hanser 1988.
Z.Z.	*Z.Z. das ist die Zwischenzeit. Ein Protokoll.* Hrsg. von Wendelin Schmidt-Dengler. Wien: Zsolnay 2003. Zweiter Band der Werke in zehn Bänden.

TEXTGENESE

In Albert Drachs auf Tagebuchaufzeichnungen basierendem autobiographischen Bericht »Das Beileid« notiert er noch im französischen Exil zum 29. August 1946: »Ich will das *Erlebnis des funkelnden Sturmes* vom Tod meines Vaters bis an diesen Tag schreiben. Ich schrieb später *Z. Z. oder die Zwischenzeit*, aber nicht bis an diesen Tag.« (B S. 48) Der Hinweis auf das Projekt findet sich zum selben Datum tatsächlich bereits im originalen Tagebuch: »Will jetzt das Erlebnis des funkelnden Sturmes mit dem Tode meines Vaters beginnen und mit der heutigen Nacht endigen.«[1] Erwähnt werden in beiden Texten Sturm und Regen, die einen Badeausflug Drachs oder seines Icherzählers mit seiner unglücklichen Liebe Myrhinne respektive Sibylle vereitelten. Das ursprüngliche Vorhaben, ein Werk unter dem Titel »Das Erlebnis des funkelnden Sturmes« zu verfassen, hat jedoch nichts mit dem hier erwähnten Unwetter zu tun, es taucht schon in einer 1942 erstellten Liste von vollendeten und projektierten Arbeiten auf. Damals wollte Drach allerdings ein Buch über seinen legendären Vorfahren Albertus Draco schreiben, der es als Konvertit zum Bischof gebracht haben und im Spanien der Reconquista verbrannt worden sein soll.[2] Mit dem im Tagebuch erwähnten Vater-Projekt hat dieser geplante, aber niemals realisierte Text nichts zu tun. Die in einer Situation extremer persönlicher Unsicherheit geborene Idee, sich der eigenen Geschichte in Hin- und Rückblick auf den Tod des Vaters zu vergewissern, wurde hingegen knapp zwei Jahrzehnte später realisiert.

Drachs Angaben zur Entstehung von »Z. Z.« sind widersprüchlich, die Fakten können trotzdem erschlossen werden. Auf seiner letzten Werkliste schreibt Drach: »›Z. Z. – das ist die Zwischenzeit‹, Bericht. Entstanden 1964 bis 1965, erschienen 1968, ca. 600 Restexemplare.« Der Eintrag auf dieser Werkliste, die 1982 entstanden sein dürfte und dann bis 1984 ergänzt wurde, ist in mehrfacher Hinsicht interessant. Der Autor spricht hier von einem »Bericht« und nicht – wie in der Ausgabe von 1990 – von einem »Protokoll« oder gar von einem »Protokoll gegen sich selbst«, wie er das später tun wird.[3] Er erwähnt 600 Restexemplare, Bücher, die er nach 1975 vom Claassen-Verlag zurückkaufte, der sie andernfalls makuliert hätte. Drach gibt für seinen Roman einen Entstehungszeitraum an, der zu kurz veranschlagt ist. Aus der Korrespondenz mit Drachs damaligem Verleger, Joachim Schondorff, geht hervor, daß er mindestens bis 1966 an »Z.Z.« gearbeitet hat, wobei sich die Entstehungszeit mit der des Kriminalprotokolls »Untersuchung an Mädeln« überschneidet.[4] Eine Produktivität, die sich einerseits aus der Motivation durch den Erfolg des ersten Romans, »Das große Protokoll gegen Zwetschkenbaum« (1964), anderseits aus der Tatsache erklärt, daß der Schriftsteller seinem Verleger ein Gesamtwerk für eine Gesamtausgabe versprochen hatte.

Die Datierung des Arbeitsbeginns ist zutreffend. In H 1, dem erhalten gebliebenen ersten Entwurf, notiert Drach: »ZZ ~~oder~~ d.i. die Zwischenzeit (Eine Epische Darstellung) begonnen 1. März 1964.« Von diesem Tag an hat Drach die Arbeit bis kurz über den ersten Höhepunkt der Erzählung hinaus getrieben: dem geheimnisvollen Besuch des ostjüdischen Hausierers, der noch kurz vor dem »Anschluß« Österreichs an das Deutsche Reich zum Sohn kommt, ohne ihm Waren anzubieten. Die zweite erhaltene Fassung (H 2) datiert aus dem Jahr 1965. Sie ist auf 262 beidseitig beschrifteten A5-Blättern geschrieben. Auf dem Titelblatt schreibt Drach: »ZZ d.i. DIE ZWISCHENZEIT Eine epische Darstellung begonnen 1. März 1964 Reinschrift und Zusammenfassung der Teilstücke März 65.« Darüber hinaus sind noch drei Typoskripte erhalten (T 1, T 2, T 3), die der Druckfassung relativ nahekommen. Auf einer Mappe, in der T 3 enthalten war, notierte der Autor: »8. Fassung, Exemplar 4.« Demzufolge sind von den acht Textstufen fünf erhalten geblieben. Da alle erhaltenen Typoskripte die wesentlichen Elemente der Endfassung enthalten, ist anzunehmen, daß die verlorenen Texte zwischen H 1 und H 2 zu suchen sind.

Der Beginn der ersten Handschrift entspricht im sprachlichen Duktus trotz einiger Abweichungen bereits weitgehend dem der Druckfassung:

> Auf dem besonders flachen Lager gegen die Terrasse, ~~aus dem~~ über welche die Vögel aus symbolischen oder aus Gründen der Gewöhnung herangeflogen gekommen waren, wobei nur etwa

> einer zwei, vielleicht auch drei oder ~~drei~~ vier gewissermaßen als Abgesandte~~r~~ vielleicht auch wegen größerer Kühnheit auf eigene[n] Antrieb ins Zimmer hereingeflogen kamen, lag der einschlägige Tote im Beisein seines Sohnes noch nicht aufgebahrt, aber schon in jenem Zustand, in dem die Haut und die Nägel zu sterben begannen, was ein Knistern verursachte , als ob sich die ausglühende Leiche solche Verständigungsmöglichkeit ~~ausgeklügelt~~ vorbehalten hätte.[5]

Aus den »Vögeln« werden von der ersten zur zweiten Handschrift »Singvögel«, die auch in den weiteren Textstufen erhalten bleiben, ihre Zählung wird im Laufe der Textvarianten vereinfacht. Der »Zustand« des Toten wird in beiden Handschriften noch anders interpretiert als in den Typoskripten. In H 1 und H 2 befindet sich die Leiche »schon in jenem Zustand, in dem die Haut und die Nägel zu sterben begannen«, während sie sich in den späteren Typoskripten »erst in jenem Zustand« befindet. Durch das Wort »erst« wird ein spürbares Spannungsfeld zwischen dem gerade noch Lebenden und dem bereits so gut wie Toten erzeugt. Die skandalös drastische Beschreibung eines Todes, der den Sohn fassungslos macht, ist jedoch vom ersten Entwurf an präsent. Auch die folgenden acht Seiten des Heftes entsprechen weitgehend den Formulierungen der Druckfassung. Kleine grammatikalische Fehler, Auslassungen und Schlampereien, die mit einem zweiten Kugelschreiber korrigiert wurden, lassen vermuten, daß der Autor zügig und mit einer gewissen inneren Anspannung geschrieben hat; Fehler, die korrigiert, Formulierungen, die etwas modifiziert wurden – aber die Abweichungen sind geringfügig. Der Sohn fürchtet, der Verantwortung, die durch den Tod des Vaters auf ihn kommt, nicht gewachsen zu sein, er beobachtet die Reaktionen seiner Umgebung, und er realisiert »einen Abgang an Güte, der dauernd zu werden versprach«. (Z. Z. S. 9) Mit der Schwester geht er in den Garten und empfindet einen unüberbrückbaren Widerspruch zwischen der blühenden Pracht und der Leiche im Zimmer, für den auch die Schwester keine adäquaten Worte findet. Von der ersten bis zur letzten Textstufe heißt es: »Jetzt ist unsere Jugend zu Ende!« (Z. Z. S. 11)

Was auf diesen Satz folgt, markiert einen Bruch zwischen der ersten und allen späteren Fassungen. Während in der ersten Fassung die Vorbereitungen für das Begräbnis beschrieben und die Assoziationen des Sohnes wiedergegeben werden, erfährt der fast ausschließlich auf Privates konzentrierte Erzählfluß in den späteren Fassungen eine abrupte Unterbrechung:

> Das war am neunzehnten des schon angeführten Monats und im Jahre neunzehnhundertfünfunddreißig, somit im zweiten einer Diktatur, aber schon unter dem anderen Kanzler, nachdem der erste das Jahr zuvor ermordet worden war, mithin in einem Zeitraum, gezeichnet von einem gewissen Beginn, aber zu einer noch ungewissen Periode führend, die weder der Sohn noch die Tochter vorausempfanden, da sie die Zukunft nicht wußten und außerdem ohne Hinblick auf allgemeine Ereignungen mit ihren privaten Angelegenheiten und den Folgerungen aus denselben zureichend beschäftigt waren, daher auch öffentlichen Schwierigkeiten keinen Einlaß in diesen Garten gaben, der von ihnen zumindest von jetzt ab rückwirkend als ein Paradies betrachtet wurde. (Z.Z. S. 11, vgl. auch H 2, S. 7)

Während die politischen Umstände im ersten Entwurf noch gar nicht angesprochen wurden, beginnt hier mit dem Tod des eigenen Vaters nicht nur eine neue Lebensphase, sondern ein Zeitalter »epochaler Schutzlosigkeit«.[6] Der autoritäre Ständestaat, der auf eine »noch ungewisse Periode« hinführen wird, das Dilemma der jüdischen Bevölkerung, auf dieses Regime setzen zu müssen (vgl. Z.Z. S. 109), werden erst ab der zweiten Textstufe in aller Schärfe thematisiert.

In weiterer Folge weichen die Textgestaltungen zwischen H 1 und H 2 sowie den weiteren Fassungen wesentlich voneinander ab. Zwar gibt es einen verbindenden Satz (H 1, o. S.: »Der Sohn dachte nichts oder dachte nur was die andern denken konnten.« H 2, S. 13: »Der Sohn fühlte in sich zunächst das Bedürfnis das richtigzustellen, was die anderen dachten.« Z.Z. S. 16: »Der Sohn fühlte zunächst in sich das Bedürfnis, das richtigzustellen, was die anderen dachten.«), aber die Reflexion über die mutmaßlichen Gedanken anderer entwickelt sich äußerst unterschiedlich. Während der Erzähler im ersten Textentwurf großteils im Indikativ von seinen

Angehörigen und ihren Lebensumständen berichtet, wählt er ab H 2 den Konjunktiv.[7] Doch auch die Gedanken des Sohnes während des Begräbnisses unterscheiden sich von der ersten zur zweiten Fassung. In der ersten Fassung heißt es in einer Art innerem Monolog:

> Später aber, als er bereits vorne im Leichenzug ging, begann der Sohn wieder zu denken. Ich gebe zu Protokoll: ich bin der oder jener. Mein Name gilt nicht, sagt nichts zur Sache. Mein Vater ist ein Jude gewesen. Der Rabbi hat ihm zur Inschrift gegeben, daß er ein Gerechter war. Das bedeutet nichts für die, welche die Juden hassen. (H 1, o. S.)

Wer ist der Sohn und was kann er tun? Mit seinem Beruf als Rechtsanwalt kann er sich nicht identifizieren: »Er ekelt mich alle Tage«, schreibt er und setzt in Hinblick auf die bedrohlichen Zeitumstände weniger explizit als in den späteren Fassungen fort: »Es liegt etwas in der Luft. Das ekelt mich auch.« Ab H 2 erhält diese Darstellung eine zynische Wendung: »Einige von Ihnen«, schreibt Drach über die Trauergäste, »und gerade solche, welche des nunmehrigen Leichnams vorheriges Dasein zu glorifizieren beitrugen, hatten in viel späterer Zeit andere Aufgaben zu erfüllen, die etwa mit der Einäscherung des Judentempels begannen und mit der von dessen fallweisen Besuchern endigen sollten, nachdem dieselben rechtzeitig vorher in die horizontale Dauerlage gebracht waren.« (Z. Z. S. 25)

Die Spannung zwischen Privatem und Politischem, zwischen der individuellen und der allgemeinen Geschichte, die in der ersten Fassung erst nach und nach spürbar wird, ist nun evident.

Inhaltlich finden sich zwischen dem ersten Entwurf und den späteren Fassungen noch zahlreiche Parallelstellen, formal arbeitet Drach ab H 2 mit harten Schnitten. Vom Begräbnis, in dem zukünftige Mörder einem Juden die letzte Ehre erweisen, schwenkt er zurück auf die in Trauer vereinigte Familie und seine eigene fragile Identität:

> die Witwe in königlicher Haltung, dabei innerlich bis zum Erdboden geduckt, die vom Toten hinterlassene Tochter mit abgeschlossener Jugend, aber sprungbereit auf künftige Gege-

benheiten; Schwiegersohn und Enkelin vollkommen aufbruchsgewärtig und ohne innere Komplexe. Nur der Sohn hatte seine Haltung nicht vorausbedacht und hing mit einer Seite dem Schatten des Verblichenen nach, während er die andere schlafwandlerisch einer vollkommen unsicheren Schickung bereithielt, die, gemischt mit Pflichten, vielleicht auch manchen unerlaubten Leckerbissen ihm in den Reisesack tun konnte. (Z.Z. S.26)

Hier fühlt sich der Sohn zugleich belastet und befreit, das Gefühl der Befreiung, der Verdacht, er könnte diesen Tod gewünscht haben, zieht Schuldgefühle nach sich. In den späteren Fassungen sind die folgenlos gebliebenen Selbsterkenntnisse des ersten Entwurfs mitreflektiert. Vieles, das in der ersten Fassung direkt angesprochen wird, ist später verwandelt oder komplett gestrichen. »Dann begann die Zwischenzeit«, heißt es ausschließlich in H 1, »der Sohn verzeichnete ihre Ankunft mit Schnörkeln, aber es war nur Platz für zwei Buchstaben übrig Z.Z. d.i. die Zwischenzeit.« Redundante Stellen wie diese wurden ebenso entfernt wie die ständigen Rekurse auf das Verhältnis zwischen Vater und Sohn. Zwar bleibt der Vater auch in den späteren Texten Bezugspunkt, aber die Erinnerungen und Reflexionen sind eingebettet in den Duktus des Protokolls, während in H 1 der Vater-Sohn-Komplex überdeutlich hervortritt.

»Von außen besehen«, heißt es in einer gestrichenen Passage der ersten Fassung, »schickte sich der Sohn also an mit der Gottgleichheitsstellung seines Vaters fertig zu werden« – dies ist eher eine metaphysische Interpretation des Vater-Sohn-Verhältnisses als eine psychoanalytische, wie aus den folgenden gegen die Psychoanalyse gerichteten Passagen deutlich hervorgeht.

Mit Fortschreiten des Textes nehmen auch in der ersten Fassung die Bezüge auf die Zeitumstände zu. Einen Anwaltskollegen aus der Kleinstadt, der nach außen hin keineswegs antisemitisch, sondern vaterländisch eingestellt scheint, zieht es nach Wien, wo er eine große Zukunft für nichtjüdische Anwälte sieht, in den späteren Fassungen ist von »arischen« Rechtsanwälten die Rede. (Z.Z. S.144) Bald nach diesem Ereignis wird der Sohn durch zwei Besuche irritiert, die in allen Textstufen enthalten sind:

Der erste Besucher ist ein aus Deutschland geflüchteter Rechtsanwalt, der als Hausierer Papier und Bleistifte aus den Restbeständen seiner aufgelösten Kanzlei zu verkaufen versucht. Auf unangenehme Weise an eine womöglich auch ihm bevorstehende Existenz gemahnt, wirft ihn der Sohn ohne Umschweife aus dem Haus. Den zweiten hingegen, dessen Erscheinung ihn eigenartig berührt, kann er nur mit Mühe zum Eintreten bewegen. »Das Gesicht dieses Menschen«, heißt es in H 1,

> prägte sich dem Sohn für immer ein und ließ [ihn] in der Folge niemals los. Kaum je vorher und ~~niema~~ noch weniger später, hatte er ein so nirgends beheimatetes und nach gar keinem Ziel gerichtetes Antlitz gesehen, in dem aber etwas von Gott für den war, der gläubig sein wollte und konnte. (o. S.)

Diese Stelle lautet in den späteren Fassungen:

> Dieser Neuankömmling hatte die typischen Züge eines Ostjuden, aber eines solchen, der auf dauernder Wanderung war und hinter dem niemand stand, der sich seiner angenommen hätte. Der Erschienene hatte überdies etwas Besonderes an sich, das nicht allein durch Zaudern, offensichtliche Einsamkeit, Nirgendszugehörigkeit und Gebeugtheit zu umschreiben war. Der Sohn hatte vielmehr einen Augenblick lang das Gefühl, als stünde eine geheimnisvolle Gestalt vor ihm, die sich des Äußeren eines kleinen und krummen ostjüdischen Hausierers bediente, um ihn an Dinge zu erinneren, die er längst vergessen hatte, und nicht erst gerade jetzt beim Hinauswurf seines ehemaligen reichsdeutschen Kollegen. (Z. Z. S. 151)

Nach den Waren befragt, die er mitgebracht habe, antwortet der Hausierer der ersten Fassung mit »einem Ausdruck sichtlicher Verlegenheit, aber doch mit Fassung [...]: ›Ich muß sie wo vergessen haben. Der Herr soll verzeih[e]n. Ein nächstes Mal komme ich wieder‹«[8]. Erst ab H 2 lautet die Antwort: »«Ich bin gekommen, um dazusein.« (Z. Z. S. 152)

Die erste Fassung von »Z. Z.« ist mit dem Besuch des Hausierers ohne Waren fast zu Ende. Ganz am Schluß kehrt der Sohn in Gedanken noch einmal zu seinem Vater zurück und beschuldigt sich, ihn in sich selbst vorsätzlich getötet zu haben. Die Göttlichkeit, die er bei seinem idealisierten Vater bewundert und gefürchtet hat, hat er nun auf den so verletzlichen wie unangreifbaren Ostjuden übertragen.

Von H 2 bis zur Endfassung des Romans ist es kein weiter Weg, es sind vor allem kleine sprachliche Details, die modifiziert werden. Ganz am Schluß gibt es allerdings eine signifikante Differenz. H 2 führt über die endgültige Romanfassung hinaus, die mit dem symbolischen Muttermord durch verbotenen Beischlaf endet. In der zweiten handschriftlichen Fassung tritt der Sohn noch die Reise von Split über Triest nach Paris an. Während er den Tunnel zwischen Italien und Frankreich passiert, faßt er den Plan, ein Protokoll gegen sich selbst zu schreiben, das »Z. Z. das ist die Zwischenzeit« heißen soll. Dann aber erscheint ihm das vor dem realen Tod seiner Mutter als verfrüht. Er gesteht sich ein, sie zurückgelassen zu haben und denkt an sein nicht ausgeführtes Vorhaben, »den Popanz« (Hitler) zu beseitigen; und an das »Kennwort«, mit dem er Hitler in einem Stück bezeichnet hatte.[9] Zuletzt erinnert er sich noch an den Hausierer, »der ohne Waren gekommen war und nichts verkaufen konnte«:

> Es war für ihn eine mahnende Erscheinung und er hatte in der nackten nutzlosen Menschlichkeit des Händlers ohne Handel die Gottheit, die keinen Zweck hatte zu schauen geglaubt. Er hatte auch diesem Hausierer einen Namen gegeben und fühlte dessen Leben unter seinen Fingern entstehen, aber wußte nicht, wann und wozu er es schreiben sollte.[10]

Anmerkungen

1 Siehe Faksimile 1.

2 Die Werkliste befindet sich in dem Heft, das die Originalfassung des »Goggelbuchs« enthält, Österreichisches Literaturarchiv der ÖNB, NL Albert Drach.

3 Vgl. Wendelin Schmidt-Dengler: Wider die verzuckerten Helden. In: Albert Drach, Dossier, S. 10.

4 Vgl. Ingrid Cella: Textgenese. In: Untersuchung an Mädeln.

Hrsg. und mit einem Nachwort von Ingrid Cella. Wien 2002, S. 426.

5 Siehe Faksimile 2.

6 Jürgen Manthey: Rede auf Albert Drach. Prunksaal der Österreichischen Nationalbibliothek am 23.6.1989.

7 Die Modifikationen vom Indikativ in den Konjunktiv finden sich von der ersten zur zweiten Fassung auch in dem Kriminalprotokoll »Untersuchung an Mädeln«. Vgl. Cella: Textgenese (= Anmerkung 4) und Bernhard Fetz: Albert Drach: Untersuchung an Mädeln. In: Der literarische Einfall. Über das Entstehen von Texten. Hrsg. von Bernhard Fetz und Klaus Kastberger. Wien 1998 (Profile Band 1), S. 9-14.

8 Siehe Faksimile 4.

9 Das Kasperlspiel vom Meister Siebentot. In: Albert Drach: Das Spiel vom Meister Siebentot und weitere Verkleidungen. München/Wien 1964.

10 Siehe Faksimile 3. Albert Drach schreibt den Roman »Das große Protokoll gegen Zwetschkenbaum« 1939 in Nizza.

Siglenverzeichnis der Textgenese

H 1 Erste hs. Fassung, 5 DIN-A5-Hefte. Fragment. Titel: *ZZ ~~oder~~ d.i. die Zwischenzeit (eine Epische Darstellung) begonnen 1. März 1964.* Unpaginiert.

H 2 Zweite hs. Fassung auf losen Oktavseiten. Titel: *Z.Z. d.i. DIE ZWISCHENZEIT Eine epische Darstellung begonnen 1. März 1964 Reinschrift und Zusammenfassung der Teilstücke März 65*. S. 1-526.

T 1 Typoskript mit fehlendem Blatt. Titel: *Z.Z. d.i. die Zwischenzeit, eine epische Darstellung von Albert Drach.* Hs. und ts. Korrekturen. S. 5-257. Undatiert.

T 2 Typoskript. Kein Titel. Hs. und ts. Korrekturen. S. 2-258.

T 3 Typoskript. Titel: *Z.Z. das ist die Zwischenzeit von Albert Drach.* Hs. und ts. Korrekturen. S. 1-319. 2 Exemplare. Beilage Mappe: *Z.Z. d.i. die Zwischenzeit, 8. Fassung. Exemplar 4.*

B *Das Beileid. Nach Teilen eines Tagebuchs.* Mit einem Nachwort von Primus Heinz Kucher. Graz/Wien: Droschl 1993.

UR *Unsentimentale Reise.* Ein Bericht. München/Wien: Hanser 1988.

Z.Z. *Z. Z. das ist die Zwischenzeit*. Ein Protokoll. Hrsg. von Wendelin Schmidt-Dengler. Wien: Zsolnay 2003. Zweiter Band der Werke in zehn Bänden.

Brief Siegf. Tred. Lebensmittelk. Mittags nichts
gegessen. Nachm. neverd. Schwimmen mit
Myrrhinne, Etc. Sie blieb 1½ St. im Wasser.
Ich kehrte nach 10 Min zurück. Sie sprach
mit Off., Sylv. machte mich aufmerksam,
ich solle auf sie achtgeben. Promenade
mit ihr. Feilb. Unerquicklicher Abend.
Ich hörte ihre Stimme auf der Stiege, daß
sie mich holen wolle, auch jemand der ihr
widersprach. Niemand kam.
29. 8 Hielt das mir schriftlich gegebene
Rendezvoos mit Myrrhinne nicht ein.
Sie will für den Fall, daß ich nicht komme,
~~wie üblich~~ mich morgen an meinem Bade-
Strand aufsuchen mit der ganzen Familie
und ihren Bekannten. Dieses Vorhaben
wird offenbar durch den jetzt herrschenden
Sturm und Regen vereitelt werden. Die
ganze Nacht nicht geschlafen. Nikotinvergift.
auch Wanzensuche, und geschrieben. Will
jetzt das Erlebnis des funkelnden Sturmes.
mit dem Tode meines Vaters beginnen
und mit der heutigen Nacht endigen.
Bei Mor. mittags, nachm. van Om. Brief
Trebitsch, daß er mich morgen sehen muß.
Amerik. Paket (Schuhe). Brief Serw. War im
Casino, verspielte van Omn. Geld. Er gab
mir die 300 F. nicht zurück, aber viel Zig.
die mir schadeten und mich zum Gelübde
damit einzuhalten, veranlaßten, welches ich
nicht hielt. Anmeldg zum Photographiekurs
der sich wenig freundlich anläßt, soll mit van
Omm. nach Vald. Wenig Lust.

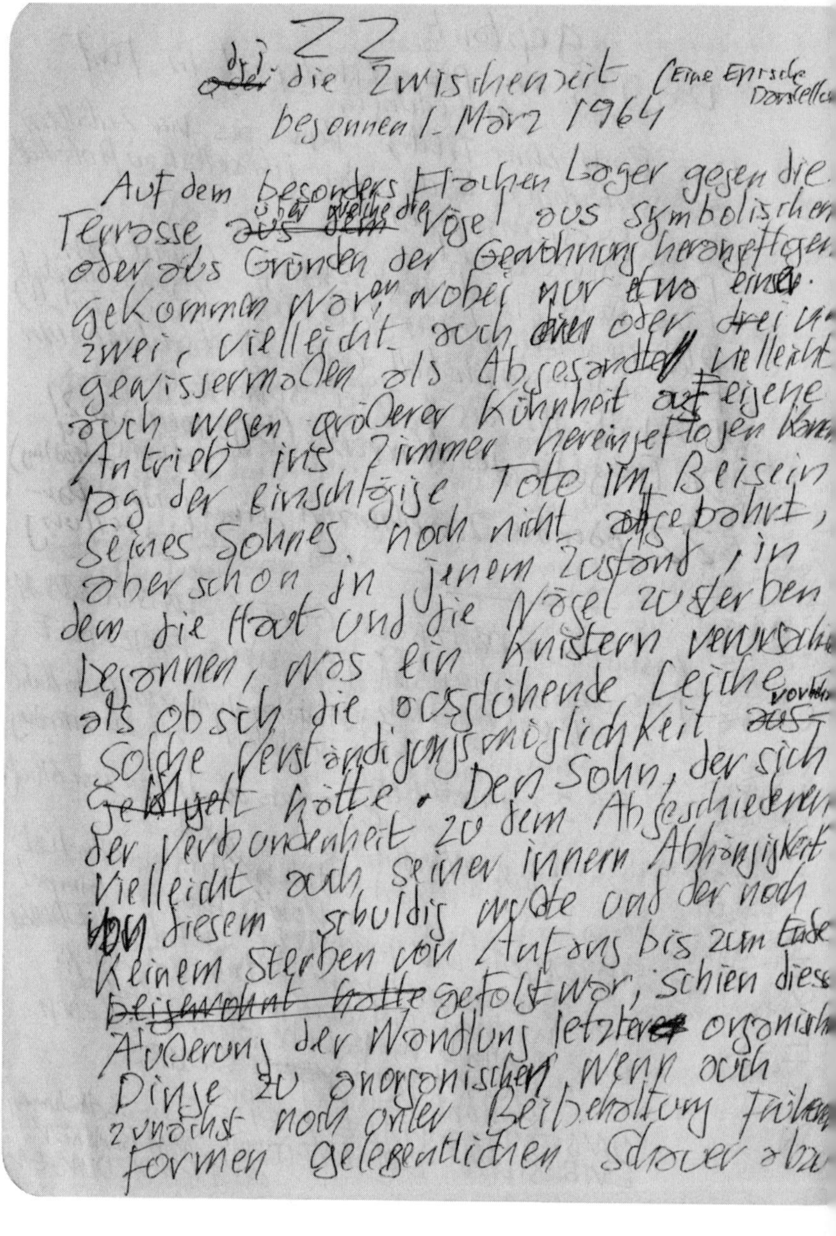
ZZ
d.i. ~~oder~~ die Zwischenzeit (Eine Entsch… Darstellu…
begonnen 1. März 1964

Auf dem besonders flachen Lager gegen die Terrasse ~~aus dem~~ über welche die Vögel aus symbolischen oder aus Gründen der Gewöhnung hereingeflogen gekommen waren, wobei nur etwa einer, zwei, vielleicht auch ~~drei~~ oder drei u… gewissermaßen als Abgesandte vielleicht auch wegen größerer Kühnheit aus eigenem Antrieb ins Zimmer hereingeflogen waren, lag der einschlägige Tote im Beisein seines Sohnes noch nicht aufgebahrt, aber schon in jenem Zustand, in dem die Haut und die Vögel zu sterben begonnen, was ein Knistern verursachte, als ob sich die ausglühende Leiche vorher ~~aus~~ solche Verständigungsmöglichkeit ~~geklügelt~~ hätte. Dem Sohn, der sich der Verbundenheit zu dem Abgeschiedenen vielleicht auch seiner innern Abhängigkeit von diesem schuldig wußte und der noch keinem Sterben von Anfang bis zum Ende ~~beigewohnt hatte~~ gefolgt war, schien diese Äußerung der Wandlung letzterer organischer Dinge zu anorganischen, wenn auch zunächst noch unter Beibehaltung früheren Formen gelegentlichen Schauer abz…

nötigen, aber er blieb trotzdem auf dem
fraglichen Leichenbett hocken. Vielleicht
wollte er sich hierdurch selber seinen Mut
beweisen, vielleicht auch das Gruseln
hin~~zu~~nehmen, wie jener Hans, der ~~dies~~
Übergusses eines Fischteichs zur Erzeugung
dieser Empfindung bedurft hatte, nachdem
er ungegruselt mit Totenköpfen in
Partnerschaft von Gespenstern gekegelt hatte.

Als aber alles vorüber war, das heißt
das Knistern der Haut sich völlig verfinstete,
und kein Laut mehr aus der ~~Leiche~~ Oberfläche
der Leiche drang, auch die hereingezogenen
Meisen, Finken
und die noch abwartenden Kleiber eingesehen ~~hatten~~, daß hier kein
Futter mehr verteilt wurde wie schon längst
nicht mehr im Garten außerhalb der Ter-
rasse, war der Abschied in seiner
ursprünglichsten Form überstanden und der
Zweck weggefallen, den Sterbenden zu hüten.

Mithin stellte sich die Aufgabe,
die andern Leidtragenden von dem
Vorfall in Kenntnis zu setzen, welche bis
dahin eine abwartende Haltung in einem
zunächst weit entlegenen Zimmer eingenommen hatten,
und zwar die dem Sohne vorgezogene ~~Lieblings~~tochter des soeben dahin-
geschwundenen, weil sie die Voraussage
des ~~...~~ ~~Vollzug~~ ~~beschlossenen~~ ~~...~~ seitens ihres Halb-
~~Voraussage~~ nicht hinreichend
bruders von Vaterseite, die Mutter aber
ernst genommen hatte,

-525- 262

Aber wenn er auch schon den Titel hatte, ließ er sich mit Schreiben noch Zeit. Das, was er mit 22 bezeichnet hatte, lief ja noch hin, der eine Kernpunkt, wo er den Beginn setzte, stand bereits fest. Der zweite aber, kein möglicher Leichnam, los aufgebahrt, sie geisterte noch, erfüllte ein Leben, das für sie den Sinn haben sollte, gemäß stummem Auftrag des Sohns das Haus für ihn zu halten und allenfalls für seine Nachkommenschaft, Es war eine klägliche Last, und sie fühlte sich sehr häufig viel zu schwach, weiter zu tragen.

Er hatte sich einmal in den Kopf gesetzt, aber das war ein vorübergehender Gedanke, den Popanz zu beseitigen, der von sich sagte, daß er Deutschland verkörpere und der doch selbst wenig leiblich war, sondern nur ein Sinnbild aus dem Spott umgestülpter allgemeiner Phrasen. Hohlleerer Spucker. Aber die es ausgespuckt hatten, verehrten in ihm ihren Inbegriff, und als die Gelegenheit gekommen wäre, eine Attacke zu reiten, hatte er weder den Mut, noch die Lust dazu, nicht einmal die Ausrüstung vorgesehen. Er gab auch diesem Inbegriff einen Namen, als ihr ihn töten wollte, und schrieb zu den Füßen der schönen Gastwirtsgattin ehedem das Spiel von diesem Popanz, mit dem von ihm gegebenen Kennwort. Er hatte auch einmal einen Hausierer gekannt, der ohne Ware gekommen war und nichts verkaufen konnte. Es war für ihn eine unerwünschte

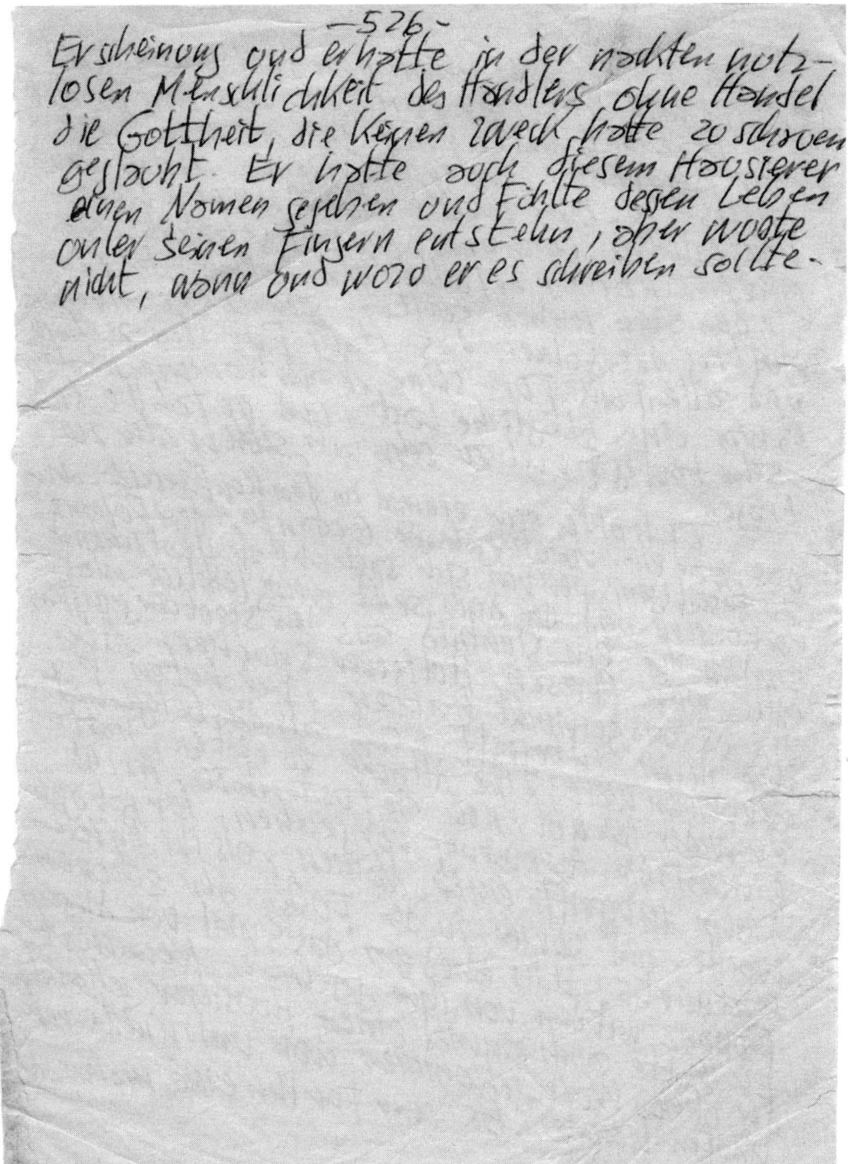

–526–

Erscheinung und er hatte in der nackten nutz-
losen Menschlichkeit des Händlers ohne Handel
die Gottheit, die keinen Zweck hatte zu schauen
geglaubt. Er hatte auch diesem Hausierer
einen Namen gegeben und fühlte dessen Leben
unter seinen Fingern entstehen, aber wußte
nicht, wann und wozu er es schreiben sollte.

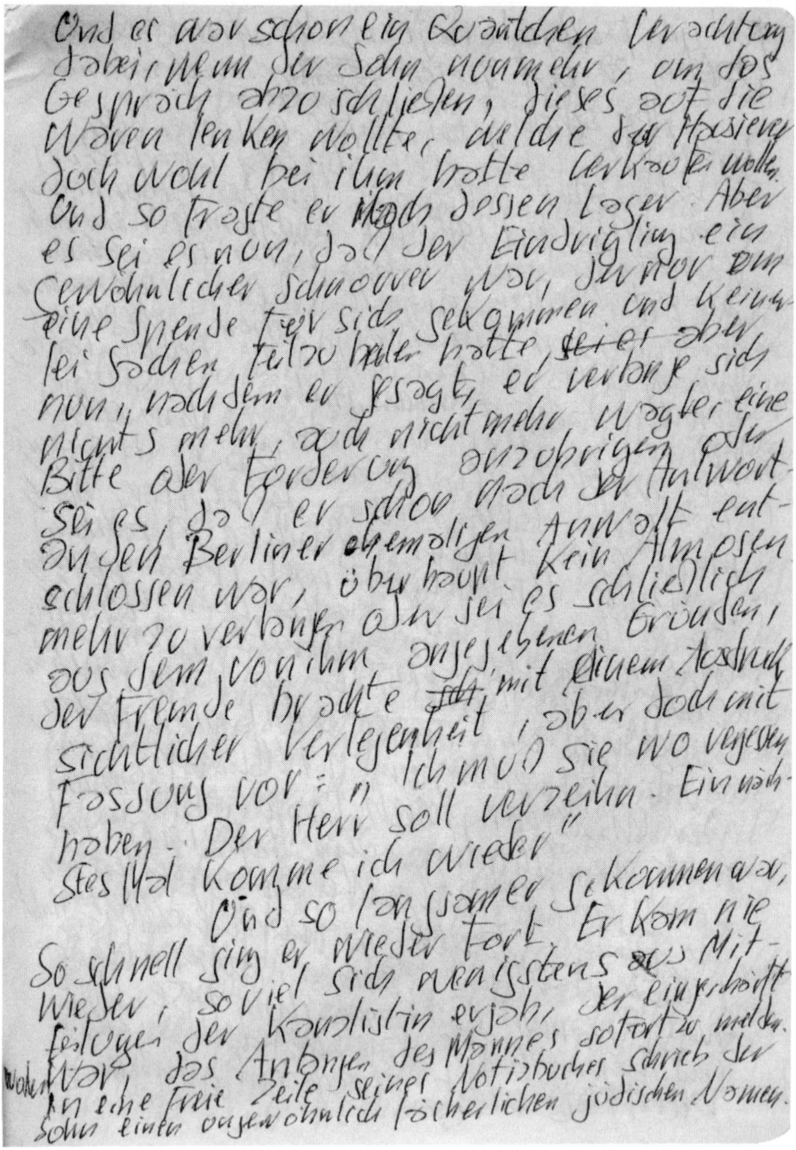
Und es war schon ein Quentchen Verachtung
dabei, wenn der Sohn nunmehr, um das
Gespräch abzuschließen, dieses auf die
Waren lenken wollte, welche der Hausierer
doch wohl bei ihm hatte verkaufen wollen.
Und so fragte er nach dessen Lager. Aber
es sei es nun, daß der Eindringling ein
gewöhnlicher Schnorrer war, der nur um
eine Spende für sich gekommen und keiner-
lei Sachen feilzuhalten hatte, ~~sei es aber~~
nun, nachdem er gesagt, er verlange sich
nichts mehr, auch nicht mehr wagte, eine
Bitte oder Forderung anzubringen, oder
sei es, daß er schon nach der Antwort
an den Berliner ehemaligen Anwalt ent-
schlossen war, überhaupt kein Almosen
mehr zu verlangen oder sei es schließlich
aus dem von ihm angesehenen Gründen,
der Fremde brachte mit einem Ausdruck
sichtlicher Verlegenheit, aber doch mit
Fassung vor: „Ich muß sie wo verwechselt
haben. Der Herr soll verzeihen. Ein näch-
stes Mal komme ich wieder."
Und so langsam er gekommen war,
so schnell ging er wieder fort. Er kam nie
wieder, soviel sich wenigstens aus Mit-
teilungen der Kanzlistin ergab, der eingeschärft
war, das Anlangen des Mannes sofort zu melden.
In eine freie Zeile seines Notizbuches schrieb der
Sohn einen ungewöhnlich lächerlichen jüdischen Namen.

BIBLIOGRAPHIE

Ausgaben

»Z. Z.« das ist die Zwischenzeit. Ein Protokoll. Hamburg/Düsseldorf: Claassen 1968 (= Gesammelte Werke Bd. 6).

München/Wien: Hanser 1990.

München: Deutscher Taschenbuchverlag 1996.

Buchveröffentlichungen

Settele, Matthias: Der Protokollstil des Albert Drach. Recht, Gerechtigkeit, Sprache, Literatur. Frankfurt/M. 1992.

In Sachen Albert Drach. Sieben Beiträge zum Werk. Mit einem unveröffentlichten Text Albert Drachs. Hrsg. von Bernhard Fetz. Wien 1995.

Albert Drach. Hrsg. von Gerhard Fuchs und Günther Höfler. Graz 1995 (= Dossier Bd. 8).

Fuchs, Anne: A Space of Anxiety. Dislocation and Abjection in Modern German-Jewish Literature. Amsterdam/Atlanta 1999.

Schobel, Eva: Ein wütender Weiser. Biographie. Salzburg/Wien/Frankfurt/M. 2002.

Vikas, Sonja: Der Typus des Außenseiters am Beispiel Albert Drach. Wien, Dipl. Arbeit 1991.

Wissenschaftliche Aufsätze

Egyptien, Jürgen: Im Schatten des Zwetschkenbaums. Judentum in Albert Drachs literarischem und essayistischem Werk. In: Das jüdische Echo 48, Oktober 1999, S. 54-61.

Fetz, Bernhard: Erste Sätze. Zur Poetik Albert Drachs. In: In Sachen Albert Drach, S. 118-138.

Fetz, Bernhard: Das Opfer im Zerrspiegel. Zu Albert Drachs autobiographischen Texten. In: Albert Drach. Dossier Bd. 8, S. 51-77.

Kucher, Primus Heinz: Protokolle der Ausgrenzung und des Überlebens. Zu Albert Drachs »Z. Z.« das ist die Zwischenzeit und Unsentimentale Reise anläßlich ihrer Neuauflagen. In: Mit der Ziehharmonika (1991), H. 2, S. 10f.

Kucher, Primus Heinz: Anwendungsfälle des Zynismus: Albert Drachs Lebens- und Überlebensprotokolle. Von »Z.Z.« zur Unsentimentalen Reise. In: Österreich in Geschichte und Literatur 37 (1993), H. 1, S. 19-31 (= Erweiterte Fassung des vorherigen).
Preisendanz, Wolfgang: Zum Vorrang des Komischen bei der Darstellung von Geschichtserfahrung in deutschen Romanen unserer Zeit. In: Das Komische. Hrsg. von Wolfgang Preisendanz und Rainer Warning. München 1976 (= Poetik und Hermeneutik Bd. VII), S. 153-156.
Preisendanz, Wolfgang: Die grausame Zufallskomödie der Welt. Laudatio auf Albert Drach. In: Jahrbuch der Deutschen Akademie für Sprache und Dichtung 1988, S. 114-119.
Preisendanz, Wolfgang: Komik als Komplement der Erfassung von Kontingenzen. In: Kontingenz. Hrsg. von Gerhart von Graevenitz und Odo Marquard. München 1998 (= Poetik und Hermeneutik, Bd. XVII), S. 383-401.
Schlant, Ernestine: An Introduction to the Prose Narratives of Albert Drach. In: Modern Austrian Literature (1980), H. 13, S. 69-85.

Porträts und Interviews

Schondorff, Joachim: Die unsentimentale Lebensreise des Albert Drach. Zum 75. Geburtstag. In: Der Morgen (1977), H. 12, S. 156-159.
Schondorff, Joachim: Von Mödling nach Mödling. Albert Drach oder die Selbstzerstörung eines Autors. In: J.S.: Ein Bündel Modellfälle. Streifzüge durch Literatur und Geschichte. Wien 1981, S.241-247.
Zaschke Anna: Hoffnung und Skepsis. Aus einem Interview für den Saarländischen Rundfunk v. 5.4.1975. In: Bogen 1988, H. 23, o. S.
Papenberg-Weber, Anette: »Ich habe immer gewußt, daß mein Werk etwas wert ist.« In: Börsenblatt, 1/3.1.1989.
Schmickl, Gerald: »Reich-Ranicki ist das einzige Unglück in Deutschland«. Interview. In: Gegenwart (1990), H. 6, S. 9-14.
Schmickl, Gerald: Unsentimentale Reise zu Albert Drach. In: Die Weltwoche, 19.7.1990.

Kaindlstorfer, Günter: Thomas Bernhard war nur viertrangig. In: Arbeiterzeitung, 18.8.1990.
Riepl, Heidi und Isabelle Stürzl: Protokolle gegen sich selbst? Interview. In: Salz (1991), H. 64, S. 36-39.
Molden, Ernst: »Ich liebe die Vögel am meisten.« Interview. In: Bühne (1992), H. 11, S. 114-119.
Kaindlstorfer, Günter: Ratzputz. Der Kanzleischreiber Gottes: Zum 90. Geburtstag des Schriftstellers Albert Drach. In: Die Presse (Spectrum), 12.12.1992.
Strigl, Daniela: Ich war immer nur ein kleiner Anwalt. Zum 90. Geburtstag von Albert Drach. In: Mit der Ziehharmonika (1992), H. 4, S. 10f.
Schmidt-Dengler, Wendelin: Wider die verzuckerten Helden. Ein Gespräch mit Albert Drach. In: Albert Drach. Dossier Bd. 8, S. 9-27.

Rezensionen

N. N.: Mit Rabatt. In: Der Spiegel v. 9.9.1968.
Schondorff, Joachim: Die Zwischenzeit des Albert Drach. Das jüngste Werk des österreichischen Autors bereitet Enttäuschung. In: Die Welt v. 10.10.1968.
Kramberg, K.[arl] H.: »Z. Z.« In: Süddeutsche Zeitung v. 26.10.1968.
Pablé, Elisabeth: Das große Unbehagen. In: Wochenpresse v. 9.4.1969.
Gehmacher, Ernst: Albert Drach: »Z. Z.« das ist die Zwischenzeit. In: Literatur und Kritik (1969), H. 39, S. 559.
Schaffernicht, Christian: Das Leben, eine Falschaussage. Zur Edition von Albert Drachs Protokollen. In: Stuttgarter Zeitung v. 12.4.1990.
Kaindlstorfer, Günter: Jonathan Swift aus Mödling. In: Arbeiterzeitung v. 21.4.1990; Oberösterreichisches Tagblatt v. 21.4.1990.
E. H. [=Edwin Hartl]: Ein Protokoll gegen Albert Drach, Mödling. In: Die Presse (Spectrum) v. 12.5.1990.
E. H. [=Edwin Hartl]: Unbestechlich. In: Die Furche v. 7.6.1990.
Thuswaldner, Anton: Ein Einzelgänger protokolliert die Banalität des Bösen. Albert Drach und seine verkappte Autobiographie aus den Jahren des Austrofaschismus. In: Salzburger Nachrichten v. 9.6.1990.

Löffler, Sigrid: Gott als Hausierer. Der Büchner-Preisträger Albert Drach schrieb ein Protokoll gegen sich selbst. In: Profil v. 11.6.1990.
N. N.: Albert Drach: »Z. Z.« das ist die Zwischenzeit. In: Neue Zürcher Zeitung v. 13.6.1990.
Hartmann, Frank: »Der Zeuge«. In: Der Standard (Album) v. 22.6.1990.
Rohrwasser, Michael: Medium der Mißverständlichkeit. Albert Drachs vertrackte Prosa »Z. Z.«. In: Frankfurter Rundschau v. 24.7.1990.
Zeillinger, Gerhard: Albert Drach: Z. Z. das ist die Zwischenzeit. Ein Protokoll. In: Inn (1990), H. 7; in: Der Morgen (1990), H. 73, S. 269-271.
Bogner, Eva Maria: Vom Alltag in der Geschichte. Albert Drachs Protokoll der »Zwischenzeit«. In: Süddeutsche Zeitung v. 5.9.1990.
Jansen, Hans: Vertreibung aus Kakanien. In: Westdeutsche Allgemeine Zeitung v. 8.9.1990.
Demetz, Peter: Die niederösterreichischen Damen. Fluch und Segen der unermüdlichen Protokollierkunst des Albert Drach. In: Frankfurter Allgemeine Zeitung (Beilage) v. 2.10.1990.
Gruber, Klaus: Die Protokollsprache des Einzelgängers. In: Ruhr-Nachrichten v. 3.10.1990.
Manthey, Jürgen: Rabiater Verführer. Albert Drachs autobiographisches Protokoll. In: Die Zeit v. 19.10.1990.

Albert Drach Werke in 10 Bänden

Zur Textgestalt

Die Bände der Ausgabe bringen den integralen Text der Werke, jeweils revidiert auf Basis der im Nachlaß erhaltenen Textzeugen.

Der Anhang enthält ein »erzählendes« Nachwort, das unter Bezugnahme auf die Entstehungsgeschichte und Wirkung sowie anhand biographischer Informationen eine Interpretation der jeweiligen Texte bietet. Daran schließt ein Dokumentarteil an, bestehend aus

- einer Darstellung der Werkgenese
- einer Auswahl aufschlußreicher Lesarten in Verbindung mit ausgewählten Faksimiles
- einem Verzeichnis sämtlicher Ausgaben sowie einer Bibliographie der Sekundärliteratur

EDITIONSPLAN

Herausgeber: Ingrid Cella, Bernhard Fetz, Wendelin Schmidt-Dengler, Eva Schobel

Große Protokolle

1. Band »Untersuchung an Mädeln« (Hrsg. Ingrid Cella)
5. Band »Das große Protokoll gegen Zwetschkenbaum« (Hrsg. André Fischer)

Autobiographische Schriften

2. Band »›Z.Z.‹ das ist die Zwischenzeit« (Hrsg. Wendelin Schmidt-Dengler)

3. Band »Unsentimentale Reise« (Hrsg. Eva Schobel und Bernhard Fetz)
4. Band »Das Beileid« (Hrsg. Bernhard Fetz und Eva Schobel)

Kleine Protokolle und Erzählungen, Kurzromane

7. Band »Die kleinen Protokolle und Erzählungen« (Hrsg. Klaus Kastberger)
9. Band »Oh Catilina« und »Kudruns Tagebuch« (Hrsg. Gerhard Fuchs)

Essays

6. Band »Das siebzehnte Buch der siebzehn Essays« (Hrsg. Bernhard Fetz)

Dramen und Hörspiele

8. Band »Gottes Tod ein Unfall und andere Dramen« (Hrsg. Alexandra Millner)

Gedichte

10. Band »Gedichte« (Hrsg. Reinhard Schulte)

INHALT